주차별 학습 안내

1주차 — 구획화하며 읽기

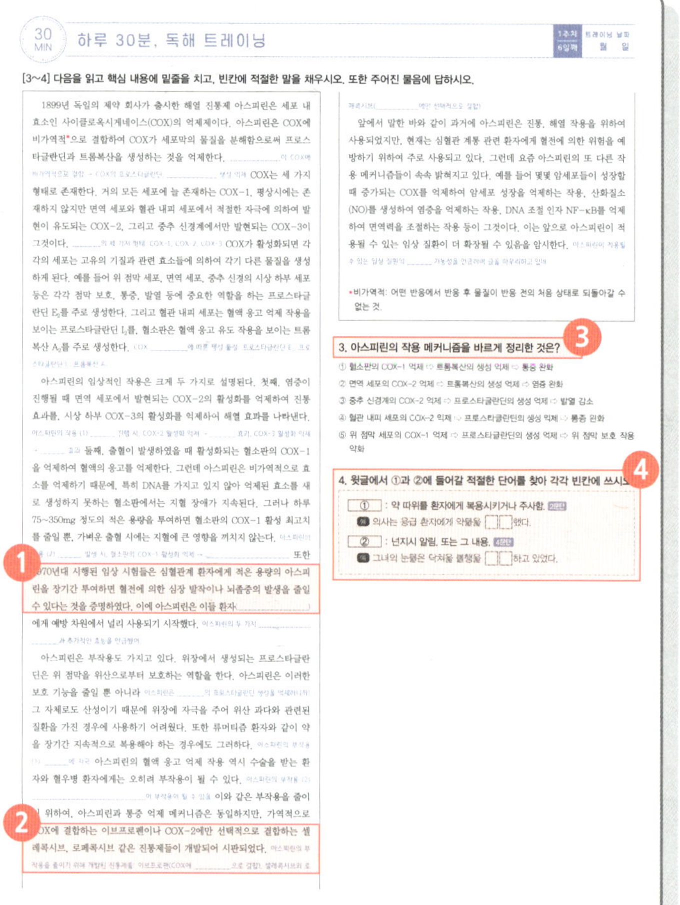

2주차 — ✚ 의도 파악하며 읽기

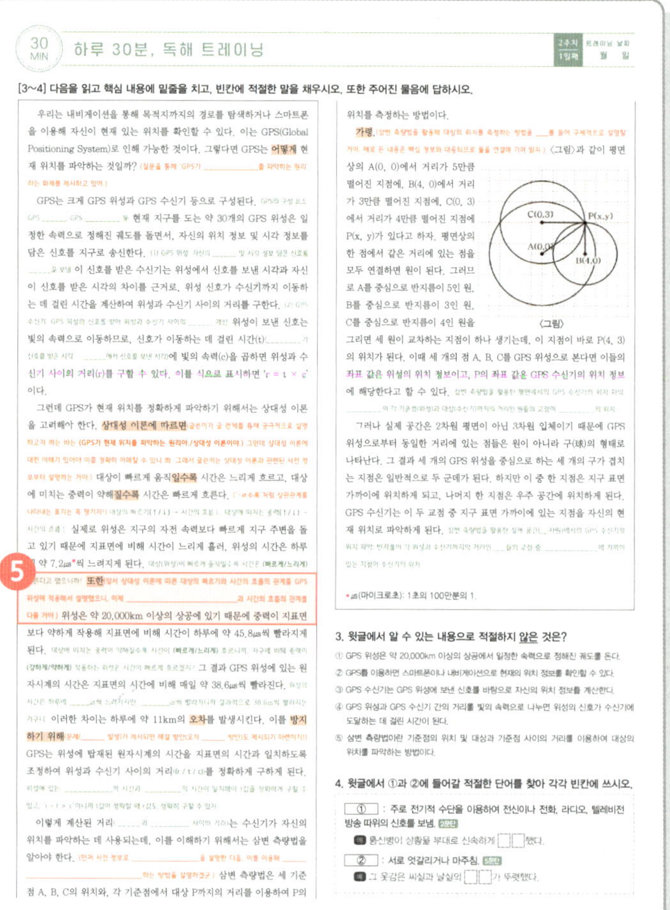

1 독해의 기본이자 핵심은 정확하게 읽는 거야. 지시어나 특정 단어가 가리키는 바를 지문에서 찾아 빈칸을 채우며 꼼꼼하게 읽어 보자. 또한 핵심 내용에는 밑줄, 핵심 개념에는 네모 박스를 치는 것도 잊지 마.

2 정보들을 상위 개념으로 묶어 가며 읽으면 정보량이 줄어들고 글쓴이의 의도를 파악하기 쉬워. 빈칸에 적절한 말을 쓰거나 선택지 중 옳은 것을 선택하여 정보를 구획화하는 연습을 해 보자.

3 지문을 제대로 이해했는지 확인할 수 있도록 엄선한 문제를 각 지문별로 하나씩 수록해 두었어. 꼼꼼히 독해한 다음 문제를 풀면 거뜬히 정답 선지를 고를 수 있을 거야.

4 어휘는 따로 학습하는 것보다 지문을 읽거나 문제를 푸는 과정에서 함께 학습하는 것이 효과적인 만큼, 각 지문별로 어휘 문제를 두 개씩 수록해 두었어. 제시된 사전적 의미와 예시를 참고하여 ①과 ②에 들어갈 단어를 지문에서 찾아 보자. 이때 해당 단어가 제시된 문단을 표기해 둔 점과 네모 칸의 개수는 빈칸에 들어갈 단어의 음절 수와 동일하다는 점을 참고해.

5 2주차에는 제시된 내용을 정확히 읽는 것에서 나아가 직접적으로 제시되지 않은 내용까지 생각하며 독해를 해 보자. 글에 끌려 가는 것이 아니라 글을 끌고 가면서 읽어 보는 거야. 형광펜으로 표시해 둔, 글이 전개될 방향을 알려 주는 단어, 접속 표현이나 부사어, 어미 등의 표지에 주목하면 글쓴이의 의도 및 글의 흐름을 예측하며 읽는 법을 익힐 수 있을 거야.

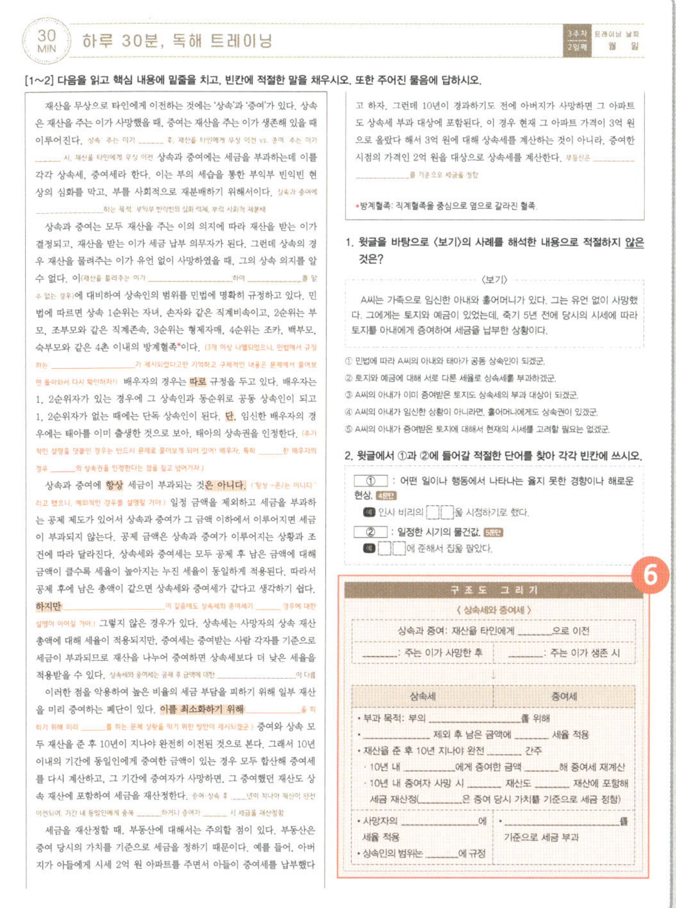

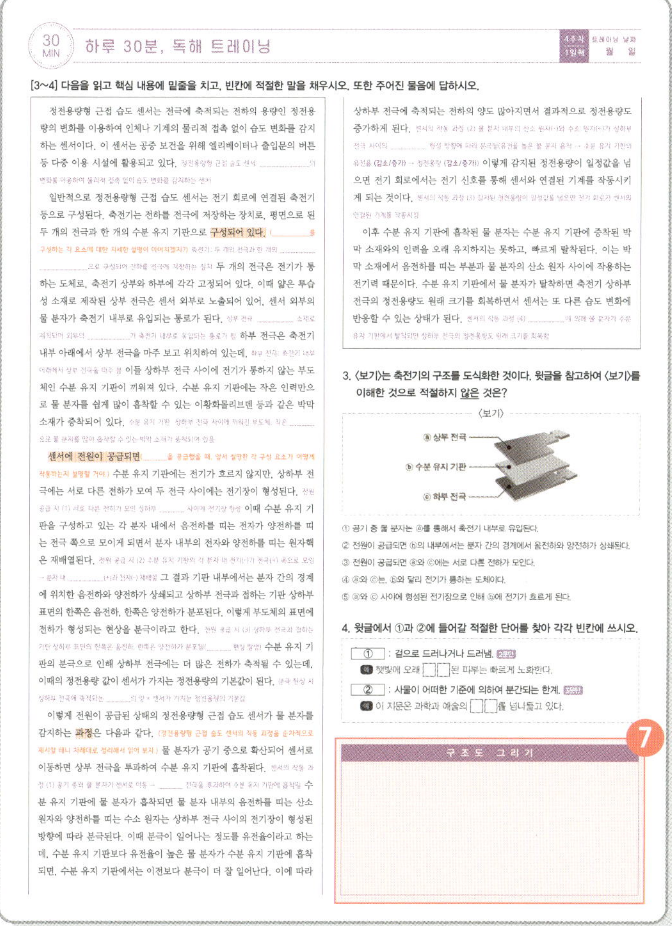

---

6 3주차에는 독해한 내용을 바탕으로 구조도를 그리는 훈련을 해 볼 거야. 구조도는 결국 구획화한 내용들을 연결하여 관계 지은 거니까 겁먹을 필요는 없어. 단, 처음부터 바로 구조도를 그리는 것은 어려울 수도 있으니 빈칸을 채우며 구조도를 완성할 수 있도록 구성해 두었어.

7 4주차에는 직접 구조도를 그려 볼 거야. 이후 해설에 제시된 구조도와 비교하며 보완점을 파악해 보자. 구조도 그리기는 지문의 논리 구조, 즉 글의 전체적인 흐름을 파악하는 능력을 길러 주는 좋은 방법이야. 처음에는 다소 엉성하거나 지나치게 장황한 구조도를 그릴 수도 있지만, 구조도 그리기를 반복하다 보면 점차 논리적이고 정돈된 구조도를 그릴 수 있게 되지. 이를 통해 실전에서는 구조도를 그리지 않더라도 지문의 논리 구조를 파악할 수 있도록 하는 것이 이 교재를 통한 학습의 궁극적인 목표라고 할 수 있어.

✚ 3주차를 마치고 나서 바로 4주차의 '구조도 그리기 실전'으로 넘어가는 것이 어렵다면, 홈페이지(www.holsoo.com)에 탑재된 1주차~2주차 지문에 대한 '구조도 그리기 훈련' 자료를 활용하여 조금 더 연습을 하고 4주차로 넘어가면 돼. 구조도 그리기는 무엇보다 꾸준히, 반복적으로 훈련하는 것이 중요하니 끈기를 가지고 임하도록 하자.

하루 30분, 4주 완성 계획표

DAY	트레이닝 날짜	인문 · 사회 · 예술	과학 · 기술
01	/	민법과 형법	포괄 적합도 이론
02	/	의미 내재주의와 의미 외재주의	세포자멸사
03	/	큐비즘	다이내믹 스피커
04	/	들뢰즈의 주름 개념과 랜드스케이프 건축	가로 경관의 시각적 효과와 관련된 척도
05	/	조선의 산림 보호와 산림 황폐화	조혈과정과 혈액 도핑
06	/	만동묘와 대보단	아스피린
07	/	유류분 제도	디지털 워터마킹
08	/	결정적 순간	GPS의 위치 파악 원리
09	/	통화량 파악의 어려움과 통화 지표	컴퓨터에서 음의 정수의 표현
10	/	공유물 분할	뇌 영상 기술
11	/	지라르의 욕망 이론과 우구를리엥의 자아 개념	유체역학
12	/	비고츠키의 인지 발달 이론	디젤 엔진의 오염 물질 저감 기술
13	/	과시 소비	자기 냉장고의 냉각 원리
14	/	컨스터블의 풍경화	mRNA 백신
15	/	양천제와 반상제	입체 음향 기술
16	/	상속세와 증여세	자동 초점 방식
17	/	실내에 대한 짐멜과 베냐민의 견해	페로브스카이트 태양전지
18	/	현실요법	김치의 발효와 맛에 관여하는 미생물
19	/	GDP와 GNI	초음파 도플러 혈류계
20	/	법 해석의 중점	냉동보존술
21	/	독점 규제에 대한 통시적 견해	디지털카메라의 작동 원리
22	/	공감에 대한 이론	정전용량형 근접 습도 센서
23	/	리쾨르의 자기 해석학	초임계 유체를 이용한 결정화 공정
24	/	상계	$E = mc^2$
25	/	니체의 철학	전기화학식 가스 센서
26	/	정보재	실리카에어로겔
27	/	답험손실법과 공법	성이 결정되는 과정
28	/	계약의 성립	현미경의 분해능

● 고1, 고2 학력평가　　● 고3 학력평가　　● 경찰대, 사관학교　　● LEET, M/DEET, PSAT

[1~2] 다음을 읽고 핵심 내용에 밑줄을 치고, 빈칸에 적절한 말을 채우시오. 또한 주어진 물음에 답하시오.

인간은 집단생활을 하기 때문에 분쟁이 발생할 수밖에 없다. 그래서 문제가 발생하는 것을 예방하거나 문제를 원만히 해결하기 위해 규칙을 만든다. 여러 규칙 중 사회 구성원들의 합의에 따라 만들어지고 강제성을 가진 규칙을 법이라고 한다. ___이 만들어진 배경과 개념 이때 강제성은 공공의 이익을 실현하기 위해 사회 구성원들이 동의할 때만 발휘될 수 있다. 이러한 법은 몇 가지 특징이 있는데 먼저 법은 행동의 결과를 중시한다. 왜냐하면 다른 사람이 행동을 평가할 수 있고 그 변화도 확인할 수 있어야 하기 때문이다. 그리고 법은 국민의 자유와 권리를 보호한다. 만약 법이 없다면 권력자나 국가 기관이 멋대로 권력을 휘두를 수 있을 것이다. 마지막으로 법은 최소한의 간섭만 한다. 개인이 처리해도 되는 일까지 법이 간섭한다면 사람들은 숨이 막혀 평온하게 살기 힘들 것이다. 법의 여러 가지 특징을 '먼저', '마지막으로'와 같은 표지를 사용하여 나열했네. 이런 경우 지문에 번호를 매겨 가며 읽으면 문제에서 물어볼 때 확인하기 편해! (1) 행동의 ______ 중시, (2) 국민의 ______와 ______ 보호, (3) 최소한의 ______

대표적인 법에는 민법과 형법이 있다. 민법은 국가 기관이 아닌, 사람들 간의 권리관계를 다루는 법률로서 재산 관계와 가족 관계로 구성되어 있다. ______의 개념과 ______ 근대 사회에서 형성된 민법의 원칙은 오늘날까지도 중요하게 여겨지고 있다. 중요 원칙 중 하나는 개인의 사유 재산에 대해 절대적 지배를 인정하고 국가를 비롯한 단체나 개인은 다른 사람의 사유 재산 행사에 간섭하지 못한다는 것이다. 그리고 다른 사람에게 끼친 손해는 그 행위가 위법이고 동시에 고의나 과실에 의한 경우에만 책임을 진다는 원칙도 있다. 민법의 ______ : (1) ______에 대한 절대적 지배 인정, (2) 타인에게 끼친 손해가 ______ + 고의나 과실일 때만 책임 그런데 이 원칙들은 경제적 강자가 경제적 약자를 지배하는 수단으로 악용되기도 하여 20세기에 들면서 제한이 생겼다. 그 결과 개인의 사유 재산에 대한 지배는 여전히 보장되지만 공공복리에 적합하도록 행사해야 한다는 것과 같은 수정된 원칙들이 적용되고 있다. 민법의 원칙들이 ______되기도 하여 제한이 생겼고, 현재에는 수정된 원칙들이 적용되고 있어.

반면, 형법은 범죄와 형벌을 규정하는 법률로서 '죄형법정주의'라는 기본 원칙이 있다. 죄형법정주의는 범죄의 행위와 그 범죄에 대한 처벌을 미리 법률로 정해 두어야 한다는 것이다. ______과 그 기본 원칙인 ______의 개념을 설명하고 있군. 그래서 범죄 발생 당시에는 없었던 법이 나중에 생겨도 그것을 소급해서 적용할 수 없다. 또한 민법과 달리 어떤 사항을 직접 규정한 법규가 없을 때, 그와 비슷한 사항을 규정한 법규를 유추하여 적용할 수도 없다. '달리'는 놓쳐서는 안 되지! 이에 주목하면 ______에서는 어떤 사항을 직접 규정한 법규가 없을 때 비슷한 법규를 유추하여 적용 가능하다는 거네!

[A] 형법을 위반한 범죄가 발생하면, 먼저 수사 기관이 수사를 한다. 수사를 개시하는 단서로는 고소, 고발, 인지가 있는데, 이 중 고소는 피해자가 하는 반면 고발은 제3자가 한다. 일반적으로 범죄는 수사 기관이 인지하는 것만으로도 수사를 시작할 수 있다. 순서가 제시되면 정확히 파악하자! (1) 고소(피해자), 고발(______), 인지(______) → (2) ______ 하지만 명예훼손죄, 폭행죄 등은 수사를 진행했더라도 피해자가 원하지 않으면 처벌하지 않는다. 수사 결과 피의자*가 죄를 범했다고 의심할 만한 충분한 이유가 있다면 구속 영장을 받아 체포해 구속한다. (3) 범죄 행위 의심될 시, ______ 받아 구속 만약 범죄를 실행 중인 경우는 구속 영장 없이 체포 가능한데, 이 경우 48시간 이내에 구속

영장을 신청해야 하고, 법원은 신청서가 접수된 시간으로부터 48시간 이내에 구속 영장의 발부 여부를 결정해야 한다. 일반적으로 구속 영장을 받아 피의자를 체포하여 구속하지만, 범죄를 실행 중인 경우는 ______ 할 수 있군. 이 경우 ______ 이내에 구속 영장을 신청해야 해! 수사 결과 범죄 혐의가 인정되면 검사는 재판을 청구하는데 이를 기소라고 한다. (4) 범죄 혐의 인정될 시, ______(재판 청구) 이때 검사는 피의자의 나이, 환경, 동기 등을 참작하여 기소를 하지 않을 수 있다. 기소로 재판 절차가 시작되면 법원은 사건을 심리*하여 범죄 사실이 확인된 경우 유죄를 선고한다. (5) 재판하여 범죄 사실 확인 시, ______ 선고 유죄가 인정되면 법원이 형을 선고하고 집행 절차에 들어간다. (6) 유죄 인정될 시, ___ 선고 및 집행

그런데 만약 동물이 위법한 행동을 하여 다른 사람에게 손해를 끼치면 어떻게 될까? 결론부터 말하면 동물은 아무런 책임이 없다. 법에서는 인간 이외의 것들은 생명의 유무와 상관없이 모두 물건으로 보는데 물건에는 법적 권리가 없다. 법적 권리가 없는 것은 의무와 책임도 없다. 그러므로 동물은 민, 형법상의 책임을 지지 않아도 된다. 다만 손해를 입은 사람은 민법에 따라 동물의 점유자*에게 배상을 받을 수 있다. 동물은 ______가 없어 민, 형법상 책임을 지지 않음

*피의자: 수사 기관으로부터 범죄의 의심을 받게 되어 수사를 받고 있는 자.
*심리: 재판의 기초가 되는 사실이나 법률적 판단을 심사하는 행위.
*점유자: 어떤 물건을 소유하고 사실상 지배하는 사람.

1. [A]를 바탕으로 〈보기〉를 이해한 내용으로 적절한 것은?

〈보기〉

(Ⓐ), 고발, 인지 ⇨ 수사 ⇨ (Ⓑ) ⇨ 구속, 불구속 ⇨ 불기소 / (Ⓒ) ⇨ 재판 ⇨ 형 집행

① Ⓐ는 범죄의 피해자와 연관이 있는 제3자가 한다.
② 명예훼손죄, 폭행죄는 Ⓐ가 없어도 수사를 진행할 수 있다.
③ 범죄를 실행 중인 범인을 Ⓑ하였을 경우 48시간 이내에 구속 영장을 발부받아야 한다.
④ 범죄 혐의가 인정될 경우 반드시 Ⓒ를 해야 한다.
⑤ 재판에서 심리를 담당하는 주체가 Ⓒ의 여부를 결정한다.

2. 윗글에서 ①과 ②에 들어갈 적절한 단어를 찾아 각각 빈칸에 쓰시오.

① : 과거에까지 거슬러 올라가서 미치게 함. **3문단**
예 세금 감면안 [ ][ ] 적용으로 인한 환급액은 40억 원이다.

② : 공공 기관 등이 증명서나 고지서 따위를 발행하여 보냄. **4문단**
예 내일 수험표를 [ ][ ]할 예정이다.

[3~4] 다음을 읽고 핵심 내용에 밑줄을 치고, 빈칸에 적절한 말을 채우시오. 또한 주어진 물음에 답하시오.

고래의 유선형 몸매나 북극곰의 흰색 털처럼 주어진 환경에 어울리는 생물학적 '적응'은 어떻게 일어났을까? 찰스 다윈은 『종의 기원』에서 '자연선택에 의한 진화'를 그 해답으로 제시하였다. 개체*의 번식에 도움이 되는 유전적 변이만을 여러 세대에 걸쳐 우직하게 골라내는 자연선택의 과정이 결국 환경에 딱 맞는 개체를 만들어낸다는 것이다. 다윈은 자연선택이 각 개체의 적합도(fitness), 즉 번식 성공도를 높이는 방향으로 일어난다고 보았다. 다윈은 생물학적 적응을 ________의 개념으로 설명했어. 이때 자연선택은 개체의 ________(번식 성공도)를 높이는 방향으로 일어난대.

그렇다면 자신은 번식을 하지 않으면서 집단을 위해 평생 헌신하는 일벌이나 일개미의 행동은 어떻게 설명할 수 있을까? 다윈은 그와 같은 경우 집단의 번성에 이득을 주므로 자연선택이 되었다고 결론을 내렸는데, 이것은 자연선택이 개체에게 이득이 되는 방향으로 일어난다는 그의 기본적인 생각에서 벗어난 것이었다. 다윈 이론의 한계: ________가 아닌 ________에 이득이 되는 방향으로 행동하는 개체에 대한 설명이 어려움

윌리엄 해밀턴은 다윈 이론의 틀 안에서 일벌이나 일개미와 같은 개체의 이타적 행동이 자연선택 되는 과정을 규명하고자 하였다. 즉, 다윈 시대에는 없던 '유전자' 개념을 진화 이론에 도입함으로써, 개체 자신의 번식 성공도는 낮추면서 상대의 번식 성공도를 높이는 이타적 행동이 여러 세대를 거치면서 결국은 개체 자신에게 이득이 되는 방향으로 자연선택이 됨을 입증하려 한 것이다. 해밀턴은 ________ 개념을 통해 ________이 자연선택 되는 과정을 밝혀 다윈 이론을 (반박/지지)하고자 한 거네.

다윈이 정리한 자연선택의 과정을 해밀턴은 각 개체가 다음 세대에 자신의 유전자 복제본을 더 많이 남기는 과정으로 보았다. 이때 행위 당사자인 개체는 자기 자신의 번식 성공도를 높임으로써 직접 자신의 유전자 복제본을 남길 수도 있지만, 자신과 유전자를 공유할 확률이 있는 상대의 번식 성공도를 높이는 데 도움을 줌으로써 간접적으로 자신의 유전자 복제본을 남길 수도 있다. 쉽게 설명하면, 철수는 스스로 자식을 많이 낳음으로써 직접 자신의 유전자 복제본을 다음 세대에 남길 수도 있지만, 유전자를 공유하고 있는 동생 영수가 자식을 많이 낳도록 도움으로써 자신의 유전자 복제본을 다음 세대에 남길 수도 있는 것이다. 해밀턴은 전자는 '직접 적합도'를 높이는 것으로, 후자는 '간접 적합도'를 높이는 것으로 설명하며, 직접 적합도: ________의 번식 성공도 vs. 간접 적합도: 자신과 유전자 ________할 확률 있는 ________의 번식 성공도. 그럼 2문단에서 언급한 일벌이나 일개미의 이타적 행동은 ________를 높이는 방향으로 이루어진 행위인 거네. 개체의 자연선택은 두 적합도를 합한 '포괄 적합도'를 높이는 방향으로 일어난다고 보았다. ________ 적합도 = 직접 적합도 + 간접 적합도

해밀턴에 따르면 이타적 행동 또한 개체의 포괄 적합도를 높이는 방향으로 자연선택이 일어난다. 그런데 이타적 행동은 개체 자신의 번식 성공도인 직접 적합도를 낮추게 되므로 그를 상쇄하고도 남을 정도로 간접 적합도를 높일 수 있어야 자연선택이 일어날 수 있다. 즉, 개체 자신이 남기는 유전자 복제본에 대한 손실(직접 적합도의 손실)보다 유전자를 공유할 확률이 있는 상대방을 통해 남기는 유전자 복제본에 대한 이득(간접 적합도의 이득)이 더 클 때 이타적 행동은 선택되는 것이다. ________ 행동이 ________될 수 있는 조건에 대해 설명하고 있어.

이때 개체와 상대방이 유전자를 공유할 확률을 '유전적 근연도'라 하는

데, 유전적으로 100% 같은 경우는 유전적 근연도가 1이 된다. 유전적 근연도의 값이 클수록 개체와 상대방이 유전자를 공유할 가능성이 크므로, 개체가 상대방을 통해 자신의 유전자 복제본을 남길 수 있는 가능성 또한 커진다. 유전적 ________↑ → 상대방과의 유전자 공유 가능성↑ → 상대방을 통해 자신의 ________ 남길 가능성↑

이를 바탕으로 해밀턴은 아래와 같은 '해밀턴 규칙'을 도출하였다.

$$rb > c \text{ (단, } b>c>0\text{으로 가정함.)}$$

즉, 이타적 행동은 그로 인해 상대방이 얻는 이득(b)이 충분히 커서 1보다 작은 유전적 근연도(r)를 가중하더라도 개체가 감수하는 손실(c)보다 클 때 선택된다는 것을 확인할 수 있다. 이러한 해밀턴의 규칙은 이득, 손실, 유전적 근연도의 세 가지 변수를 활용하여 이타성이 진화하는 조건을 알려 준다. 이타적 행동의 자연선택 조건을 알려 주는 ________

해밀턴의 '포괄 적합도 이론'은 다윈의 이론을 발전시켜 이타성이 왜 진화했는지를 매끄럽게 설명함으로써 진화생물학자들이 이타적 행동에 대해 통찰력을 가질 수 있는 계기를 제공하였으며, 자연선택이 유전자의 수준에서 일어난다는 점을 분명히 하여 이후 진화에 대한 연구의 길잡이가 되었다. 포괄 적합도 이론의 의의: (1) 진화생물학자들이 이타적 행동에 대한 ________을 가지게 함, (2) 진화 연구의 ________가 됨

*개체: 하나의 독립된 생물체.

---

3. 〈보기〉를 참고하여 일벌에 대해 이해한 내용으로 적절하지 않은 것은?

〈보기〉

성 염색체에 의해 성이 결정되는 사람과 달리, 벌은 염색체 수에 의해 성이 결정된다. 한 짝의 염색체를 가지면 수컷, 두 짝의 염색체를 가지면 암컷이 된다. 암컷들은 수벌에게서 받는 한 짝의 염색체를 공유하고, 나머지 한 짝은 여왕벌이 가지고 있는 두 짝의 염색체 중에서 하나를 물려받는다. 암컷은 발육 과정에서 여왕벌과 일벌로 분화되는데, 그중 일벌은 번식을 포기하고 평생 친동생을 키우며 산다.

① 일벌들 간의 유전적 근연도는 1이다.
② 일벌의 직접 적합도는 0으로 볼 수 있다.
③ 일벌이 살아가는 모습은 이타적 행동으로 볼 수 있다.
④ 일벌의 간접 적합도를 높이는 방향으로 자연선택이 일어난다.
⑤ 일벌이 친동생을 키우는 것은 결국 개체 자신에게 이득이 되기 때문이다.

4. 윗글에서 ①과 ②에 들어갈 적절한 단어를 찾아 각각 빈칸에 쓰시오.

① : 어떤 사실을 자세히 따져서 바로 밝힘. **3문단**
  예 주민들은 진상 □□을 촉구하였다.

② : 사물이나 현상을 예리한 관찰력으로 꿰뚫어 보는 능력. **9문단**
  예 경기 침체를 예견한 그의 □□□은 놀라울 뿐이었다.

[3~4] 고2 2019학년도 6월 학평 「포괄 적합도 이론」

① 고래의 유선형 몸매나 북극곰의 흰색 털처럼 주어진 환경에 어울리는 생물학적 '적응'은 어떻게 일어났을까? 찰스 다윈은 『종의 기원』에서 '자연선택에 의한 진화'를 그 해답으로 제시하였다. 개체의 번식에 도움이 되는 유전적 변이만을 여러 세대에 걸쳐 우직하게 골라내는 자연선택의 과정이 결국 환경에 딱 맞는 개체를 만들어낸다는 것이다. 다윈은 자연선택이 각 개체의 적합도(fitness), 즉 번식 성공도를 높이는 방향으로 일어난다고 보았다. 다윈은 생물학적 적응을 자연선택에 의한 진화의 개념으로 설명했어. 이때 자연선택은 개체의 적합도(번식 성공도)를 높이는 방향으로 일어난대.

② 그렇다면 자신은 번식을 하지 않으면서 집단을 위해 평생 헌신하는 일벌이나 일개미의 행동은 어떻게 설명할 수 있을까? 다윈은 그와 같은 경우 집단의 번성에 이득을 주므로 자연선택이 되었다고 결론을 내렸는데, 이것은 자연선택이 개체에게 이득이 되는 방향으로 일어난다는 그의 기본적인 생각에서 벗어난 것이었다. 다윈 이론의 한계: 개체가 아닌 집단에 이득이 되는 방향으로 행동하는 개체에 대한 설명이 어려움

③ 윌리엄 해밀턴은 다윈 이론의 틀 안에서 일벌이나 일개미와 같은 개체의 이타적 행동이 자연선택 되는 과정을 규명하고자 하였다. 즉, 다윈 시대에는 없던 '유전자' 개념을 진화 이론에 도입함으로써, 개체 자신의 번식 성공도는 낮추면서 상대방의 번식 성공도를 높이는 이타적 행동이 여러 세대를 거치면서 결국은 개체 자신에게 이득이 되는 방향으로 자연선택이 됨을 입증하려 한 것이다. 해밀턴은 유전자 개념을 통해 이타적 행동이 자연선택 되는 과정을 밝혀 다윈 이론을 지지하고자 한 거네.

④ 다윈이 정리한 자연선택의 과정을 해밀턴은 각 개체가 다음 세대에 자신의 유전자 복제본을 더 많이 남기는 과정으로 보았다. 이때 행위 당사자인 개체는 자기 자신의 번식 성공도를 높임으로써 직접 자신의 유전자 복제본을 남길 수도 있지만, 자신과 유전자를 공유할 확률이 있는 상대의 번식 성공도를 높이는 데 도움을 줌으로써 간접적으로 자신의 유전자 복제본을 남길 수도 있다. 쉽게 설명하면, 철수는 스스로 자식을 많이 낳음으로써 직접 자신의 유전자 복제본을 다음 세대에 남길 수도 있지만, 유전자를 공유하고 있는 동생 영수가 자식을 많이 낳도록 도움으로써 자신의 유전자 복제본을 다음 세대에 남길 수도 있는 것이다. 해밀턴은 전자는 '직접 적합도'를 높이는 것으로, 후자는 '간접 적합도'를 높이는 것으로 설명하며, 직접 적합도: 자신의 번식 성공도 vs. 간접 적합도: 자신과 유전자 공유할 확률 있는 상대의 번식 성공도. 그럼 2문단에서 언급한 일벌이나 일개미의 이타적 행동은 간접 적합도를 높이는 방향으로 이루어진 행위인 거네. 개체의 자연선택은 두 적합도를 합한 '포괄 적합도'를 높이는 방향으로 일어난다고 보았다. 포괄 적합도 = 직접 적합도 + 간접 적합도

⑤ 해밀턴에 따르면 이타적 행동 또한 개체의 포괄 적합도를 높이는 방향으로 자연선택이 일어난다. 그런데 이타적 행동은 개체 자신의 번식 성공도인 직접 적합도를 낮추게 되므로 그를 상쇄하고도 남을 정도로 간접 적합도를 높일 수 있어야 자연선택이 일어날 수 있다. 즉, 개체 자신이 남기는 유전자 복제본에 대한 손실(직접 적합도의 손실)보다 유전자를 공유할 확률이 있는 상대방을 통해 남기는 유전자 복제본에 대한 이득(간접 적합도의 이득)이 더 클 때 이타적 행동은 선택되는 것이다. 이타적 행동이 자연선택 될 수 있는 조건에 대해 설명하고 있어.

⑥ 이때 개체와 상대방이 유전자를 공유할 확률을 '유전적 근연도'라 하는데, 유전적으로 100% 같은 경우는 유전적 근연도가 1이 된다. 유전적 근

연도의 값이 클수록 개체와 상대방이 유전자를 공유할 가능성이 크므로, 개체가 상대방을 통해 자신의 유전자 복제본을 남길 수 있는 가능성 또한 커진다. 유전적 근연도↑ → 상대방과의 유전자 공유 가능성↑ → 상대방을 통해 자신의 유전자 복제본 남길 가능성↑

⑦ 이를 바탕으로 해밀턴은 아래와 같은 '해밀턴 규칙'을 도출하였다.

$$rb > c \ (단, \ b > c > 0으로 \ 가정함.)$$

⑧ 즉, 이타적 행동은 그로 인해 상대방이 얻는 이득(b)이 충분히 커서 1보다 작은 유전적 근연도(r)를 가중하더라도 개체가 감수하는 손실(c)보다 클 때 선택된다는 것을 확인할 수 있다. 이러한 해밀턴의 규칙은 이득, 손실, 유전적 근연도의 세 가지 변수를 활용하여 이타성이 진화하는 조건을 알려 준다. 이타적 행동의 자연선택 조건을 알려 주는 해밀턴 규칙

⑨ 해밀턴의 '포괄 적합도 이론'은 다윈의 이론을 발전시켜 이타성이 왜 진화했는지를 매끄럽게 설명함으로써 진화생물학자들이 이타적 행동에 대해 통찰력을 가질 수 있는 계기를 제공하였으며, 자연선택이 유전자의 수준에서 일어난다는 점을 분명히 하여 이후 진화에 대한 연구의 길잡이가 되었다. 포괄 적합도 이론의 의의: (1) 진화생물학자들이 이타적 행동에 대한 통찰력을 가지게 함, (2) 진화 연구의 길잡이가 됨

3. ①

6문단에서 '유전적으로 100% 같은 경우는 유전적 근연도가 1'이라고 했다. 그런데 〈보기〉에서 암컷 일벌은 두 짝의 염색체 중 하나는 '수벌에게서 받는 한 짝의 염색체를 공유'하지만 '나머지 한 짝은 여왕벌이 가지고 있는 두 짝의 염색체 중에서 하나를 물려받'으므로 유전적으로 100% 같다고 할 수는 없다. 따라서 유전적 근연도는 1보다 작게 된다.

② 4문단에 따르면 직접 적합도는 '자기 자신의 번식 성공도'이므로 '번식을 포기'한 일벌의 직접 적합도는 0이다.

③, ⑤ '일벌은 번식을 포기하고 평생 친동생을 키우며' 집단을 위해 헌신하는 이타적 행동을 보이는데, 3문단에 따르면 이는 '여러 세대를 거치면서 결국은 개체 자신에게 이득이 되는 방향으로 자연선택'이 이루어진 것이다.

④ 4문단에서 '개체의 자연선택은 두 적합도('직접 적합도'와 '간접 적합도')를 합한 '포괄 적합도'를 높이는 방향으로 일어난다'고 하였으므로, 직접 적합도가 0인 일벌은 간접 적합도를 높이는 방향으로 자연선택이 일어난다.

4. ① 규명 ② 통찰력

[1~2] 고1 2018학년도 6월 학평 「민법과 형법」

① 인간은 집단생활을 하기 때문에 분쟁이 발생할 수밖에 없다. 그래서 문제가 발생하는 것을 예방하거나 문제를 원만히 해결하기 위해 규칙을 만든다. 여러 규칙 중 사회 구성원들의 합의에 따라 만들어지고 강제성을 가진 규칙을 <u>법</u>이라고 한다. 법이 만들어진 배경과 개념 이때 강제성은 공공의 이익을 실현하기 위해 사회 구성원들이 동의할 때만 발휘될 수 있다. 이러한 법은 몇 가지 특징이 있는데 (1)먼저 법은 행동의 결과를 중시한다. 왜냐하면 다른 사람이 행동을 평가할 수 있고 그 변화도 확인할 수 있어야 하기 때문이다. (2)그리고 법은 국민의 자유와 권리를 보호한다. 만약 법이 없다면 권력자나 국가 기관이 멋대로 권력을 휘두를 수 있을 것이다. (3)마지막으로 법은 최소한의 간섭만 한다. 개인이 처리해도 되는 일까지 법이 간섭한다면 사람들은 숨이 막혀 평온하게 살기 힘들 것이다. 법의 여러 가지 특징을 '먼저', '마지막으로' 와 같은 표지를 사용하여 나열했네! 이런 경우 지문에 번호를 매겨 가며 읽으면 문제에서 물어볼 때 확인하기 편해! (1) 행동의 **결과** 중시, (2) 국민의 **자유**와 **권리** 보호, (3) 최소한의 **간섭**

② 대표적인 법에는 민법과 형법이 있다. <u>민법</u>은 국가 기관이 아닌, 사람들 간의 권리관계를 다루는 법률로서 재산 관계와 가족 관계로 구성되어 있다. 민법의 개념과 **구성** 근대 사회에서 형성된 민법의 원칙은 오늘날까지도 중요하게 여겨지고 있다. 중요 원칙 중 하나는 (1)개인의 사유 재산에 대해 절대적 지배를 인정하고 국가를 비롯한 단체나 개인은 다른 사람의 사유 재산 행사에 간섭하지 못한다는 것이다. (2)그리고 다른 사람에게 끼친 손해는 그 행위가 위법이고 동시에 고의나 과실에 의한 경우에만 책임을 진다는 원칙도 있다. 민법의 **원칙**: (1) 사유 **재산**에 대한 절대적 지배 인정, (2) 타인에게 끼친 손해가 **위법** + 고의나 과실일 때만 책임 그런데 이 원칙들은 경제적 강자가 경제적 약자를 지배하는 수단으로 악용되기도 하여 20세기에 들면서 제한이 생겼다. 그 결과 개인의 사유 재산에 대한 지배는 여전히 보장되지만 공공복리에 적합하도록 행사해야 한다는 것과 같은 수정된 원칙들이 적용되고 있다. 민법의 원칙들이 **악용**되기도 하여 제한이 생겼고, 현재에는 수정된 원칙들이 적용되고 있어.

③ 반면, <u>형법</u>은 범죄와 형벌을 규정하는 법률로서 '죄형법정주의'라는 기본 원칙이 있다. 죄형법정주의는 범죄의 행위와 그 범죄에 대한 처벌을 미리 법률로 정해 두어야 한다는 것이다. 형법과 그 기본 원칙인 **죄형법정주의**의 개념을 설명하고 있군. 그래서 범죄 발생 당시에는 없었던 법이 나중에 생겨도 그것을 **소급**해서 적용할 수 없다. 또한 민법과 달리 어떤 사항을 직접 규정한 법규가 없을 때, 그와 비슷한 사항을 규정한 법규를 유추하여 적용할 수도 없다. '달리'는 놓쳐서는 안 되지! 이에 주목하면 **민법**에서는 어떤 사항을 직접 규정한 법규가 없을 때 비슷한 법규를 유추하여 적용 가능하다는 거네!

[A]
④ 형법을 위반한 범죄가 발생하면, 먼저 수사 기관이 수사를 한다. 수사를 개시하는 단서로는 고소, 고발, 인지가 있는데, 이 중 고소는 피해자가 하는 반면 고발은 제3자가 한다. 일반적으로 범죄는 수사 기관이 인지하는 것만으로도 수사를 시작할 수 있다. 순서가 제시되면 정확히 파악하자! (1) 고소(피해자), 고발(제3자), 인지(**수사 기관**) → (2) **수사** 하지만 명예훼손죄, 폭행죄 등은 수사를 진행했더라도 피해자가 원하지 않으면 처벌하지 않는다. 수사 결과 피의자가 죄를 범했다고 의심할 만한 충분한 이유가 있다면 구속 영장을 받아 체포해 구속한다. (3) 범죄 행위 의심될 시, 구속 영장 받아 구속 만약 범죄를 실행 중인 경우는 구속 영장 없이 체포 가능한데, 이 경우 48시간 이내에 구속 영장을 신청해야 하고, 법원은 신청서가 접수된 시간으로부터 48시간 이내에 구속 영장의 **발부** 여부

를 결정해야 한다. 일반적으로 구속 영장을 받아 피의자를 체포하여 구속하지만, 범죄를 실행 중인 경우는 **구속 영장 없이 체포**할 수 있군. 이 경우 **48시간** 이내에 구속 영장을 신청해야 해! 수사 결과 범죄 혐의가 인정되면 검사는 재판을 청구하는데 이를 기소라고 한다. (4) 범죄 혐의 인정될 시, **기소**(재판 청구) 이때 검사는 피의자의 나이, 환경, 동기 등을 참작하여 기소를 하지 않을 수 있다. 기소로 재판 절차가 시작되면 법원은 사건을 심리하여 범죄 사실이 확인된 경우 유죄를 선고한다. (5) 재판하여 범죄 사실 확인 시, **유죄** 선고 유죄가 인정되면 법원이 형을 선고하고 집행 절차에 들어간다. (6) 유죄 인정될 시, **형** 선고 및 집행

⑤ 그런데 만약 동물이 위법한 행동을 하여 다른 사람에게 손해를 끼치면 어떻게 될까? 결론부터 말하면 동물은 아무런 책임이 없다. 법에서는 인간 이외의 것들은 생명의 유무와 상관없이 모두 물건으로 보는데 물건에는 법적 권리가 없다. 법적 권리가 없는 것은 의무와 책임도 없다. 그러므로 동물은 민, 형법상의 책임을 지지 않아도 된다. 다만 손해를 입은 사람은 민법에 따라 동물의 점유자에게 배상을 받을 수 있다. 동물은 **법적 권리**가 없어 민, 형법상 책임을 지지 않음

---

1. ②

[A]에서 '고소(Ⓐ)는 피해자가 하는 반면 고발은 제3자가 한다. 일반적으로 범죄는 수사 기관이 인지하는 것만으로도 수사를 시작할 수 있다.'라고 했으므로, Ⓐ가 없어도 명예훼손죄, 폭행죄에 대한 수사를 진행할 수 있다. 다만 '명예훼손죄, 폭행죄 등은 수사를 진행했더라도 피해자가 원하지 않으면 처벌하지 않'을 수 있다는 점에서 다른 범죄와 차이가 있을 뿐이다.

① [A]에서 Ⓐ는 피해자가 한다고 했다.

③ [A]에 따르면 범행 중인 범인을 체포(Ⓑ)하였을 경우 '48시간 이내에 구속 영장을 신청해야 하고, 법원은 신청서가 접수된 시간으로부터 48시간 이내에 구속 영장의 발부 여부를 결정'해야 하므로, 이 경우 구속 영장을 발부받기까지는 최대 96시간이 소요될 수 있다.

④ [A]에 따르면 '검사는 피의자의 나이, 환경, 동기 등을 참작하여 기소(Ⓒ)를 하지 않을 수 있'으므로, 범죄 혐의가 인정된다고 해서 반드시 Ⓒ를 해야 하는 것은 아니다.

⑤ [A]에 따르면 '사건을 심리'하는 주체는 '법원'이며, Ⓒ의 여부를 결정하는 것은 '검사'이다.

2. ① 소급 ② 발부

[1~2] 다음을 읽고 핵심 내용에 밑줄을 치고, 빈칸에 적절한 말을 채우시오. 또한 주어진 물음에 답하시오.

전통적으로 철학자들은 인간이 대상에 대해 가진 생각과 느낌을 바탕으로 형성된 인식이 언어의 의미를 구성한다고 보았다. 언어의 ______ 구성에 대한 전통 철학자들의 관점 이렇게 언어의 의미가 인간의 의식에 내재된 생각과 느낌에 기반한다고 보는 관점을 의미 내재주의라고 한다. 의미 ______의 개념 이 관점에 따르면 우리는 대상에 대해 각자 가지고 있는 인식의 일부를 언어의 의미로 제시한다. 대상에 대한 인식의 (일부/전체)를 언어의 의미로 제시함 예를 들어 우리는 '레몬'에 대해 '노란색의 둥근 열매', '신맛이 나는 과일'과 같이 설명하는데, 레몬이라는 단어가 지시하는 대상을 '지시체', 지시체에 대한 인식을 기술한 설명을 '기술구'라고 한다. 의미 내재주의에 따르면 언어의 의미는 기술구에 의해 결정되고, 의미를 안다는 것은 곧 기술구를 아는 것이 된다. 의미 내재주의의 관점: 언어의 의미는 ______에 의해 결정됨

그러나 분석 철학자 퍼트넘은 기술구가 결정하는 의미가 객관적이지 않다고 비판하며, 의미는 우리를 둘러싼 객관적인 외부 세계에 의해 결정된다는 관점에서 의미 외재주의를 주장하였다. 그는 인간의 생각이나 느낌이 아니라 외부 세계를 구성하는 대상으로서의 지시체, 그 자체가 의미를 결정한다는 것을 논증하고자 '쌍둥이 지구 사고 실험'을 제시하였다. 퍼트넘의 의미 외재주의: 언어의 의미는 ______를 구성하는 지시체가 결정함

지구와 모든 것이 똑같다고 인식되는 쌍둥이 지구가 존재한다고 가정해 보자. 화학이 고도로 발전하기 전에 두 지구에는 모두 '물'이라고 부르는 무색무취의 액체가 있어 사람들은 물을 마시고, 수영이나 목욕 등 동일한 용도로 물을 사용한다. 두 지구 사람들이 '물'을 (다른/동일한) 용도로 사용한다고 가정하고 있어. 그러므로 두 지구의 사람들이 물에 대해 가진 생각과 느낌은 동일하다. 그런데 화학식이 H_2O인 지구의 물과 달리, 쌍둥이 지구에서 물이라 불리는 대상은 화학식이 XYZ인 물질이라 밝혀졌다면, 물에 대해 사람들이 제시하는 기술구는 동일할 수 있지만 두 지구의 '물'의 의미는 같지 않다. 두 지구에서 '물'의 화학식이 (같다면/다르다면), '물'에 대한 기술구가 동일해도 두 지구의 '물'은 서로 다른 지시체야. 퍼트넘은 사고 실험을 통해 어떤 대상에 대한 사람들의 생각과 느낌이 동일해도 대상 자체가 다를 수 있음을 보여 주어, 의미는 인간의 인식이 아닌 외부 세계를 구성하는 대상에 의해 결정된다는 것을 증명하려 하였다. 퍼트넘의 쌍둥이 지구 ______: 대상에 대한 생각·느낌이 (동일해도/달라도) 대상 자체가 (동일할/다를) 수 있다는 것을 보여 줌

[A] 퍼트넘은 한 단어의 의미는 관습적 사고가 아닌 단어가 지시하는 외부 세계의 대상이 가진 '실제적 본성'에 의해 결정된다고 생각했다. 단어의 의미: (관습적 사고/실제적 본성)에 의해 결정됨 실제적 본성은 대상 속에 숨겨진 본질적 구조로 과학적 발견을 통해 알려진다. 예를 들어 어떤 금속이 노랗고 반짝거리는 속성을 지닌다고 해도 실제적 본성이 금으로 밝혀져야 금이라고 부를 수 있다. 그는 물, 금, 알루미늄과 같이 자연에서 발견되는 대상을 나타내는 단어인 '자연종 명사'를 근거로, 의미는 외부 세계의 대상이 가지는 실제적 본성에 의해 결정된다는 자신의 생각을 뒷받침하였다. 퍼트넘은 '______ 명사'를 근거로 단어의 의미에 대한 자신의 생각을 뒷받침하였어. 또한 금에 대해 잘 알지 못하는 일반인은 금의 실제적 본성을 잘 아는 감별사나 금의 원소를 밝힐 수 있는 과학자 등과 같은 전문가의 안내에 의존한다. 즉 금을 구별하는 일은 소수의 전문가들이 담당하고 일반인들은 전문가의 지식에 따라 금이라는 단어를 사용하게 되는 것이다. 퍼트넘은 언어 사용을

위해 언어 공동체에서 일상적으로 이루어지는 언어적 협업을 '언어적 노동 분업'이라고 불렀다. 언어적 노동 분업: 대상의 실제적 본성을 잘 아는 소수의 ______들이 대상을 구별하여 지식 제공 → ______이 해당 단어를 사용

이러한 퍼트넘의 주장에 대해 다양한 비판적 시각이 존재한다. 하지만 언어의 의미에 대한 기존의 관점과 달리 그의 주장은 대상을 기반으로 한 객관적 의미를 찾으려 했다는 점에서 언어를 바라보는 새로운 관점을 제시했다는 평가를 받는다. 의미 외재주의의 의의: 언어의 의미에 대한 기존의 관점과 달리 ______을 기반으로 한 (객관적/주관적) 의미를 찾으려 함 → 언어에 대한 새로운 관점 제시

1. [A]를 읽은 학생이 〈보기〉에 대해 보인 반응으로 적절하지 않은 것은?

〈보기〉

냄비를 만드는 재료로 사용되는 몰리브데넘은 자연에 존재하는 금속으로 알루미늄과 속성 및 용도가 매우 유사하다. 그러나 몰리브데넘의 원소 기호는 Mo로 Al인 알루미늄과는 다른 물질이다. 일반인들은 몰리브데넘 냄비와 알루미늄 냄비를 구별할 수 없으나 전문가들은 테스트를 통해 이를 간단히 구별한다.

① 몰리브데넘과 알루미늄의 속성이 비슷하더라도 실제적 본성에는 차이가 있겠군.

② 두 금속의 원소를 밝혀낸 과학적 발견을 통해 몰리브데넘과 알루미늄의 본질적 구조가 드러났겠군.

③ 몰리브데넘과 알루미늄을 구별할 수 있는 소수의 전문가는 단어가 의미하는 대상의 차이를 인지하며 단어를 사용하겠군.

④ 자연 상태에 있던 몰리브데넘과 알루미늄이 발견되면 두 금속의 의미를 결정하기 위해서 언어 공동체의 협업이 필요하겠군.

⑤ 전문가의 안내에 따라 일반인들이 몰리브데넘과 알루미늄이라는 단어를 구별하여 사용하게 된다면 언어적 노동 분업이 이루어진 것이겠군.

2. 윗글에서 ①과 ②에 들어갈 적절한 단어를 찾아 각각 빈칸에 쓰시오.

① : 사물을 분별하고 판단하여 앎. 1문단
예 잘못된 □□을 고치다.

② : 옳고 그름을 이유를 들어 밝힘. 2문단
예 객관적인 방법으로 □□하여야 한다.

[3~4] 다음을 읽고 핵심 내용에 밑줄을 치고, 빈칸에 적절한 말을 채우시오. 또한 주어진 물음에 답하시오.

우리 몸이 제대로 기능하기 위해서는 세포자멸사가 적절히 일어나야 한다. 세포자멸사는 세포가 자기 내부에 있는 효소를 활용해 자신의 DNA와 핵 등을 파괴하는 것이다. 세포가 외부적 요인으로 인해 파열되는 것인 괴사와 달리, 세포자멸사는 능동적인 죽음이라고 할 수 있다. 세포자멸사: 세포가 내부에 있는 ______를 활용해 자신의 DNA와 핵을 파괴하는 것 → (능동적/수동적) 죽음 세포자멸사는 신체 내 조직에서 불필요한 세포를 없애기 위해 일어나는데, 올챙이가 개구리가 될 때 꼬리가 사라지는 것이 이에 속한다. 또한 손상되거나 신체에 해를 끼칠 수 있는 비정상적 세포를 제거하기 위해 일어나기도 하는데, 이 세포자멸사는 질병으로부터 신체를 보호하는 중요한 역할을 한다. 세포자멸사가 발생하는 경우: (1) 신체 내 ______ 세포를 없애기 위해, (2) 손상되거나 신체에 해를 끼치는 ______ 세포를 제거하기 위해

세포가 손상을 입었을 때 ㉠세포자멸사의 발생은 다음과 같이 일어난다. DNA가 자외선 노출로 인해 손상되거나 세포에 호르몬이 부족해지는 등 세포가 손상되어 더 이상 생존할 수 없는 상황이 되었을 때, 세포 내 Bcl-2 단백질의 농도가 감소한다. 세포 내 미토콘드리아의 막과 세포질 내에 존재하는 Bcl-2 단백질은 세포자멸사를 억제하는 역할을 하는데, 이 단백질이 감소하며 미토콘드리아의 막이 파괴된다. ______의 막과 ______ 내에 존재하는 Bcl-2 단백질: 세포자멸사를 억제함 이로 인해 방출된 미토콘드리아 내의 물질들이 단백질 분해 효소인 카스파제를 활성화하는데, 이 카스파제가 세포자멸사를 실행하는 중추적인 역할을 한다. 단백질 분해 효소인 ______: 세포자멸사 실행에 중추적인 역할 활성화가 먼저 일어난 카스파제-9가 실행 카스파제를 절단하여 활성화하고, 활성화된 실행 카스파제는 세포의 DNA를 절단하여 붕괴시킨다. 과정이 제시되면 정확히 파악하자! 세포 손상 시 발생하는 세포자멸사의 과정: 세포 내 Bcl-2 단백질 농도(↑/↓) → 미토콘드리아 막 파괴 → 카스파제-9 활성화 → ______ 활성화 → 세포 DNA 붕괴

신체에 해를 끼칠 수 있는 세포를 대상으로 ㉡세포자멸사의 유도가 일어나기도 한다. 면역세포의 일종인 세포독성 T세포는 바이러스에 감염된 세포가 자멸사하게 하여 우리 몸을 방어하는 역할을 한다. 세포가 손상되었을 때뿐만 아니라 바이러스에 감염되었을 때에도 세포자멸사가 일어나는구나! 세포독성 T세포: ______ 감염 세포 자멸사시킴 → 우리 몸 ______ 세포가 바이러스에 감염되면 세포 표면에 바이러스 단백질이 나타난다. 이것을 비정상으로 인식한 세포독성 T세포는 감염된 세포에 결합하여 세포막에 구멍을 뚫는 단백질을 분비한다. 세포독성 T세포는 세포막에 생긴 구멍을 통해 세포 안으로 실행 카스파제를 활성화하는 과립효소 B를 유입시키고, 이로 인해 활성화된 실행 카스파제가 DNA를 붕괴시킨다. 바이러스에 감염된 세포를 자멸사로 유도하는 과정: ______가 감염된 세포와 결합 → 세포막에 구멍 뚫는 단백질 분비 → 과립효소 B 유입시킴 → 실행 카스파제 활성화 → 세포 ______ 붕괴

세포 내부에서 실행 카스파제에 의해 DNA가 붕괴되면 자멸사한 세포만의 특징이라고 할 수 있는 DNA의 사다리 모양이 나타난다. 그리고 세포의 형태도 변화하는데, 먼저 세포가 쪼그라들며 세포의 핵이 분절되고, 세포가 여러 조각으로 나뉘는 파편화가 일어난다. DNA가 붕괴되면 DNA의 ______ 모양이 나타나고 세포핵이 분절되어 세포의 ______가 일어남 이후 세포막을 구성하는 2개의 층이 뒤섞이며 세포막에 있는 포스파티딜세린이 바깥쪽으로 노출된다. 이 포스파티딜세린으로 인해 주변의 식세포들이 자멸사한 세포를 인식하고 이를 포식한다. (바깥쪽/안쪽)으로 노출된 포스파티딜세린으로

인해 식세포들이 자멸사한 세포를 인식하고 ______함 자멸사한 세포는 염증을 일으킬 수 있는 물질이 새어 나오기 전에 포식으로 빨리 처리되기 때문에 괴사와 달리 염증 반응을 유발하지 않는다. 실행 카스파제에 의해 DNA가 붕괴된 자멸사한 세포 → ______이 유발되기 전에 식세포가 포식함

세포자멸사는 비정상적 세포가 제때 제거되게 하고 이를 통해 새로운 세포가 생성되게 한다. 최근에는 세포자멸사를 활용하여 악성 종양을 비롯한 여러 질병의 치료 방안을 마련하려는 연구도 활발히 진행되고 있다. 세포자멸사를 활용한 ______ 치료 방안 연구도 활발히 진행되고 있다고 하네!

3. ㉠과 ㉡에 대한 이해로 가장 적절한 것은?

① ㉠에서는 세포 내 단백질과 DNA 간 결합이, ㉡에서는 세포 간 결합이 이루어진다.

② ㉠에서는 세포 내부의 효소가, ㉡에서는 세포 외부의 효소가 세포의 DNA를 절단한다.

③ ㉠은 미토콘드리아 내의 물질이 방출되어야, ㉡은 미토콘드리아 내의 물질이 방출되지 않아도 일어날 수 있다.

④ ㉠과 ㉡에서는 모두 DNA를 붕괴시키는 효소가 카스파제에 의해 활성화된다.

⑤ ㉠과 ㉡은 모두 한 세포가 다른 세포를 제거의 대상으로 인식하여 시작된다.

4. 윗글에서 ①과 ②에 들어갈 적절한 단어를 찾아 각각 빈칸에 쓰시오.

| ① | : 가장 중요한 부분이나 자리가 되는 것. 2문단 |

예 가장 □□□인 역할을 수행하였다.

| ② | : 사물을 마디로 나눔. 또는 그렇게 나눈 마디. 4문단 |

예 음절은 자음과 모음으로 □□된다.

[3~4] 고3 2024학년도 7월 학평 「세포자멸사」

① 우리 몸이 제대로 기능하기 위해서는 세포자멸사가 적절히 일어나야 한다. 세포자멸사는 세포가 자기 내부에 있는 효소를 활용해 자신의 DNA와 핵 등을 파괴하는 것이다. 세포가 외부적 요인으로 인해 파괴되는 것인 괴사와 달리, 세포자멸사는 능동적인 죽음이라고 할 수 있다. 세포자멸사: 세포가 내부에 있는 **효소**를 활용해 자신의 DNA와 핵을 파괴하는 것 → **능동적 죽음** 세포자멸사는 신체 내 조직에서 불필요한 세포를 없애기 위해 일어나는데, 올챙이가 개구리가 될 때 꼬리가 사라지는 것이 이에 속한다. 또한 손상되거나 신체에 해를 끼칠 수 있는 비정상적 세포를 제거하기 위해 일어나기도 하는데, 이 세포자멸사는 질병으로부터 신체를 보호하는 중요한 역할을 한다. 세포자멸사가 발생하는 경우: (1) 신체 내 **불필요한** 세포를 없애기 위해, (2) 손상되거나 신체에 해를 끼치는 **비정상적** 세포를 제거하기 위해

② 세포가 손상을 입었을 때 ㉠세포자멸사의 발생은 다음과 같이 일어난다. DNA가 자외선 노출로 인해 손상되거나 세포에 호르몬이 부족해지는 등 세포가 손상되어 더 이상 생존할 수 없는 상황이 되었을 때, 세포 내 Bcl-2 단백질의 농도가 감소한다. 세포 내 미토콘드리아의 막과 세포질 내에 존재하는 Bcl-2 단백질은 세포자멸사를 억제하는 역할을 하는데, 이 단백질이 감소하며 미토콘드리아의 막이 파괴된다. 미토콘드리아의 막과 **세포질** 내에 존재하는 Bcl-2 단백질: 세포자멸사를 억제함 이로 인해 방출된 미토콘드리아 내의 물질들이 단백질 분해 효소인 카스파제를 활성화하는데, 이 카스파제가 세포자멸사를 실행하는 중추적인 역할을 한다. 단백질 분해 효소인 **카스파제**: 세포자멸사 실행에 중추적인 역할 활성화가 먼저 일어난 카스파제-9가 실행 카스파제를 절단하여 활성화하고, 활성화된 실행 카스파제는 세포의 DNA를 절단하여 붕괴시킨다. 과정이 제시되면 정확히 파악하자! 세포 손상 시 발생하는 세포자멸사의 과정: 세포 내 Bcl-2 단백질 농도↓ → 미토콘드리아 막 파괴 → 카스파제-9 활성화 → **실행 카스파제 활성화** → 세포 DNA 붕괴

③ 신체에 해를 끼칠 수 있는 세포를 대상으로 ㉡세포자멸사의 유도가 일어나기도 한다. 면역세포의 일종인 세포독성 T세포는 바이러스에 감염된 세포가 자멸사하게 하여 우리 몸을 방어하는 역할을 한다. 세포가 손상되었을 때만이 아니라 바이러스에 감염되었을 때에도 세포자멸사가 일어나는구나! 세포독성 T세포: **바이러스** 감염 세포 자멸사시킴 → 우리 몸 **방어** 세포가 바이러스에 감염되면 세포 표면에 바이러스 단백질이 나타난다. 이것을 비정상으로 인식한 세포독성 T세포는 감염된 세포에 결합하여 세포막에 구멍을 뚫는 단백질을 분비한다. 세포독성 T세포는 세포막에 생긴 구멍을 통해 세포 안으로 실행 카스파제를 활성화하는 과립효소 B를 유입시키고, 이로 인해 활성화된 실행 카스파제가 DNA를 붕괴시킨다. 바이러스에 감염된 세포를 자멸사로 유도하는 과정: **세포독성 T세포**가 감염된 세포와 결합 → 세포막에 구멍 뚫는 단백질 분비 → 과립효소 B 유입시킴 → 실행 카스파제 활성화 → 세포 DNA 붕괴

④ 세포 내부에서 실행 카스파제에 의해 DNA가 붕괴되면 자멸사한 세포만의 특징이라고 할 수 있는 DNA의 사다리 모양이 나타난다. 그리고 세포의 형태도 변화하는데, 먼저 세포가 쪼그라들며 세포의 핵이 분절되고, 세포가 여러 조각으로 나뉘는 파편화가 일어난다. DNA가 붕괴되면 DNA의 사다리 모양이 나타나고 세포핵이 분절되어 세포의 **파편화**가 일어남 이후 세포막을 구성하는 2개의 층이 뒤섞이며 세포막에 있는 포스파티딜세린이 바깥쪽으로 노출된다. 이 포스파티딜세린으로 인해 주변의 식세포들이 자멸사한 세포들을 인식하고 이를 포식한다. **바깥쪽**으로 노출된 포스파티딜세린으로 인해 식세포들이 자멸사

한 세포를 인식하고 **포식함** 자멸사한 세포는 염증을 일으킬 수 있는 물질이 새어 나오기 전에 포식으로 빨리 처리되기 때문에 괴사와 달리 염증 반응을 유발하지 않는다. 실행 카스파제에 의해 DNA가 붕괴된 자멸사한 세포 → **염증 반응**이 유발되기 전에 식세포가 포식함

⑤ 세포자멸사는 비정상적 세포가 제때 제거되게 하고 이를 통해 새로운 세포가 생성되게 한다. 최근에는 세포자멸사를 활용하여 악성 종양을 비롯한 여러 질병의 치료 방안을 마련하려는 연구도 활발히 진행되고 있다. 세포자멸사를 활용한 **질병** 치료 방안 연구도 활발히 진행되고 있다고 하네!

3. ③

> 2문단과 3문단에 따르면, ㉠(세포자멸사의 발생)과 ㉡(세포자멸사의 유도)에서는 모두 실행 카스파제가 세포의 DNA를 절단하여 붕괴시킨다. 이때 ㉠은 '미토콘드리아의 막이 파괴'되어 '미토콘드리아 내의 물질들'이 방출되고 '단백질 분해 효소인 카스파제'가 활성화되어야 이루어질 수 있음을 알 수 있다. 한편 ㉡은 '세포독성 T세포'가 바이러스에 감염된 세포에 '실행 카스파제를 활성화하는 과립효소 B를 유입시'켜 '실행 카스파제'를 활성화함으로써 이루어지므로, 미토콘드리아 내의 물질이 방출되지 않아도 일어날 수 있다.

① 2문단과 3문단에 따르면, ㉡에서는 세포독성 T세포가 감염된 세포에 결합하지만, ㉠에서는 'Bcl-2 단백질의 농도가 감소'하면서 '미토콘드리아의 막이 파괴'되어 '활성화된 실행 카스파제'가 '세포의 DNA를 절단하여 붕괴'시키므로, ㉠에서 세포 내 단백질인 Bcl-2 단백질과 DNA 간 결합이 이루어진다고 볼 수 없다.

② 1문단에서 '세포자멸사는 세포가 자기 내부에 있는 효소를 활용해 자신의 DNA와 핵 등을 파괴하는 것'이라고 했으며, 2문단과 3문단에 따르면 ㉠과 ㉡ 모두 세포 내 '단백질 분해 효소인 카스파제'가 세포의 DNA를 절단하여 붕괴시키므로, ㉠과 ㉡ 모두 세포 내부의 효소가 DNA를 절단한다.

④ 2문단과 3문단에 따르면, ㉠에서는 '카스파제-9'가 세포 DNA를 붕괴시키는 효소인 '실행 카스파제'를 활성화하지만, ㉡에서는 '세포독성 T세포'가 세포 안으로 '과립효소 B를 유입시'켜 DNA를 붕괴시키는 효소인 실행 카스파제를 활성화한다.

⑤ 2문단과 3문단에 따르면, ㉡은 '세포독성 T세포'가 세포 표면의 '바이러스 단백질'을 '비정상으로 인식'하면서 시작되지만, ㉠은 '세포가 손상되어 더 이상 생존할 수 없는 상황'일 때, '세포 내 Bcl-2 단백질의 농도가 감소'하면서 시작된다.

4. ① 중추적　② 분절

[1~2] 고2 2024학년도 9월 학평 「의미 내재주의와 의미 외재주의」

1 전통적으로 철학자들은 인간이 대상에 대해 가진 생각과 느낌을 바탕으로 형성된 **인식**이 언어의 의미를 구성한다고 보았다. 언어의 의미 구성에 대한 전통 철학자들의 관점 이렇게 언어의 의미가 인간의 의식에 내재된 생각과 느낌에 기반한다고 보는 관점을 의미 내재주의 라고 한다. 의미 내재주의의 개념 이 관점에 따르면 우리는 대상에 대해 각자 가지고 있는 인식의 일부를 언어의 의미로 제시한다. 대상에 대한 인식의 **일부**를 언어의 의미로 제시함 예를 들어 우리는 '레몬'에 대해 '노란색의 둥근 열매', '신맛이 나는 과일'과 같이 설명하는데, 레몬이라는 단어가 지시하는 대상을 '지시체', 지시체에 대한 인식을 기술한 설명을 '기술구'라고 한다. 의미 내재주의에 따르면 언어의 의미는 기술구에 의해 결정되고, 의미를 안다는 것은 곧 기술구를 아는 것이 된다. 의미 내재주의의 관점: 언어의 의미는 기술구에 의해 결정됨

2 그러나 분석 철학자 퍼트넘 은 기술구가 결정하는 의미가 객관적이지 않다고 비판하며, 의미는 우리를 둘러싼 객관적인 외부 세계에 의해 결정된다는 관점에서 의미 외재주의 를 주장하였다. 그는 인간의 생각이나 느낌이 아니라 외부 세계를 구성하는 대상으로서의 지시체, 그 자체가 의미를 결정한다는 것을 **논증**하고자 '쌍둥이 지구 사고 실험'을 제시하였다. 퍼트넘의 의미 외재주의: 언어의 의미는 **외부 세계**를 구성하는 지시체가 결정함

3 지구와 모두 것이 똑같다고 인식되는 쌍둥이 지구가 존재한다고 가정해 보자. 화학이 고도로 발전하기 전에 두 지구에는 모두 '물'이라고 부르는 무색무취의 액체가 있어 사람들은 물을 마시고, 수영이나 목욕 등 동일한 용도로 물을 사용한다. 두 지구 사람들이 '물'을 **동일한** 용도로 사용한다고 가정하고 있어. 그러므로 두 지구의 사람들이 물에 대해 가진 생각과 느낌은 동일하다. 그런데 화학식이 H_2O인 지구의 물과 달리, 쌍둥이 지구에서 물이라 불리는 대상은 화학식이 XYZ인 물질이라고 밝혀졌다면, 물에 대해 사람들이 제시하는 기술구는 동일할 수 있지만 두 지구의 '물'의 의미는 같지 않다. 두 지구에서 '물'의 화학식이 **다르다면**, '물'에 대한 기술구가 동일해도 두 지구의 '물'은 서로 다른 지시체야. 퍼트넘은 사고 실험을 통해 어떤 대상에 대한 사람들의 생각과 느낌이 동일해도 대상 자체가 다를 수 있음을 보여 주어, 의미는 인간의 인식이 아닌 외부 세계를 구성하는 대상에 의해 결정된다는 것을 증명하려 하였다. 퍼트넘의 쌍둥이 지구 사고 **실험**: 대상에 대한 생각·느낌이 **동일해도** 대상 자체가 **다를** 수 있다는 것을 보여 줌

4 퍼트넘은 한 단어의 의미는 관습적 사고가 아닌 단어가 지시하는 외부 세계의 대상이 가진 '실제적 본성'에 의해 결정된다고 생각했다. 단어의 의미: **실제적 본성**에 의해 결정됨 실제적 본성은 대상 속에 숨겨진 본질적 구조로 과학적 발견을 통해 알려진다. 예를 들어 어떤 금속이 노랗고 반짝거리는 속성을 지닌다고 해도 실제적 본성이 금으로 밝혀져야 금이라고 부를 수 있다. 그는 물, 금, 알루미늄과 같이 자연에서 발견되는 대상을 나타내는 단어인 '자연종 명사'를 근거로, 의미는 외부 세계의 대상이 가지는 실제적 본성에 의해 결정된다는 자신의 생각을 뒷받침하였다. 퍼트넘은 '**자연종** 명사'를 근거로 단어의 의미에 대한 자신의 생각을 뒷받침하였어. 또한 금에 대해 잘 알지 못하는 일반인은 금의 실제적 본성을 잘 아는 감별사나 금의 원소를 밝힐 수 있는 과학자 등과 같은 전문가의 안내에 의존한다. 즉 금을 구별하는 일은 소수의 전문가들이 담당하고 일반인들은 전문가의 지식에 따라 금이라는 단어를 사용하게 되는 것이다. 퍼트넘은 언어 사용을 위해 언어 공동체

[A]

에서 일상적으로 이루어지는 언어적 협업을 '언어적 노동 분업'이라고 불렀다. 언어적 노동 분업: 대상의 실제적 본성을 잘 아는 소수의 **전문가**들이 대상을 구별하여 지식 제공 → **일반인**이 해당 단어를 사용

5 이러한 퍼트넘의 주장에 대해 다양한 비판적 시각이 존재한다. 하지만 언어의 의미에 대한 기존의 관점과 달리 그의 주장은 대상을 기반으로 한 객관적 의미를 찾으려 했다는 점에서 언어를 바라보는 새로운 관점을 제시했다는 평가를 받는다. 의미 외재주의의 의의: 언어의 의미에 대한 기존의 관점과 달리 대상을 기반으로 한 **객관적** 의미를 찾으려 함 → 언어에 대한 새로운 관점 제시

---

1. ④

> [A]에 따르면, '퍼트넘은 한 단어의 의미는 관습적 사고가 아닌 단어가 지시하는 외부 세계의 대상이 가진 '실제적 본성'에 의해 결정된다고 생각'했다. 이에 따르면 자연에 존재하는 몰리브데넘과 알루미늄은 그 자체로 의미가 결정되어 있다고 볼 수 있다. 따라서 두 금속의 의미를 결정하기 위해서 언어 공동체의 협업이 필요하다는 반응은 적절하지 않다. 참고로 언어 공동체의 협업 목적은 대상의 의미 결정이 아닌 '언어 사용'이다.

①, ② [A]에 따르면, '실제적 본성은 대상 속에 숨겨진 본질적 구조로 과학적 발견을 통해 알려'지는데, 〈보기〉에 따르면 '몰리브데넘의 원소 기호는 Mo로 Al인 알루미늄과는 다른 물질'이므로, 과학적 발견을 통해 밝혀진 몰리브데넘과 알루미늄의 본질적 구조가 서로 다름을 알 수 있다. 따라서 몰리브데넘과 알루미늄은 '속성 및 용도가 매우 유사'하다고 하더라도 실제적 본성에는 차이가 있다고 볼 수 있다.

③ [A]에 따르면, '소수의 전문가들'이 대상의 '실제적 본성'을 구별할 수 있다. 따라서 몰리브데넘과 알루미늄을 구별할 수 있는 소수의 전문가는 단어가 의미하는 대상의 차이를 인지하며 단어를 사용한다고 볼 수 있다.

⑤ [A]에 따르면, '외부 세계의 대상이 가진 '실제적 본성''의 발견과 구별은 '소수의 전문가'에 의해 이루어지고, '일반인들'이 '전문기의 지식에 따라' 대상을 지칭하는 '단어를 사용'하게 되면서 언어적 노동 분업이 이루어진다. 따라서 전문가의 안내에 따라 일반인들이 몰리브데넘과 알루미늄이라는 단어를 구별하여 사용하게 된다면 언어적 노동 분업이 이루어진 것으로 볼 수 있다.

2. ① 인식 ② 논증

[1~2] 다음을 읽고 핵심 내용에 밑줄을 치고, 빈칸에 적절한 말을 채우시오. 또한 주어진 물음에 답하시오.

20세기 초 유럽에서 일어난 과학 문명의 발전은 현실을 이루는 법칙을 하나씩 부정하였다. 절대적이라고 믿어 왔던 시공간마저 상대적인 것으로 밝혀지면서, 사람들은 기존에 당연시되어 온 인식에 의문을 품었다. 이는 서양의 회화에도 영향을 미쳐 큐비즘이라는 새로운 미술 양식을 탄생시켰다. 20세기 초 ______의 발전에 영향을 받아 큐비즘이라는 새로운 미술 양식이 생겨났다고 해.

큐비즘은 대상의 사실적 재현에 집중했던 전통 회화와 달리, 대상의 본질을 구현하기 위해 그 근원적 형태를 그려 내는 것을 목표로 삼았다. 전통 회화: 대상의 사실적 ______에 집중 ↔ 큐비즘: 대상의 본질 ______을 위해 근원적 형태를 그려 내려 함 이를 위해 대상의 본질과 관련 없는 세부적 묘사를 배제하고 구와 원기둥 등의 기하학적 형태로 대상을 단순화하여 질감과 부피감을 부각하였다. 색채 또한 본질 구현에 있어 부차적인 것으로 판단하여 몇 가지 색으로 제한하였다. 큐비즘의 특징 (1) 본질과 관련 없는 세부 묘사 배제, 기하학적 형태로 ______ + 색채 제한(본질 구현에 부차적 요소로 판단)

또한 큐비즘은 하나의 시점으로는 대상의 한쪽 형태밖에 표현할 수 없다고 생각하여, 하나의 시점에서 대상을 보고 표현하는 원근법을 거부하였다. 큐비즘은 대상의 본질을 구현하려는 목적이 있으므로 하나의 시점으로 한쪽 형태만 표현하는 ______은 불완전하다고 보아 활용하지 않았어. 그리고 대상의 전체 형태를 표현하기 위해 다중 시점을 적용하였는데, 이는 여러 시점에서 관찰한 대상을 한 화면에 그려 내고자 한 기법이다. 예를 들어, 한 인물을 그릴 때 얼굴의 정면과 측면을 동시에 표현함으로써 대상의 전체 형태를 관람자들에게 보여 주는 것이다. 큐비즘의 특징 (2) ______ 거부 + ______ 적용 이렇게 큐비즘은 사실적 재현에서 벗어나 대상의 근원적 형태를 표현하려 하였으며, 관람자들에게 새로운 미적 인식을 환기하였다.

대상의 형태를 더 다양한 시점으로 보여 주려는 시도는 다중 시점의 극단화로 치달았는데, 이 시기의 큐비즘을 분석적 큐비즘이라고 일컫는다. 다중 시점이 ______된 시기의 큐비즘을 분석적 큐비즘이라고 해. 이제 분석적 큐비즘의 특징에 대해 설명하겠지? 분석적 큐비즘은 대상을 여러 시점으로 해체하여 작은 격자 형태로 쪼개어 표현했고, 색채 또한 대상의 고유색이 아닌 무채색으로 한정하였다. 분석적 큐비즘의 특징: (1) 대상을 작은 ______ 형태로 쪼개어 표현, (2) 색채는 ______으로 한정 해체 정도가 심해짐에 따라 대상은 부피감이 사라질 정도로 완전히 분해되었다. 이로 인해 관람자는 대상이 무엇인지조차 알아볼 수 없게 되었고, 제목이나 삽입된 문자를 통해서만 대상이 무엇인지 추측할 수 있게 되었다. 분석적 큐비즘의 문제점: 대상의 ______ 정도가 심해짐 → 대상의 ______ 사라짐 → 관람자가 대상이 무엇인지 알아볼 수 없음. 분석적 큐비즘의 문제점이 제시되었으니 해결 방안에 대한 내용이 이어질 거야.

㉠대상이 극단적으로 해체되어 형태를 파악하지 못하게 된 문제를 해결하기 위해, 큐비즘은 화면 안으로 실제 대상 혹은 대상의 특성을 잘 드러내는 화면 밖의 재료들을 끌어들였다. 이것을 종합적 큐비즘이라고 일컫는다. 종합적 큐비즘의 특징: (1) 분석적 큐비즘의 문제점을 해결, (2) 화면 (안/밖)으로 대상의 ______을 잘 드러내는 재료들을 끌어들임 종합적 큐비즘의 특징을 보여 주는 대표적 기법으로는 '파피에 콜레'가 있다. 이는 화면에 신문이나 벽지 등의 실제 종이를 오려 붙여 대상의 특성을 표현하는 기법이다. 예를 들어, 나무 탁자의 질감을 표현하기 위해 화면에 나뭇결무늬의 종이를 직접 붙였다. 화면에 붙인 종이의 색으로 인해 색채도 다시 살아났다. 파피에 콜레는 대상의 특성을 드러내기 위해 화면에 ______를 오려 붙이는 방법이구나.

큐비즘은 대상의 근원적 형태를 화면에 구현하기 위해 대상을 표현하는 새로운 방법을 모색하였다. 큐비즘이 대상의 형태를 실제에서 해방한 것은 회화 예술에 무한한 표현의 가능성을 가져다주었다. 이는 표현 대상을 보이는 세계에 한정하지 않는 현대 추상 회화의 탄생에 직접적인 영향을 미쳤다. 무한한 표현의 가능성을 가져다준 큐비즘은 표현 대상을 보이는 것에만 ______하지 않는 현대 추상 회화의 탄생에 (직접적/간접적)인 영향을 미쳤다고 해.

1. ㉠을 이해한 내용으로 가장 적절한 것은?

① 대상의 본질을 화면에 구현하기 위해 다중 시점에 집착한 결과이겠군.
② 인식의 절대적 기준을 제시하기 위해 대상의 변화를 무시한 결과이겠군.
③ 화면의 공간을 사실적으로 표현하기 위해 대상의 형태를 희생한 결과이겠군.
④ 기하학적 형태에서 탈피하기 위해 대상의 정면과 측면을 동시에 표현한 결과이겠군.
⑤ 관람자들에게 새로운 미적 인식을 환기하기 위해 대상을 있는 그대로 재현한 결과이겠군.

2. 윗글에서 ①과 ②에 들어갈 적절한 단어를 찾아 각각 빈칸에 쓰시오.

①　：그렇지 아니하다고 단정하거나 옳지 아니하다고 반대함. **1문단**
예 용의자는 자신의 혐의를 □□하였다.

②　：어떤 사물을 특징지어 두드러지게 함. **2문단**
예 빈부 격차가 사회 문제로 □□되었다.

[3~4] 다음을 읽고 핵심 내용에 밑줄을 치고, 빈칸에 적절한 말을 채우시오. 또한 주어진 물음에 답하시오.

북을 치면 소리가 난다. 북을 쳤을 때 북의 가죽에서 진동이 일어나고 이로 인해 공기가 진동하여 소리를 내는 것이다. 북을 침 → ______의 진동 → ______의 진동 → 소리가 남 이때 공기가 가죽의 진동을 받아 생기는 진동수가 크면 높은 음이, 작으면 낮은 음이 난다. 공기의 ______ ∝ 음의 높이 그리고 공기의 진폭이 크면 강한 소리가, 작으면 약한 소리가 난다. 공기의 ______ ∝ 소리의 세기 스피커도 이와 같은 원리로 전류의 진동수나 진폭에 따라 다양한 소리를 재생한다. 북은 공기의 진동수나 진폭에 따라 다양한 소리를 내고, 스피커는 ______의 진동수나 진폭에 따라 다양한 소리를 내는구나.

일반적으로 널리 사용되는 스피커로는 다이내믹 스피커가 있다. 다이내믹 스피커는 영구 자석에 의해 형성되는 자기장이 보이스 코일에 흐르는 전류와 수직 방향을 이루도록 하여 진동판을 움직이는 힘이 위아래로 작용하게 함으로써 소리를 재생하는 메커니즘을 갖는다. 다이내믹 스피커의 소리 재생 메커니즘: ______과 ______가 수직 방향 → 진동판을 움직이는 힘이 ______로 작용 → 소리 재생 이러한 메커니즘은 왼쪽의 〈그림〉에서와 같이 자기장과 전류의 방향이 수직을 이룰 때 생성되는 힘(______을 움직이는 힘)이 자기장과 전류의 수직 방향으로 작용한다는 플레밍의 왼손 법칙으로 설명할 수 있다.

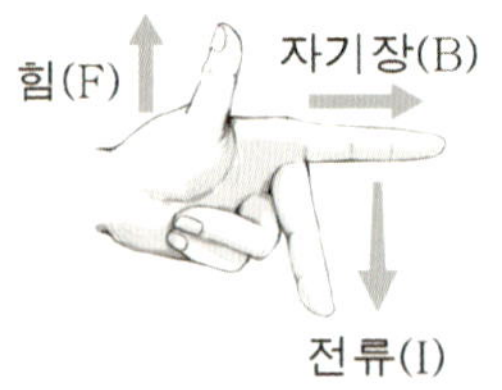

〈그림〉 플레밍의 왼손 법칙

다이내믹 스피커의 주요 부품으로는 영구 자석, 탑 플레이트, 보이스 코일, 보빈, 진동판, 댐퍼, 폴피스 등이 있다. 영구 자석은 자기장을 형성하고, 탑 플레이트는 이 자기장을 보이스 코일 방향으로 제어하는 역할을 한다. 보이스 코일은 보빈에 감겨 있는 도선으로, 이 코일에 전류가 흐르면 영구 자석이 형성하는 자기장과 상호 작용을 하여 생성되는 힘이 보이스 코일을 위아래로 움직이게 한다. 보이스 코일에 고정되어 있는 보빈은 보이스 코일이 받는 힘을 진동판에 그대로 전달하여 소리를 재생하게 한다. 댐퍼는 스피커의 외형을 이루는 단단한 프레임에 보빈을 지지시켜 보빈에 감겨 있는 보이스 코일이 위아래로 원활하게 움직일 수 있도록 보이스 코일의 중심을 잡아 준다. 그리고 폴피스는 전류가 흐르면서 보이스 코일에서 발생하는 열을 영구 자석과 탑 플레이트로 분산시켜 식혀 주는 역할을 한다. 다이내믹 스피커의 구성 요소를 나열하고, 각 요소의 역할을 하나씩 설명했어. 정보량이 많을수록 전체적인 흐름에 집중하면서 차분하게 읽자!

______	자기장 형성
탑 플레이트	______을 보이스 코일 방향으로 제어
______	전류와 자기장의 ______으로 생성되는 힘에 의해 위아래로 움직임
보빈	______을 진동판에 전달
______	보이스 코일의 중심을 잡아 줌
폴피스	보이스 코일에서 발생하는 ______을 분산시켜 식혀 줌

다이내믹 스피커에서 소리를 재생하기 위해서는 보이스 코일이 위아래로 반복하여 움직이면서 진동판을 진동시켜야 한다. 진동판의 반복 운동은 전류의 방향이 계속해서 바뀌는 교류 전류를 보이스 코일에 흘려줌으로써 이루어진다. 앞에서는 보이스 코일에 전류가 흐른다고만 설명했는데, 구체적으로 보이스 코일에 흐르는 전류는 ______이 계속해서 바뀌는 교류 전류라고 설명했어. 영구 자석에

서 나오는 자기장의 방향은 동일하지만 보이스 코일에 흐르는 교류 전류의 방향이 전환됨에 따라 보이스 코일이 받는 힘이 이전과 반대 방향으로 작용하게 된다. 그렇게 되면 진동판이 위아래로 반복 운동을 하며 소리가 재생된다. 〈그림〉에서처럼 자기장의 방향이 →이고 전류의 방향이 ↓인 경우 힘은 (↑/↓)로 작용하고, 반대로 방향이 전환되어 전류의 방향이 ↑인 경우 힘은 (↑/↓)로 작용하겠네.

한편 자기장(B)과 전류(I)의 세기가 커짐에 따라 보이스 코일에 작용하여 진동판을 진동시키는 힘(F)은 커진다. 그런데 영구 자석에서 형성되는 자기장의 세기는 항상 일정하기 때문에 스피커에서 재생되는 소리의 크기는 보이스 코일에 흐르는 전류의 변화에 따라 달라진다. ______가 커질수록 스피커에서 재생되는 소리의 크기도 커지는 거구나.

3. '다이내믹 스피커'에 대한 설명으로 적절하지 <u>않은</u> 것은?

① 전류는 보이스 코일에서 열을 발생시킨다.
② 보이스 코일과 보빈이 움직이는 방향은 동일하다.
③ 전류의 방향이 변하지 않으면 소리를 재생하지 못한다.
④ 보이스 코일에 전류를 흘려주면 보이스 코일이 힘을 받는다.
⑤ 보이스 코일이 받은 힘은 전류와 자기장의 상호 작용을 유도한다.

4. 윗글에서 ①과 ②에 들어갈 적절한 단어를 찾아 각각 빈칸에 쓰시오.

| ① | : 거침이 없이 잘되어 나감. **3문단** |

예 정부는 물자의 □□한 수급을 위해 규제를 없애겠다고 약속했다.

| ② | : 갈라져 흩어짐. **3문단** |

예 그는 군대를 여러 지역에 □□시켜 배치했다.

[3~4] 고2 2017학년도 3월 학평 「다이내믹 스피커」

① 북을 치면 소리가 난다. 북을 쳤을 때 북의 가죽에서 진동이 일어나고 이로 인해 공기가 진동하여 소리를 내는 것이다. 북을 침 → 가죽의 진동 → 공기의 진동 → 소리가 남 이때 공기가 가죽의 진동을 받아 생기는 진동수가 크면 높은 음이, 작으면 낮은 음이 난다. 공기의 진동수 ∝ 음의 높이 그리고 공기의 진폭이 크면 강한 소리가, 작으면 약한 소리가 난다. 공기의 진폭 ∝ 소리의 세기 스피커도 이와 같은 원리로 전류의 진동수나 진폭에 따라 다양한 소리를 재생한다. 북은 공기의 진동수나 진폭에 따라 다양한 소리를 내고, 스피커는 전류의 진동수나 진폭에 따라 다양한 소리를 내는구나.

② 일반적으로 널리 사용되는 스피커로는 다이내믹 스피커 가 있다. 다이내믹 스피커는 영구 자석에 의해 형성되는 자기장이 보이스 코일에 흐르는 전류와 수직 방향을 이루도록 하여 진동판을 움직이는 힘이 위아래로 작용하게 함으로써 소리를 재생하는 메커니즘을 갖는다. 다이내믹 스피커의 소리 재생 메커니즘: 자기장과 전류가 수직 방향 → 진동판을 움직이는 힘이 위아래로 작용 → 소리 재생 이러한 메커니즘은 왼쪽의 〈그림〉에서와 같이 자기장과 전류의 방향이 수직을 이룰 때 생성되는 힘(진동판을 움직이는 힘)이 자기장과 전류의 수직 방향으로 작용한다는 플레밍의 왼손 법칙으로 설명할 수 있다.

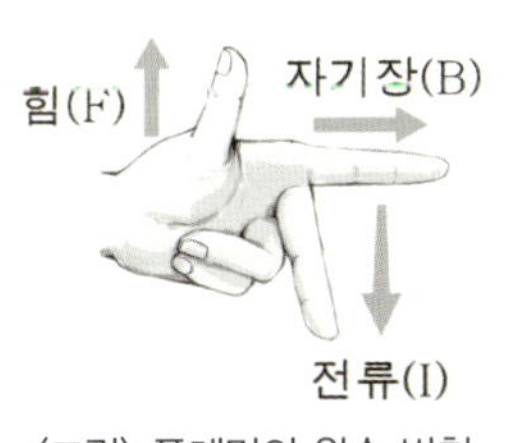

〈그림〉 플레밍의 왼손 법칙

③ 다이내믹 스피커의 주요 부품으로는 영구 자석, 탑 플레이트, 보이스 코일, 보빈, 진동판, 댐퍼, 폴피스 등이 있다. (1)영구 자석은 자기장을 형성하고, (2)탑 플레이트는 이 자기장을 보이스 코일 방향으로 제어하는 역할을 한다. (3)보이스 코일은 보빈에 감겨 있는 도선으로, 이 코일에 전류가 흐르면 영구 자석이 형성하는 자기장과 상호 작용을 하여 생성되는 힘이 보이스 코일을 위아래로 움직이게 한다. 보이스 코일에 고정되어 있는 (4)보빈은 보이스 코일이 받는 힘을 진동판에 그대로 전달하여 소리를 재생하게 한다. (5)댐퍼는 스피커의 외형을 이루는 단단한 프레임에 보빈을 지지시켜 보빈에 감겨 있는 보이스 코일이 위아래로 원활하게 움직일 수 있도록 보이스 코일의 중심을 잡아 준다. 그리고 (6)폴피스는 전류가 흐르면서 보이스 코일에서 발생하는 열을 영구 자석과 탑 플레이트로 분산시켜 식혀 주는 역할을 한다. 다이내믹 스피커의 구성 요소를 나열하고, 각 요소의 역할을 하나씩 설명했어. 정보량이 많을수록 전체적인 흐름에 집중하면서 차분하게 읽자!

영구 자석	자기장 형성
탑 플레이트	자기장을 보이스 코일 방향으로 제어
보이스 코일	전류와 자기장의 상호 작용으로 생성되는 힘에 의해 위아래로 움직임
보빈	보이스 코일이 받는 힘을 진동판에 전달
댐퍼	보이스 코일의 중심을 잡아 줌
폴피스	보이스 코일에서 발생하는 열을 분산시켜 식혀 줌

④ 다이내믹 스피커에서 소리를 재생하기 위해서는 보이스 코일이 위아래로 반복하여 움직이면서 진동판을 진동시켜야 한다. 진동판의 반복 운동은 전류의 방향이 계속해서 바뀌는 교류 전류를 보이스 코일에 흘려줌으로써 이루어진다. 앞에서는 보이스 코일에 전류가 흐른다고만 설명했는데, 구체적으로 보이스 코일에 흐르는 전류는 방향이 계속해서 바뀌는 교류 전류라고 설명했어. 영구 자석에서 나오는 자기장의 방향은 동일하지만 보이스 코일에 흐르는 교류 전류

의 방향이 전환됨에 따라 보이스 코일이 받는 힘이 이전과 반대 방향으로 작용하게 된다. 그렇게 되면 진동판이 위아래로 반복 운동을 하며 소리가 재생된다. 〈그림〉에서처럼 자기장의 방향이 →이고 전류의 방향이 ↓인 경우 힘은 ↑로 작용하고, 반대로 방향이 전환되어 전류의 방향이 ↑인 경우 힘은 ↓로 작용하겠네.

⑤ 한편 자기장(B)과 전류(I)의 세기가 커짐에 따라 보이스 코일에 작용하여 진동판을 진동시키는 힘(F)은 커진다. 그런데 영구 자석에서 형성되는 자기장의 세기는 항상 일정하기 때문에 스피커에서 재생되는 소리의 크기는 보이스 코일에 흐르는 전류의 변화에 따라 달라진다. 전류의 세기가 커질수록 스피커에서 재생되는 소리의 크기도 커지는 거구나.

3. ⑤

3문단의 '보이스 코일은 보빈에~위아래로 움직이게 한다.'를 통해 전류와 자기장의 상호 작용으로 보이스 코일이 힘을 받게 되는 것이지, 보이스 코일이 받은 힘이 전류와 자기장의 상호 작용을 유도하는 것은 아님을 알 수 있다.

① 3문단에서 '전류가 흐르면서 보이스 코일에서 발생하는 열'을 폴피스가 식혀 준다고 한 것을 통해 전류가 보이스 코일에서 열을 발생시킴을 알 수 있다.

② 3문단에서 '보이스 코일에 고정되어 있는 보빈은 보이스 코일이 받는 힘을 진동판에 그대로 전달'한다고 한 것을 통해 보이스 코일과 보빈이 움직이는 방향은 동일함을 알 수 있다.

③ 4문단에 따르면 다이내믹 스피커는 '진동판을 진동'시켜 '소리를 재생'하는데, 이때 진동판의 진동은 '전류의 방향이 계속해서 바뀌는 교류 전류를 보이스 코일에 흘려줌'으로써 이루어진다. 따라서 전류의 방향이 변하지 않으면 다이내믹 스피커는 소리를 재생하지 못할 것이다.

④ 3문단의 '보이스 코일은 보빈에~위아래로 움직이게 한다.'를 통해 보이스 코일에 전류를 흘려주면 전류와 자기장의 상호 작용으로 인해 발생한 힘이 보이스 코일에 작용함을 알 수 있다.

4. ① 원활 ② 분산

[1~2] 고1 2024학년도 3월 학평 「큐비즘」

① 20세기 초 유럽에서 일어난 과학 문명의 발전은 현실을 이루는 법칙을 하나씩 **부정**하였다. 절대적이라고 믿어 왔던 시공간마저 상대적인 것으로 밝혀지면서, 사람들은 기존에 당연시되어 온 인식에 의문을 품었다. 이는 서양의 회화에도 영향을 미쳐 큐비즘이라는 새로운 미술 양식을 탄생시켰다. 20세기 초 과학 문명의 발전에 영향을 받아 큐비즘이라는 새로운 미술 양식이 생겨났다고 해.

② 큐비즘은 대상의 사실적 재현에 집중했던 전통 회화와 달리, 대상의 본질을 구현하기 위해 그 근원적 형태를 그려 내는 것을 목표로 삼았다. 전통 회화: 대상의 사실적 재현에 집중 ↔ 큐비즘: 대상의 본질 구현을 위해 근원적 형태를 그려 내려 함 이를 위해 대상의 본질과 관련 없는 세부적 묘사를 배제하고 구와 원기둥 등의 기하학적 형태로 대상을 단순화하여 질감과 부피감을 **부각**하였다. 색채 또한 본질 구현에 있어 부차적인 것으로 판단하여 몇 가지 색으로 제한하였다. 큐비즘의 특징 (1) 본질과 관련 없는 세부 묘사 배제, 기하학적 형태로 단순화 + 색채 제한(본질 구현에 부차적 요소로 판단)

③ 또한 큐비즘은 하나의 시점으로는 대상의 한쪽 형태밖에 표현할 수 없다고 생각하여, 하나의 시점에서 대상을 보고 표현하는 원근법을 거부하였다. 큐비즘은 대상의 본질을 구현하려는 목적이 있으므로 하나의 시점으로 한쪽 형태만 표현하는 원근법은 불완전하다고 보아 활용하지 않았어. 그리고 대상의 전체 형태를 표현하기 위해 다중 시점을 적용하였는데, 이는 여러 시점에서 관찰한 대상을 한 화면에 그려 내고자 한 기법이다. 예를 들어, 한 인물을 그릴 때 얼굴의 정면과 측면을 동시에 표현함으로써 대상의 전체 형태를 관람자들에게 보여 주는 것이다. 큐비즘의 특징 (2) 원근법 거부 + 다중 시점 적용 이렇게 큐비즘은 사실적 재현에서 벗어나 대상의 근원적 형태를 표현하려 하였으며, 관람자들에게 새로운 미적 인식을 환기하였다.

④ 대상의 형태를 더 다양한 시점으로 보여 주려는 시도는 다중 시점의 극단화로 치달았는데, 이 시기의 큐비즘을 분석적 큐비즘이라고 일컫는다. 다중 시점이 극단화된 시기의 큐비즘을 분석적 큐비즘이라고 해. 이제 분석적 큐비즘의 특징에 대해 설명하겠지? 분석적 큐비즘은 대상을 여러 시점으로 해체하여 작은 격자 형태로 쪼개어 표현했고, 색채 또한 대상의 고유색이 아닌 무채색으로 한정하였다. 분석적 큐비즘의 특징: (1) 대상을 작은 격자 형태로 쪼개어 표현, (2) 색채는 무채색으로 한정 해체 정도가 심해짐에 따라 대상은 부피감이 사라질 정도로 완전히 분해되었다. 이로 인해 관람자는 대상이 무엇인지조차 알아볼 수 없게 되었고, 제목이나 삽입된 문자를 통해서만 대상이 무엇인지 추측할 수 있게 되었다. 분석적 큐비즘의 문제점: 대상의 해체 정도가 심해짐 → 대상의 부피감 사라짐 → 관람자가 대상이 무엇인지 알아볼 수 없음. 분석적 큐비즘의 문제점이 제시되었으니 해결 방안에 대한 내용이 이어질 거야.

⑤ ㉠대상이 극단적으로 해체되어 형태를 파악하지 못하게 된 문제를 해결하기 위해, 큐비즘은 화면 안으로 실제 대상 혹은 대상의 특성을 잘 드러내는 화면 밖의 재료들을 끌어들였다. 이것을 종합적 큐비즘이라고 일컫는다. 종합적 큐비즘의 특징: (1) 분석적 큐비즘의 문제점을 해결, (2) 화면 안으로 대상의 특성을 잘 드러내는 재료들을 끌어들임 종합적 큐비즘의 특징을 보여 주는 대표적 기법으로는 '파피에 콜레'가 있다. 이는 화면에 신문이나 벽지 등의 실제 종이를 오려 붙여 대상의 특성을 표현하는 기법이다. 예를 들어, 나무 탁자의 질감을 표현하기 위해 화면에 나뭇결무늬의 종이를 직접 붙였다. 화면에 붙인 종이의 색으로 인해 색채도 다시 살아났다. 파피에 콜레는 대상의 특성을 드러내기 위해 화면에 실제 종이를 오려 붙이는 방법이구나.

⑥ 큐비즘은 대상의 근원적 형태를 화면에 구현하기 위해 대상을 표현하는 새로운 방법을 모색하였다. 큐비즘이 대상의 형태를 실제에서 해방한 것은 회화 예술에 무한한 표현의 가능성을 가져다주었다. 이는 표현 대상을 보이는 세계에 한정하지 않는 현대 추상 회화의 탄생에 직접적인 영향을 미쳤다. 무한한 표현의 가능성을 가져다준 큐비즘은 표현 대상을 보이는 것에만 한정하지 않는 현대 추상 회화의 탄생에 직접적인 영향을 미쳤다고 해.

---

1. ①

3문단과 4문단에 따르면, 큐비즘은 '대상의 전체 형태를 표현하기 위해 다중 시점을 적용'하여 '사실적 재현에서 벗어나 대상의 근원적 형태를 표현하려 하였'으나, 이렇듯 '대상의 형태를 더 다양한 시점으로 보여 주려는 시도'가 '극단화로 치'닫게 되면서 '대상이 무엇인지조차 알아볼 수 없게 되'었다. 따라서 ㉠(대상이 극단적으로 해체되어 형태를 파악하지 못하게 된 문제)은 대상의 본질을 화면에 구현하기 위해 다중 시점에 집착한 결과라고 볼 수 있다.

② 1문단에 따르면 큐비즘은 '절대적이라고 믿어 왔던', '기존에 당연시되어 온 인식에 의문을 품'기 시작한 시점에 탄생했으므로 ㉠은 인식의 절대적 기준, 즉 특정 시점을 제시하기 위함이 아니라 오히려 탈피하여 다양한 시점으로 대상을 그리며 본질을 구현하다가 생긴 문제였고, 그 방법에서 '시공간마저 상대적'이라고 하며 대상의 변화를 무시하는 것이 아닌 고려 대상으로 끌어 왔다고 봐야 한다. 따라서 ㉠이 인식의 절대적 기준을 제시하기 위해 대상의 변화를 무시한 결과라는 내용은 적절하지 않다.

③ 2문단에 따르면, 큐비즘은 '사실적 재현에 집중했던 전통 회화와 달리, 대상의 본질을 구현하기 위해 그 근원적 형태를 그려 내'고자 했다. 따라서 ㉠이 화면의 공간을 사실적으로 표현하기 위해 대상의 형태를 희생한 결과라는 내용은 적절하지 않다.

④ 2문단에 따르면, 큐비즘은 '대상의 본질을 구현하기 위해' '기하학적 형태로 대상을 단순화하여 질감과 부피감을 부각'함으로써 '그 근원적 형태를 그려 내'고자 하였다. 따라서 ㉠이 기하학적 형태에서 탈피하기 위해 대상의 정면과 측면을 동시에 표현한 결과라는 내용은 적절하지 않다.

⑤ 3문단에 따르면, 큐비즘은 '사실적 재현에서 벗어나 대상의 근원적 형태를 표현하려 하였으며, 관람자들에게 새로운 미적 인식을 환기'하였다. 따라서 ㉠이 관람자들에게 새로운 미적 인식을 환기하기 위해 대상을 있는 그대로(사실적으로) 재현한 결과라는 내용은 적절하지 않다.

2. ① 부정 ② 부각

[1~2] 다음을 읽고 핵심 내용에 밑줄을 치고, 빈칸에 적절한 말을 채우시오. 또한 주어진 물음에 답하시오.

근대 철학에서는 대상이 지닌 고정된 진리나 고유한 본질에 해당하는 동일성을 찾으려고 노력하였다. 그리고 그 동일성을 그대로 표상하는 것, 즉 얼마나 유사하게 동일성을 재현할 수 있느냐에 관심을 가졌다. 근대 철학: ________을 찾고 이를 표상하는 것에 관심 그러나 들뢰즈는 표상이 대상들이 지닌 차이를 동일성에 종속시키는 것이라 비판하였다. 들뢰즈는 대상이 다른 대상들과 관계 맺으며 펼쳐지는 무수한 차이를 긍정하며 세계를 생성의 원리로 설명하고자 했다. 들뢰즈: ________를 긍정하며, 이를 동일성에 종속시키는 ________을 비판

들뢰즈가 말하는 '차이'란 두 대상을 정태적으로 비교해서 나오는 어떤 것이 아니라, 두 대상이 만나고 섞임으로써 '생성'되는 것이다. 예를 들어 '달리기를 잘하는 사람(A)'과 '자동차(B)'가 있다고 가정해 보자. A는 원래 땅 위를 달리며, 달리기와 관련된 근육이 발달되어 있었을 것이다. 그런데 A가 달리기 대신 B를 오랫동안 반복적으로 운전한다면 어떻게 될까? A는 달리는 근육 대신 브레이크나 엑셀을 밟는 근육이 발달할 것이다. A는 땅과 자동차 중 어느 것과 관계를 맺느냐에 따라 이전의 A와는 다른 차이를 지니게 된다. 그리고 그 차이는 A에게 '자동차 운전을 잘하게 된 사람'이라는 새로운 의미를 부여하게 되는데, 이것이 바로 '생성'이다. ________: 어떤 대상이 무엇과 관계를 맺느냐에 따른 차이가 ________를 부여하는 것

또한 들뢰즈는 대상과 대상이 연결되어 서로를 변화시키는 생성의 과정을 주름 개념으로 설명한다. 새로 산 옷을 입으면, 이 옷은 얼마 지나지 않아 많은 주름이 생긴다. 이 주름은 옷 자체 혹은 외부로부터 받은 힘에 의해 만들어진다. 결국 주름은 대상 자체의 내재적 원인에 의해 혹은 차이를 지닌 대상과의 관계 속에서 끊임없이 생성되는 '흔적'이라 할 수 있다. 생성된 주름은 시간의 연속된 흐름 속에서 다시 다른 대상들과 관계를 맺으며, 서로 관계를 맺는 대상들은 처음과는 차이가 나는 새로운 주름을 계속해서 생성해 나간다. 따라서 주름에는 시간적 개념과 변형이 포함됨을 알 수 있다. 주름: 내재적 원인 혹은 ________ 속에서 끊임없이 생성되며, 새로운 의미를 형성함

들뢰즈가 제안한 '주름' 개념은 현대 건축가들에게 영향을 미쳤으며, 특히 현대 랜드스케이프 건축에 많은 영감을 주었다. 랜드스케이프 건축가들은 대지와 건물, 건물과 건물, 건물의 내부와 외부를 각각의 고정된 의미로 분리하여 바라보려는 전통적인 이분법적 관점을 거부하고 이들을 하나의 주름 잡힌 표면, 즉 서로 관계 맺으며 접고 펼쳐지는 반복적 과정 속에서 생성된 하나의 통합된 공간으로 보고자 하였다. 현대 랜드스케이프 건축: 대지-건물, 건물-건물, 건물 내부-외부는 ________를 맺는 과정을 통해 생성된 하나의 ________임 그동안 건축에서는 대지와 건물이 인간에 의해 그 역할이 일방적으로 규정되는 수동적 존재로 파악되었었는데, 현대 건축에서는 대지와 건물 자체가 새로운 의미를 생성하는 능동적인 존재로 작동한다. 과거 건축에서의 대지와 건물: ________ 존재 → 현대 건축에서의 대지와 건물: ________ 존재

랜드스케이프 건축에서 나타나는 연속된 표면은 대지와 건물의 벽, 천장을 하나의 흐름으로 생성하면서 대지와 건물이 구분되지 않고 하나로 연결되어 통합되기도 하고, 건물 자체가 대지를 완전히 덮어서 대지와 건물이 통합되기도 한다. 연속된 표면: 랜드스케이프 건축에서 ________와 ________의 경계를 허물고, 하나의 흐름으로 통합시키는 방식 그리고 연속된 표면은 주름처럼 접히고 펼쳐지면서 공간을 만들어 내는데, 이러한 공간은 그 성격이 고정되지 않고 우연적인 상황 혹은 주변의 여러 가지 요인의 전개로 인해 재구성될 수 있는 잠재적인 특징을 지니게 된다. 그리고 이러한 공간의 흐름은 연속적으로 구성되어 있어 건물의 안과 밖이 자연스럽게 연결되기 때문에 건물의 내부와 외부의 구분이 모호해지게 된다. 이를 통해 건물 내부에서 외부를 바라보는 시선과 외부에서 내부를 바라보는 응시를 동시에 담아낼 수 있게 되는 것이다. 랜드스케이프 건축에서 연속된 표면이 형성한 공간의 특징: (1) 공간의 ________이 고정되지 않고 재구성 가능, (2) 건물의 ________와 ________의 구분 모호

〈동대문디자인플라자(DDP)〉

우리나라의 동대문디자인플라자(DDP)는 이러한 랜드스케이프 건축의 특성이 잘 드러나 있는 건물이다. DDP의 표면은 주름진 곡선이 연속적으로 이어지고 있는데, 하늘에서 내려다보면 건물 전체가 대지를 덮고 있는 형상을 띠고 있다. 또한 주름진 곡선에 의해 만들어진 내부의 공간들은 디자인 전시관으로 활용되기도 하지만, 경우에 따라 패션 행사나 다양한 체험 마당 등 다양한 용도로 활용된다. 특히 DDP는 기존에 있던 지하철역이 건물의 지하 광장과 건물의 입구로 이어지도록 만들어졌으며, DDP 외부의 공원과 건물 간의 경계가 없어 공원을 걷다 보면 자연스럽게 건물의 내부로 이어지고, 내부에서 옥상의 잔디 언덕으로 이동하게 되면서 다시 건물 밖의 공원으로 나오게 되는데, 이런 점 때문에 DDP는 기존에 존재하는 것들과 통합을 추구하였다는 평가를 받고 있다. DDP에 반영된 ________ 건축의 특징: (1) ________가 대지를 덮어 연속된 표면을 이룸, (2) 내부의 공간을 다양한 용도로 활용, (3) 건물의 내부와 외부 ________ 없음(공간의 통합 추구)

1. 주름 에 대한 이해로 적절하지 <u>않은</u> 것은?

① 주름은 내재적 원인에 의해 완성된다.

② 주름은 대상과 대상이 서로 연결되어 생성된다.

③ 생성된 주름은 다른 대상들과의 차이를 만들어 낸다.

④ 주름은 대상들 간의 관계를 통해 새로운 의미를 형성한다.

⑤ 대상의 주름은 서로를 변화시키며 연속적으로 만들어진다.

2. 윗글에서 ①과 ②에 들어갈 적절한 단어를 찾아 각각 빈칸에 쓰시오.

① : 창조적인 일의 계기가 되는 기발한 착상이나 자극. 4문단
예 피카소의 작품을 접할 때마다 □□에 사로잡히게 된다.

② : 겉으로 드러나지 않고 숨은 상태로 존재하는 것. 5문단
예 나는 그의 □□□인 가능성을 높이 평가한다.

[3~4] 다음을 읽고 핵심 내용에 밑줄을 치고, 빈칸에 적절한 말을 채우시오. 또한 주어진 물음에 답하시오.

도시에서 도로, 도로변의 건물, 가로수, 조성물 등 '가로(街路, street)'의 구성 요소들이 어울려 이루어내는 종합적 이미지를 '가로 경관'이라고 한다. 가로 경관: 가로의 ＿＿＿＿＿＿＿＿＿(도로, 건물, 가로수, 조성물 등)이 만든 이미지 가로 경관은 시각적인 연속성과 복합성을 갖는데, 도시 설계나 경관 디자인을 할 때에는 가로 경관의 시각적 효과와 관련되는 몇 가지 척도를 고려해야 한다.

첫째, 가로 경관을 디자인할 때는 도로의 폭과 도로변 건물 높이의 비율에 따른 시각적 효과를 고려해야 한다. 〈그림〉에서 보는 것처럼 도로 폭을 D, 도로변 건물 높이를 H라 할 때, 그 비율인 D/H가 1일 때 균형 잡힌 느낌을 준다. 도로 폭에 비해 높은 건물이 많아

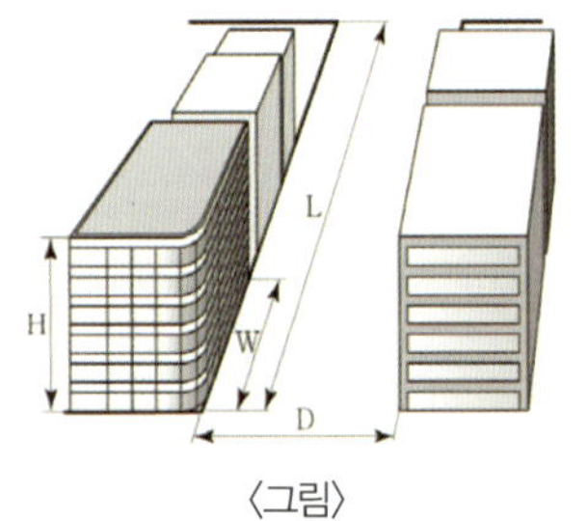
〈그림〉

D/H가 1보다 작으면 폐쇄성이 강한 공간이 된다. 반면, D/H가 1보다 커지면 개방적인 공간이 된다. (1) D/H = 1: ＿＿＿＿＿＿＿＿＿＿ (2) D/H < 1: ＿＿＿＿＿＿＿＿＿＿, (3) D/H > 1: ＿＿＿＿＿＿＿ D/H가 3 이상 되면 너무 널찍한 느낌이 들 수 있으므로 가로수로 공간을 나누거나 랜드마크*가 되는 공간에 시선을 유도하여 공간을 시각적으로 좁힐 수 있게 설계해야 한다. 가로 경관 설계 시 유의점 1: 도로 폭과 ＿＿＿＿＿＿＿＿＿의 비율(D/H)에 따른 시각적 효과

둘째, 도로 폭과 도로 길이의 비율에 따른 시각적인 효과도 따져보아야 한다. 도로 폭(D)과 길이(L)의 비율(D/L)은 가로 경관의 정리된 느낌과 관련된 척도이다. 폭이 길이에 비해 상대적으로 커지면 광장 이미지의 공간이 된다. 이런 가로는 축제와 같은 큰 행사를 치르기에 적합하다. 반대로 도로 폭이 좁고 길게 이어지는 가로는 산책로 이미지의 공간이 된다. 이런 가로는 보행자가 중심이 되고, 이를 대표하는 번화가는 적절한 위요감*과 친밀감을 형성한다. (1) D/L (>/<) 1: 광장 이미지의 공간, (2) D/L (>/<) 1: 산책로 이미지의 공간 가로가 하나의 공간으로 인식되기 위해서는 길이를 일정하게 제한하여 구분하는 것이 좋다. 광장 이미지가 강한 가로는 2km, 산책로 이미지가 강한 가로는 1km를 넘지 않도록 설계해야 시각적으로 정리된 느낌을 얻게 된다. 가로 경관 설계 시 유의점 2: 도로 폭과 ＿＿＿＿＿＿＿의 비율 (D/L)에 따른 시각적 효과

셋째, 도로 폭(D)과 이 도로에 접하고 있는 건물의 정면 폭(W)의 비율인 W/D도 고려해야 한다. W/D는 도로의 진행 방향에 대한 가로의 리듬과 관련이 되는데, 사람이 도로변 상점들에 눈길을 주며 걷는 상황을 염두에 두고 이해하면 된다. 건물의 정면 폭이 도로 폭보다 작아 W/D가 1 이하인 건물이 연속되면, 보행자가 지루하지 않게 거닐 수 있으므로 가로는 활기에 넘치게 된다. 반면에 폭이 좁은 도로에 정면 폭이 큰 건축물들이 입지하게 된다면, 가로의 분위기는 단조로워지고 활기를 잃고 만다. (1) W/D ≤ 1: 활기 (O/X), (2) W/D > 1: 활기 (O/X) 따라서 정면 폭이 큰 건물이 입지하는 경우에는 W/D가 1보다 작아 보이도록 건물의 정면을 분절하거나 변화를 주어 가로 경관에 활기를 불어넣는 것이 좋다. 가로 경관 설계 시 유의점 3: 도로 폭과 도로에 접한 ＿＿＿＿＿＿＿의 비율(W/D)에 따른 시각적 효과

도시 경관이 도시의 경쟁력으로 각인되면서 가로 경관으로 대표되는 도시 경관의 개선이 최근 도시의 과제 중 하나가 되었다. 그래서 시각적

효과와 관련되는 척도들과 함께 도로변에 있는 건축물의 색채, 간판, 가로수 등을 고려한 도시 설계와 경관 디자인에 대한 요구가 증대되고 있다. 최근 ＿＿＿＿＿＿＿＿＿이 도시의 과제로 주목받고 있음을 언급하며 글을 마무리했어.

*랜드마크(landmark): 주위의 경관 중에서 두드러져 어떤 지역을 식별할 때 목표물로서 적당한 사물.
*위요감: 둘러싸인 느낌.

3. 윗글을 바탕으로 할 때, 〈보기〉에 대한 반응으로 적절한 것은?

〈보기〉

○○시에서는 새로운 도시 경관 디자인을 위해 주요 가로에 대해 기초 조사를 실시하여 다음과 같은 결과를 얻었다.
(단, 각 가로의 도로 폭은 같고, 각 가로마다 건물 높이의 편차는 작았음.)

가로	A	B	C
D/H(평균)	0.8	2.0	1.2
W/D(평균)	0.9	1.4	1.6

① A는 정면 폭이 도로 폭보다 큰 건물이 많은 가로일 것이다.
② B는 도로 폭과 도로변 건물들의 높이가 같은 가로일 것이다.
③ C는 개방성보다 폐쇄성이 강한 가로일 것이다.
④ A는 B보다 단조롭고 활기가 없는 가로일 것이다.
⑤ B는 C보다 낮은 건물들이 많은 가로일 것이다.

4. 윗글에서 ①과 ②에 들어갈 적절한 단어를 찾아 각각 빈칸에 쓰시오.

① : 평가하거나 측정할 때 의거할 기준. 1문단
예 가격이 반드시 품질의 ＿＿가 되는 것은 아니다.

② : 마음의 속. 4문단
예 그는 후계자로 사위를 ＿＿에 두고 있었다.

[3~4] 고2 2016학년도 6월 학평 「가로 경관의 시각적 효과와 관련된 척도」

① 도시에서 도로, 도로변의 건물, 가로수, 조성물 등 '가로(街路, street)'의 구성 요소들이 어울려 이루어내는 종합적 이미지를 '가로 경관'이라고 한다. 가로 경관: 가로의 구성 요소들(도로, 건물, 가로수, 조성물 등)이 만든 이미지 가로 경관은 시각적인 연속성과 복합성을 갖는데, 도시 설계나 경관 디자인을 할 때에는 가로 경관의 시각적 효과와 관련되는 몇 가지 척도를 고려해야 한다.

② 첫째, 가로 경관을 디자인할 때는 도로의 폭과 도로변 건물 높이의 비율에 따른 시각적 효과를 고려해야 한다. 〈그림〉에서 보는 것처럼 도로 폭을 D, 도로변 건물 높이를 H라 할 때, (1)그 비율인 D/H가 1일 때 균형 잡힌 느낌을 준다. (2)도로 폭에 비해 높은 건물

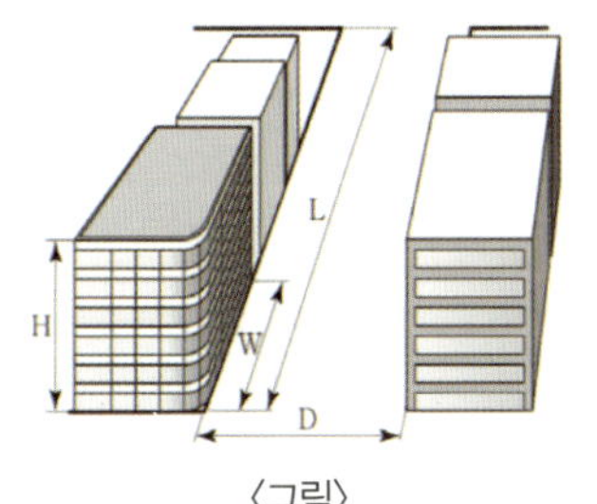

〈그림〉

이 많아 D/H가 1보다 작으면 폐쇄성이 강한 공간이 된다. (3)반면, D/H가 1보다 커지면 개방적인 공간이 된다. (1) D/H = 1: 균형 잡힌 느낌, (2) D/H < 1: 폐쇄성이 강한 공간, (3) D/H > 1: 개방적인 공간 D/H가 3 이상 되면 너무 널찍한 느낌이 들 수 있으므로 가로수로 공간을 나누거나 랜드마크가 되는 공간에 시선을 유도하여 공간을 시각적으로 좁힐 수 있게 설계해야 한다. 가로 경관 설계 시 유의점 ①: 도로 폭과 도로변 건물 높이의 비율(D/H)에 따른 시각적 효과

③ 둘째, 도로 폭과 도로 길이의 비율에 따른 시각적인 효과도 따져보아야 한다. 도로 폭(D)과 길이(L)의 비율(D/L)은 가로 경관의 정리된 느낌과 관련된 척도이다. (1)폭이 길이에 비해 상대적으로 커지면 광장 이미지의 공간이 된다. 이런 가로는 축제와 같은 큰 행사를 치르기에 적합하다. (2)반대로 도로 폭이 좁고 길게 이어지는 가로는 산책로 이미지의 공간이 된다. 이런 가로는 보행자가 중심이 되고, 이를 대표하는 번화가는 적절한 위요감과 친밀감을 형성한다. (1) D/L > 1: 광장 이미지의 공간, (2) D/L < 1: 산책로 이미지의 공간 가로가 하나의 공간으로 인식되기 위해서는 길이를 일정하게 제한하여 구분하는 것이 좋다. 광장 이미지가 강한 가로는 2km, 산책로 이미지가 강한 가로는 1km를 넘지 않도록 설계해야 시각적으로 정리된 느낌을 얻게 된다. 가로 경관 설계 시 유의점 ②: 도로 폭과 도로 길이의 비율(D/L)에 따른 시각적 효과

④ 셋째, 도로 폭(D)과 이 도로에 접하고 있는 건물의 정면 폭(W)의 비율인 W/D도 고려해야 한다. W/D는 도로의 진행 방향에 대한 가로의 리듬과 관련이 되는데, 사람이 도로변 상점들에 눈길을 주며 걷는 상황을 염두에 두고 이해하면 된다. (1)건물의 정면 폭이 도로 폭보다 작아 W/D가 1 이하인 건물이 연속되면, 보행자가 지루하지 않게 거닐 수 있으므로 가로는 활기에 넘치게 된다. (2)반면에 폭이 좁은 도로에 정면 폭이 큰 건축물들이 입지하게 된다면, 가로의 분위기는 단조로워지고 활기를 잃고 만다. (1) W/D ≤ 1: 활기 O, (2) W/D > 1: 활기 X 따라서 정면 폭이 큰 건물이 입지하는 경우에는 W/D가 1보다 작아 보이도록 건물의 정면을 분절하거나 변화를 주어 가로 경관에 활기를 불어넣는 것이 좋다. 가로 경관 설계 시 유의점 ③: 도로 폭과 도로에 접한 건물의 정면 폭의 비율(W/D)에 따른 시각적 효과

⑤ 도시 경관이 도시의 경쟁력으로 각인되면서 가로 경관으로 대표되는 도시 경관의 개선이 최근 도시의 과제 중 하나가 되었다. 그래서 시각적 효과와 관련되는 척도들과 함께 도로변에 있는 건축물의 색채, 간판, 가로수 등을 고려한 도시 설계와 경관 디자인에 대한 요구가 증대되고 있다. 최근 도시 경관 개선이 도시의 과제로 주목받고 있음을 언급하며 글을 마무리했어.

---

3. ⑤

> 〈보기〉에서 '각 가로의 도로 폭(D)은 같다'고 했으므로, D/H는 '도로변 건물 높이(H)'가 낮을수록 더 큰 값을 가진다. 〈보기〉에서 B의 D/H는 2.0이고, C의 D/H는 1.2이므로 B는 C보다 낮은 건물들이 많은 가로일 것이다.

① 4문단에 따르면 '건물의 정면 폭(W)'이 '도로 폭(D)'보다 크면 W/D가 1보다 커진다. 그런데 〈보기〉에서 A의 W/D는 0.90이므로 A는 정면 폭이 도로 폭보다 작은 건물이 많은 가로일 것이다.

② 1문단에 따르면, 'D/H'가 1일 때, 도로 폭(D)과 도로변 건물의 높이(H)가 같다. 〈보기〉에서 B의 D/H는 2.0이므로, B는 건물 높이(H)에 비해 도로 폭(D)이 넓은 가로일 것이다.

③ 2문단에서 'D/H가 1보다 작으면 폐쇄성이 강한 공간', 'D/H가 1보다 커지면 개방적인 공간'이 된다고 했다. 〈보기〉에서 C는 D/H가 1.2이므로 개방성이 강한 가로일 것이다.

④ 4문단에서 'W/D가 1 이하인 건물이 연속'되면 '가로는 활기에 넘치'고, 그 반대의 경우 '가로의 분위기는 단조로워지고 활기를 잃'는다고 했다. 〈보기〉에서 A의 W/D는 0.90이고 B의 W/D는 1.4이므로, A는 B보다 활기에 넘치는 가로일 것이다.

4. ① 척도 ② 염두

[1~2] 고3 2019학년도 7월 학평 「들뢰즈의 주름 개념과 랜드스케이프 건축」

1 근대 철학에서는 대상이 지닌 고정된 진리나 고유한 본질에 해당하는 동일성을 찾으려고 노력하였다. 그리고 그 동일성을 그대로 표상하는 것, 즉 얼마나 유사하게 동일성을 재현할 수 있느냐에 관심을 가졌다. 근대 철학: 동일성을 찾고 이를 표상하는 것에 관심 그러나 들뢰즈는 표상이 대상들이 지닌 차이를 동일성에 종속시키는 것이라 비판하였다. 들뢰즈는 대상이 다른 대상들과 관계 맺으며 펼쳐지는 무수한 차이를 긍정하며 세계를 생성의 원리로 설명하고자 했다. 들뢰즈: 차이를 긍정하며, 이를 동일성에 종속시키는 표상을 비판

2 들뢰즈가 말하는 '차이'란 두 대상을 정태적으로 비교해서 나오는 어떤 것이 아니라, 두 대상이 만나고 섞임으로써 '생성'되는 것이다. 예를 들어 '달리기를 잘하는 사람(A)'과 '자동차(B)'가 있다고 가정해 보자. A는 원래 땅 위를 달리며, 달리기와 관련된 근육이 발달되어 있었을 것이다. 그런데 A가 달리기 대신 B를 오랫동안 반복적으로 운전한다면 어떻게 될까? A는 달리는 근육 대신 브레이크나 엑셀을 밟는 근육이 발달할 것이다. A는 땅과 자동차 중 어느 것과 관계를 맺느냐에 따라 이전의 A와는 다른 차이를 지니게 된다. 그리고 그 차이는 A에게 '자동차 운전을 잘하게 된 사람'이라는 새로운 의미를 부여하게 되는데, 이것이 바로 '생성'이다. 생성: 어떤 대상이 무엇과 관계를 맺느냐에 따른 차이가 새로운 의미를 부여하는 것

3 또한 들뢰즈는 대상과 대상이 연결되어 서로를 변화시키는 생성의 과정을 주름 개념으로 설명한다. 새로 산 옷을 입으면, 이 옷은 얼마 지나지 않아 많은 주름이 생긴다. 이 주름은 옷 자체 혹은 외부로부터 받은 힘에 의해 만들어진다. 결국 주름은 대상 자체의 내재적 원인에 의해 혹은 차이를 지닌 대상과의 관계 속에서 끊임없이 생성되는 '흔적'이라 할 수 있다. 생성된 주름은 시간의 연속된 흐름 속에서 다시 다른 대상들과 관계를 맺으며, 서로 관계를 맺는 대상들은 처음과는 차이가 나는 새로운 주름을 계속해서 생성해 나간다. 따라서 주름에는 시간적 개념과 변형이 포함됨을 알 수 있다. 주름: 내재적 원인 혹은 차이를 지닌 대상과의 관계 속에서 끊임없이 생성되며, 새로운 의미를 형성함

4 들뢰즈가 제안한 '주름' 개념은 현대 건축가들에게 영향을 미쳤으며, 특히 현대 랜드스케이프 건축에 많은 영감을 주었다. 랜드스케이프 건축가들은 대지와 건물, 건물과 건물, 건물의 내부와 외부를 각각의 고정된 의미로 분리하여 바라보려는 전통적인 이분법적 관점을 거부하고 이들을 하나의 주름 잡힌 표면, 즉 서로 관계 맺으며 접고 펼쳐지는 반복적 과정 속에서 생성된 하나의 통합된 공간으로 보고자 하였다. 현대 랜드스케이프 건축: 대지-건물, 건물-건물, 건물 내부-외부는 관계를 맺는 과정을 통해 생성된 하나의 통합된 공간임 그동안 건축에서는 대지와 건물이 인간에 의해 그 역할이 일방적으로 규정되는 수동적 존재로 파악되었었는데, 현대 건축에서는 대지와 건물 자체가 새로운 의미를 생성하는 능동적인 존재로 작동한다. 과거 건축에서의 대지와 건물: 수동적 존재 → 현대 건축에서의 대지와 건물: 능동적 존재

5 랜드스케이프 건축에서 나타나는 연속된 표면은 대지와 건물의 벽, 천장을 하나의 흐름으로 생성하면서 대지와 건물이 구분되지 않고 하나로 연결되어 통합되기도 하고, 건물 자체가 대지를 완전히 덮어서 대지와 건물이 통합되기도 한다. 연속된 표면: 랜드스케이프 건축에서 대지와 건물의 경계를 허물고, 하나의 흐름으로 통합시키는 방식 그리고 연속된 표면은 주름처럼 접히고 펼쳐지면서 공간을 만들어 내는데, (1)이러한 공간은 그 성격이 고정되지 않고 우연적인 상황 혹은 주변의 여러 가지 요인의 전개로 인해 재구성될 수

있는 잠재적인 특징을 지니게 된다. (2)그리고 이러한 공간의 흐름은 연속적으로 구성되어 있어 건물의 안과 밖이 자연스럽게 연결되기 때문에 건물의 내부와 외부의 구분이 모호해지게 된다. 이를 통해 건물 내부에서 외부를 바라보는 시선과 외부에서 내부를 바라보는 응시를 동시에 담아낼 수 있게 되는 것이다. 랜드스케이프 건축에서 연속된 표면이 형성한 공간의 특징: (1) 공간의 성격이 고정되지 않고 재구성 가능, (2) 건물의 내부와 외부의 구분 모호

〈동대문디자인플라자(DDP)〉

6 우리나라의 동대문디자인플라자(DDP)는 이러한 랜드스케이프 건축의 특성이 잘 드러나 있는 건물이다. (1)DDP의 표면은 주름진 곡선이 연속적으로 이어지고 있는데, 하늘에서 내려다보면 건물 전체가 대지를 덮고 있는 형상을 띠고 있다. (2)또한 주름진 곡선에 의해 만들어진 내부의 공간들은 디자인 전시관으로 활용되기도 하지만, 경우에 따라 패션 행사나 다양한 체험 마당 등 다양한 용도로 활용된다. (3)특히 DDP는 기존에 있던 지하철역이 건물의 지하 광장과 건물의 입구로 이어지도록 만들어졌으며, DDP 외부의 공원과 건물 간의 경계가 없어 공원을 걷다 보면 자연스럽게 건물의 내부로 이어지고, 내부에서 옥상의 잔디 언덕으로 이동하게 되면서 다시 건물 밖의 공원으로 나오게 되는데, 이런 점 때문에 DDP는 기존에 존재하는 것들과 통합을 추구하였다는 평가를 받고 있다. DDP에 반영된 랜드스케이프 건축의 특징: (1) 건물 전체가 대지를 덮어 연속된 표면을 이룸, (2) 내부의 공간을 다양한 용도로 활용, (3) 건물의 내부와 외부 경계 없음(공간의 통합 추구)

---

1. ①

3문단에서 '주름은 대상 자체의 내재적 원인에 의해 혹은 차이를 지닌 대상과의 관계 속에서 끊임없이 생성'된다고 했으므로, 주름이 내재적 원인에 의해 완성된다고 볼 수는 없다.

② 3문단에서 주름은 '대상과 대상이 연결되어 서로를 변화시키는 생성의 과정'이라고 했다.

③ 3문단에서 '생성된 주름은 시간의 연속된 흐름 속'에서 '서로 관계를 맺'으며 '처음과는 차이가 나는 새로운 주름을 계속해서 생성해 나간다.'라고 했다. 이때 새로운 주름이 계속 생겨난다는 것은 기존의 대상들과의 차이를 만들어 내는 것으로 볼 수 있다.

④ 2문단에서 생성은 '어느 것과 관계를 맺느냐'에 따른 차이가 '새로운 의미를 부여하게 되는' 것이라고 했는데, 3문단에서 들뢰즈는 그 과정을 '주름 개념으로 설명'한다고 했다. 그리고 이때 주름은 '차이를 지닌 대상과의 관계 속에서 끊임없이 생성되는 흔적'으로, '생성된 주름'은 '다시 다른 대상들과 관계를 맺으며, 서로 관계를 맺는 대상들은 처음과는 차이가 나는 새로운 주름을 계속해서 생성해 나간다.'라고 했다. 따라서 주름은 대상들 간의 관계를 통해 새로운 의미를 형성한다고 볼 수 있다.

⑤ 3문단에 따르면 주름은 '대상과 대상이 연결되어 서로를 변화'시키며 '끊임없이 생성'되는 '생성의 과정'으로 볼 수 있다.

2. ① 영감 ② 잠재적

[1~2] 다음을 읽고 핵심 내용에 밑줄을 치고, 빈칸에 적절한 말을 채우시오. 또한 주어진 물음에 답하시오.

조선은 국가적인 차원에서 산림을 보호하고 목재를 안정적으로 확보하기 위해 노력하였다. 특히 가장 중요한 목재인 소나무를 보호하기 위하여 소나무의 사적인 벌목을 금지하는 금산(禁山)을 곳곳에 지정하였다. 양인(良人)들도 조상들의 분묘를 중심으로 한 일정한 구역 내에서 타인의 경작, 채취, 건축, 묘지조성 등을 금지시키는 분산수호권(墳山守護權)과, 그 범위 내에 있는 산림 특히 소나무를 기르고 독점할 수 있는 금양권(禁養權)을 가질 수 있었다. 이러한 권리(____________과 ______)를 통해 이들은 그 구역을 사양산(私養山)이라 칭하면서 여기에서 나는 버섯, 꿀, 약용식물 등의 여러 경제적 산물을 배타적으로 소유하였다.

금산: ________ 차원에서 ________를 보호하기 위해 사적인 ______ 금지
사양산: 분산수호권·금양권을 통해 ________________을 배타적으로 소유한 산림

그런데 산림의 경제성이 증대됨에 따라 18세기에는 목재를 불법적으로 베어가는 투작(偸斫)이 광범위하게 확산되었다. 특히 사양산은 금산에 비해 통제가 약하였기 때문에 투작의 피해가 더욱 클 수밖에 없었다.

목재를 불법적으로 베어가는 ______의 피해는 국가적 차원에서 지정한 ______보다 ______에서 더 컸구나.

투작은 신분을 가리지 않고 시도되었다. 힘 있는 사족(士族)들은 본인이 소유한 사양산의 경계를 넘어 투작하거나 친족의 나무를 도둑질하여 팔았다. 또한 이들은 몰락한 양반 또는 돈 많은 평민들의 사양산이나 분묘 주변에서 다수의 인원을 동원하여 강제로 투작하는 늑작(勒斫)을 행하기도 하였다. 지방 향리층의 투작에는 정해진 숫자를 초과해 벌목하는 난작(亂斫)이 많았다. 그러나 사족이나 향리층의 투작은 평민층의 투작에 비하면 그 비중이 높지 않았다. 평민층의 투작은 한 사람의 소규모 투작에서 수십 명이 작당하는 대규모 투작까지 그 종류와 규모가 다양하였다. 일례로 충청도 임천에서는 산주가 출타한 틈을 타 인근 마을에 사는 평민들이 작당하고 27명을 동원하여 소나무 200여 그루를 투작하기도 하였다.

산림의 ________이 증대되면서 18세기에는 신분을 가리지 않고 투작이 확산되었어. 신분별 투작의 특징에 대해 정리해 보자. (1) 사족: 본인이 소유한 사양산 ______ 넘어 투작, 친족 나무 도둑질하여 팔, ______. (2) 지방 향리층: ______. (3) ________: 사족이나 향리층보다 투작의 비중이 가장 높으며 종류와 규모 다양함

이러한 투작 현상을 확대시키는 데 일조한 것은 목상(木商)들의 활동이었다. 목상들은 운반이 편리하며 굵고 큰 금산의 나무를 선호하였는데, 이들에 의해 유통된 목재는 개인 소유 선박인 사선의 제작에 주로 사용되었다. 이에 따라 수군의 병선 제작이나 관선 제작이 어려움을 겪을 정도였다.

목상이 유통한 목재는 ______의 제작에 주로 사용됨 → ______·관선 제작이 어려워짐

목상의 활동으로 인해 피해를 입은 것은 사양산의 소나무도 예외는 아니었다. 선박 한 척을 만드는 데 많을 경우 400여 그루의 소나무가 필요하였기 때문에 목상들은 닥치는 대로 나무를 구매하여 유통시켰다. 이에 목상들에게 판매하기 위한 소나무를 확보하기 위하여 금산이나 사양산을 가리지 않고 무차별적인 투작이 행해졌다.

목상은 금산의 나무를 ______했지만 사양산의 나무도 ____________인 투작의 피해를 입었군.

투작은 가난한 평민들이 손쉽게 큰돈을 만질 수 있는 수단이었으나 그로 인해 전국의 산림은 크게 황폐해져 갔다.

투작이 확산되면서 산림이 크게 ______해짐

1. 윗글에서 알 수 <u>없는</u> 것은?

① 금산보다는 사양산에서 투작하기가 더 쉬웠다.

② 수군의 병선이나 관선을 제작할 때 금산의 소나무가 사용되었다.

③ 목상들의 활동은 전국의 산림을 황폐하게 만드는 데에 일조하였다.

④ 사족의 투작보다 향리층의 투작이, 향리층의 투작보다 평민층의 투작이 더 큰 사회문제를 초래했다.

⑤ 사족들은 자신들의 분산수호권 범위 내에서 산출되는 약용식물을 다른 사람이 가져갈 수 없게 하는 권리가 있었다.

2. 윗글에서 ①과 ②에 들어갈 적절한 단어를 찾아 각각 빈칸에 쓰시오.

| ① | : 어떤 목적을 달성하고자 사람을 모으거나 물건, 수단, 방법 따위를 집중함. **2문단**
예 모든 인력을 수해 복구 작업에 □□했다.

| ② | : 떼를 지음. 또는 무리를 이룸. **2문단**
예 분노한 사람들은 □□을 해서 관가로 몰려왔다.

[3~4] 다음을 읽고 핵심 내용에 밑줄을 치고, 빈칸에 적절한 말을 채우시오. 또한 주어진 물음에 답하시오.

혈액의 기본 기능인 산소 운반능력이 감소하면 골수에서는 적혈구 생산, 즉 조혈과정이 촉진된다. 상관관계는 정리하며 읽자! 산소 운반능력(↑/↓) → 조혈과정(________ 생산)↑ 조직 내 산소 농도의 감소가 골수에서의 조혈을 직접 촉진하지는 않는다. 신장에 산소 공급이 감소하면 신장에서 혈액으로 에리트로포이어틴을 분비하고 이 호르몬이 골수의 조혈을 촉진한다. 에리트로포이어틴은 적혈구가 성숙, 분화하도록 하여 혈액에 적혈구 수를 늘려서 조직에 충분한 양의 산소가 공급되도록 한다. 신장에 산소 공급↓ → ________________ 분비 → 적혈구 ________, ________ → 조혈 촉진(적혈구 수 ↑/↓) → 조직에 충분한 산소 공급 신장에 산소 공급이 충분히 이루어지면 에리트로포이어틴의 분비도 중단된다. 출혈이나 정상 적혈구가 과도하게 파괴된 경우 6배 정도까지 조혈 속도가 상승한다.

골수에서 생산된 성숙한 적혈구가 혈관을 따라 순환하려면 헤모글로빈 합성, 핵과 세포내 소기관 제거 등의 과정을 거친다. ________ 생성 → 헤모글로빈 합성, 핵과 세포내 소기관 제거 등 → 혈관 따라 성숙한 적혈구 ________ 에리트로포이어틴의 자극을 받으면 적혈구는 수일 내에 혈액으로 흘러들어간다. 상당한 출혈로 적혈구 조혈이 왕성해지면 성숙하지 못한 망상적혈구가 골수에서 혈액으로 들어온다. 출혈로 적혈구가 많이 만들어지면 ________________의 영향을 충분히 받지 못해 성숙하지 못한 ________________가 혈액으로 들어오는군!

운동을 하는 근육은 계속해서 에너지를 생성하기 위해 산소를 요구한다. 혈액 도핑은 혈액의 산소 운반능력을 증가시키기 위해 고안된 기술이다. 혈액의 ________을 증가시켜 근육이 계속해서 ________를 생성할 수 있도록 혈액 도핑을 활용하는 거구나. 자기 혈액을 이용한 혈액 도핑은 운동선수로부터 혈액을 뽑아 혈장은 선수에게 다시 주입하고 적혈구는 냉장 보관하다가 시합 1~7일 전에 주입하는 방법이다. 시합 3주 전에 450mL정도의 혈액을 뽑아내면 시합 때까지 적혈구 조혈이 왕성해져서 근육 내 산소 농도는 피를 뽑기 전의 정상수준으로 증가한다. 출혈이 있는 경우 ________가 상승하고 조혈이 왕성해지면 적혈구 수가 늘어나 ________가 충분히 공급될 테니까. 그리고 저장한 적혈구를 재주입하면 적혈구 수와 헤모글로빈이 증가한다. 표준 운동시험에서 혈액 도핑을 받은 선수는 도핑을 하지 않은 경우와 비교해 유산소 운동 능력이 5~13% 증가한다. 운동 능력 증가는 혈액 도핑으로 인해 근육 내 산소 농도가 ________한 결과겠지! 이처럼 운동선수의 적혈구가 증가하여 경기 능력 향상에 도움이 되지만, 혈액의 점성이 증가해 부작용이 발생할 수도 있다.

합성 에리트로포이어틴을 이용한 혈액 도핑 문제도 심각하다. 합성 에리트로포이어틴 투여는 격렬한 운동이 요구되는 선수의 경기 능력을 7~10% 향상시킨다는 것이 입증되어, 많은 선수들이 암암리에 사용하고 있다. 1987년 유럽 사이클 선수 20명의 사망 원인으로 합성 에리트로포이어틴이 의심되고 있지만, 많은 선수들이 이러한 위험을 기꺼이 감수하고 있다. ________을 이용한 혈액 도핑과 ________________을 이용한 혈액 도핑은 모두 ________________ 향상을 돕지만, 동시에 위험성도 동반하고 있군.

3. 윗글에서 알 수 <u>없는</u> 것은?

① 적혈구가 많아지는 것은 운동선수의 유산소 운동 능력 향상에 도움이 된다.

② 혈액 도핑을 위해 혈액을 뽑으면 일시적으로 근육 내 산소 농도는 감소할 것이다.

③ 혈액 도핑을 위해 혈액을 뽑으면 운동선수의 혈관 내 혈액에서는 망상적혈구를 볼 수 있을 것이다.

④ 합성 에리트로포이어틴을 이용한 혈액 도핑을 하면 적혈구 수의 증가가 가져오는 효과를 볼 수 있다.

⑤ 혈액의 점성은 자기 혈액을 이용한 혈액 도핑보다 합성 에리트로포이어틴을 이용한 혈액 도핑을 할 때 더 증가한다.

4. 윗글에서 ①과 ②에 들어갈 적절한 단어를 찾아 각각 빈칸에 쓰시오.

① : 어떤 증거 따위를 내세워 증명함. **4문단**
예 박사는 바이러스가 그 병의 원인임을 □□했다.

② : 남이 모르는 사이. **4문단**
예 그들은 □□□에 음모를 꾸미고 있었다.

[3~4] PSAT 2017년도 「조혈과정과 혈액 도핑」

① 혈액의 기본 기능인 산소 운반능력이 감소하면 골수에서는 적혈구 생산, 즉 조혈과정이 촉진된다. 상관관계는 정리하며 읽자! 산소 운반능력↓ → 조혈과정(적혈구 생산)↑ 조직 내 산소 농도의 감소가 골수에서의 조혈을 직접 촉진하지는 않는다. (1)신장에 산소 공급이 감소하면 (2)신장에서 혈액으로 에리트로포이어틴을 분비하고 (3)이 호르몬이 골수의 조혈을 촉진한다. 에리트로포이어틴은 적혈구가 성숙, 분화하도록 하여 혈액에 적혈구 수를 늘려서 조직에 충분한 양의 산소가 공급되도록 한다. 신장에 산소 공급↓ → 에리트로포이어틴 분비 → 적혈구 성숙, 분화 → 조혈 촉진(적혈구 수↑) → 조직에 충분한 산소 공급 신장에 산소 공급이 충분히 이루어지면 에리트로포이어틴의 분비도 중단된다. 출혈이나 정상 적혈구가 과도하게 파괴된 경우 6배 정도까지 조혈 속도가 상승한다.

② 골수에서 생산된 성숙한 적혈구가 혈관을 따라 순환하려면 헤모글로빈 합성, 핵과 세포내 소기관 제거 등의 과정을 거친다. 성숙한 적혈구 생성 → 헤모글로빈 합성, 핵과 세포내 소기관 제거 등 → 혈관 따라 성숙한 적혈구 순환 에리트로포이어틴의 자극을 받으면 적혈구는 수일 내에 혈액으로 흘러들어간다. 상당한 출혈로 적혈구 조혈이 왕성해지면 성숙하지 못한 망상적혈구가 골수에서 혈액으로 들어온다. 출혈로 적혈구가 많이 만들어지면 에리트로포이어틴의 영향을 충분히 받지 못해 성숙하지 못한 망상적혈구가 혈액으로 들어오는군!

③ 운동을 하는 근육은 계속해서 에너지를 생성하기 위해 산소를 요구한다. 혈액 도핑은 혈액의 산소 운반능력을 증가시키기 위해 고안된 기술이다. 혈액의 산소 운반능력을 증가시켜 근육이 계속해서 에너지를 생성할 수 있도록 혈액 도핑을 활용하는 거구나. (1)자기 혈액을 이용한 혈액 도핑은 운동선수로부터 혈액을 뽑아 혈장은 선수에게 다시 주입하고 적혈구는 냉장 보관하다가 시합 1~7일 전에 주입하는 방법이다. 시합 3주 전에 450mL정도의 혈액을 뽑아내면 시합 때까지 적혈구 조혈이 왕성해져서 근육 내 산소 농도는 피를 뽑기 전의 정상수준으로 증가한다. 출혈이 있는 경우 조혈 속도가 상승하고 조혈이 왕성해지면 적혈구 수가 늘어나 산소가 충분히 공급될 테니까. 그리고 저장한 적혈구를 재주입하면 적혈구 수와 헤모글로빈이 증가한다. 표준 운동시험에서 혈액 도핑을 받은 선수는 도핑을 하지 않은 경우와 비교해 유산소 운동 능력이 5~13% 증가한다. 운동 능력 증가는 혈액 도핑으로 인해 근육 내 산소 농도가 증가한 결과겠지! 이처럼 운동선수의 적혈구가 증가하여 경기 능력 향상에 도움이 되지만, 혈액의 점성이 증가해 부작용이 발생할 수도 있다.

④ (2)합성 에리트로포이어틴을 이용한 혈액 도핑 문제도 심각하다. 합성 에리트로포이어틴 투여는 격렬한 운동이 요구되는 선수의 경기 능력을 7~10% 향상시킨다는 것이 입증되어, 많은 선수들이 암암리에 사용하고 있다. 1987년 유럽 사이클 선수 20명의 사망 원인으로 합성 에리트로포이어틴이 의심되고 있지만, 많은 선수들이 이러한 위험을 기꺼이 감수하고 있다. 자기 혈액을 이용한 혈액 도핑과 합성 에리트로포이어틴을 이용한 혈액 도핑은 모두 경기 능력 향상을 돕지만, 동시에 위험성도 동반하고 있군.

3. ⑤

3문단을 통해 자기 혈액을 이용한 혈액 도핑은 '혈액의 점성이 증가해 부작용이 발생할 수도 있'음을 알 수 있지만, 윗글에서 합성 에리트로포이어틴을 이용한 혈액 도핑을 할 때 혈액의 점성이 증가하는지는 알 수 없다.

① 3문단의 '표준 운동시험에서~경기 능력 향상에 도움이 되지만'을 통해 적혈구가 증가하면 유산소 운동 능력 향상에 도움이 됨을 알 수 있다.

② 1문단의 '혈액의 기본 기능인 산소 운반능력이 감소하면 골수에서는 적혈구 생산, 즉 조혈과정이 촉진된다.'와 3문단의 '시합 3주 전에 450mL정도의 혈액을 뽑아내면 시합 때까지 적혈구 조혈이 왕성해져서 근육 내 산소 농도는 피를 뽑기 전의 정상수준으로 증가한다.'를 통해 혈액 도핑을 위해 혈액을 뽑으면 일시적으로 근육 내 산소 농도가 감소함을 알 수 있다.

③ 3문단에서 자기 혈액을 이용한 혈액 도핑을 위해 '혈액을 뽑아내면 시합 때까지 적혈구 조혈이 왕성해'진다고 했는데, 2문단에 따르면 '상당한 출혈로 적혈구 조혈이 왕성해지면 성숙하지 못한 망상적혈구가 골수에서 혈액으로 들어'오므로, 혈액 도핑을 위해 혈액을 뽑은 운동선수의 혈액에서는 망상적혈구를 볼 수 있을 것이다.

④ 1문단의 '에리트로포이어틴은 적혈구가 성숙, 분화하도록 하여 혈액에 적혈구 수를 늘려서 조직에 충분한 양의 산소가 공급되도록 한다.'와 3문단에서 '혈액의 산소 운반능력을 증가시키기 위해 고안된 기술'이 혈액 도핑이라고 한 것을 통해 합성 에리트로포이어틴을 이용한 혈액 도핑을 하면 적혈구 수가 증가하며 이로 인해 이전보다 혈액의 산소 운반능력이 향상될 것임을 알 수 있다.

4. ① 입증 ② 암암리

[1~2] PSAT 2014년도 「조선의 산림 보호와 산림 황폐화」

① 조선은 국가적인 차원에서 산림을 보호하고 목재를 안정적으로 확보하기 위해 노력하였다. 특히 가장 중요한 목재인 소나무를 보호하기 위하여 소나무의 사적인 벌목을 금지하는 금산(禁山)을 곳곳에 지정하였다. 금산: 국가적 차원에서 소나무를 보호하기 위해 사적인 벌목 금지 양인(良人)들도 조상들의 분묘를 중심으로 한 일정한 구역 내에서 타인의 경작, 채취, 건축, 묘지조성 등을 금지시키는 분산수호권(墳山守護權)과, 그 범위 내에 있는 산림 특히 소나무를 기르고 독점할 수 있는 금양권(禁養權)을 가질 수 있었다. 이러한 권리(분산수호권과 금양권)를 통해 이들은 그 구역을 사양산(私養山)이라 칭하면서 여기에서 나는 버섯, 꿀, 약용식물 등의 여러 경제적 산물을 배타적으로 소유하였다. 사양산: 분산수호권·금양권을 통해 경제적 산물을 배타적으로 소유한 산림

② 그런데 산림의 경제성이 증대됨에 따라 18세기에는 목재를 불법적으로 베어가는 투작(偸斫)이 광범위하게 확산되었다. 특히 사양산은 금산에 비해 통제가 약하였기 때문에 투작의 피해가 더욱 클 수밖에 없었다. 목재를 불법적으로 베어가는 투작의 피해는 국가적 차원에서 지정한 금산보다 사양산에서 더 컸구나. 투작은 신분을 가리지 않고 시도되었다. (1)힘 있는 사족(士族)들은 본인이 소유한 사양산의 경계를 넘어 투작하거나 친족의 나무를 도둑질하여 팔았다. 또한 이들은 몰락한 양반 또는 돈 많은 평민들의 사양산이나 분묘 주변에서 다수의 인원을 동원하여 강제로 투작하는 늑작(勒斫)을 행하기도 하였다. (2)지방 향리층의 투작에는 정해진 숫자를 초과해 벌목하는 난작(亂斫)이 많았다. 그러나 사족이나 향리층의 투작은 평민층의 투작에 비하면 그 비중이 높지 않았다. (3)평민층의 투작은 한 사람의 소규모 투작에서 수십 명이 작당하는 대규모 투작까지 그 종류와 규모가 다양하였다. 일례로 충청도 임천에서는 산주가 출타한 틈을 타 인근 마을에 사는 평민들이 작당하고 27명을 동원하여 소나무 200여 그루를 투작하기도 하였다. 산림의 경제성이 증대되면서 18세기에는 신분을 가리지 않고 투작이 확산되었어. 신분별 투작의 특징에 대해 정리해 보자. (1) 사족: 본인이 소유한 사양산 경계 넘어 투작, 친족 나무 도둑질하여 팖, 늑작. (2) 지방 향리층: 난작. (3) 평민층: 사족이나 향리층보다 투작의 비중이 가장 높으며 종류와 규모 다양함

③ 이러한 투작 현상을 확대시키는 데 일조한 것은 목상(木商)들의 활동이었다. 목상들은 운반이 편리하며 굵고 큰 금산의 나무를 선호하였는데, 이들에 의해 유통된 목재는 개인 소유 선박인 사선의 제작에 주로 사용되었다. 이에 따라 수군의 병선 제작이나 관선 제작이 어려움을 겪을 정도였다. 목상이 유통한 목재는 사선의 제작에 주로 사용됨 → 병선·관선 제작이 어려워짐 목상의 활동으로 인해 피해를 입은 것은 사양산의 소나무도 예외는 아니었다. 선박 한 척을 만드는 데 많을 경우 400여 그루의 소나무가 필요하였기 때문에 목상들은 닥치는 대로 나무를 구매하여 유통시켰다. 이에 목상들에게 판매하기 위한 소나무를 확보하기 위하여 금산이나 사양산을 가리지 않고 무차별적인 투작이 행해졌다. 목상은 금산의 나무를 선호했지만 사양산의 나무도 무차별적인 투작의 피해를 입었군. 투작은 가난한 평민들이 손쉽게 큰돈을 만질 수 있는 수단이었으나 그로 인해 전국의 산림은 크게 황폐해져 갔다. 투작이 확산되면서 산림이 크게 황폐해짐

---

1. ④

2문단에 따르면 '사족이나 향리층의 투작은 평민층의 투작에 비하면 그 비중이 높지 않았'으므로, 평민층의 투작이 사족이나 향리층의 투작보다 더 큰 사회 문제를 초래했을 가능성이 있다. 하지만 윗글을 통해 사족의 투작과 향리층의 투작 중 어느 쪽이 더 큰 사회 문제를 초래했는지는 알 수 없다.

① 2문단의 '사양산은 금산에 비해 통제가 약하였기 때문에 투작의 피해가 더욱 클 수밖에 없었다.'를 통해 알 수 있다.

② 3문단에서 '목상들은 운반이 편리하며 굵고 큰 금산의 나무를 선호'했으며 이들이 유통한 목재는 '개인 소유 선박인 사선의 제작에 주로 사용'되어 '수군의 병선 제작이나 관선 제작이 어려움을 겪'었다고 했다. 또한 '선박 한 척을 만드는 데 많을 경우 400여 그루의 소나무가 필요'했다고 한 것을 통해 수군의 병선이나 관선을 제작할 때 금산의 소나무가 사용되었음을 알 수 있다.

③ 3문단에서 목상들의 활동은 '투작 현상을 확대시키는 데 일조'했으며, 투작으로 인해 '전국의 산림은 크게 황폐해'졌음을 알 수 있다.

⑤ 2문단을 통해 사족들은 '본인이 소유한 사양산'이 있음을 알 수 있는데, 1문단에서 사양산을 가진 사람들은 '분산수호권'을 가지며, 그 범위 내에 사양산에서 나는 '버섯, 꿀, 약용식물 등의 여러 경제적 산물을 배타적으로 소유'할 수 있었다고 했다.

2. ① 동원 ② 작당

[1~2] 다음을 읽고 핵심 내용에 밑줄을 치고, 빈칸에 적절한 말을 채우시오. 또한 주어진 물음에 답하시오.

송시열은 임진왜란 때 조선에 원군을 보낸 명나라 신종과 그 마지막 황제인 의종의 제사를 거행하고자 했으나 그 뜻을 이루지 못했다. 송시열의 제자인 권상하는 스승의 유명(遺命)을 이어받아 괴산군 청천면에 만동묘(萬東廟)를 만들고 매년 두 황제(________의 신종, ________)에 대한 제사를 지냈다. 만동묘라는 명칭은 경기도 가평군 조종암(朝宗巖)에 새겨진 선조의 어필 '만절필동(萬折必東)'이라는 글자의 처음과 끝 자를 딴 것이다. '만절필동'이라는 글자에는 황하가 여러 번 굽이쳐도 결국은 동쪽으로 나아가 황해로 흘러 들어가듯이, 조선 역시 어떠한 상황에도 명이 원병을 보냈다는 사실을 잊지 않고 의리를 지키겠다는 의지가 담겨 있다. 만동묘는 ________의 제자인 권상하가 스승의 유명을 이어받아 만든 것으로, 명의 도움을 잊지 않고 ________________는 의지를 담고 있어.

창덕궁 후원에 있는 대보단(大報壇)도 명 신종을 제사 지내기 위해 건립된 제단이다. 대보단의 제례는 국왕이 직접 주관하는 것이 원칙이었고, 그때 사용하는 제물과 기구는 문묘 제례 때 쓰던 것과 같았다. ________은 만동묘와 목적이 비슷했지만, 제례를 ________이 직접 주관했어. 영조 25년부터 이 대보단에서 명나라의 태조와 그 마지막 황제 의종도 함께 매년 제사 지내기 시작했다. ________ 때에는 대보단에서 제사를 지내는 대상이 늘었네. 영조는 중앙 관료들로 하여금 빠짐없이 대보단 제례에 참석하도록 했는데, 정조는 이를 고쳐 제례 집행자만 참례하게 했다. 그렇지만 영조의 전례에 따라 대보단에 자주 행차하여 돌아보는 등 큰 관심을 표명했다. 정조 때에는 ________________만 참례하게 했지만, 여전히 대보단에 높은 관심을 보였군.

당시 학자들 사이에서는 명이 망한 뒤에 중화의 정통을 이은 나라가 조선밖에 남지 않았다는 의식이 확산되고 있었다. 대보단 제례는 그와 같은 분위기 속에서 더욱 중요한 의미를 가지게 되었다. 만동묘를 중시하는 분위기도 확산되었다. 대보단 제례와 만동묘는 명나라의 ________들을 기리기 위한 것이니까! 만동묘에서 명 황제들에 대한 제사를 지낼 무렵이 되면 전국의 유생이 구름같이 모여들었고, 이로 인해 제사 비용은 날로 많아졌다. 이 소식을 들은 영조는 만동묘에 전답을 하사하여 제사 비용을 조달하는 데 어려움이 없도록 해주었다. 헌종 때에는 만동묘에서 제사를 지낼 때마다 충청도 관찰사가 참석하도록 하는 조치도 취해졌다. 만동묘는 이처럼 위상이 높았지만, ________________ 뒤 중화 의식의 확산으로 높아진 만동묘의 위상: (1) 영조는 ________________ 조달 위해 전답 하사, (2) 헌종은 제사 때 ________________가 참석하도록 조치 운영비 조달을 핑계로 양민의 재산을 함부로 빼앗는 등 폐해가 컸다. 만동묘의 폐해: ________________을 핑계로 양민 재산 수탈

만동묘를 싫어하던 흥선대원군은 대보단에서 거행하는 것과 같은 제사를 만동묘에서 또 지낼 필요가 없다고 보았다. 그러한 이유에서 그는 만동묘가 설립될 때부터 매년 지내오던 제사를 폐지하였다. 또 명 황제들의 신주를 만동묘에서 대보단으로 옮겼다. 흥선대원군은 ________에서 지내던 제사를 ________하고 신주를 대보단으로 옮김 흥선대원군이 실각한 후 만동묘 제사는 부활되었지만 순종 황제 재위 때 다시 철폐되었다. 시대의 흐름에 따른 ________________의 변천을 다룬 글이구나. 그렇다면 문제에서는 각 시기에 따른 만동묘의 특징, 대보단과의 공통점이나 차이점에 대해 물어볼 거야.

1. 윗글에서 알 수 있는 것은?

① 영조는 만동묘를 없애고 그 제사를 대보단으로 옮겨 지내도록 하였다.

② 만동묘에서 제사를 지낼 때에는 국왕이 직접 참석하는 것이 관례였다.

③ 헌종 때부터 대보단에서 제사를 지낼 시에 충청도 관찰사가 참석하였다.

④ 정조 때 만동묘와 대보단 두 곳에서 모두 명나라의 신종과 의종을 기려 제사를 지냈다.

⑤ 만동묘라는 이름은 선조가 그 건립을 기념하기 위해 내린 어필의 처음과 끝 글자를 딴 것이다.

2. 윗글에서 ①과 ②에 들어갈 적절한 단어를 찾아 각각 빈칸에 쓰시오.

> **①** : 어떤 일을 책임을 지고 맡아 관리함. **2문단**
> **예** 프랑스 문화원 ☐☐으로 영화제가 개최되었다.
>
> **②** : 의사나 태도를 분명하게 드러냄. **2문단**
> **예** 병원장은 불미스러운 사태에 대해 유감을 ☐☐했다.

[3~4] 다음을 읽고 핵심 내용에 밑줄을 치고, 빈칸에 적절한 말을 채우시오. 또한 주어진 물음에 답하시오.

1899년 독일의 제약 회사가 출시한 해열 진통제 아스피린은 세포 내 효소인 사이클로옥시게네이스(COX)의 억제제이다. 아스피린은 COX에 비가역적*으로 결합하여 COX가 세포막의 물질을 분해함으로써 프로스타글란딘과 트롬복산을 생성하는 것을 억제한다. __________이 COX에 비가역적으로 결합 → COX의 프로스타글란딘, __________ 생성 억제 COX는 세 가지 형태로 존재한다. 거의 모든 세포에 늘 존재하는 COX-1, 평상시에는 존재하지 않지만 면역 세포와 혈관 내피 세포에서 적절한 자극에 의하여 발현이 유도되는 COX-2, 그리고 중추 신경계에서만 발현되는 COX-3이 그것이다. __________의 세 가지 형태: COX-1, COX-2, COX-3 COX가 활성화되면 각각의 세포는 고유의 기질과 관련 효소들에 의하여 각기 다른 물질을 생성하게 된다. 예를 들어 위 점막 세포, 면역 세포, 중추 신경의 시상 하부 세포 등은 각각 점막 보호, 통증, 발열 등에 중요한 역할을 하는 프로스타글란딘 E_2를 주로 생성한다. 그리고 혈관 내피 세포는 혈액 응고 억제 작용을 보이는 프로스타글란딘 I_2를, 혈소판은 혈액 응고 유도 작용을 보이는 트롬복산 A_2를 주로 생성한다. COX __________에 따른 생성 물질: 프로스타글란딘 E_2, 프로스타글란딘 I_2, 트롬복산 A_2

아스피린의 임상적인 작용은 크게 두 가지로 설명된다. 첫째, 염증이 진행될 때 면역 세포에서 발현되는 COX-2의 활성화를 억제하여 진통 효과를, 시상 하부 COX-3의 활성화를 억제하여 해열 효과를 나타낸다. 아스피린의 작용 (1) __________ 진행 시, COX-2 활성화 억제 → __________ 효과, COX-3 활성화 억제 → __________ 효과 둘째, 출혈이 발생하였을 때 활성화되는 혈소판의 COX-1을 억제하여 혈액의 응고를 억제한다. 그런데 아스피린은 비가역적으로 효소를 억제하기 때문에, 특히 DNA를 가지고 있지 않아 억제된 효소를 새로 생성하지 못하는 혈소판에서는 지혈 장애가 지속된다. 그러나 하루 75~350mg 정도의 적은 용량을 투여하면 혈소판의 COX-1 활성 최고치를 줄일 뿐, 가벼운 출혈 시에는 지혈에 큰 영향을 끼치지 않는다. 아스피린의 작용 (2) __________ 발생 시, 혈소판의 COX-1 활성화 억제 → __________ 또한 1970년대 시행된 임상 시험들은 심혈관계 환자에게 적은 용량의 아스피린을 장기간 투여하면 혈전에 의한 심장 발작이나 뇌졸중의 발생을 줄일 수 있다는 것을 증명하였다. 이에 아스피린은 이들 환자(__________)에게 예방 차원에서 널리 사용되기 시작했다. 아스피린의 두 가지 __________과 추가적인 효능을 언급했어.

아스피린은 부작용도 가지고 있다. 위장에서 생성되는 프로스타글란딘은 위 점막을 위산으로부터 보호하는 역할을 한다. 아스피린은 이러한 보호 기능을 줄일 뿐 아니라 아스피린은 __________의 프로스타글란딘 생성을 억제하니까! 그 자체로도 산성이기 때문에 위장에 자극을 주어 위산 과다와 관련된 질환을 가진 경우에 사용하기 어려웠다. 또한 류머티즘 환자와 같이 약을 장기간 지속적으로 복용해야 하는 경우에도 그러하다. 아스피린의 부작용 (1) __________에 자극 아스피린의 혈액 응고 억제 작용 역시 수술을 받는 환자와 혈우병 환자에게는 오히려 부작용이 될 수 있다. 아스피린의 부작용 (2) __________이 부작용이 될 수 있음 이와 같은 부작용을 줄이기 위하여, 아스피린과 통증 억제 메커니즘은 동일하지만, 가역적으로 COX에 결합하는 이브프로펜이나 COX-2에만 선택적으로 결합하는 셀레콕시브, 로페콕시브 같은 진통제들이 개발되어 시판되었다. 아스피린의 부작용을 줄이기 위해 개발된 진통제들: 이브프로펜(COX에 __________으로 결합), 셀레콕시브와 로페콕시브(__________에만 선택적으로 결합)

앞에서 말한 바와 같이 과거에 아스피린은 진통, 해열 작용을 위하여 사용되었지만, 현재는 심혈관 계통 관련 환자에게 혈전에 의한 위험을 예방하기 위하여 주로 사용되고 있다. 그런데 요즘 아스피린의 또 다른 작용 메커니즘들이 속속 밝혀지고 있다. 예를 들어 몇몇 암세포들이 성장할 때 증가되는 COX를 억제하여 암세포 성장을 억제하는 작용, 산화질소(NO)를 생성하여 염증을 억제하는 작용, DNA 조절 인자 NF-κB를 억제하여 면역력을 조절하는 작용 등이 그것이다. 이는 앞으로 아스피린이 적용될 수 있는 임상 질환이 더 확장될 수 있음을 암시한다. 아스피린이 적용될 수 있는 임상 질환의 __________ 가능성을 언급하며 글을 마무리하고 있네.

*비가역적: 어떤 반응에서 반응 후 물질이 반응 전의 처음 상태로 되돌아갈 수 없는 것.

3. 아스피린의 작용 메커니즘을 바르게 정리한 것은?

① 혈소판의 COX-1 억제 ⇨ 트롬복산의 생성 억제 ⇨ 통증 완화
② 면역 세포의 COX-2 억제 ⇨ 트롬복산의 생성 억제 ⇨ 염증 완화
③ 중추 신경계의 COX-2 억제 ⇨ 프로스타글란딘의 생성 억제 ⇨ 발열 감소
④ 혈관 내피 세포의 COX-2 억제 ⇨ 프로스타글란딘의 생성 억제 ⇨ 통증 완화
⑤ 위 점막 세포의 COX-1 억제 ⇨ 프로스타글란딘의 생성 억제 ⇨ 위 점막 보호 작용 약화

4. 윗글에서 ①과 ②에 들어갈 적절한 단어를 찾아 각각 빈칸에 쓰시오.

① : 약 따위를 환자에게 복용시키거나 주사함. **2문단**
예 의사는 응급 환자에게 약물을 ☐☐했다.

② : 넌지시 알림. 또는 그 내용. **4문단**
예 그녀의 눈물은 닥쳐올 불행을 ☐☐하고 있었다.

[3~4] M/DEET 2010년도 「아스피린」

① 1899년 독일의 제약 회사가 출시한 해열 진통제 아스피린은 세포 내 효소인 사이클로옥시게네이스(COX)의 억제제이다. 아스피린은 COX에 비가역적으로 결합하여 COX가 세포막의 물질을 분해함으로써 프로스타글란딘과 트롬복산을 생성하는 것을 억제한다. 아스피린이 COX에 비가역적으로 결합 → COX의 프로스타글란딘, 트롬복산 생성 억제 COX는 세 가지 형태로 존재한다. 거의 모든 세포에 늘 존재하는 COX-1, 평상시에는 존재하지 않지만 면역 세포와 혈관 내피 세포에서 적절한 자극에 의하여 발현이 유도되는 COX-2, 그리고 중추 신경계에서만 발현되는 COX-3이 그것이다. COX의 세 가지 형태: COX-1, COX-2, COX-3 COX가 활성화되면 각각의 세포는 고유의 기질과 관련 효소들에 의하여 각기 다른 물질을 생성하게 된다. 예를 들어 위 점막 세포, 면역 세포, 중추 신경의 시상 하부 세포 등은 각각 점막 보호, 통증, 발열 등에 중요한 역할을 하는 프로스타글란딘 E_2를 주로 생성한다. 그리고 혈관 내피 세포는 혈액 응고 억제 작용을 보이는 프로스타글란딘 I_2를, 혈소판은 혈액 응고 유도 작용을 보이는 트롬복산 A_2를 주로 생성한다. COX 활성화에 따른 생성 물질: 프로스타글란딘 E_2, 프로스타글란딘 I_2, 트롬복산 A_2

② 아스피린의 임상적인 작용은 크게 두 가지로 설명된다. 첫째, 염증이 진행될 때 면역 세포에서 발현되는 COX-2의 활성화를 억제하여 진통 효과를, 시상 하부 COX-3의 활성화를 억제하여 해열 효과를 나타낸다. 아스피린의 작용 (1) 염증 진행 시, COX-2 활성화 억제 → 진통 효과, COX-3 활성화 억제 → 해열 효과 둘째, 출혈이 발생하였을 때 활성화되는 혈소판의 COX-1을 억제하여 혈액의 응고를 억제한다. 그런데 아스피린은 비가역적으로 효소를 억제하기 때문에, 특히 DNA를 가지고 있지 않아 억제된 효소를 새로 생성하지 못하는 혈소판에서는 지혈 장애가 지속된다. 그러나 하루 75~350mg 정도의 적은 용량을 투여하면 혈소판의 COX-1 활성 최고치를 줄일 뿐, 가벼운 출혈 시에는 지혈에 큰 영향을 끼치지 않는다. 아스피린의 작용 (2) 출혈 발생 시, 혈소판의 COX-1 활성화 억제 → 혈액 응고 억제 또한 1970년대 시행된 임상 시험들은 심혈관계 환자에게 적은 용량의 아스피린을 장기간 투여하면 혈전에 의한 심장 발작이나 뇌졸중의 발생을 줄일 수 있다는 것을 증명하였다. 이에 아스피린은 이들 환자(심혈관계 환자)에게 예방 차원에서 널리 사용되기 시작했다. 아스피린의 두 가지 임상적인 작용과 추가적인 효능을 언급했어.

③ 아스피린은 부작용도 가지고 있다. 위장에서 생성되는 프로스타글란딘은 위 점막을 위산으로부터 보호하는 역할을 한다. 아스피린은 이러한 보호 기능을 줄일 뿐 아니라 아스피린은 COX의 프로스타글란딘 생성을 억제하니까! 그 자체로도 산성이기 때문에 위장에 자극을 주어 위산 과다와 관련된 질환을 가진 경우에 사용하기 어려웠다. 또한 류머티즘 환자와 같이 약을 장기간 지속적으로 복용해야 하는 경우에도 그러하다. 아스피린의 부작용 (1) 위장에 자극 아스피린의 혈액 응고 억제 작용 역시 수술을 받는 환자와 혈우병 환자에게는 오히려 부작용이 될 수 있다. 아스피린의 부작용 (2) 혈액 응고 억제 작용이 부작용이 될 수 있음 이와 같은 부작용을 줄이기 위하여, 아스피린과 통증 억제 메커니즘은 동일하지만, 가역적으로 COX에 결합하는 이브프로펜이나 COX-2에만 선택적으로 결합하는 셀레콕시브, 로페콕시브 같은 진통제들이 개발되어 시판되었다. 아스피린의 부작용을 줄이기 위해 개발된 진통제들: 이브프로펜(COX에 가역적으로 결합), 셀레콕시브와 로페콕시브(COX-2에만 선택적으로 결합)

④ 앞에서 말한 바와 같이 과거에 아스피린은 진통, 해열 작용을 위하여 사용되었지만, 현재는 심혈관 계통 관련 환자에게 혈전에 의한 위험을 예방하기 위하여 주로 사용되고 있다. 그런데 요즘 아스피린의 또 다른 작용 메커니즘들이 속속 밝혀지고 있다. 예를 들어 몇몇 암세포들이 성장할 때 증가되는 COX를 억제하여 암세포 성장을 억제하는 작용, 산화질소(NO)를 생성하여 염증을 억제하는 작용, DNA 조절 인자 NF-κB를 억제하여 면역력을 조절하는 작용 등이 그것이다. 이는 앞으로 아스피린이 적용될 수 있는 임상 질환이 더 확장될 수 있음을 암시한다. 아스피린이 적용될 수 있는 임상 질환의 확장 가능성을 언급하며 글을 마무리하고 있네.

3. ⑤

1문단에 따르면 COX-1은 '거의 모든 세포에 늘 존재'하므로 위 점막 세포에도 존재한다고 볼 수 있는데, 위 점막 세포는 '점막 보호'에 중요한 역할을 하는 '프로스타글란딘 E_2를 주로 생성'한다. 그런데 아스피린은 '사이클로옥시게네이스(COX)의 억제제'로, COX가 '프로스타글란딘과 트롬복산을 생성하는 것을 억제'한다. 즉 아스피린은 위 점막 세포의 COX-1을 억제하여 프로스타글란딘의 생성을 억제하므로 프로스타글란딘의 위 점막 보호 작용을 약화한다고 볼 수 있다.

① 1문단과 2문단에 따르면 '혈소판은 혈액 응고 유도 작용을 보이는 트롬복산 A_2를 주로 생성'하며, 아스피린은 '혈소판의 COX-1을 억제하여 혈액의 응고를 억제'한다. 즉 아스피린이 혈소판의 COX-1을 억제하여 트롬복산의 생성을 억제하는 것은 맞지만, 이는 통증 완화 효과가 아닌 혈액 응고 억제 효과를 낳는다.

② 1문단과 2문단에 따르면 면역 세포는 '통증'에 중요한 역할을 하는 '프로스타글란딘 E_2를 주로 생성'하며, 아스피린은 '면역 세포에서 발현되는 COX-2의 활성화를 억제하여 진통 효과'를 나타낸다. 즉 아스피린이 면역 세포의 COX-2를 억제하는 것은 맞지만, 이는 트롬복산의 생성을 억제하여 염증 완화 효과를 나타내는 것이 아니라 프로스타글란딘의 생성을 억제하여 진통 효과를 나타내는 것이다.

③ 1문단에 따르면 COX-3은 '중추 신경계에서만 발현'되며, '중추 신경의 시상 하부 세포'는 '발열'에 중요한 역할을 하는 '프로스타글란딘 E_2를 주로 생성'한다. 또한 2문단에 따르면 아스피린은 '시상 하부 COX-3의 활성화를 억제하여 해열 효과'를 나타낸다. 즉 아스피린은 중추 신경계의 COX-2가 아닌 COX-3을 억제하여 프로스타글란딘 생성을 억제해 발열을 감소시키는 것이다.

④ 1문단에 따르면 COX-2는 '면역 세포와 혈관 내피 세포에서 적절한 자극에 의하여 발현이 유도'되며, '혈관 내피 세포는 혈액 응고 억제 작용을 보이는 프로스타글란딘 I_2'를 주로 생성한다. 즉 아스피린이 혈관 내피 세포의 COX-2를 억제하면 프로스타글란딘의 생성이 억제되는 것은 맞지만, 이는 통증 완화 효과가 아니라 혈액 응고 억제 작용을 약화시키는 것이다. 2문단에 따르면 진통(통증 완화) 효과가 나타나는 것은 아스피린이 혈관 내피 세포가 아닌 '면역 세포에서 발현되는 COX-2의 활성화를 억제'했을 때이다.

4. ① 투여 ② 암시

[1~2] PSAT 2018년도 「만동묘와 대보단」

① 송시열은 임진왜란 때 조선에 원군을 보낸 명나라 신종과 그 마지막 황제인 의종의 제사를 거행하고자 했으나 그 뜻을 이루지 못했다. 송시열의 제자인 권상하는 스승의 유명(遺命)을 이어받아 괴산군 청천면에 만동묘(萬東廟)를 만들고 매년 두 황제(명나라의 신종, 의종)에 대한 제사를 지냈다. 만동묘라는 명칭은 경기도 가평군 조종암(朝宗巖)에 새겨진 선조의 어필 '만절필동(萬折必東)'이라는 글자의 처음과 끝 자를 딴 것이다. '만절필동'이라는 글자에는 황하가 여러 번 굽이쳐도 결국은 동쪽으로 나아가 황해로 흘러 들어가듯이, 조선 역시 어떠한 상황에도 명이 원병을 보냈다는 사실을 잊지 않고 의리를 지키겠다는 의지가 담겨 있다. 만동묘는 송시열의 제자인 권상하가 스승의 유명을 이어받아 만든 것으로, 명의 도움을 잊지 않고 의리를 지키겠다는 의지를 담고 있어.

② 창덕궁 후원에 있는 대보단(大報壇)도 명 신종을 제사 지내기 위해 건립된 제단이다. 대보단의 제례는 국왕이 직접 주관하는 것이 원칙이었고, 그때 사용하는 제물과 기구는 문묘 제례 때 쓰던 것과 같았다. 대보단은 만동묘와 목적이 비슷했지만, 제례는 국왕이 직접 주관했어. 영조 25년부터 이 대보단에서 명나라의 태조와 그 마지막 황제 의종도 함께 매년 제사 지내기 시작했다. 영조 때에는 대보단에서 제사를 지내는 대상이 늘었네. 영조는 중앙 관료들로 하여금 빠짐없이 대보단 제례에 참석하도록 했는데, 정조는 이를 고쳐 제례 집행자만 참례하게 했다. 그렇지만 영조의 전례에 따라 대보단에 자주 행차하여 돌아보는 등 큰 관심을 표명했다. 정조 때에는 제례 집행자만 참례하게 했지만, 여전히 대보단에 높은 관심을 보였군.

③ 당시 학자들 사이에서는 명이 망한 뒤에 중화의 정통을 이은 나라가 조선밖에 남지 않았다는 의식이 확산되고 있었다. 대보단 제례는 그와 같은 분위기 속에서 더욱 중요한 의미를 가지게 되었다. 만동묘를 중시하는 분위기도 확산되었다. 대보단 제례와 만동묘는 명나라의 황제들을 기리기 위한 것이니까! 만동묘에서 명 황제들에 대한 제사를 지낼 무렵이 되면 전국의 유생이 구름같이 모여들었고, 이로 인해 제사 비용은 날로 많아졌다. 이 소식을 들은 영조는 만동묘에 전답을 하사하여 제사 비용을 조달하는 데 어려움이 없도록 해주었다. 헌종 때에는 만동묘에서 제사를 지낼 때마다 충청도 관찰사가 참석하도록 하는 조치도 취해졌다. 만동묘는 이처럼 위상이 높았지만, 명이 망한 뒤 중화 의식의 확산으로 높아진 만동묘의 위상: (1) 영조는 제사 비용 조달 위해 전답 하사, (2) 헌종은 제사 때 충청도 관찰사가 참석하도록 조치 운영비 조달을 핑계로 양민의 재산을 함부로 빼앗는 등 폐해가 컸다. 만동묘의 폐해: 운영비 조달을 핑계로 양민 재산 수탈

④ 만동묘를 싫어하던 흥선대원군은 대보단에서 거행하는 것과 같은 제사를 만동묘에서 또 지낼 필요가 없다고 보았다. 그러한 이유에서 그는 만동묘가 설립될 때부터 매년 지내오던 제사를 폐지하였다. 또 명 황제들의 신주를 만동묘에서 대보단으로 옮겼다. 흥선대원군은 만동묘에서 지내던 제사를 폐지하고 신주를 대보단으로 옮김 흥선대원군이 실각한 후 만동묘 제사는 부활되었지만 순종 황제 재위 때 다시 철폐되었다. 시대의 흐름에 따른 만동묘 제사의 변천을 다룬 글이구나. 그렇다면 문제에서는 각 시기에 따른 만동묘의 특징, 대보단과의 공통점이나 차이점에 대해 물어볼 거야.

---

1. ④

1, 3, 4문단에 따르면 '임진왜란 때 조선에 원군을 보'냈던 '명나라 신종과 그 마지막 황제인 의종의 제사를 거행'하기 위해 만들어진 '만동묘'에서는 설립된 이후부터 영조와 헌종 시기를 거쳐 흥선대원군이 폐지할 때까지 매년 제사를 지냈다. 또한 2문단에 따르면 대보단은 '명 신종을 제사 지내기 위해 건립된 제단'으로 '영조 25년부터 이 대보단에서 명나라의 태조와 그 마지막 황제 의종도 함께 매년 제사 지내기 시작'했으므로, 만동묘와 대보단 두 곳에서 모두 정조 때 명나라의 신종과 의종을 기려 제사를 지냈다고 볼 수 있다.

① 3문단에 영조가 '만동묘에 전답을 하사하여 제사 비용을 조달하는 데 어려움이 없도록 해주었다'는 언급만 있을 뿐, 윗글에 영조가 만동묘를 없애거나 그 제사를 대보단으로 옮겨 지내도록 했다는 언급은 없다.

② 2문단에서 '대보단의 제례는 국왕이 직접 주관하는 것이 원칙'이라고 했으나, 윗글에 만동묘에서 제사를 지낼 때 국왕이 직접 참석하는 것이 관례였다는 언급은 없다.

③ 3문단에서 헌종 때에는 '만동묘에서 제사를 지낼 때마다 충청도 관찰사가 참석하도록 하는 조치도 취해졌'음을 알 수 있지만, 윗글을 통해 충청도 관찰사의 대보단 제사 참석 여부는 알 수 없다.

⑤ 1문단에 따르면 만동묘라는 명칭은 '경기도 가평군 조종암에 새겨진 선조의 어필 '만절필동'이라는 글자의 처음과 끝 자를 딴 것'으로, 선조가 직접 만동묘 건립을 기념하기 위해 어필을 내린 것은 아니다.

2. ① 주관 ② 표명

[1~2] 다음을 읽고 핵심 내용에 밑줄을 치고, 빈칸에 적절한 말을 채우시오. 또한 주어진 물음에 답하시오.

사유재산 제도에서 개인은 자기 재산을 임의로 처분할 수 있다. 다만 생전의 제한 없는 재산 처분은 유족의 생존을 위협할 수 있다. 이에 재산 처분의 자유와 상속인 보호를 조화시키기 위해 최소한의 몫이 상속인에게 유보되도록 보호할 필요가 있는데, 이를 위한 제도가 유류분(遺留分) 제도이다. 유류분 제도: 최소한의 재산이 ________에게 유보되도록 보호 → ________의 자유와 상속인 보호의 조화

프랑스는 대혁명을 거치면서도 예전처럼 유언에 의한 재산 처분의 자유를 크게 인정하는 것이 일반적인 사회 관념이었다. 그러나 가부장의 전횡을 불러오는 이런 자유는 가정불화의 원인이 되기도 했다. 이(유언에 의한 재산 처분의 자유가 ________의 원인이 되는 문제 상황)로 인해 혁명기의 입법자는 유언의 자유에 대해 적대적인 태도를 취했다. 입법자는 피상속인의 재산을 임의처분이 가능한 자유분과 상속인들을 위해 유보해야 하는 유류분으로 구분하여 자유분을 최소한으로 규정했다. 프랑스의 혁명기: 유언의 자유에 대한 입법자의 ________인 태도 → 피상속인의 재산을 ________(최소한으로 규정)과 유류분으로 구분

1804년의 나폴레옹 민법전에서는 배우자와 형제자매를 제외하고 직계비속* 및 직계존속*에 한해 유류분권을 인정했다. 1804년 ________의 인정 범위 유류분은 상속인의 자격과 수에 따라 달라지게 했다. 피상속인의 생전 행위 또는 유언에 의한 무상처분은 자녀를 한 명 남긴 경우에는 재산의 절반을, 두 명을 남기는 경우에는 1/3을 초과할 수 없도록 했다. 상속을 포기한 자녀는 유류분권자에서 배제되지만 유류분 계산 시 피상속인의 자녀 수에는 포함되도록 하여, 상속 포기가 있어도 자유분에는 변동이 없었다. ________의 자격과 수에 따라 달라지는 유류분의 비율, 상속 포기 시 자유분 변동 (O/X) 유류분권은 피상속인이 가족에 대한 의무를 이행하는 것이었으며, 특히 직비속을 위한 유류분 제도는 젊은 상속인의 생활을 위한 것이었다. 유류분 제도의 의의

2006년에는 큰 변경이 있었다. 피상속인의 생전 처분이 고령화로 인해 장기에 걸쳐 진행되므로, 유류분 부족분을 상속 재산 자체로 반환하는 방식을 고수할 경우 영향 받는 제삼자가 그만큼 더 많아졌다. 상속 개시 시기가 늦어졌어도 상속인들이 생활 기반을 갖춘 경우가 일반화되었다. 또 이혼이나 재혼으로 가족이 재편되는 경우도 많아졌다. 2006년 유류분 제도 변경의 배경 이를 배경으로 유류분의 사전 포기를 허용하고, 직계존속에 대한 유류분을 폐지했다. 유류분권의 인정 범위 변화(________의 유류분 폐지) 피상속인의 처분의 자유도 증대시켰다. 상속을 포기한 자녀는 유류분 계산 시 피상속인의 자녀 수에서 제외되어 상속 포기가 있으면 자유분이 증가하도록 했다. 상속 포기 시 피상속인의 자유분 변동 (O/X) 유류분 반환 방식도 제삼자를 고려하여 유류분 부족액만큼을 금전으로 반환하는 방식으로 변경하였다. 유류분 부족액을 상속 재산 자체가 아닌 ________으로 반환하는 것으로 변경

우리의 유류분 제도는 1977년에 신설되었다. 프랑스의 유류분 제도에서 ________의 유류분 제도로 내용이 전환되었어. 우리 민법은 상속을 포기하지 않고 상속 결격 사유도 없는 한, 피상속인의 직계비속과 배우자, 직계존속, 형제자매까지를 유류분권자의 범주에 포함하되 최우선 순위인 상속권자를 유류분권자로 인정한다. 그리고 직계비속은 1순위, 직계존속은 2순위, 형제자매는 3순위, 배우자는 직계비속·직계존속과는 동일 순위이지만 형제자매에 대해서는 우선 순위의 상속인으로 인정한다. ________의 인정 범위 및 우선 순위 유류분권자가 된 상속인의 법정 상속분 중 일정 비율을

유류분 비율로 정한다. 법정 상속분은 직계비속들 사이에서는 균분이고, 이들(________)의 유류분 비율은 법정 상속분의 반이다. 직계비속의 유류분 ________ 구체적 유류분액을 확정하여 실제 받은 상속 재산이 이에 미달하는 경우에 그 부족분 한도에서 유증(遺贈) 또는 증여 받은 자에게 부족분에 해당하는 상속 재산 자체의 반환을 청구하게 된다. 유류분 부족분 발생 시 ________의 반환 청구

최근 우리의 유류분 제도에 대해서도 개정 필요성이 제기되고 있다. 도입 당시에는 호주 상속인만의 재산 상속 풍조가 만연한 탓에 다른 상속인의 상속권을 보장해 주어야 한다는 점이 강조되었고, 법 적용에서도 배우자와 자녀들에게 유류분권을 보장하는 점이 중시되었다. 유류분 제도 도입 당시: ________와 ________의 유류분권 보장을 중시 하지만 현재는 호주제가 폐지되고 장자 단독 상속 현상이 드물어졌다. 이와 관련하여 대법원도 판례를 통해 유류분 제도가 상속인들의 상속분을 보장한다는 취지 아래 피상속인의 자유의사에 따른 재산 처분을 제한하는 것인 만큼, 제한 범위를 최소한으로 그치게 하는 것이 피상속인의 의사를 존중하는 의미에서 바람직하다고 보았다. 현재: 재산 처분에 대한 제한 범위 ________를 통해 ________의 의사 존중하는 것이 바람직

*직계비속: 자기로부터 이어져 내려가는 혈족. 아들, 딸, 손자, 증손 등.
*직계존속: 조상으로부터 내려와 자기에 이르는 사이의 혈족. 부모, 조부모 등.

1. 윗글을 바탕으로 〈보기〉에 대해 평가할 때, 적절한 것을 고른 것은?

〈보기〉

A가 사망했고 장남 B, 차남 C, A의 동생 D가 남아 있다. B는 사업에 실패하여 극심한 생활 곤란을 겪고 있고, C는 경제 능력을 갖추고 있으며, D는 고령으로 인해 생활 위기에 직면해 있다.

ㄱ. '1804년 나폴레옹 민법전'에 의하면, B가 상속을 포기할 경우 B는 유류분 계산 시 A의 자녀 수에서 제외되지 않는다.
ㄴ. '1804년 나폴레옹 민법전'에 의하면, D는 유류분권을 주장할 수 없다.
ㄷ. '2006년 프랑스 민법전'에 의하면, C가 상속을 포기하더라도 자유분에는 변동이 없다.
ㄹ. 우리 현행 민법에 의하면, B와 C가 모두 유류분권자라고 할 때 두 사람의 유류분 비율은 동일하지 않다.

① ㄱ, ㄴ   ② ㄱ, ㄷ   ③ ㄴ, ㄷ
④ ㄴ, ㄹ   ⑤ ㄷ, ㄹ

2. 윗글에서 ①과 ②에 들어갈 적절한 단어를 찾아 각각 빈칸에 쓰시오.

① : 권세를 혼자 쥐고 제 마음대로 함. 2문단
예 일부 사학 재단은 □□을 일삼았다.

② : 차지한 물건이나 형세 따위를 굳게 지킴. 4문단
예 그 단체는 강경한 태도를 □□하고 있다.

[3~4] 다음을 읽고 핵심 내용에 밑줄을 치고, 빈칸에 적절한 말을 채우시오. 또한 주어진 물음에 답하시오.

디지털 사진에 특정 식별자, 곧 워터마크를 숨겨서 삽입하는 것을 디지털 워터마킹(watermarking)이라 한다. 삽입된 식별자를 특정 방법으로 추출하여 사진의 저작권 증명으로 사용할 수 있다. ___________의 개념과 기능 따라서 워터마킹은 원본을 회전, 잘라 내기, 축소 같은 편집이나 압축을 하여도, 워터마크가 원형에 가까운 형태로 추출되어야 하는 강인성(robustness)이 어느 정도 유지되어야 하며, 워터마크를 삽입하더라도 원래의 데이터 저장 형식이 바뀌지 않아야 한다. 또한 삽입된 식별자(___________)가 쉽게 노출되지 않도록 비가시성(invisibility)이 유지되어야 한다. 디지털 워터마킹의 조건: (1) 원본의 변형에도 워터마크가 원형에 가깝게 추출되는 ___________ 유지, (2) 워터마크 삽입 시 데이터 ___________ 변경 X, (3) 워터마크가 쉽게 노출되지 않는 ___________ 유지

디지털 사진의 데이터는 가로, 세로의 격자 모양으로 배열된 화소의 밝기 값으로 표현된다. 각 화소의 밝기 값을 2차원 배열 형태의 데이터로 표현하는 방식을 공간 영역 방식이라고 한다. 공간 영역 방식으로 표현된 디지털 사진의 데이터에서 사람의 눈에 잘 띄지 않는 영역에 있는 화소들의 밝기 값을 적당히 변경하여 워터마크를 삽입할 수 있다. 눈에 잘 띄지 않는 영역을 변경하여 삽입하는 것은 ___________을 유지하기 위해서겠군. 가령 어떤 상표의 이미지 데이터를 특정 영역의 화소 값에 더하거나 곱하여 밝기 값에 포함하면 된다. 공간 영역에서는 화소 값에 직접 식별자를 삽입할 수 있기 때문에 워터마크 삽입과 추출에 필요한 연산량이 비교적 적고 식별자의 삽입을 빠르게 처리할 수 있다는 장점이 있다. 공간 영역에서 워터마크 삽입 시의 장점: ___________이 적고 빠른 ___________ 가능 그러나 이렇게 삽입된 워터마크는 특정 영역에 한정되어 기록되어 있기 때문에 잘라 내기와 같은 간단한 영상 처리 또는 정보의 손실이 발생하는 데이터 압축에 의해서 쉽게 훼손되는 단점이 있다. 공간 영역에서 워터마크 삽입 시의 단점: 데이터의 변형이나 압축에 의해 쉽게 훼손(디지털 워터마킹의 조건 중 ___________을 유지하기 어려움)

이러한 문제점은 주파수 영역을 이용하면 어느 정도 개선할 수 있다. 단위 거리당 밝기가 변화하는 정도를 공간 주파수라고 하는데, 공간 주파수는 시간의 흐름이 아니라 공간적 이동에 따른 진동의 정도를 나타낸다. 디지털 사진에서 특정 방향으로 명암 변화가 자주 일어날수록 그 방향의 공간 주파수가 높게 측정되는데, 인접한 화소 사이에 밝기 변화가 급격하게 일어날 때 공간 주파수는 최대가 된다. 공간 주파수: 단위 거리당 ___________가 변화하는 정도, 명암 변화 빈도↑ → 공간 주파수(↑/↓) 이 원리를 이용하여 디지털 사진을 수평과 수직 방향의 2차원 평면에 대한 공간 주파수의 분포로 나타낼 수 있다. 이때 2차원 배열로 표현되는 공간 주파수의 2차원적인 분포를 공간 주파수 스펙트럼이라고 한다. 디지털 사진을 주파수 스펙트럼으로 표현하는 방식을 주파수 영역 방식이라고 하는데, 공간 영역 방식은 화소 밝기값을, 주파수 영역 방식은 ___________를 2차원 배열 형태로 표현하는군. 공간 영역의 사진 데이터는 푸리에 변환 등 수학적 변환식에 의해 손실 없이 주파수 영역으로 변환되고 그 역과정도 성립한다. ___________ 영역과 ___________ 영역의 데이터는 상호 변환 가능

주파수 영역에서 워터마크를 삽입하려면, 공간 영역의 데이터를 주파수 영역으로 변환한 다음에 특정 주파수 대역에 식별자 데이터를 삽입하고, 그것을 다시 공간 영역으로 변환해야 한다. 공간 영역에서는 워터마크를 화소 값에 직접 삽입할 수 있지만, 주파수 영역에서의 워터마크 삽입은 (1) 공간 영역의 데이터를 ___________ 영역으로 변환 → (2) 특정 주파수 대역에 ___________ 삽입 → (3) ___________ 영역으로 변환하는 과정을 거치는구나. 특정 주파수 대역에 삽입된 식별자는 그 주파수를 포함하고 있는 공간 영역의 모든 화소에 분산되므로 사진 전체에 퍼져 저장된다. 이렇게 삽입된 워터마크는 사람의 시각에 쉽게 노출되지 않으면서도, ___________ 유지 잘라 내기 등과 같은 영상 편집이 가해지더라도 남은 영역에 저장된 식별자 데이터에 의해 어느 정도 복원이 가능해진다. 3문단에서 공간 영역 방식의 문제점을 주파수 영역을 이용해 개선할 수 있다고 했어. 즉 주파수 영역을 이용하면 워터마크의 ___________이 어느 정도 유지된다는 거지. 하지만 공간과 주파수 영역 사이에 변환이 필요하므로 워터마크 삽입을 위한 연산량이 대폭 증가하게 되며, 특정 대역에 삽입된 식별자 데이터는 공간 영역에서 잡음(noise)의 형태로 나타나므로 사진 전반에 걸쳐 원본 사진이 흐려지거나 변형되는 등의 단점이 발생한다. 주파수 영역에서 워터마크 삽입 시의 단점: ___________ 대폭 증가, ___________으로 인한 원본의 왜곡

일반적인 사진에서 사람이 알아볼 수 있는 대부분의 정보는 저주파 대역에 몰려 있고, 사람이 사진의 내용을 인식할 때는 저주파 성분보다 고주파 성분에 상대적으로 둔감하게 반응한다. 따라서 워터마크 삽입으로 인한 잡음의 양은 대역과 상관없이 동일하더라도 고주파 대역에서는 원본의 왜곡이 눈에 잘 띄지 않는다. 그러나 대부분의 영상 손실 압축 기술이 고주파 성분을 제거하여 전체적인 데이터의 저장 크기를 줄이는 방법을 사용하므로 고주파 대역에 삽입된 워터마크는 압축에 취약해진다. 주파수 영역에서 워터마크는 압축에 대해 강인성이 유지되도록 대부분 중간 대역에 삽입된다. 주파수 영역에서 워터마크를 ___________ 대역에 삽입하는 이유: ___________ 대역에서의 원본 ___________은 눈에 잘 띄고, ___________ 대역에서 삽입한 워터마크는 압축에 ___________하기 때문

3. 윗글의 내용과 일치하는 것은?

① 삽입된 워터마크의 비가시성이 낮을수록 저작권을 보호하기 쉽다.

② 주파수 영역에서 공간 영역으로 변환할 때 데이터 손실이 일어난다.

③ 삽입된 워터마크는 공간 영역과 주파수 영역에서 잡음 형태로 나타난다.

④ 주파수 영역에서 워터마크를 삽입하면 데이터가 저장되는 형식이 바뀐다.

⑤ 공간 영역의 워터마크 삽입에 필요한 연산량은 주파수 영역에 비해 많다.

4. 윗글에서 ①과 ②에 들어갈 적절한 단어를 찾아 각각 빈칸에 쓰시오.

[①] : 본디의 꼴. **1문단**
예 손상된 그림이 거의 [ ][ ]에 가깝게 복원되었다.

[②] : 무르고 약함. **5문단**
예 정부는 안전에 [ ][ ]한 시설을 대상으로 보수·보강 사업을 펼쳤다.

[3~4] M/DEET 2012년도 「디지털 워터마킹」

① 디지털 사진에 특정 식별자, 곧 워터마크를 숨겨서 삽입하는 것을 디지털 워터마킹(watermarking)이라 한다. 삽입된 식별자를 특정 방법으로 추출하여 사진의 저작권 증명으로 사용할 수 있다. **디지털 워터마킹의 개념과 기능** 따라서 워터마킹은 원본을 회전, 잘라 내기, 축소 같은 편집이나 압축을 하여도, 워터마크가 원형에 가까운 형태로 추출되어야 하는 강인성(robustness)이 어느 정도 유지되어야 하며, 워터마크를 삽입하더라도 원래의 데이터 저장 형식이 바뀌지 않아야 한다. 또한 삽입된 식별자(워터마크)가 쉽게 노출되지 않도록 비가시성(invisibility)이 유지되어야 한다. **디지털 워터마킹의 조건: (1) 원본의 변형에도 워터마크가 원형에 가깝게 추출되는 강인성 유지, (2) 워터마크 삽입 시 데이터 저장 형식 변경 X, (3) 워터마크가 쉽게 노출되지 않는 비가시성 유지**

② 디지털 사진의 데이터는 가로, 세로의 격자 모양으로 배열된 화소의 밝기 값으로 표현된다. 각 화소의 밝기 값을 2차원 배열 형태의 데이터로 표현하는 방식을 공간 영역 방식이라고 한다. 공간 영역 방식으로 표현된 디지털 사진의 데이터에서 사람의 눈에 잘 띄지 않는 영역에 있는 화소들의 밝기 값을 적당히 변경하여 워터마크를 삽입할 수 있다. **눈에 잘 띄지 않는 영역을 변경하여 삽입하는 것은 비가시성을 유지하기 위해서겠군.** 가령 어떤 상표의 이미지 데이터를 특정 영역의 화소 값에 더하거나 곱하여 밝기 값에 포함하면 된다. 공간 영역에서는 화소 값에 직접 식별자를 삽입할 수 있기 때문에 워터마크 삽입과 추출에 필요한 연산량이 비교적 적고 식별자의 삽입을 빠르게 처리할 수 있다는 장점이 있다. **공간 영역에서 워터마크 삽입 시의 장점: 연산량이 적고 빠른 삽입 가능** 그러나 이렇게 삽입된 워터마크는 특정 영역에 한정되어 기록되어 있기 때문에 잘라 내기와 같은 간단한 영상 처리 또는 정보의 손실이 발생하는 데이터 압축에 의해서 쉽게 훼손되는 단점이 있다. **공간 영역에서 워터마크 삽입 시의 단점: 데이터의 변형이나 압축에 의해 쉽게 훼손 (디지털 워터마킹의 조건 중 강인성을 유지하기 어려움)**

③ 이러한 문제점은 주파수 영역을 이용하면 어느 정도 개선할 수 있다. 단위 거리당 밝기가 변화하는 정도를 공간 주파수라고 하는데, 공간 주파수는 시간의 흐름이 아니라 공간적 이동에 따른 진동의 정도를 나타낸다. 디지털 사진에서 특정 방향으로 명암 변화가 자주 일어날수록 그 방향의 공간 주파수가 높게 측정되는데, 인접한 화소 사이에 밝기 변화가 급격하게 일어날 때 공간 주파수는 최대가 된다. **공간 주파수: 단위 거리당 밝기가 변화하는 정도. 명암 변화 빈도↑ → 공간 주파수↑** 이 원리를 이용하여 디지털 사진을 수평과 수직 방향의 2차원 평면에 대한 공간 주파수의 분포로 나타낼 수 있다. 이때 2차원 배열로 표현되는 공간 주파수의 2차원적인 분포를 공간 주파수 스펙트럼이라고 한다. 디지털 사진을 주파수 스펙트럼으로 표현하는 방식을 주파수 영역 방식이라고 하는데, **공간 영역 방식은 화소의 밝기 값을, 주파수 영역 방식은 공간 주파수의 2차원적 분포를 2차원 배열 형태로 표현하는군.** 공간 영역의 사진 데이터는 푸리에 변환 등 수학적 변환식에 의해 손실 없이 주파수 영역으로 변환되고 그 역과정도 성립한다. **공간 영역과 주파수 영역의 데이터는 상호 변환 가능**

④ 주파수 영역에서 워터마크를 삽입하려면, 공간 영역의 데이터를 주파수 영역으로 변환한 다음에 특정 주파수 대역에 식별자 데이터를 삽입하고, 그것을 다시 공간 영역으로 변환해야 한다. **공간 영역에서는 워터마크를 화소 값에 직접 삽입할 수 있지만, 주파수 영역에서의 워터마크 삽입은 (1) 공간 영역의 데이터를 주파수 영역으로 변환 → (2) 특정 주파수 대역에 식별자 데이터 삽입 → (3) 공간 영역으로 변환하는 과정을 거치는구나.** 특정 주파수 대역에 삽입된 식별자는 그 주파수를 포함

하고 있는 공간 영역의 모든 화소에 분산되므로 사진 전체에 퍼져 저장된다. 이렇게 삽입된 워터마크는 사람의 시각에 쉽게 노출되지 않으면서도, **비가시성 유지** 잘라 내기 등과 같은 영상 편집이 가해지더라도 남은 영역에 저장된 식별자 데이터에 의해 어느 정도 복원이 가능해진다. **3문단에서 공간 영역 방식의 문제점을 주파수 영역을 이용해 개선할 수 있다고 했어. 즉 주파수 영역을 이용하면 워터마크의 강인성이 어느 정도 유지된다는 거지.** 하지만 공간과 주파수 영역 사이에 변환이 필요하므로 워터마크 삽입을 위한 연산량이 대폭 증가하게 되며, 특정 대역에 삽입된 식별자 데이터는 공간 영역에서 잡음(noise)의 형태로 나타나므로 사진 전반에 걸쳐 원본 사진이 흐려지거나 변형되는 등의 단점이 발생한다. **주파수 영역에서 워터마크 삽입 시의 단점: 연산량 대폭 증가, 잡음으로 인한 원본의 왜곡**

⑤ 일반적인 사진에서 사람이 알아볼 수 있는 대부분의 정보는 저주파 대역에 몰려 있고, 사람이 사진의 내용을 인식할 때는 저주파 성분보다 고주파 성분에 상대적으로 둔감하게 반응한다. 따라서 워터마크 삽입으로 인한 잡음의 양은 대역과 상관없이 동일하더라도 고주파 대역에서는 원본의 왜곡이 눈에 잘 띄지 않는다. 그러나 대부분의 영상 손실 압축 기술이 고주파 성분을 제거하여 전체적인 데이터의 저장 크기를 줄이는 방법을 사용하므로 고주파 대역에 삽입된 워터마크는 압축에 취약해진다. 주파수 영역에서 워터마크는 압축에 대해 강인성이 유지되도록 대부분 중간 대역에 삽입된다. **주파수 영역에서 워터마크를 중간 대역에 삽입하는 이유: 저주파 대역에서의 원본 왜곡은 눈에 잘 띄고, 고주파 대역에서 삽입한 워터마크는 압축에 취약하기 때문**

3. ③

4문단에 따르면 '특정 대역에 삽입된 식별자 데이터는 공간 영역에서 잡음의 형태로 나타'난다. 또한 5문단의 '워터마크 삽입으로 인한 잡음의 양은 대역과 상관없이 동일하더라도 고주파 대역에서는 원본의 왜곡이 눈에 잘 띄지 않는다.'를 통해 주파수 영역에서도 삽입된 워터마크는 잡음 형태로 나타남을 알 수 있다.

① 1문단에서 '사진의 저작권 증명으로 사용'할 수 있는 디지털 워터마킹은 '삽입된 식별자가 쉽게 노출되지 않도록 비가시성이 유지되어야 한다.'라고 했다. 이에 따르면 삽입된 워터마크의 비가시성이 높을수록 저작권을 보호하기 쉽다.

② 3문단에 따르면 '공간 영역의 사진 데이터는 푸리에 변환 등 수학적 변환식에 의해 손실 없이 주파수 영역으로 변환되고 그 역과정도 성립'하므로, 주파수 영역에서 공간 영역으로 변환될 때 데이터 손실은 일어나지 않는다.

④ 1문단에서 '워터마크를 삽입하더라도 원래의 데이터 저장 형식이 바뀌지 않아야 한다.'라고 했다.

⑤ 2문단에서 공간 영역에서는 '워터마크 삽입과 추출에 필요한 연산량이 비교적 적'다고 했고, 4문단에서 주파수 영역에서는 '워터마크 삽입을 위한 연산량이 대폭 증가'한다고 했다. 이를 통해 공간 영역의 워터마크 삽입에 필요한 연산량은 주파수 영역에 비해 적음을 알 수 있다.

4. ① 원형 ② 취약

[1~2] LEET 2018년도 「유류분 제도」

① 사유재산 제도에서 개인은 자기 재산을 임의로 처분할 수 있다. 다만 생전의 제한 없는 재산 처분은 유족의 생존을 위협할 수 있다. 이에 재산 처분의 자유와 상속인 보호를 조화시키기 위해 최소한의 몫이 상속인에게 유보되도록 보호할 필요가 있는데, 이를 위한 제도가 유류분(遺留分) 제도이다. 유류분 제도: 최소한의 재산이 상속인에게 유보되도록 보호 → 재산 처분의 자유와 상속인 보호의 조화

② 프랑스는 대혁명을 거치면서도 예전처럼 유언에 의한 재산 처분의 자유를 크게 인정하는 것이 일반적인 사회 관념이었다. 그러나 가부장의 전횡을 불러오는 이런 자유는 가정불화의 원인이 되기도 했다. 이(유언에 의한 재산 처분의 자유가 가정불화의 원인이 되는 문제 상황)로 인해 혁명기의 입법자는 유언의 자유에 대해 적대적인 태도를 취했다. 입법자는 피상속인의 재산을 임의처분이 가능한 자유분과 상속인들을 위해 유보해야 하는 유류분으로 구분하여 자유분을 최소한으로 규정했다. 프랑스의 혁명기: 유언의 자유에 대한 입법자의 적대적인 태도 → 피상속인의 재산을 자유분(최소한으로 규정)과 유류분으로 구분

③ 1804년의 나폴레옹 민법전에서는 배우자와 형제자매를 제외하고 직계비속 및 직계존속에 한해 유류분권을 인정했다. 1804 유류분권의 인정 범위 유류분은 상속인의 자격과 수에 따라 달라지게 했다. 피상속인의 생전 행위 또는 유언에 의한 무상처분은 자녀를 한 명 남긴 경우에는 재산의 절반을, 두 명을 남기는 경우에는 1/3을 초과할 수 없도록 했다. 상속을 포기한 자녀는 유류분권자에서 배제되지만 유류분 계산 시 피상속인의 자녀 수에는 포함되도록 하여, 상속 포기가 있어도 자유분에는 변동이 없었다. 상속인의 자격과 수에 따라 달라지는 유류분의 비율, 상속 포기 시 자유분 변동 X 유류분권은 피상속인이 가족에 대한 의무를 이행하는 것이었으며, 특히 직계비속을 위한 유류분 제도는 젊은 상속인의 생활을 위한 것이었다. 유류분 제도의 의의

④ 2006년에는 큰 변경이 있었다. 피상속인의 생전 처분이 고령화로 인해 장기에 걸쳐 진행되므로, 유류분 부족분을 상속 재산 자체로 반환하는 방식을 고수할 경우 영향 받는 제삼자가 그만큼 더 많아졌다. 상속 개시 시기가 늦어졌어도 상속인들이 생활 기반을 갖춘 경우가 일반화되었다. 또 이혼이나 재혼으로 가족이 재편되는 경우도 많아졌다. 2006년 유류분 제도 변경의 배경 이를 배경으로 유류분의 사전 포기를 허용하고, 직계존속에 대한 유류분을 폐지했다. 유류분권의 인정 범위 변화(직계존속의 유류분 폐지) 피상속인의 처분의 자유도 증대시켰다. 상속을 포기한 자녀는 유류분 계산 시 피상속인의 자녀 수에서 제외되어 상속 포기가 있으면 자유분이 증가하도록 했다. 상속 포기 시 피상속인의 자유분 변동 O 유류분 반환 방식도 제삼자를 고려하여 유류분 부족액만큼을 금전으로 반환하는 방식으로 변경하였다. 유류분 부족액을 상속 재산 자체가 아닌 금전으로 반환하는 것으로 변경

⑤ 우리의 유류분 제도는 1977년에 신설되었다. 프랑스의 유류분 제도에서 우리나라의 유류분 제도로 내용이 전환되었어. 우리 민법은 상속을 포기하지 않고 상속 결격 사유도 없는 한, 피상속인의 직계비속과 배우자, 직계존속, 형제자매까지를 유류분권자의 범주에 포함하되 최우선 순위인 상속권자를 유류분권자로 인정한다. 그리고 직계비속은 1순위, 직계존속은 2순위, 형제자매는 3순위, 배우자는 직계비속·직계존속과는 동일 순위이지만 형제자매에 대해서는 우선 순위의 상속인으로 인정한다. 유류분권의 인정 범위 및 우선 순위 유류분권자가 된 상속인의 법정 상속분 중 일정 비율을 유류분 비율로 정한다. 법정 상속분은 직계비속들 사이에서는 균분이고, 이들(직계

비속)의 유류분 비율은 법정 상속분의 반이다. 직계비속의 유류분 비율 구체적 유류분액을 확정하여 실제 받은 상속 재산이 이에 미달하는 경우에 그 부족분 한도에서 유증(遺贈) 또는 증여 받은 자에게 부족분에 해당하는 상속 재산 자체의 반환을 청구하게 된다. 유류분 부족분 발생 시 상속 재산 자체의 반환 청구

⑥ 최근 우리의 유류분 제도에 대해서도 개정 필요성이 제기되고 있다. 도입 당시에는 호주 상속인만의 재산 상속 풍조가 만연한 탓에 다른 상속인의 상속권을 보장해 주어야 한다는 점이 강조되었고, 법 적용에서도 배우자와 자녀들에게 유류분권을 보장하는 짐이 중시되었다. 유류분 제도 도입 당시: 배우자와 자녀들의 유류분권 보장을 중시 하지만 현재는 호주제가 폐지되고 장자 단독 상속 현상이 드물어졌다. 이와 관련하여 대법원도 판례를 통해 유류분 제도가 상속인들의 상속분을 보장한다는 취지 아래 피상속인의 자유의사에 따른 재산 처분을 제한하는 것인 만큼, 제한 범위를 최소한으로 그치게 하는 것이 피상속인의 의사를 존중하는 의미에서 바람직하다고 보았다. 현재: 재산 처분에 대한 제한 범위 최소화를 통해 피상속인의 의사 존중하는 것이 바람직

---

1. ①

ㄱ. 3문단에 따르면 '1804년의 나폴레옹 민법전'에서는 '상속을 포기한 자녀' 또한 '유류분 계산 시 피상속인의 자녀 수에는 포함'한다. 따라서 상속을 포기하더라도 B는 유류분 계산 시 A의 자녀 수에서 제외되지 않는다.

ㄴ. 3문단에 따르면 '1804년의 나폴레옹 민법전'에서는 '배우자와 형제자매를 제외하고 직계비속 및 직계존속에 한해 유류분권을 인정'한다. 따라서 A의 형제인 D는 유류분권을 주장할 수 없다.

ㄷ. 4문단에 따르면 2006년 프랑스 민법전에서는 '유류분의 사전 포기를 허용'하여 '상속을 포기한 자녀는 유류분 계산 시 피상속인의 자녀 수에서 제외되어 상속 포기가 있으면 자유분이 증가하도록' 하였다.

ㄹ. 5문단에 따르면 '우리 민법'에서는 '피상속인의 직계비속과 배우자, 직계존속, 형제자매까지를 유류분권자의 범주에 포함'하며, '법정 상속분은 직계비속들 사이에서는 균분'이므로 상속인 A의 직계비속인 B와 C는 모두 유류분권자이며 두 사람의 유류분 비율은 동일하다.

2. ① 전횡 ② 고수

[1~2] 다음을 읽고 핵심 내용에 밑줄을 치고, 빈칸에 적절한 말을 채우시오. 또한 주어진 물음에 답하시오.

브레송은 일상의 순간에 예술적 생명감을 불어넣은 '결정적 순간'의 미학을 탄생시킨 사진작가이다. (모르는 용어가 나와도 당황하지 말자! '결정적 순간'의 미학이 중요한 내용이면 추가적인 설명을 해 줄 것이고, 아니라면 __________ 이 '결정적 순간'의 미학을 탄생시켰다는 사실만 정확히 이해하면 돼. 문제에서는 지문에서 설명한 만큼만 물어보기 마련이니까!) 그는 피사체가 의식하지 못한 상태에서 피사체의 자연스러운 동작이나 표정을 찍는 사진 기법을 활용하여 자신의 예술성을 드러내었다.

㉠브레송은 자신의 예술성을 드러내기 위해 안정된 구도와 유동성을 기반으로 하여 움직임 가운데 균형을 잡아낸 사진을 촬영하였다. 브레송: __________와 유동성을 기반으로 움직임 가운데 균형을 잡아낸 사진(__________가 의식하지 못한 상태에서의 자연스러운 동작, 표정) 촬영 '안정된 구도'란 (브레송은 안정된 구도와 유동성을 기반으로 사진을 촬영했다고 했는데 이어서 '안정된 구도'에 대해 설명하려는 것으로 보아, 안정된 구도를 설명한 다음에는 __________에 대해 설명하겠네! 이것들은 최종적으로 브레송이 움직임 가운데 __________을 잡아낸 사진을 촬영했다는 핵심 정보를 설명하기 위해 활용될 거야. 이처럼 핵심 정보를 이해하는 데 배경지식의 역할을 하는 정보가 먼저 제시되는 경우가 많은데, 이러한 정보들을 지금부터 사전 정보라고 부를게 하지만 핵심 정보만 중요하다고 생각해서는 안 돼! 사전 정보를 정확히 이해해야 핵심 정보도 정확하게 이해할 수 있으니까!) 회화에 기초한 구도를 통해 사진에서 안정감을 느낄 수 있도록 하는 것을 의미한다. 그가 사용한 회화의 구도는 황금분할 구도, 기하학적 구도, 주요 요소들을 대비시킨 구도였다. 황금분할 구도는 (전개 방식이 보이네! 황금분할 구도 다음에는 __________ 구도, 대비 구도에 대한 내용이 이어지겠지?) 3:2의 비율로 화면을 분할한 것이고, 기하학적 구도는 여러 종류의 도형이 채워져 있는 것이다. 주요 요소들 간의 대비로는 동(動)과 정(靜)의 대비, 상하 대비, 좌우 대비, 좌우 대각선 대비 등을 사용하였다. 그는 이와 같은 안정된 구도의 기반이 되는 공간을 미리 계획하였다. 안정된 구도: __________의 구도(황금분할, 기하학적, 주요 요소들 간의 대비 구도)를 통해 사진에서 __________을 느낄 수 있도록 함 그리고 '유동성'은 움직이는 대상에 집중하는 것으로, 그는 자신이 미리 계획했던 구도(__________ 구도)에 움직이는 대상이 들어와 원하는 형태적 구성을 완성한 순간이 포착될 때까지 끈질기게 기다렸다. 한편 (전환!) 카메라를 눈의 연장으로 생각했던 그는, 화각이 인간의 시야와 가장 비슷한 표준 렌즈를 주로 사용해 사람의 눈높이에서 촬영했다. 이때 화각은 카메라 렌즈를 통해 이미지를 담을 수 있는 범위를 뜻한다. 그는 표준 렌즈에 비해 화각이 넓은 광각 렌즈나 플래시의 사용을 가급적 피했다. 이런 장치(__________나 __________)를 사용하면 눈으로 보는 실제 모습과 달라지기 때문이었다. 브레송은 눈으로 보는 실제 모습과 동일한 사진을 촬영하기 위해 주로 __________ 렌즈를 사용해 __________에서 촬영했어.

그는 『순간 이미지』라는 자신의 사진집에서 '결정적 순간'이란 어떤 하나의 사실과 관련해 시각적으로 포착된 다양한 모습들이 하나의 긴밀한 구성을 이루고, 그 구성 안에 의미가 실리는 것을 순간적으로 동시에 인식하는 것이라 정의 내렸다. 그는 내용과 구성이 조화를 이룬 '결정적 순간'을 발견하고 타이밍에 맞추어 촬영하였던 것이다. '결정적 순간'의 의미: 포착된 모습들이 하나의 __________을 이루고, 그 안에 __________가 실리는 것을 순간적으로 동시에 인식하는 것 (__________과 __________의 조화)

이후 사진작가들에게 브레송의 미학은 큰 영향을 주었다. 1960년대부터 활동한 ㉡마크 코헨은 브레송의 '결정적 순간'에 영향을 받아 자신만의 결정적 순간을 포착하고자 했다. (지금부터는 브레송의 '__________'의 미학이 마크 코헨에게 어떠한 영향을 끼쳤는지를 설명하겠군.) 그는 돌발성을 기반으로 한 근접 촬영 방식을 택해 독특하면서도 기발한 결정적 순간을 포착했다. 브레송이 안정된 구도와 __________을 기반으로 일상에서의 피사체의 __________스러운 모습에서 결정적 순간을 포착한 것과는 차이가 있네. 그는 광각 렌즈를 부착한 카메라를 들고 길거리에서 마주치는 사람들에게 돌발적으로 접근해 카메라를 허리 밑에 위치한 상태에서 자유로운 각도로 촬영하였다. 그리고 그는 대상의 일부만을 잘라낸 구도를 사용하기도 하였으며 플래시를 사용해 그림자의 모양을 자신의 의도대로 변화시키기도 하였다. 즉 그는 자신이 원한 형태의 사진을 촬영하기에 적합한 방식으로 눈으로 보는 세상과는 다르게 보이도록 인공적으로 만든 자신만의 결정적 순간을 포착한 것이다. 마크 코헨은 눈으로 보는 것과는 다른 사진을 촬영하기 위해 __________ 렌즈를 사용하여 __________ 각도로 촬영했고, 대상의 일부를 자른 구도나 __________를 사용하기도 했어. (글의 구성 방식과 문제의 출제 방식은 항상 연결되어 있어. 그렇다면 문제에서도 글에 드러난 브레송과 마크 코헨의 촬영 방식에서의 공통점이나 차이점을 물어보겠지!)

이처럼 예술가가 자신이 원하는 순간을 포착하는 것의 중요성을 보여준 브레송의 '결정적 순간'은 사진작가 각자의 개성이 담긴 결정적 순간으로 확대되면서 예술 지평을 넓혔다는 평가를 받았다. 브레송의 '결정적 순간'에 대한 평가: 각자의 __________이 담긴 결정적 순간으로 확대 → 예술 지평을 넓힘

---

1. ㉠과 ㉡에 대한 설명으로 적절하지 <u>않은</u> 것은?

① ㉠은 내용과 구성이 조화를 이루는 순간을 촬영하였다.

② ㉠은 카메라의 위치나 렌즈 선택 시 사람 눈과의 유사성을 중시하였다.

③ ㉡은 근접 촬영을 통해 독특하고 기발한 이미지를 담았다.

④ ㉡은 인공의 빛을 이용해 눈으로 보는 세상과는 다른 순간을 포착하였다.

⑤ ㉠과 ㉡은 모두 돌발성을 기반으로 하여 사진작가의 의도대로 촬영하였다.

2. 윗글에서 ①과 ②에 들어갈 적절한 단어를 찾아 각각 빈칸에 쓰시오.

> **①** : 날마다 반복되는 생활. 1문단
> [예] 아이들은 □□ 속에서 부모의 생활 태도를 배운다.
>
> **②** : 사물의 전망이나 가능성 따위를 비유적으로 이르는 말. 5문단
> [예] 이 박사는 유전 공학의 새 □□을 열었다.

[3~4] 다음을 읽고 핵심 내용에 밑줄을 치고, 빈칸에 적절한 말을 채우시오. 또한 주어진 물음에 답하시오.

우리는 내비게이션을 통해 목적지까지의 경로를 탐색하거나 스마트폰을 이용해 자신이 현재 있는 위치를 확인할 수 있다. 이는 GPS(Global Positioning System)로 인해 가능한 것이다. 그렇다면 GPS는 어떻게 현재 위치를 파악하는 것일까? (질문을 통해 'GPS가 ____________를 파악하는 원리'라는 화제를 제시하고 있어.)

GPS는 크게 GPS 위성과 GPS 수신기 등으로 구성된다. GPS의 구성 요소: GPS ______, GPS ________ 등 현재 지구를 도는 약 30개의 GPS 위성은 일정한 속력으로 정해진 궤도를 돌면서, 자신의 위치 정보 및 시각 정보를 담은 신호를 지구로 송신한다. (1) GPS 위성: 자신의 ______ 및 시각 정보 담은 신호를 ______로 보냄 이 신호를 받은 수신기는 위성에서 신호를 보낸 시각과 자신이 신호를 받은 시각의 차이를 근거로, 위성 신호가 수신기까지 이동하는 데 걸린 시간을 계산하여 위성과 수신기 사이의 거리를 구한다. (2) GPS 수신기: GPS 위성의 신호를 받아 위성과 수신기 사이의 ______ 계산 위성이 보낸 신호는 빛의 속력으로 이동하므로, 신호가 이동하는 데 걸린 시간(t)(______가 신호를 받은 시각 - ______에서 신호를 보낸 시각)에 빛의 속력(c)을 곱하면 위성과 수신기 사이의 거리(r)를 구할 수 있다. 이를 식으로 표시하면 'r = t × c'이다.

그런데 GPS가 현재 위치를 정확하게 파악하기 위해서는 상대성 이론을 고려해야 한다. 상대성 이론에 따르면(글쓴이가 글 전체를 통해 궁극적으로 설명하고자 하는 바는 (GPS가 현재 위치를 파악하는 원리야./상대성 이론이야.) 그런데 상대성 이론에 대한 이해가 있어야 이를 정확히 이해할 수 있나 봐. 그래서 글쓴이는 상대성 이론과 관련된 사전 정보부터 설명하는 거야.) 대상이 빠르게 움직일수록 시간은 느리게 흐르고, 대상에 미치는 중력이 약해질수록 시간은 빠르게 흐른다. ('-ㄹ수록'처럼 상관관계를 나타내는 표지는 꼭 챙기자!) 대상의 빠르기(↑/↓) → 시간의 흐름↓, 대상에 미치는 중력(↑/↓) → 시간의 흐름↑ 실제로 위성은 지구의 자전 속력보다 빠르게 지구 주변을 돌고 있기 때문에 지표면에 비해 시간이 느리게 흘러, 위성의 시간은 하루에 약 7.2μs*씩 느려지게 된다. 대상(위성)이 빠르게 움직일수록 시간은 (빠르게/느리게) 흐른다고 했으니까! 또한(앞서 상대성 이론에 따른 대상의 빠르기와 시간의 흐름의 관계를 GPS 위성에 적용해서 설명했으니, 이제 ______________________과 시간의 흐름의 관계를 다룰 거야.) 위성은 약 20,000km 이상의 상공에 있기 때문에 중력이 지표면보다 약하게 작용해 지표면에 비해 시간이 하루에 약 45.8μs씩 빨라지게 된다. 대상에 미치는 중력이 약해질수록 시간이 (빠르게/느리게) 흐르니까, 지구에 비해 중력이 (강하게/약하게) 작용하는 위성은 시간이 빠르게 흐르겠지? 그 결과 GPS 위성에 있는 원자시계의 시간은 지표면의 시간에 비해 매일 약 38.6μs씩 빨라진다. 위성의 시간은 하루에 ______μs씩 느려지지만, ________μs씩 빨라지니까 결과적으로 38.6μs씩 빨라지는 거구나. 이러한 차이는 하루에 약 11km의 오차를 발생시킨다. 이를 방지하기 위해(문제(______ 발생)가 제시되면 해결 방안(오차 ______ 방안)도 제시되기 마련이지!) GPS는 위성에 탑재된 원자시계의 시간을 지표면의 시간과 일치하도록 조정하여 위성과 수신기 사이의 거리((r / t / c))를 정확하게 구하게 된다. 위성에 있는 ____________의 시간과 ________의 시간이 일치해야 t값을 정확하게 구할 수 있고, 'r = t × c'이니까 t값이 정확할 때 r값도 정확히 구할 수 있지.

이렇게 계산된 거리(______과 ________ 사이의 거리)는 수신기가 자신의 위치를 파악하는 데 사용되는데, 이를 이해하기 위해서는 삼변 측량법을 알아야 한다. (먼저 사전 정보로 ______________을 설명한 다음, 이를 이용해 ________________하는 방법을 설명하겠군.) 삼변 측량법은 세 기준점 A, B, C의 위치와, 각 기준점에서 대상 P까지의 거리를 이용하여 P의

위치를 측정하는 방법이다. 가령,(삼변 측량법을 활용한 대상의 위치를 측정하는 방법을 ___를 들어 구체적으로 설명할 거야. 예로 든 내용은 핵심 정보와 대응되므로 둘을 연결해 가며 읽자.) 〈그림〉과 같이 평면상의 A(0, 0)에서 거리가 5만큼 떨어진 지점에, B(4, 0)에서 거리가 3만큼 떨어진 지점에, C(0, 3)에서 거리가 4만큼 떨어진 지점에 P(x, y)가 있다고 하자. 평면상의 한 점에서 같은 거리에 있는 점을 모두 연결하면 원이 된다. 그러므로 A를 중심으로 반지름이 5인 원, B를 중심으로 반지름이 3인 원, C를 중심으로 반지름이 4인 원을

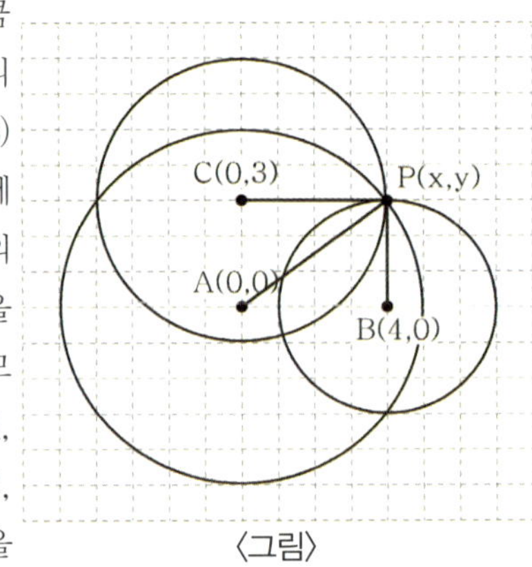

그리면 세 원이 교차하는 지점이 하나 생기는데, 이 지점이 바로 P(4, 3)의 위치가 된다. 이때 세 개의 점 A, B, C를 GPS 위성으로 본다면 이들의 좌표 값은 위성의 위치 정보이고, P의 좌표 값은 GPS 수신기의 위치 정보에 해당한다고 할 수 있다. 삼변 측량법을 활용한 평면에서의 GPS 수신기의 위치 파악: ________이 각 기준점(위성)과 대상(수신기)까지의 거리인 원들의 교점이 ________의 위치

그러나 실제 공간은 2차원 평면이 아닌 3차원 입체이기 때문에 GPS 위성으로부터 동일한 거리에 있는 점들은 원이 아니라 구(球)의 형태로 나타난다. 그 결과 세 개의 GPS 위성을 중심으로 하는 세 개의 구가 겹치는 지점은 일반적으로 두 군데가 된다. 하지만 이 중 한 지점은 지구 표면 가까이에 위치하게 되고, 나머지 한 지점은 우주 공간에 위치하게 된다. GPS 수신기는 이 두 교점 중 지구 표면 가까이에 있는 지점을 자신의 현재 위치로 파악하게 된다. 삼변 측량법을 활용한 실제 공간(__차원)에서의 GPS 수신기의 위치 파악: 반지름이 각 위성과 수신기까지의 거리인 ____들의 교점 중 ____________에 가까이 있는 지점이 수신기의 위치

* μs(마이크로초): 1초의 100만분의 1.

3. 윗글에서 알 수 있는 내용으로 적절하지 <u>않은</u> 것은?

① GPS 위성은 약 20,000km 이상의 상공에서 일정한 속력으로 정해진 궤도를 돈다.

② GPS를 이용하면 스마트폰이나 내비게이션으로 현재의 위치 정보를 확인할 수 있다.

③ GPS 수신기는 GPS 위성에 보낸 신호를 바탕으로 자신의 위치 정보를 계산한다.

④ GPS 위성과 GPS 수신기 간의 거리를 빛의 속력으로 나누면 위성의 신호가 수신기에 도달하는 데 걸린 시간이 된다.

⑤ 삼변 측량법이란 기준점의 위치 및 대상과 기준점 사이의 거리를 이용하여 대상의 위치를 파악하는 방법이다.

4. 윗글에서 ①과 ②에 들어갈 적절한 단어를 찾아 각각 빈칸에 쓰시오.

① : 주로 전기적 수단을 이용하여 전신이나 전화, 라디오, 텔레비전 방송 따위의 신호를 보냄. 2문단

예 통신병이 상황을 부대로 신속하게 ☐☐했다.

② : 서로 엇갈리거나 마주침. 5문단

예 그 옷감은 씨실과 날실의 ☐☐가 뚜렷했다.

[3~4] 고1 2019학년도 3월 학평 「GPS의 위치 파악 원리」

① 우리는 내비게이션을 통해 목적지까지의 경로를 탐색하거나 스마트폰을 이용해 자신이 현재 있는 위치를 확인할 수 있다. 이는 GPS(Global Positioning System)로 인해 가능한 것이다. 그렇다면 GPS는 어떻게 현재 위치를 파악하는 것일까? (질문을 통해 'GPS가 현재 위치를 파악하는 원리'라는 화제를 제시하고 있어.)

② GPS는 크게 GPS 위성과 GPS 수신기 등으로 구성된다. GPS의 구성 요소: GPS 위성, GPS 수신기 등 현재 지구를 도는 약 30개의 GPS 위성은 일정한 속력으로 정해진 궤도를 돌면서, 자신의 위치 정보 및 시각 정보를 담은 신호를 지구로 송신한다. (1) GPS 위성: 자신의 위치 및 시각 정보 담은 신호를 지구로 보냄 이 신호를 받은 수신기는 위성에서 신호를 보낸 시각과 자신이 신호를 받은 시각의 차이를 근거로, 위성 신호가 수신기까지 이동하는 데 걸린 시간을 계산하여 위성과 수신기 사이의 거리를 구한다. (2) GPS 수신기: GPS 위성의 신호를 받아 위성과 수신기 사이의 거리 계산 위성이 보낸 신호는 빛의 속력으로 이동하므로, 신호가 이동하는 데 걸린 시간(t)(수신기가 신호를 받은 시각 – 위성에서 신호를 보낸 시각)에 빛의 속력(c)을 곱하면 위성과 수신기 사이의 거리(r)를 구할 수 있다. 이를 식으로 표시하면 'r = t × c'이다.

③ 그런데 GPS가 현재 위치를 정확하게 파악하기 위해서는 상대성 이론을 고려해야 한다. 상대성 이론에 따르면(글쓴이가 글 전체를 통해 궁극적으로 설명하고자 하는 바는 GPS가 현재 위치를 파악하는 원리야. 그런데 상대성 이론에 대한 이해가 있어야 이를 정확히 이해할 수 있나 봐. 그래서 글쓴이는 상대성 이론과 관련된 사전 정보부터 설명하는 거야.) 대상이 빠르게 움직일수록 시간은 느리게 흐르고, 대상에 미치는 중력이 약해질수록 시간은 빠르게 흐른다. ('-ㄹ수록'처럼 상관관계를 나타내는 표지는 꼭 챙기자!) 대상의 빠르기↑ → 시간의 흐름↓, 대상에 미치는 중력↓ → 시간의 흐름↑ 실제로 위성은 지구의 자전 속력보다 빠르게 지구 주변을 돌고 있기 때문에 지표면에 비해 시간이 느리게 흘러, 위성의 시간은 하루에 약 $7.2\mu s$씩 느려지게 된다. 대상(위성)이 빠르게 움직일수록 시간은 느리게 흐른다고 했으니까! 또한(앞서 상대성 이론에 따른 대상의 빠르기와 시간의 흐름의 관계를 GPS 위성에 적용해서 설명했으니, 이제 대상에 미치는 중력과 시간의 흐름의 관계를 다룰 거야.) 위성은 약 20,000km 이상의 상공에 있기 때문에 중력이 지표면보다 약하게 작용해 지표면에 비해 시간이 하루에 약 $45.8\mu s$씩 빨라지게 된다. 대상에 미치는 중력이 약해질수록 시간이 빠르게 흐르니까, 지구에 비해 중력이 약하게 작용하는 위성은 시간이 빠르게 흐르겠지? 그 결과 GPS 위성에 있는 원자시계의 시간은 지표면의 시간에 비해 매일 약 $38.6\mu s$씩 빨라진다. 위성의 시간은 하루에 7.2μs씩 느려지지만, 45.8μs씩 빨라지니까 결과적으로 38.6μs씩 빨라지는 거구나. 이러한 차이는 하루에 약 11km의 오차를 발생시킨다. 이를 방지하기 위해(문제(오차 발생)가 제시되면 해결 방안(오차 방지 방안)도 제시되기 마련이지!) GPS는 위성에 탑재된 원자시계의 시간을 지표면의 시간과 일치하도록 조정하여 위성과 수신기 사이의 거리(r)를 정확하게 구하게 된다. 위성에 있는 원자시계의 시간과 지표면의 시간이 일치해야 t값을 정확하게 구할 수 있고, 'r = t × c'이니까 t값이 정확할 때 r값도 정확히 구할 수 있지.

④ 이렇게 계산된 거리(위성과 수신기 사이의 거리)는 수신기가 자신의 위치를 파악하는 데 사용되는데, 이를 이해하기 위해서는 삼변 측량법을 알아야 한다. (먼저 사전 정보로 삼변 측량법을 설명한 다음, 이를 이용해 수신기가 자신의 위치를 파악하는 방법을 설명하겠군.) 삼변 측량법은 세 기준점 A, B, C의 위치와, 각 기준점에서 대상 P까지의 거리를 이용하여 P의 위치를 측정하는 방법이다.

⑤ 가령,(삼변 측량법을 활용해 대상의 위치를 측정하는 방법을 예를 들어 구체적으로 설명할 거

야. 예로 든 내용은 핵심 정보와 대응되므로 둘을 연결해 가며 읽자.) 〈그림〉과 같이 평면상의 A(0, 0)에서 거리가 5만큼 떨어진 지점에, B(4, 0)에서 거리가 3만큼 떨어진 지점에, C(0, 3)에서 거리가 4만큼 떨어진 지점에 P(x, y)가 있다고 하자. 평면상의 한 점에서 같은 거리에 있는 점을 모두 연결하면 원이 된다. 그러므로 A를 중심으로 반지름이 5인 원, B를 중심으로 반지름이 3인 원, C를 중심으로 반지름이 4인 원을 그리면 세 원이 교차하는 지점이 하나 생기는데, 이 지점이 바로 P(4, 3)의 위치가 된다. 이때 세 개의 점 A, B, C를 GPS 위성으로 본다면 이들의 좌표 값은 위성의 위치 정보이고, P의 좌표 값은 GPS 수신기의 위치 정보에 해당한다고 할 수 있다. 삼변 측량법을 활용한 평면에서의 GPS 수신기의 위치 파악: 반지름이 각 기준점(위성)과 대상(수신기)까지의 거리인 원들의 교점이 수신기의 위치

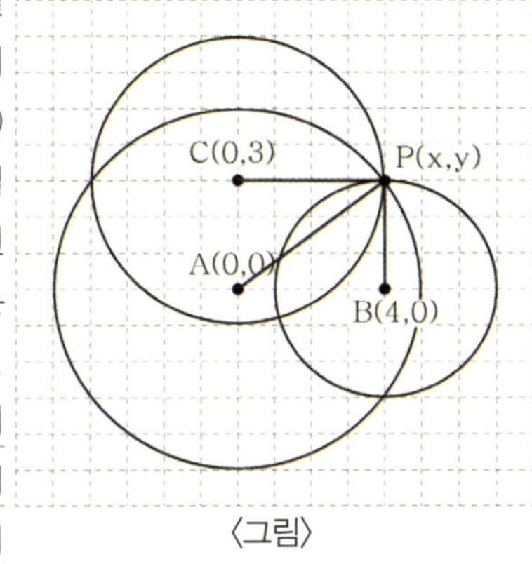

⑥ 그러나 실제 공간은 2차원 평면이 아닌 3차원 입체이기 때문에 GPS 위성으로부터 동일한 거리에 있는 점들은 원이 아니라 구(球)의 형태로 나타난다. 그 결과 세 개의 GPS 위성을 중심으로 하는 세 개의 구가 겹치는 지점은 일반적으로 두 군데가 된다. 하지만 이 중 한 지점은 지구 표면 가까이에 위치하게 되고, 나머지 한 지점은 우주 공간에 위치하게 된다. GPS 수신기는 이 두 교점 중 지구 표면 가까이에 있는 지점을 자신의 현재 위치로 파악하게 된다. 삼변 측량법을 활용한 실제 공간(3차원)에서의 GPS 수신기의 위치 파악: 반지름이 각 위성과 수신기까지의 거리인 구들의 교점 중 지구 표면에 가까이 있는 지점이 수신기의 위치

---

3. ③

> 2문단과 4문단에 따르면 GPS 수신기는 GPS 위성에 신호를 보내는 것이 아니라, GPS 위성이 보낸 신호를 받아 '위성과 수신기 사이의 거리'를 구하고 이를 사용하여 '자신의 위치를 파악'한다.

① 2문단과 3문단을 통해 'GPS 위성은 일정한 속력으로 정해진 궤도를 돌'고, '약 20,000km 이상의 상공에 있'음을 알 수 있다.

② 1문단의 '내비게이션을 통해 목적지까지의 경로를 탐색하거나 스마트폰을 이용해 자신의 현재 있는 위치를 확인할 수 있다. 이는 GPS로 인해 가능한 것이다.'를 통해 알 수 있다.

④ 2문단에서 'r(위성과 수신기 사이의 거리) = t(위성에서 수신기까지 신호가 이동하는 데 걸린 시간) × c(빛의 속력)'라고 했으므로, 위성과 수신기 사이의 거리(r)를 빛의 속력(c)으로 나누면 위성의 신호가 수신기에 도달하는 데 걸린 시간(t)이 된다.

⑤ 4문단의 '삼변 측량법은 세 기준점 A, B, C의 위치와, 각 기준점에서 대상 P까지의 거리를 이용하여 P의 위치를 측정하는 방법이다.'를 통해 알 수 있다.

4. ① 송신 ② 교차

[1~2] 고2 2019학년도 9월 학평 「결정적 순간」

① 브레송은 일상의 순간에 예술적 생명감을 불어넣은 '결정적 순간'의 미학을 탄생시킨 사진작가이다. (모르는 용어가 나와도 당황하지 말자! '결정적 순간'의 미학이 중요한 내용이면 추가적인 설명을 해 줄 것이고, 아니라면 브레송이 '결정적 순간'의 미학을 탄생시켰다는 사실만 정확히 이해하면 돼. 문제에서는 지문에서 설명한 만큼만 물어보기 마련이니까!) 그는 피사체가 의식하지 못한 상태에서 피사체의 자연스러운 동작이나 표정을 찍는 사진 기법을 활용하여 자신의 예술성을 드러내었다.

② ㉠브레송은 자신의 예술성을 드러내기 위해 안정된 구도와 유동성을 기반으로 하여 움직임 가운데 균형을 잡아낸 사진을 촬영하였다. 브레송: 안정된 구도와 유동성을 기반으로 움직임 가운데 균형을 잡아낸 사진(피사체가 의식하지 못한 상태에서의 자연스러운 동작, 표정) 촬영 '안정된 구도'란 (브레송은 안정된 구도와 유동성을 기반으로 사진을 촬영했다고 했는데 이어서 '안정된 구도'에 대해 설명하려는 것으로 보아, 안정된 구도를 설명한 다음에는 유동성에 대해 설명하겠네! 이것들은 최종적으로 브레송이 움직임 가운데 균형을 잡아낸 사진을 촬영했다는 핵심 정보를 설명하기 위해 활용될 거야. 이처럼 핵심 정보를 이해하는 데 배경지식의 역할을 하는 정보가 먼저 제시되는 경우가 많은데, 이러한 정보들을 지금부터 사전 정보라고 부를게. 하지만 핵심 정보만 중요하다고 생각해서는 안 돼! 사전 정보를 정확히 이해해야 핵심 정보도 정확하게 이해할 수 있으니까!) 회화에 기초한 구도를 통해 사진에서 안정감을 느낄 수 있도록 하는 것을 의미한다. 그가 사용한 회화의 구도는 황금분할 구도, 기하학적 구도, 주요 요소들을 대비시킨 구도였다. 황금분할 구도는 (전개 방식이 보이네! 황금분할 구도 다음에는 기하학적 구도, 대비 구도에 대한 내용이 이어지겠지?) 3:2의 비율로 화면을 분할한 것이고, 기하학적 구도는 여러 종류의 도형이 채워져 있는 것이다. 주요 요소들 간의 대비로는 동(動)과 정(靜)의 대비, 상하 대비, 좌우 대비, 좌우 대각선 대비 등을 사용하였다. 그는 이와 같은 안정된 구도의 기반이 되는 공간을 미리 계획하였다. 안정된 구도: 회화의 구도(황금분할, 기하학적, 주요 요소들 간의 대비 구도)를 통해 사진에서 안정감을 느낄 수 있도록 함 그리고 '유동성'은 움직이는 대상에 집중하는 것으로, 그는 자신이 미리 계획했던 구도(안정된 구도)에 움직이는 대상이 들어와 원하는 형태적 구성을 완성한 순간이 포착될 때까지 끈질기게 기다렸다. 한편 (전환!) 카메라를 눈의 연장으로 생각했던 그는, 화각이 인간의 시야와 가장 비슷한 표준 렌즈를 주로 사용해 사람의 눈높이에서 촬영했다. 이때 화각은 카메라 렌즈를 통해 이미지를 담을 수 있는 범위를 뜻한다. 그는 표준 렌즈에 비해 화각이 넓은 광각 렌즈나 플래시의 사용을 가급적 피했다. 이런 장치(광각 렌즈나 플래시)를 사용하면 눈으로 보는 실제 모습과 달라지기 때문이었다. 브레송은 눈으로 보는 실제 모습과 동일한 사진을 촬영하기 위해 주로 표준 렌즈를 사용해 사람의 눈높이에서 촬영했어.

③ 그는 『순간 이미지』라는 자신의 사진집에서 '결정적 순간'이란 어떤 하나의 사실과 관련해 시각적으로 포착된 다양한 모습들이 하나의 긴밀한 구성을 이루고, 그 구성 안에 의미가 실리는 것을 순간적으로 동시에 인식하는 것이라 정의 내렸다. 그는 내용과 구성이 조화를 이룬 '결정적 순간'을 발견하고 타이밍에 맞추어 촬영하였던 것이다. '결정적 순간'의 의미: 포착된 모습들이 하나의 구성을 이루고, 그 안에 의미가 실리는 것을 순간적으로 동시에 인식하는 것(내용과 구성의 조화)

④ 이후 사진작가들에게 브레송의 미학은 큰 영향을 주었다. 1960년대부터 활동한 ㉡마크 코헨은 브레송의 '결정적 순간'에 영향을 받아 자신만의 결정적 순간을 포착하고자 했다. (지금부터는 브레송의 '결정적 순간'의 미학이 마크 코헨에게 어떠한 영향을 끼쳤는지를 설명하겠군.) 그는 돌발성을 기반으로 한 근접 촬영

방식을 택해 독특하면서도 기발한 결정적 순간을 포착했다. 브레송이 안정된 구도와 유동성을 기반으로 일상에서의 피사체의 자연스러운 모습에서 결정적 순간을 포착한 것과는 차이가 있네. 그는 광각 렌즈를 부착한 카메라를 들고 길거리에서 마주치는 사람들에게 돌발적으로 접근해 카메라를 허리 밑에 위치한 상태에서 자유로운 각도로 촬영하였다. 그리고 그는 대상의 일부만을 잘라낸 구도를 사용하기도 하였으며 플래시를 사용해 그림자의 모양을 자신의 의도대로 변화시키기도 하였다. 즉 그는 자신이 원한 형태의 사진을 촬영하기에 적합한 방식으로 눈으로 보는 세상과는 다르게 보이도록 인공적으로 만든 자신만의 결정적 순간을 포착한 것이다. 마크 코헨은 눈으로 보는 것과는 다른 사진을 촬영하기 위해 광각 렌즈를 사용하여 자유로운 각도로 촬영했고, 대상의 일부를 자른 구도나 플래시를 사용하기도 했어. (글의 구성 방식과 문제의 출제 방식은 항상 연결되어 있어. 그렇다면 문제에서도 글에 드러난 브레송과 마크 코헨의 촬영 방식에서의 공통점이나 차이점을 물어보겠지!)

⑤ 이처럼 예술가가 자신이 원하는 순간을 포착하는 것의 중요성을 보여준 브레송의 '결정적 순간'은 사진작가 각자의 개성이 담긴 결정적 순간으로 확대되면서 예술 지평을 넓혔다는 평가를 받았다. 브레송의 '결정적 순간'에 대한 평가: 각자의 개성이 담긴 결정적 순간으로 확대 → 예술 지평을 넓힘

---

1. ⑤

> 4문단에 따르면 '돌발성을 기반'으로 하여 '자신이 원한 형태의 사진을 촬영'한 것은 ㉡(마크 코헨)이다. 1문단과 2문단에 따르면 ㉠(브레송)은 '안정된 구도와 유동성을 기반'으로 하여 '피사체의 자연스러운 동작이나 표정'을 찍었다.

① 3문단에서 ㉠은 '내용과 구성이 조화를 이룬 '결정적 순간'을 발견하고 타이밍에 맞추어 촬영하였'다고 했다.

② 2문단에서 ㉠은 '화각이 인간의 시야와 가장 비슷한 표준 렌즈를 주로 사용해 사람의 눈높이에서 촬영'하였다고 했다.

③ 4문단에서 ㉡은 '근접 촬영 방식을 택해 독특하면서도 기발한 결정적 순간을 포착'하였다고 했다.

④ 4문단에서 ㉡은 '플래시(인공의 빛)를 사용'하여 '눈으로 보는 세상과는 다르게 보이도록 인공적으로 만든 자신만의 결정적 순간을 포착'하였다고 했다.

2. ① 일상 ② 지평

[1~2] 다음을 읽고 핵심 내용에 밑줄을 치고, 빈칸에 적절한 말을 채우시오. 또한 주어진 물음에 답하시오.

돈의 총량을 뜻하는 통화량이 과도하게 많거나 적으면 심한 물가 변동이 일어날 수 있으며, 실업률, 이자율 등에도 영향을 미칠 수 있다. 따라서 통화량을 파악하여 적절한 수준으로 조절하는 통화정책의 중요성이 갈수록 커지고 있다. 문제는 통화량의 파악이 쉽지 않다는 것이다. (이 글은 ________의 파악이 어렵다는 문제와 그 해결을 중심으로 전개되겠지?) 현금뿐 아니라, 현금으로 바뀔 수 있는 성질인 유동성을 가진 금융상품까지 통화에 포함되기 때문이다. 통화 = 현금 + ________을 가진 금융상품. 문제의 원인은 유동성을 가진 금융상품도 통화에 포함된다는 데 있군.

통화량 파악이 복잡한 이유를 통화 형성 과정을 통해 더 자세히 살펴보자. 통화는 중앙은행이 화폐를 발행하여 개인과 기업 등의 경제 주체들에게 공급함으로써 창출된다. 이때 중앙은행이 발행한 화폐를 본원통화라고 한다. 본원통화의 일부는 현금으로 유통되고, 일부는 은행에 예금된다. 중앙은행이 경제 주체들에게 ________(화폐)를 공급함으로써 통화 창출(본원통화 → ________으로 유통 + 은행에 ________) 예금은 경제 주체가 금융기관에 돈을 맡겨 놓는 것이므로 이들의 요구가 있으면 현금으로 바뀔 수 있는 유동성이 있어 통화에 포함된다. 그런데 이 예금 중 일정 비율만 예금자의 인출에 대비해 지급준비금으로 남고 나머지는 대출된다. 예금 → 지급준비금 + ________ 예금의 일부가 대출되면 대출액만큼의 통화가 새로 만들어지는데, 이를 신용창조라고 한다. 예를 들어(________가 무엇인지를 보다 구체적으로 설명해 줄 거야. 예를 들어 설명하는 부분은 문제로 제시될 가능성이 높으니 정확히 이해하자.) 은행에 예금되어 있는 1만 원이 시중에 대출될 때, 예금액 1만 원은 그대로 통화량에 포함되어 있는 채 대출된 1만 원이 통화량에 새로 추가되는 것이다. 이러한 신용창조의 과정이 반복되면서 본원통화(________이 발행한 화폐)보다 몇 배 많은 통화량이 형성되는데 그 증가된 배수를 통화승수라고 한다. 신용창조에 의해 ________만큼 통화량이 늘어남 → 반복으로 본원통화의 n배(________)인 통화량이 형성됨 다만(예외적인 사항을 덧붙이는 것은 문제에서 물어보겠다는 뜻이야.) 시중에 유통되던 현금이 은행에 예금되더라도 그 예금액만큼 시중의 현금은 줄어들기 때문에 이런 경우에는 통화량에 변화가 없다. 현금이 ________되는 것은 통화량 변화에 영향을 미치지 않네.

그런데 금융기관의 금융상품마다 유동성의 정도가 달라 모두 동일한 통화로 취급하기 어려운 까닭에 통화량 파악이 복잡해진다. (2문단에서는 ________에 따른 통화량 파악의 어려움을 다뤘다면, 3문단에서는 금융상품마다의 ________ 차이에 따른 통화량 파악의 어려움에 대해 설명하려 하는군.) 그래서 각 나라의 중앙은행은 다양한 통화 지표를 만들어 통화량을 파악하고 있다. 우리나라의 통화 지표는 2003년을 기점으로 양분된다. 앞 시기에는 ‘통화’, ‘총통화’, ‘총유동성’이라는 통화 지표를 사용했다. ‘통화’와 ‘총통화’에는 현금과 예금은행의 금융상품들이 포함되었고, ‘총유동성’에는 여기에다 비은행금융기관*의 금융상품들이 추가되었다. 2003년 이전 통화 지표 (1) 통화, 총통화(현금 + ________의 금융상품), (2) 총유동성(현금 + 예금은행의 금융상품 + ________의 금융상품) 2003년 이후에는 IMF의 통화금융통계 매뉴얼에 따라 ‘협의통화’, ‘광의통화’, ‘Lf(금융기관 유동성)’라는 지표가 사용되었다. 협의통화에는 현금뿐 아니라 예금을 취급하는 모든 금융기관의 요구불예금 및 수시입출식 저축성 예금이 포함된다. 요구불예금과 수시입출식 저축성 예금은 고객의 요구가 있으면 즉시 현금으로 바뀔 수 있기에 유동성이 매우 높다고 판단되어 현금과 같은 지표에 묶였다. 2003년

이후 통화 지표 (1) 협의통화: ________ + 요구불예금 및 수시입출식 저축성 예금(________ 매우 높음) 광의통화는 협의통화에, 예금을 취급하는 모든 금융기관의 예금 상품 중 이자 소득을 포기해야만 현금화할 수 있어 유동성이 낮은 상품들까지 추가한 것이다. 여기에는 정기예금 등 만기 2년 미만의 금융상품들이 해당된다. 다만 이전 지표의 ‘총통화’에 포함되었던 만기 2년 이상의 저축성 예금은 유동성이 매우 낮다는 이유로 제외했다. 2003년 이후 통화 지표 (2) 광의통화: ________ + 정기예금 등 만기 2년 미만의 금융상품(유동성 ________) Lf는 만기 2년 이상의 저축성 예금 등 광의통화에 포함되지 않았던 모든 금융기관의 금융상품까지 포괄한다. 2003년 이후 통화 지표 (3) Lf: ________ + 만기 2년 ________의 저축성 예금 등(유동성 매우 낮음)

보통 광의통화는 시중의 통화량을 가장 잘 드러내는 지표로 인정받고, 통화승수 역시 광의통화를 기반으로 한다. 그리고 협의통화는 단기금융시장의 규모를 파악하는 데, Lf는 실물경제의 규모를 파악하는 데 더 적합하다. 이렇게 통화 지표는 통화량을 다층적으로 파악하게 하여 효율적인 통화정책 운용에 기여할 수 있다.

________	단기금융시장 규모 파악
________	시중 통화량 지표, 통화승수 파악의 기반
________	실물경제 규모 파악

*비은행금융기관: 중앙은행과 예금은행을 제외한 금융기관.

1. 윗글을 바탕으로 〈보기〉를 이해할 때 빈칸에 들어갈 말로 가장 적절한 것은?

〈보기〉

김 씨는 중앙은행에 사무 용품을 납품하고 받은 현금 100만 원을 A 은행에 요구불예금으로 입금했다. A 은행은 이 예금 중 10만 원을 지급준비금으로 남기고 90만 원을 이 씨에게 대출했다. 이 씨는 대출받은 90만 원을 모두 B 은행에 요구불예금으로 입금했다. B 은행은 이 예금 중 9만 원을 지급준비금으로 남기고 81만 원을 박 씨에게 대출했다. 박 씨는 대출받은 81만 원을 모두 C 은행에 요구불예금으로 입금했다. 중앙은행이 김 씨에게 공급한 100만 원의 통화는 이러한 과정을 거치면서 ( )

① 171만 원으로 늘어나는 신용창조가 발생했다.
② 181만 원으로 늘어나는 신용창조가 발생했다.
③ 271만 원으로 늘어나는 신용창조가 발생했다.
④ 290만 원으로 늘어나는 신용창조가 발생했다.
⑤ 371만 원으로 늘어나는 신용창조가 발생했다.

2. 윗글에서 ①과 ②에 들어갈 적절한 단어를 찾아 각각 빈칸에 쓰시오.

① : 둘로 가르거나 나눔. 3문단
예 고려 가요는 형태상 단연체와 분연체로 □□된다.

② : 기초가 되는 바탕. 또는 사물의 토대. 4문단
예 이 건축물은 전통적인 건축 양식을 □□으로 하여 설계되었다.

[3~4] 다음을 읽고 핵심 내용에 밑줄을 치고, 빈칸에 적절한 말을 채우시오. 또한 주어진 물음에 답하시오.

컴퓨터는 0 또는 1로 표시되는 비트*를 최소 단위로 삼아 내부적으로 데이터를 표시한다. 컴퓨터가 한 번에 처리하는 비트 수는 정해져 있는데, 이를 워드라고 한다. 예를 들어(개념을 설명한 뒤 예를 들고 있어. 예까지 들었다는 것은 개념을 반드시 이해하고 넘어가라는 의미야!) 64비트의 컴퓨터는 64개의 비트를 1워드로 처리한다. 4비트를 1워드로 처리하는 컴퓨터에서 양의 정수를 표현하는 경우, 4비트 중 가장 왼쪽 자리인 최상위 비트는 0으로 표시하여 양수를 나타내고 나머지 3개의 비트로 정수의 절댓값을 나타낸다. 0111의 경우 가장 왼쪽 자리인 '0'은 양수를 표시하고 나머지 '111'은 정수의 절댓값 7을 이진수*로 나타낸 것으로, +7을 표현하게 된다. 이때 최상위 비트를 제외한 나머지 비트를 데이터 비트라고 한다.

________ 비트	• 가장 ________ 자리의 비트 • 양수이면 0으로 표시
데이터 비트	• 나머지 3개의 비트 • 정수의 ________ 을 이진수로 표현

그런데(전환! 글의 초반부에서의 전환은 핵심적인 ________가 제시될 것임을 의미하지.) 음의 정수를 표현하는 경우에는 최상위 비트를 1로 표시한다. (1문단에서는 ___의 정수를 표현하는 경우를 다루었다면, 이제 ___의 정수를 표현하는 경우를 다루려나 봐.) −3을 표현한다면 −3의 절댓값 3을 이진수로 나타낸 011에 최상위 비트 1을 덧붙이면 된다. +3은 (0011/1011)로, −3은 (0011/1011)로 나타낸다는 거네. 이러한 음수 표현 방식을 '부호화 절댓값'이라고 한다. 그러나 부호화 절댓값은 연산이 부정확하다. (________________의 문제점이 제시되었으니 이어서 그 해결과 관련된 내용도 제시될 가능성이 높겠네.) 예를 들어 7−3을 계산한다면 7+(−3)인 0111+1011로 표현된다. 컴퓨터에서는 0과 1만 사용하기 때문에 1에 1을 더하면 바로 윗자리 숫자가 올라가 10으로 표현된다. 따라서 0111에 1011을 더하면 10010이 된다. 10010은 4비트 컴퓨터가 처리하는 1워드를 초과하게 된 것으로, 10010은 비트 수가 ___개이니, ___개의 비트를 1워드로 처리하는 4비트 컴퓨터의 1워드를 초과한 거지. 이러한 현상을 오버플로라 한다. 부호화 절댓값에서는 오버플로를 처리하는 별도의 규칙이 없기 때문에 계산값이 부정확하다. 또한 0000 또는 1000이 0을 나타내어 표현의 일관성과 저장 공간의 효율성이 떨어진다. 부호화 절댓값의 문제점: (1) ________를 처리하는 별도의 규칙이 없어 계산값이 부정확함, (2) 표현의 ________과 저장 공간의 ________이 떨어짐

음의 정수를 나타내는 또 다른 방식으로 '1의 보수법'이 있다. (글의 흐름을 고려할 때 지금부터 소개될 방식은 앞서 제시된 부호화 절댓값으로 ________를 표현하는 방식의 문제점을 해결한 것이겠지?) 보수란 보충을 해 주는 수를 의미하는 것으로, 어떤 수 a에 대한 n의 보수는 a와의 합이 n이 되는 수이다. 예를 들어 1에 대한 1의 보수는 0이고, 0에 대한 1의 보수는 1이다. 1의 보수법으로 음수를 표현하는 방법은 최상위 비트를 1로 표시하고 데이터 비트는 각 자리의 수에 대한 1의 보수로 나타내는 방식이다. 1의 보수는 각 자리의 수에 대해 합이 1이 되는 수이므로, −3을 1의 보수법으로 표현한다면 −3의 절댓값 3을 이진수로 나타낸 011에 대한 1의 보수 100이 데이터 비트가 된다. 여기에 음수를 표시하는 최상위 비트 1을 덧붙여 1100이 된다. 그럼 −5를 1의 보수법으로 표현하면, −5의 절댓값 5를 ________로 나타낸 101에 대한 1의 보수 ________이 데이터 비트이고, 여기에 최상위 비트 ___을 덧붙여 ________이 되겠네. 1의 보수법에서는 오버플로가 발생할 경우 별도의 처리 규칙을 활용하

여 계산값을 정확하게 할 수 있다. 1의 보수법은 ________이 부정확한 부호화 절댓값의 문제점을 해결했네. 그러나(1의 보수법 역시 문제점이 있나 봐.) 계산값이 0000 또는 1111인 경우 0을 나타내는 문제는 해결할 수 없다. 1의 보수법은 부호화 절댓값의 문제점을 모두 (해결했군./해결하지는 못했군.)

㉮ 0이 두 가지로 표현되는 문제점(표현의 ________ 문제)을 해결한 음수 표현 방식이 '2의 보수법'이다. 2의 보수법은 1의 보수로 나타낸 다음 데이터 비트(________를 제외한 나머지 비트)에 1을 더하는 방식이다. 2의 보수법으로 −3을 표현한다면, −3의 절댓값 3을 이진수로 나타낸 011에 대한 1의 보수 100을 구한 다음, 여기까지는 ___의 보수법과 동일하네. 1을 더한 101에 음수를 표시하는 최상위 비트 1을 덧붙여 1101이 된다. 4비트를 1워드로 처리하는 컴퓨터를 가정하여 7−3을 2의 보수법으로 계산해 보자. 양의 정수를 표현하는 경우에는 1의 보수법이나 2의 보수법을 사용할 필요가 없다. 따라서 7−3은 7+(−3)이므로 2의 보수법으로 0111+1101이 된다. 이를 연산하면 10100이 되어 4비트를 초과하게 된다. 2의 보수법에서는 오버플로가 발생하면 초과된 비트를 버려야 하므로 그 결과 0100이 나온다. 2의 보수법은 계산값이 정확하고, ___이 두 가지로 표현되는 문제점도 해결하는군!

*비트(bit): 컴퓨터가 0과 1을 이용하는 이진법으로 연산을 수행하기 위해 사용하는 최소의 정보 저장 단위.
*이진수: 이진법으로 나타낸 수. 십진수 0, 1, 2, 3, 4, 5, 6, 7은 이진수 000, 001, 010, 011, 100, 101, 110, 111로 나타냄.

3. 〈보기〉와 같이 ㉮의 이유를 설명할 때, ⓐ~ⓒ에 들어갈 내용으로 가장 적절한 것은?

〈보기〉

ⓐ	으로 표현된	ⓑ	이 2의 보수법에서는

ⓒ	(으)로 표현되기 때문이다.

	ⓐ	ⓑ	ⓒ
①	1의 보수법	0000	0001
②	1의 보수법	1111	0000
③	부호화 절댓값	0000	0001
④	부호화 절댓값	1000	1111
⑤	부호화 절댓값	1111	0000

4. 윗글에서 ①과 ②에 들어갈 적절한 단어를 찾아 각각 빈칸에 쓰시오.

________ : 식이 나타낸 일정한 규칙에 따라 계산함. 2문단
예 ☐☐ 실수로 수학 시험에서 한 문제를 틀리고 말았다.

________ : 일정한 수나 한도 따위를 넘음. 2문단
예 그녀는 벌점 ☐☐로 운전면허를 취소당했다.

[3~4] 고3 2020학년도 3월 학평 「컴퓨터에서 음의 정수의 표현」

① 컴퓨터는 0 또는 1로 표시되는 비트를 최소 단위로 삼아 내부적으로 데이터를 표시한다. 컴퓨터가 한 번에 처리하는 비트 수는 정해져 있는데, 이를 워드 라고 한다. 예를 들어 (개념을 설명한 뒤 예를 들고 있어. 예까지 들었다는 것은 개념을 반드시 이해하고 넘어가라는 의미야!) 64비트의 컴퓨터는 64개의 비트를 1워드로 처리한다. 4비트를 1워드로 처리하는 컴퓨터에서 양의 정수를 표현하는 경우, 4비트 중 가장 왼쪽 자리인 최상위 비트 는 0으로 표시하여 양수를 나타내고 나머지 3개의 비트로 정수의 절댓값을 나타낸다. 0111의 경우 가장 왼쪽 자리인 '0'은 양수를 표시하고 나머지 '111'은 정수의 절댓값 7을 이진수로 나타낸 것으로, +7을 표현하게 된다. 이때 최상위 비트를 제외한 나머지 비트를 데이터 비트 라고 한다.

최상위 비트	• 가장 왼쪽 자리의 비트 • 양수이면 0으로 표시
데이터 비트	• 나머지 3개의 비트 • 정수의 절댓값을 이진수로 표현

② 그런데 (전환! 글의 초반부에서의 전환은 핵심적인 화제가 제시될 것임을 의미하지.) 음의 정수를 표현하는 경우에는 최상위 비트를 1로 표시한다. (1문단에서는 양의 정수를 표현하는 경우를 다루었다면, 이제 음의 정수를 표현하는 경우를 다루려나 봐.) −3을 표현한다면 −3의 절댓값 3을 이진수로 나타낸 011에 최상위 비트 1을 덧붙이면 된다. +3은 0011로, −3은 1011로 나타낸다는 거네. 이러한 음수 표현 방식을 '부호화 절댓값'이라고 한다. 그러나 부호화 절댓값은 연산이 부정확하다. (부호화 절댓값의 문제점이 제시되었으니 이어서 그 해결과 관련된 내용도 제시될 가능성이 높겠네.) 예를 들어 7−3을 계산한다면 7+(−3)인 0111+1011로 표현된다. 컴퓨터에서는 0과 1만 사용하기 때문에 1에 1을 더하면 바로 윗자리 숫자가 올라가 10으로 표현된다. 따라서 0111에 1011을 더하면 10010이 된다. 10010은 4비트 컴퓨터가 처리하는 1워드를 초과하게 된 것으로, 10010은 비트 수가 5개이니, 4개의 비트를 1워드로 처리하는 4비트 컴퓨터의 1워드를 초과한 거지. 이러한 현상을 오버플로 라 한다. 부호화 절댓값에서는 오버플로를 처리하는 별도의 규칙이 없기 때문에 계산값이 부정확하다. 또한 0000 또는 1000이 0을 나타내어 표현의 일관성과 저장 공간의 효율성이 떨어진다. 부호화 절댓값의 문제점: (1) 오버플로를 처리하는 별도의 규칙이 없어 계산값이 부정확함, (2) 표현의 일관성과 저장 공간의 효율성이 떨어짐

③ 음의 정수를 나타내는 또 다른 방식 으로 '1의 보수법'이 있다. (글의 흐름을 고려할 때 지금부터 소개될 방식은 앞서 제시된 부호화 절댓값으로 음의 정수를 표현하는 방식의 문제점을 해결한 것이겠지?) 보수 란 보충을 해 주는 수를 의미하는 것으로, 어떤 수 a에 대한 n의 보수는 a와의 합이 n이 되는 수이다. 예를 들어 1에 대한 1의 보수는 0이고, 0에 대한 1의 보수는 1이다. 1의 보수법으로 음수를 표현하는 방법은 최상위 비트를 1로 표시하고 데이터 비트는 각 자리의 수에 대한 1의 보수로 나타내는 방식이다. 1의 보수는 각 자리의 수에 대해 합이 1이 되는 수이므로, −3을 1의 보수법으로 표현한다면 −3의 절댓값 3을 이진수로 나타낸 011에 대한 1의 보수 100이 데이터 비트가 된다. 여기에 음수를 표시하는 최상위 비트 1을 덧붙여 1100이 된다. 그럼 −5를 1의 보수법으로 표현하면, −5의 절댓값 5를 이진수로 나타낸 101에 대한 1의 보수 010이 데이터 비트이고, 여기에 최상위 비트 1을 넛물여 1010이 되겠네. 1의 보수법에서는 오버플로가 발생할 경우 별도의 처리 규칙을 활용하여 계산값을 정확하게 할 수 있다. 1의 보수법은 계산값이 부정확한 부호화 절댓값의 문제점을 해결했네.

그러나 (1의 보수법 역시 문제점이 있나 봐.) 계산값이 0000 또는 1111인 경우 0을 나타내는 문제는 해결할 수 없다. 1의 보수법은 부호화 절댓값의 문제점을 모두 해결하지는 못했군.

④ ㉮ 0이 두 가지로 표현되는 문제점 (표현의 일관성 문제)을 해결한 음수 표현 방식이 '2의 보수법' 이다. 2의 보수법은 1의 보수로 나타낸 다음 데이터 비트 (최상위 비트를 제외한 나머지 비트)에 1을 더하는 방식이다. 2의 보수법으로 −3을 표현한다면, −3의 절댓값 3을 이진수로 나타낸 011에 대한 1의 보수 100을 구한 다음, 여기까지는 1의 보수법과 동일하네. 1을 더한 101에 음수를 표시하는 최상위 비트 1을 덧붙여 1101이 된다. 4비트를 1워드로 처리하는 컴퓨터를 가정하여 7−3을 2의 보수법으로 계산해 보자. 양의 정수를 표현하는 경우에는 1의 보수법이나 2의 보수법을 사용할 필요가 없다. 따라서 7−3은 7+(−3)이므로 2의 보수법으로 0111+1101이 된다. 이를 연산하면 10100이 되어 4비트를 초과하게 된다. 2의 보수법에서는 오버플로가 발생하면 초과된 비트를 버려야 하므로 그 결과 0100이 나온다. 2의 보수법은 계산값이 정확하고, 0이 두 가지로 표현되는 문제점도 해결하는군!

3. ②

2문단과 3문단에 따르면 '부호화 절댓값'에서 0은 +0인 0000, −0인 1000 두 가지 방식으로 표현되는 문제점이 있고, '1의 보수법'에서 0은 +0인 0000, −0인 1111 두 가지 방식으로 표현되는 문제점이 있다. 하지만 4문단에 제시된 '1의 보수로 나타낸 다음 데이터 비트에 1을 더하는 방식'인 2의 보수법에 따르면, −0은 1의 보수법을 통해 1111로 나타내는데 그 데이터 비트에 1을 더하여 100000이 되고, '오버플로' 발생으로 '초과된 비트를 버'림으로써 00000이 된다. 결과적으로 2의 보수법을 통해 '0'은 '0000'으로만 표현되면서 부호화 절댓값 방식과 1의 보수법 방식이 가지고 있던, 0을 나타내는 표현의 일관성이 부족한 문제가 해결된다.

4. ① 연산 ② 초과

[1~2] 고3 2017학년도 4월 학평 「통화량 파악의 어려움과 통화 지표」

1 돈의 총량을 뜻하는 통화량이 과도하게 많거나 적으면 심한 물가 변동이 일어날 수 있으며, 실업률, 이자율 등에도 영향을 미칠 수 있다. 따라서 통화량을 파악하여 적절한 수준으로 조절하는 통화정책의 중요성이 갈수록 커지고 있다. 문제는 통화량의 파악이 쉽지 않다는 것이다. (이 글은 통화량의 파악이 어렵다는 문제와 그 해결을 중심으로 전개되겠지?) 현금뿐 아니라, 현금으로 바뀔 수 있는 성질인 유동성을 가진 금융상품까지 통화에 포함되기 때문이다. 통화 = 현금 + 유동성을 가진 금융상품. 문제의 원인은 유동성을 가진 금융상품도 통화에 포함된다는 데 있군.

2 통화량 파악이 복잡한 이유를 통화 형성 과정을 통해 더 자세히 살펴보자. 통화는 중앙은행이 화폐를 발행하여 개인과 기업 등의 경제 주체들에게 공급함으로써 창출된다. 이때 중앙은행이 발행한 화폐를 본원통화라고 한다. 본원통화의 일부는 현금으로 유통되고, 일부는 은행에 예금된다. 중앙은행이 경제 주체들에게 본원통화(화폐)를 공급함으로써 통화 창출(본원통화 → 현금으로 유통 + 은행에 예금) 예금은 경제 주체가 금융기관에 돈을 맡겨 놓는 것이므로 이들의 요구가 있으면 현금으로 바뀔 수 있는 유동성이 있어 통화에 포함된다. 그런데 이 예금 중 일정 비율만 예금자의 인출에 대비해 지급준비금으로 남고 나머지는 대출된다. 예금 → 지급준비금 + 대출 예금의 일부가 대출되면 대출액만큼의 통화가 새로 만들어지는데, 이를 신용창조라고 한다. 예를 들어(신용창조가 무엇인지를 보다 구체적으로 설명해 줄 거야. 예를 들어 설명하는 부분은 문제로 제시될 가능성이 높으니 정확히 이해하자.) 은행에 예금되어 있는 1만 원이 시중에 대출될 때, 예금액 1만 원은 그대로 통화량에 포함되어 있는 채 대출된 1만 원이 통화량에 새로 추가되는 것이다. 이러한 신용창조의 과정이 반복되면서 본원통화(중앙은행이 발행한 화폐)보다 몇 배 많은 통화량이 형성되는데 그 증가된 배수를 통화승수라고 한다. 신용창조에 의해 대출액만큼 통화량이 늘어남 → 반복으로 본원통화의 n배(통화승수)인 통화량이 형성됨 다만(예외적인 사항을 덧붙이는 것은 문제에서 물어보겠다는 뜻이야.) 시중에 유통되던 현금이 은행에 예금되더라도 그 예금액만큼 시중의 현금은 줄어들기 때문에 이런 경우에는 통화량에 변화가 없다. 현금이 예금되는 것은 통화량 변화에 영향을 미치지 않네.

3 그런데 금융기관의 금융상품마다 유동성의 정도가 달라 모두 동일한 통화로 취급하기 어려운 까닭에 통화량 파악이 복잡해진다. (2문단에서는 통화 형성 과정에 따른 통화량 파악의 어려움을 다뤘다면, 3문단에서는 금융상품마다의 유동성 차이에 따른 통화량 파악의 어려움에 대해 설명하려 하는군.) 그래서 각 나라의 중앙은행은 다양한 통화 지표를 만들어 통화량을 파악하고 있다. 우리나라의 통화 지표는 2003년을 기점으로 양분된다. 앞 시기에는 '통화', '총통화', '총유동성'이라는 통화 지표를 사용했다. '통화'와 '총통화'에는 현금과 예금은행의 금융상품들이 포함되었고, '총유동성'에는 여기에다 비은행금융기관의 금융상품들이 추가되었다. 2003년 이전 통화 지표 (1) 통화, 총통화(현금 + 예금은행의 금융상품), (2) 총유동성(현금 + 예금은행의 금융상품 + 비은행금융기관의 금융상품) 2003년 이후에는 IMF의 통화금융통계매뉴얼에 따라 '협의통화', '광의통화', 'Lf(금융기관유동성)'라는 지표가 사용되었다. 협의통화에는 현금뿐 아니라 예금을 취급하는 모든 금융기관의 요구불예금 및 수시입출식 저축성 예금이 포함된다. 요구불예금과 수시입출식 저축성 예금은 고객의 요구가 있으면 즉시 현금으로 바뀔 수 있기에 유동성이 매우 높다고 판단되어 현금과 같은 지표에 묶였다. 2003년 이후 통화 지표 (1) 협의통화: 현금 + 요구불예금 및 수시입출식 저축성 예금(유동성 매우 높음) 광의통화는 협의통화에, 예금을 취급하는 모든 금융기

관의 예금 상품 중 이자 소득을 포기해야만 현금화할 수 있어 유동성이 낮은 상품들까지 추가한 것이다. 여기에는 정기예금 등 만기 2년 미만의 금융상품들이 해당된다. 다만 이전 지표의 '총통화'에 포함되었던 만기 2년 이상의 저축성 예금은 유동성이 매우 낮다는 이유로 제외했다. 2003년 이후 통화 지표 (2) 광의통화: 협의통화 + 정기예금 등 만기 2년 미만의 금융상품(유동성 낮음) Lf는 만기 2년 이상의 저축성 예금 등 광의통화에 포함되지 않았던 모든 금융기관의 금융상품까지 포괄한다. 2003년 이후 통화 지표 (3) Lf: 광의통화 + 만기 2년 이상의 저축성 예금 등(유동성 매우 낮음)

4 보통 광의통화는 시중의 통화량을 가장 잘 드러내는 지표로 인정받고, 통화승수 역시 광의통화를 기반으로 한다. 그리고 협의통화는 단기금융시장의 규모를 파악하는 데, Lf는 실물경제의 규모를 파악하는 데 더 적합하다. 이렇게 통화 지표는 통화량을 다층적으로 파악하게 하여 효율적인 통화정책 운용에 기여할 수 있다.

협의통화	단기금융시장 규모 파악
광의통화	시중 통화량 지표, 통화승수 파악의 기반
Lf	실물경제 규모 파악

1. ③

2문단에서 '예금의 일부가 대출되면 대출액만큼의 통화가 새로 만들어지는' 것을 '신용창조'라고 했다. 또한 은행에 예금된 금액이 시중에 대출될 때, 예금액은 '그대로 통화량에 포함되어 있는 채' 대출된 금액이 통화량에 새로 추가된다고 했다. 이를 참고할 때 〈보기〉에서는 김 씨가 A 은행에 예금한 100만 원 중 '90만 원'이 '이 씨에게 대출'되면서 90만 원만큼의 통화가 새로 만들어져 통화량이 190만 원으로 늘어나고, 90만 원이 다시 B 은행에 예금된 후 '81만 원'이 '박 씨에게 대출'되면서 81만 원만큼의 통화가 추가로 만들어져 결과적으로 100만 원의 통화가 271만 원(100 + 90 + 81)으로 늘어나는 신용창조가 발생했다고 볼 수 있다. 참고로 시중에 대출되었다가 은행에 예금된 현금은, '시중에 유통되던 현금이 은행에 예금되더라도 그 예금액만큼 시중의 현금은 줄어들'어 '통화량에 변화가 없'는 경우에 해당되므로 통화량에 포함되지 않는다.

2. ① 양분 ② 기반

[1~2] 다음을 읽고 핵심 내용에 밑줄을 치고, 빈칸에 적절한 말을 채우시오. 또한 주어진 물음에 답하시오.

공동 소유란 하나의 물건을 두 명 이상이 공동으로 소유하는 것을 말하며, 그 물건을 공유물이라고 한다. 공유물을 소유하는 공유자는 자신의 지분에 대해 권리를 갖는다. 지분이란 공유물에 대해 가지는 소유의 비율을 의미하며, (글의 흐름이 보이네! 먼저 사전 정보로 __________, _________, ______ 의 개념을 다루고 있으니, 이를 활용해 궁극적으로 말하고자 하는 바에 대해 설명하겠지?) 공유자는 자신의 지분은 본인의 의사에 따라 자유로이 처분할 수 있지만 공유물을 처분하기 위해서는 공유자 전원의 동의가 필요하다. 공유자는 공유물에 대한 자신의 지분을 자유롭게 처분할 수는 있으나 _________을 처분하기 위해서는 공유자 (일부/전원)의 동의가 필요하다고 하네.

공유자는 법률의 규정이나 별도의 특약이 있는 경우를 제외하고는 자신이 원하면 언제든지 공유물 분할을 요청할 수 있다. 공유물 분할이란 공유물을 지분에 따라 나누어 공유 관계를 종료하는 것을 말한다. 원칙적으로 공유물 분할은 당사자 전원이 참여한 협의를 통해 진행되나(______가 이루어지지 못하는 경우를 제시하겠지?) 공유자 중 일부가 분할에 협력하지 않아 협의에 의한 분할이 이루어지기 어려운 경우에는 재판에 의한 분할을 받을 수 있다. 공유물 분할: 공유물을 ______에 따라 나누어 공유 관계를 ______하는 것 → ① 협의에 의한 분할, ② 재판에 의한 분할 공유물 분할 청구 소송은 공유자 전원이 소송 당사자가 되는 필수적 공동 소송으로, 분할을 희망하는 공유자가 나머지 공유자들을 상대로 법원에 소송을 제기하여 분할을 청구하는 것이다. 재판에 의한 분할에서 공유물 분할 _________은 공유자 전원이 소송 ________인 필수적 공동 소송이야.

협의 또는 재판에 의해 공유물을 분할하는 방법에는 현물 분할, 대금 분할, 가격 배상이 있다. 협의로 분할이 이루어진다면 그 방법을 공유자들이 임의로 선택할 수 있으나(공유물 분할은 당사자들의 협의나 재판에 의해 이루어질 수 있다고 했으니, 이어서 ______을 통해 분할하는 경우도 제시되겠네.) 재판에 의하여 공유물을 분할하는 경우에는 현물 분할의 방법에 의함이 원칙(앞에 원칙이 제시되면 뒤에는 이에 대한 예외가 등장할 가능성이 높아. 원칙과 예외에 대한 사항은 문제로 물어보기 마련이니 눈여겨보자!)이다. 협의로 분할하는 경우에는 분할 방법을 공유자들이 ______로 선택 가능하지만, 재판으로 분할하는 경우에는 현물 분할이 ______이라고 해. 현물 분할은 공유물 그 자체를 분량적으로 나누는 방법이다. 공유물 분할 방법 (1) 현물 분할: 공유물을 _________으로 나눔 토지를 분할하는 경우(토지 분할을 예시로 들어 ______ 에 대해 자세히 설명해 줄 거야.) 원칙적으로는 면적이 그 공유 지분의 비율과 같도록 분할해야 하나,(토지 면적을 공유 지분 ______과 다르게 분할하는 예외 상황을 설명하겠지?) 토지의 형상이나 위치 등으로 인해 경제적 가치가 균등하지 않을 때에는 경제적 가치가 지분 비율에 상응하도록 현물 분할하는 것도 허용된다. 또한(추가적인 정보가 나열되고 있어!) 세 명 이상이 공유하는 물건을 현물 분할하는 경우에는 분할 청구자의 지분 한도 내에서 현물 분할을 하고 분할을 원하지 않는 나머지 공유자들은 공유 관계로 남는 것도 허용된다. 공유자가 ______ 이상인 경우, 현물 분할을 (원하는/원하지 않는) 공유자들은 공유 관계로 남을 수 있다고 하네.

현물 분할의 예외 사유에 해당하면(앞에서 예상한 대로 재판 과정을 거치지만 공유물을 ______ 분할하지 않는 예외에 대해 설명하고 있어.) 대금 분할을 한다. 공유물의 성질이나 위치, 공유물 분할 후 사용 가치 등에 비추어 현물 분할이 곤란하거나 부적절한 경우(대금 분할이 적용되는 경우 ①)와 공유자 중 한 사람이라도 현물 분할 후 단독 소유하게 될 부분의 가치가 분할 전 소유 지분의 가치보다

현저히 줄어들 염려가 있는 경우(대금 분할이 적용되는 경우 ②)에 법원은 공유물의 경매를 명하여 그 대금을 분할하게 할 수 있다. 공유물 분할 방법 (2) 대금 분할: 공유물을 ______한 대금을 분할

마지막으로 특별한 사정이 있는 경우에는 가격 배상이 허용된다. (마찬가지로 예외 사유에 해당하니 문제에서 물어볼 수 있겠지?) 가격 배상은 법원이 공유물 전체를 특정인이 소유하도록 허용하여, 소유하게 되는 자로 하여금 다른 공유자에게 지분의 합리적인 가격을 배상하게 하는 것이다. 공유물 분할 방법 (3) 가격 배상: 공유물 (소유자/공유자)가 다른 (소유자/공유자)의 지분을 합리적인 가격으로 배상

법원은 세 가지 방법(현물 분할, 대금 분할, 가격 배상) 중 분할 청구자가 원하는 방법에 구애받지 않고 재량에 따라 합리적인 방법으로 분할을 명할 수 있다. 공유 관계의 복잡한 상황을 고려하여 내린 법원의 공정한 판단은 공유 관계의 원만한 해소를 도모한다는 의의가 있다. 법원은 ______에 따라 합리적인 방법으로 분할을 명할 수 있고, 공유 관계의 원만한 ______를 도모함

1. 윗글을 이해한 내용으로 적절하지 <u>않은</u> 것은?

① 공유자는 보유한 공유물의 지분을 나머지 공유자들의 동의를 구하지 않고 처분할 수 있다.

② 공유자 전원이 대금을 나눠 갖는 분할 방법은 법원이 개입하지 않으면 공유자들이 선택할 수 없다.

③ 공유자는 공유물 분할을 제한하는 법률의 규정이나 별도의 특약이 없는 경우에 공유 관계 종료를 요청할 수 있다.

④ 공유자가 세 명 이상인 경우에 현물 분할을 원하지 않는 공유자들은 법원의 판단에 따라 공유 관계로 남을 수 있다.

⑤ 공유자 중 특정인이 법원의 판단에 따라 공유물 전체를 소유하게 될 경우 다른 공유자에게 지분의 가격을 배상해야 한다.

2. 윗글에서 ①과 ②에 들어갈 적절한 단어를 찾아 각각 빈칸에 쓰시오.

☐ ① ☐ : 일정한 대상을 어떻게 처리할 것인가에 대하여 지시하거나 결정함. **1문단**

예 학교 측은 학교 폭력 가해자에게 정학 ☐☐을 내렸다.

☐ ② ☐ : 상대편에 대하여 일정한 행위나 급부를 요구하는 일. **2문단**

예 병원은 환자들에게 병원비를 ☐☐하였다.

[3~4] 다음을 읽고 핵심 내용에 밑줄을 치고, 빈칸에 적절한 말을 채우시오. 또한 주어진 물음에 답하시오.

뇌 안에서 어떤 일이 일어나고 있는지를 어떻게 알 수 있을까? 뇌를 연구하는 과학자들조차 뇌 안에서 일어나고 있는 활동을 육안으로 볼 수는 없다. 성능 좋은 현미경으로도 볼 수 없는 살아 있는 인간의 뇌 활동을 들여다보는 기술이 바로 뇌 영상 기술이다. 1970년대에 개발된 CT를 시초로 하여 PET, MRI, fMRI 등 다양한 뇌 영상 기술이 연달아 등장하였다. 인간의 뇌 활동을 들여다보기 위해 CT, PET, MRI, fMRI 등의 ＿＿＿＿＿＿＿이 개발되었군.

CT(컴퓨터 단층 촬영)는(각각의 뇌 영상 기술을 CT부터 차례대로 설명하겠구나. 그렇다면 각 기술의 차이점을 중심으로 독해하되, 기술 간 ＿＿＿＿＿이 있을 수 있다는 점도 간과하지 말자!) 인체 내부 장기마다 X선을 투과하는 양이 다르다는 성질을 이용하여 인체 내부 단면을 촬영하는 장치이다. CT는 X선 발생 장치가 설치된 도넛 형의 기계가 돌아가면서 X-ray를 여러 번 찍은 후 그 영상들을 조합하여 컴퓨터상에 인체의 횡단면에 해당하는 하나의 영상을 만들어 낸다. CT: 내부 장기마다 ＿＿＿이 투과되는 양이 다름을 이용, 인체의 ＿＿＿＿에 해당하는 영상 만듦 15초 정도면 영상 자료를 얻을 수 있기 때문에 응급 환자의 진단을 위해 주로 활용한다.

또 X선을 통해 혈액 등을 구별할 수 있기 때문에 뇌출혈 등의 진단에는 활용할 수 있다. 하지만('하지만'은 상반되는 내용이 이어질 것임을 나타내는 표지야. 앞에서 CT가 '응급 환자의 진단'이나 '뇌출혈 등의 진단'에 활용될 수 있다고 했으니, 이어지는 내용에서는 CT가 ＿＿＿＿＿ 분야가 제시되겠지?) 뇌가 어떻게 작용하고 있는지는 볼 수 없다. (한계가 제시된 다음에는 이를 보완하거나 해결하기 위한 방안이 제시되는 경우가 많아.)

CT 이후 방사성 의약품을 이용해 인체의 생화학적 상태를 3차원 영상으로 나타낼 수 있는 PET(양전자 단층 촬영술)가 등장하였다. 방사성 포도당은 특수 카메라나 스캐너로 볼 수 있는 양전자를 방사하기 때문에 소량의 방사성 포도당을 환자의 몸에 주입한 후 뇌의 뉴런들이 포도당을 이용하는 상황을 PET로 찍는다. 이 기술은 우리 뇌가 포도당과 산소를 원료로 이용한다는 것을 고려한 것으로, 뇌 활동이 활발한 곳은 붉은색으로, 별로 활발하지 않은 곳은 파란색으로 나타난다. PET: 뇌가 ＿＿＿과 산소를 원료로 함을 이용, 뇌의 뉴런이 주입된 ＿＿＿＿＿을 이용하는 상황 촬영 (같은 층위에 있는 개념들을 나열하며 설명할 때에는 동일한 전개 방식을 사용하는 것이 일반적이야. 즉 CT의 원리와 과정을 설명한 후 그 활용을 설명한 것을 고려할 때, PET의 원리와 과정을 설명한 후에 이어지는 내용 역시 ＿＿＿＿＿과 관련된 것일 거야.) PET는 신체의 생화학적 변화를 탐지할 수 있기 때문에 뇌종양, 뇌신경계 질환 등의 조기 진단에 활용되고, 암세포가 정상 세포보다 포도당을 많이 흡수하는 성질을 이용하여 방사성 포도당이 많이 모인 곳을 찾음으로써 암의 위치를 발견하는 데도 쓰인다. PET: ＿＿＿＿, ＿＿＿＿＿ 질환 조기 진단, ＿＿ 위치 발견

CT와 PET가 방사선을 이용한 기술이라는 점과 달리(＿＿＿을 파악하자!) MRI(자기공명 영상 장치)는 고주파에 의해 몸속의 특정 원소인 수소 원자핵을 공명시켜 각 조직에서 나오는 신호를 디지털 정보로 변환하여 영상을 구현하는 장치이다. CT, PET: ＿＿＿ 이용 vs. MRI: ＿＿＿ 이용 MRI는 엄청난 자력을 이용하여 환자의 몸 주변에 자기장을 만들고, 전자파를 환자에게 발사한다. 작은 자석처럼 활동하는 몸의 원자들이 MRI 전자파에 부딪혀 자체의 파동을 생성하면 MRI는 그 파동을 측정하고 컴퓨터를 통해 이를 사진으로 변환한다. MRI: 엄청난 ＿＿＿ 이용, 환자 몸의 원자들이 MRI 전자파와 부딪혀 생성된 ＿＿＿을 측정하여 사진으로 변환 이 장치는 좁은 터널 속에 들어가야 하므로 폐쇄공포증이 있는 환자에게는 사용할 수 없지만 해

상도가 뛰어나기 때문에 뇌신경계 질환을 진단하기에 효율적이다. MRI는 CT와 달리 횡단면, 종단면, 측면, 사면 등 3차원 영상을 제공한다. 하지만 자기장을 사용하는 기술이므로 심장 박동기나 치아 보철물 등 자기장을 형성할 수 있는 인공 장치가 몸에 있는 사람은 이용할 수가 없다. MRI: ＿＿＿＿＿ 질환 진단, ＿＿＿＿＿ 환자와 ＿＿＿＿을 형성하는 인공 장치가 몸에 있는 사람은 이용 불가

기능성 MRI인 fMRI는 뇌가 활동이 많은 부위일수록 많은 산소를 필요로 한다는 것을 활용하여 뇌 혈류 속의 산소 수준을 반복 측정하여 뇌의 기능적 활성화 부위를 표시하는 방식으로 뇌 영상을 구현한다. 환자에게 어떤 이미지를 제시한 후 인지 과제를 수행할 때의 뇌 활성과 그렇지 않을 때의 뇌 활성을 비교함으로써 특정한 행위나 의식과 연관된 뇌 부위를 찾아 이를 뇌 단면의 해부 구조를 나타내는 영상 위에 색채로 표시해 주는 방식이다. fMRI: 활동 많은 부위일수록 많은 ＿＿＿를 필요로 하는 뇌의 특성 이용, 뇌 혈류 속의 ＿＿＿ 수준 반복 측정하여 영상 구현

지난 20여 년 동안 급격히 발전해 온 뇌 영상 기술은 인간에게 뇌에 대한 풍부한 정보를 제공해 주었을 뿐만 아니라 뇌출혈, 뇌경색, 뇌종양 등 그간 속수무책이었던 질병의 치료를 가능하게 해 주었다. 뇌 영상 기술 발전의 의의: ＿＿＿ 제공, ＿＿＿ 치료에 도움 또 인지과학이나 심리학의 영역에서는 최근의 뇌 영상 기술이 전통적인 방법보다 인간의 마음과 행동을 이해하는 좀 더 정확한 방법으로 인정되고 있다. 법학 분야에서는 뇌 영상 자료가 법정에서 증거 능력이 있는 것으로 여겨져야 한다는 주장이 활발하게 제기되고 있다. 기존의 거짓말 탐지기보다 훨씬 정확한 결과를 보증하기 때문이다. 뇌 영상 기술의 발전이 ＿＿＿＿＿＿＿으로 글을 마무리하고 있어.

3. 윗글을 읽은 독자가 〈보기〉의 상황에 보인 반응으로 적절하지 않은 것은?

> 〈보기〉
>
> 교통사고로 뇌를 다친 환자가 응급실에 실려 왔다. 의식이 없는 이 환자에게 응급조치가 취해졌고 이틀 후 의식을 회복하였다. 그러나 의식이 돌아온 이 환자는 의사소통에 문제를 보였다. 읽는 것은 가능하였지만 말을 하지는 못했다.

① 응급조치를 하기 위하여 먼저 CT를 찍었겠군.
② 해상도가 뛰어난 영상을 얻으려면 MRI를 촬영하여야겠군.
③ CT 영상으로도 의사소통이 안 되는 원인을 파악할 수 있겠군.
④ fMRI를 활용하면 뇌의 어느 부위가 문제인지를 진단할 수 있겠군.
⑤ 환자가 치아 보철물을 한 경우라면 PET를 촬영할 가능성이 있겠군.

4. 윗글에서 ①과 ②에 들어갈 적절한 단어를 찾아 각각 빈칸에 쓰시오.

＿①＿ : 안경이나 망원경, 현미경 따위를 이용하지 아니하고 직접 보는 눈. 1문단

예 태양의 흑점은 □□으로 볼 수 없다.

＿②＿ : 의견이나 문제를 내어놓음. 7문단

예 나는 의문을 □□하지 않을 수 없었다.

[3~4] 경찰대 2014학년도 「뇌 영상 기술」

1 뇌 안에서 어떤 일이 일어나고 있는지를 어떻게 알 수 있을까? 뇌를 연구하는 과학자들조차 뇌 안에서 일어나고 있는 활동을 육안으로 볼 수는 없다. 성능 좋은 현미경으로도 볼 수 없는 살아 있는 인간의 뇌 활동을 들여다보는 기술이 바로 뇌 영상 기술이다. 1970년대에 개발된 CT를 시초로 하여 PET, MRI, fMRI 등 다양한 뇌 영상 기술이 연달아 등장하였다. 인간의 뇌 활동을 들여다보기 위해 CT, PET, MRI, fMRI 등의 **뇌 영상 기술**이 개발되었군.

2 CT(컴퓨터 단층 촬영)는(각각의 뇌 영상 기술을 CT부터 차례대로 설명하겠구나. 그렇다면 각 기술의 차이점을 중심으로 독해하되, 기술 간 **공통점**이 있을 수 있다는 점도 간과하지 말자!) 인체 내부 장기마다 X선을 투과하는 양이 다르다는 성질을 이용하여 인체 내부 단면을 촬영하는 장치이다. CT는 X선 발생 장치가 설치된 도넛형의 기계가 돌아가면서 X-ray를 여러 번 찍은 후 그 영상들을 조합하여 컴퓨터상에 인체의 횡단면에 해당하는 하나의 영상을 만들어 낸다. CT: 내부 장기마다 **X선**이 투과되는 양이 다름을 이용, 인체의 **횡단면**에 해당하는 영상 만듦 15초 정도면 영상 자료를 얻을 수 있기 때문에 응급 환자의 진단을 위해 주로 활용한다.

3 또 X선을 통해 혈액 등을 구별할 수 있기 때문에 뇌출혈 등의 진단에는 활용할 수 있다. 하지만('하지만'은 상반되는 내용이 이어질 것임을 나타내는 표지야. 앞에서 CT가 '응급 환자의 진단'이나 '뇌출혈 등의 진단'에 활용될 수 있다고 했으니, 이어지는 내용에서는 CT가 **활용되지 못하는** 분야가 제시되겠지?) 뇌가 어떻게 작용하고 있는지는 볼 수 없다. (한계가 제시된 다음에는 이를 보완하거나 해결하기 위한 방안이 제시되는 경우가 많아.)

4 CT 이후 방사성 의약품을 이용해 인체의 생화학적 상태를 3차원 영상으로 나타낼 수 있는 PET(양전자 단층 촬영술)가 등장하였다. 방사성 포도당은 특수 카메라나 스캐너로 볼 수 있는 양전자를 방사하기 때문에 소량의 방사성 포도당을 환자의 몸에 주입한 후 뇌의 뉴런들이 포도당을 이용하는 상황을 PET로 찍는다. 이 기술은 우리 뇌가 포도당과 산소를 원료로 이용한다는 것을 고려한 것으로, 뇌 활동이 활발한 곳은 붉은색으로, 별로 활발하지 않은 곳은 파란색으로 나타난다. PET: 뇌가 **포도당**과 산소를 원료로 함을 이용, 뇌의 뉴런이 주입된 **방사성 포도당**을 이용하는 상황 촬영 (같은 층위에 있는 개념들을 나열하며 설명할 때에는 동일한 전개 방식을 사용하는 것이 일반적이야. 즉 CT의 원리와 과정을 설명한 후 그 활용을 설명한 것을 고려할 때, PET의 원리와 과정을 설명한 후에 이어지는 내용 역시 **PET의 활용**과 관련된 것일 거야.) PET는 신체의 생화학적 변화를 탐지할 수 있기 때문에 뇌종양, 뇌신경계 질환 등의 조기 진단에 활용되고, 암세포가 정상 세포보다 포도당을 많이 흡수하는 성질을 이용하여 방사성 포도당이 많이 모인 곳을 찾음으로써 암의 위치를 발견하는 데도 쓰인다. PET: **뇌종양**, **뇌신경계** 질환 조기 진단, **암** 위치 발견

5 CT와 PET가 방사선을 이용한 기술이라는 점과 달리(차이점을 파악하자!) MRI(자기공명 영상 장치)는 고주파에 의해 몸속의 특정 원소인 수소 원자핵을 공명시켜 각 조직에서 나오는 신호를 디지털 정보로 변환하여 영상을 구현하는 장치이다. CT, PET: **방사선** 이용 vs. MRI: **고주파** 이용 MRI는 엄청난 자력을 이용하여 환자의 몸 주변에 자기장을 만들고, 전자파를 환자에게 발사한다. 작은 자석처럼 활동하는 몸의 원자들이 MRI 전자파에 부딪혀 자체의 파동을 생성하면 MRI는 그 파동을 측정하고 컴퓨터를 통해 이를 사진으로 변환한다. MRI: 엄청난 **자력** 이용, 환자 몸의 원자들이 MRI 전자파와 부딪혀 생성된 **파동**을 측정하여 사진으로 변환 이 장치는 좁은 터널 속에 들어가야 하므로 폐쇄공포증이 있는 환자에게는 사용할 수 없지만 해상도가 뛰어나기 때문에 뇌신경계 질환을 진단하기에 효율적이다. MRI는 CT와 달리 횡단

면, 종단면, 측면, 사면 등 3차원 영상을 제공한다. 하지만 자기장을 사용하는 기술이므로 심장 박동기나 치아 보철물 등 자기장을 형성할 수 있는 인공 장치가 몸에 있는 사람은 이용할 수가 없다. MRI: **뇌신경계** 질환 진단, **폐쇄공포증** 환자와 **자기장**을 형성하는 인공 장치가 몸에 있는 사람은 이용 불가

6 기능성 MRI인 fMRI는 뇌가 활동이 많은 부위일수록 많은 산소를 필요로 한다는 것을 활용하여 뇌 혈류 속의 산소 수준을 반복 측정하여 뇌의 기능적 활성화 부위를 표시하는 방식으로 뇌 영상을 구현한다. 환자에게 어떤 이미지를 제시한 후 인지 과제를 수행할 때의 뇌 활성과 그렇지 않을 때의 뇌 활성을 비교함으로써 특정한 행위나 의식과 연관된 뇌 부위를 찾아 이를 뇌 단면의 해부 구조를 나타내는 영상 위에 색채로 표시해 주는 방식이다. fMRI: 활동 많은 부위일수록 많은 **산소**를 필요로 하는 뇌의 특성 이용, 뇌 혈류 속의 **산소** 수준 반복 측정하여 영상 구현

7 지난 20여 년 동안 급격히 발전해 온 뇌 영상 기술은 인간에게 뇌에 대한 풍부한 정보를 제공해 주었을 뿐만 아니라 뇌출혈, 뇌경색, 뇌종양 등 그간 속수무책이었던 질병의 치료를 가능하게 해 주었다. 뇌 영상 기술 발전의 의의: 정보 제공, **질병** 치료에 도움 또 인지과학이나 심리학의 영역에서는 최근의 뇌 영상 기술이 전통적인 방법보다 인간의 마음과 행동을 이해하는 좀 더 정확한 방법으로 인정되고 있다. 법학 분야에서는 뇌 영상 자료가 법정에서 증거 능력이 있는 것으로 여겨져야 한다는 주장이 활발하게 제기되고 있다. 기존의 거짓말 탐지기보다 훨씬 정확한 결과를 보증하기 때문이다. 뇌 영상 기술의 발전이 **다른 분야**에 미친 **영향**으로 글을 마무리하고 있어.

---

3. ③

3문단에 따르면 CT를 이용해서 '뇌가 어떻게 작용하고 있는지는 볼 수 없'으므로, CT 영상으로는 〈보기〉의 '뇌를 다친 환자'가 의사소통이 안 되는 원인을 파악할 수 없을 것이다.

① 2문단에서 CT는 '15초 정도면 영상 자료를 얻을 수 있기 때문에 응급 환자의 진단을 위해 주로 활용한다.'라고 했으므로, 〈보기〉의 경우 응급조치를 위해 먼저 CT를 찍었을 것이다.

② 5문단에서 MRI는 '해상도가 뛰어나'다고 했다.

④ 6문단의 '환자에게 어떤 이미지를 제시한 후~특정한 행위나 의식과 연관된 뇌 부위를 찾아 이를 뇌 단면의 해부 구조를 나타내는 영상 위에 색채로 표시해 주는 방식이다.'를 통해 fMRI를 활용하면 뇌의 어느 부위에서 문제가 발생하여 의사소통에 문제를 보이는지를 파악할 수 있음을 알 수 있다.

⑤ 5문단에서 MRI는 '치아 보철물 등 자기장을 형성할 수 있는 인공 장치가 몸에 있는 사람은 이용할 수가 없다.'라고 했으므로, 환자가 치아 보철물을 한 경우라면 MRI 대신 방사선을 사용하는 PET로 촬영할 가능성이 있음을 알 수 있다.

4. ① 육안 ② 제기

[1~2] 고2 2024학년도 9월 학평 「공유물 분할」

① 공동 소유란 하나의 물건을 두 명 이상이 공동으로 소유하는 것을 말하며, 그 물건을 공유물이라고 한다. 공유물을 소유하는 공유자는 자신의 지분에 대해 권리를 갖는다. 지분이란 공유물에 대해 가지는 소유의 비율을 의미하며, (글의 흐름이 보이네! 먼저 사전 정보로 **공동 소유**, **공유물**, **지분**의 개념을 다루고 있으니 이를 활용해 궁극적으로 말하고자 하는 바에 대해 설명하겠지?) 공유자는 자신의 지분은 본인의 의사에 따라 자유로이 처분할 수 있지만 공유물을 처분하기 위해서는 공유자 전원의 동의가 필요하다. 공유자는 공유물에 대한 자신의 지분을 자유롭게 처분할 수는 있으나 **공유물**을 처분하기 위해서는 공유자 **전원**의 동의가 필요하다고 하네.

② 공유자는 법률의 규정이나 별도의 특약이 있는 경우를 제외하고는 자신이 원하면 언제든지 공유물 분할을 요청할 수 있다. 공유물 분할이란 공유물을 지분에 따라 나누어 공유 관계를 종료하는 것을 말한다. 원칙적으로 공유물 분할은 당사자 전원이 참여한 협의를 통해 진행되나(협의가 이루어지지 못하는 경우를 제시하겠지?) 공유자 중 일부가 분할에 협력하지 않아 협의에 의한 분할이 이루어지기 어려운 경우에는 재판에 의한 분할을 받을 수 있다. 공유물 분할: 공유물을 **지분**에 따라 나누어 공유 관계를 **종료**하는 것 → ① 협의에 의한 분할, ② 재판에 의한 분할 공유물 분할 **청구** 소송은 공유자 전원이 소송 당사자가 되는 필수적 공동 소송으로, 분할을 희망하는 공유자가 나머지 공유자들을 상대로 법원에 소송을 제기하여 분할을 청구하는 것이다. 재판에 의한 분할에서 공유물 분할 **청구 소송**은 공유자 전원이 소송 **당사자**인 필수적 공동 소송이야.

③ 협의 또는 재판에 의해 공유물을 분할하는 방법에는 현물 분할, 대금 분할, 가격 배상이 있다. 협의로 분할이 이루어진다면 그 방법을 공유자들이 임의로 선택할 수 있으나(공유물 분할은 당사자들의 협의나 재판에 의해 이루어질 수 있다고 했으니, 이어서 **재판**을 통해 분할하는 경우도 제시되겠네.) 재판에 의하여 공유물을 분할하는 경우에는 현물 분할의 방법에 의함이 원칙(앞에 원칙이 제시되면 뒤에는 이에 대한 예외가 등장할 가능성이 높아. 원칙과 예외에 대한 사항은 문제로 물어보기 마련이니 눈여겨보자!)이다. 협의로 분할하는 경우에는 분할 방법을 공유자들이 **임의**로 선택 가능하지만, 재판으로 분할하는 경우에는 현물 분할이 **원칙**이라고 해. 현물 분할은 공유물 그 자체를 분량적으로 나누는 방법이다. 공유물 분할 방법 (1) 현물 분할: 공유물을 **분량적**으로 나눔 토지를 분할하는 경우(토지 분할을 예시로 들어 **현물 분할**에 대해 자세히 설명해 줄 거야.) 원칙적으로는 면적이 그 공유 지분의 비율과 같도록 분할해야 하나, (토지 면적을 공유 지분 **비율**과 다르게 분할하는 예외 상황을 설명하겠지?) 토지의 형상이나 위치 등으로 인해 경제적 가치가 균등하지 않을 때에는 경제적 가치가 지분 비율에 상응하도록 현물 분할하는 것도 허용된다. 또한(추가적인 정보가 나열되고 있어!) 세 명 이상이 공유하는 물건을 현물 분할하는 경우에는 분할 청구자의 지분 한도 내에서 현물 분할을 하고 분할을 원하지 않는 나머지 공유자들은 공유 관계로 남는 것도 허용된다. 공유자가 세 **명** 이상인 경우, 현물 분할을 **원하지 않는** 공유자들은 공유 관계로 남을 수 있다고 하네.

④ 현물 분할의 예외 사유에 해당하면(앞에서 예상한 대로 재판 과정을 거치지만 공유물을 **현물** 분할하지 않는 예외에 대해 설명하고 있어.) 대금 분할을 한다. 공유물의 성질이나 위치, 공유물 분할 후 사용 가치 등에 비추어 현물 분할이 곤란하거나 부적절한 경우(대금 분할이 적용되는 경우 ①)와 공유자 중 한 사람이라도 현물 분할 후 단독 소유하게 될 부분의 가치가 분할 전 소유 지분의 가치보다 현저히 줄어들 염려가 있는 경우(대금 분할이 적용되는 경우 ②)에 법원은 공유물의 경매를 명하여 그 대금을 분할하게 할 수 있다. 공유물 분할 방법 (2) 대금 분할: 공유물을 **경매**한 대금을 분할

⑤ 마지막으로 특별한 사정이 있는 경우에는 가격 배상이 허용된다. (마찬가지로 예외 사유에 해당하니 문제에서 물어볼 수 있겠지?) 가격 배상은 법원이 공유물 전체를 특정인이 소유하도록 허용하여, 소유하게 되는 자로 하여금 다른 공유자에게 지분의 합리적인 가격을 배상하게 하는 것이다. 공유물 분할 방법 (3) 가격 배상: 공유물 **소유자**가 다른 **공유자**의 지분을 합리적인 가격으로 배상

⑥ 법원은 세 가지 방법(현물 분할, 대금 분할, 가격 배상) 중 분할 청구자가 원하는 방법에 구애받지 않고 재량에 따라 합리적인 방법으로 분할을 명할 수 있다. 공유 관계의 복잡한 상황을 고려하여 내린 법원의 공정한 판단은 공유 관계의 원만한 해소를 도모한다는 의의가 있다. 법원은 **재량**에 따라 합리적인 방법으로 분할을 명할 수 있고, 공유 관계의 원만한 **해소**를 도모함

---

1. ②

3문단에 따르면, '협의 또는 재판에 의해 공유물을 분할하는 방법에는 현물 분할, 대금 분할, 가격 배상이 있'으며, '협의로 분할이 이루어진다면 그 방법을 공유자들이 임의로 선택할 수 있'다. 즉 공유자 전원이 참여한 협의를 통해 공유물 분할이 진행된다면, 법원의 개입 없이 공유자들이 대금 분할(공유자 전원이 대금을 나눠 갖는 분할 방법)을 선택할 수 있으므로 적절하지 않다.

① 1문단에 따르면, '공유물을 소유하는 공유자는 자신의 지분에 대해 권리를 갖'고 '공유자는 자신의 지분은 본인의 의사에 따라 자유로이 처분할 수 있'으므로, 공유자는 보유한 공유물의 지분을 나머지 공유자들의 동의를 구하지 않고 처분할 수 있다.

③ 2문단에 따르면, '공유물 분할'은 '공유물을 지분에 따라 나누어 공유 관계를 종료하는 것'이며, '공유자는 법률의 규정이나 별도의 특약이 있는 경우를 제외하고는 자신이 원하면 언제든지 공유물 분할을 요청할 수 있'다.

④ 3문단에 따르면, '세 명 이상이 공유하는 물건을 현물 분할하는 경우에는 분할 청구자의 지분 한도 내에서 현물 분할을 하고 분할을 원하지 않는 나머지 공유자들은 공유 관계로 남는 것도 허용'된다.

⑤ 5문단에 따르면, '가격 배상'은 '법원이 공유물 전체를 특정인이 소유하도록 허용하여, 소유하게 되는 자로 하여금 다른 공유자에게 지분의 합리적인 가격을 배상하게 하는 것'이다. 따라서 공유자 중 특정인이 법원의 판단에 따라 공유물 전체를 소유하게 된다면 다른 공유자에게 지분의 가격을 배상해야 한다.

2. ① 처분 ② 청구

[1~2] 다음을 읽고 핵심 내용에 밑줄을 치고, 빈칸에 적절한 말을 채우시오. 또한 주어진 물음에 답하시오.

내가 좋아하는 사람의 취향이 어느 순간 나의 취향이 되어서 그가 좋아하는 물건을 좋아하거나 즐겨 부르는 노래를 따라 부르는 자신을 발견할 때가 있다. 중요한 물건을 살 때 인터넷에서 타인의 경험담을 참조하거나 그 분야에 능통한 주변인을 곁눈질하는 경우도 많다. 이처럼 우리의 모든 행동에는 눈에 보이지는 않지만 항상 타인이 개입되어 있다. ('______', '______' 같은 단어는 놓치지 않도록 하자. 예외가 없다는 의미이니까!) 다시 말해(앞에서 말한 내용의 이해를 돕기 위해 풀어서 설명해 줄 거야. 반복해서 자세히 설명하는 내용은 핵심 정보일 확률이 높아!) 우리는 늘 타인을 모방함으로써 자신의 욕망을 채운다.

이렇듯 타인의 욕망에 대한 모방에서 우리의 욕망이 생겨난다는 점을 주목한 이가 르네 지라르(René Girard)이다. (재진술된 표현은 함께 묶어 가며 읽는 게 좋아. 정보량을 줄일 수 있거든!) 우리의 행동에는 타인이 ______ = 타인을 모방함으로써 ______을 채움 = 타인의 욕망에 대한 ______에서 우리의 욕망이 생김 그는 인간이 갖는 욕구와 욕망을 철저하게 분리하였는데, 그에게 욕구는 본능적으로 실제 대상을 향하는 실질적인 것인 반면, 욕망은 실제 대상 그 자체보다는 그 대상과 관련된 것을 향하는 관념적인 것이다. 지라르는 실질적인 ______와 관념적인 ______을 구분했네! 이러한 구분에 입각하여 지라르가 전개한 모방 이론은 욕망의 구조에 대한 새로운 시각을 열어 줌으로써 인간 내면에 대한 새로운 지평을 개척했다. 특히 이 이론은 인간 내면을 탐구하는 심리학에도 지대한 영향을 끼쳤는데, 강력한 영향력을 행사해 온 프로이트의 심리학과는 전혀 다른 시각을 보인다. 즉(______의 모방 이론과 ______의 심리학에서의 시각이 어떻게 다른지 말해 주겠지?) 욕망이 주체의 타고난 본능에서 나온다거나, 욕망을 대상에서 나오는 자연 발생적인 것으로 보는 프로이트의 시각이 주된 비판의 대상이 된다.

욕망에 대한 관점	
지라르	• 타인의 욕망에 대한 ______에서 비롯됨 • 실제 대상 그 자체보다는 그 대상과 관련된 것을 향하는 ______인 것(≠욕구)
프로이트	• 주체의 타고난 ______이나 대상에서 나오는 ______인 것

무엇보다 중요한 차이는 프로이트가 욕망의 주체 내부에서 나오는 리비도를 중시했던 반면, 지라르는 욕망하는 이의 모방 행위 그 자체를 중시한다는 것이다. 이러한 차이에 입각하여 지라르는 어떤 이가 주체적으로 특정 대상을 욕망한다고 믿는, 즉 '자발적 욕망'이라는 환상을 믿는 것은 바로 프로이트의 '낭만적 거짓'에 현혹되었기 때문이라고 보았다. 지라르는 대상을 소유하거나 밀접하게 관련을 맺는 중개자를 통해서만이 욕망의 주체가 대상을 욕망할 수 있다고 보는 '비자발적 욕망'을 강조한 것이다. 프로이트는 주체 내부의 ______ 욕망을 중시한 반면, 지라르는 ______ 욕망을 강조했다는 점이 중요한 차이구나!

또한 지라르는 프로이트 심리학에서 벗어나 '모방'을 중심으로 인간 내면을 분석하는 '새로운 심리학'의 필요성을 역설한다. (앞서 모방 이론의 '______에 대한 새로운 시각'을 언급했다면, 이제 모방 이론이 '인간 내면을 탐구하는 ______에도 지대한 영향'을 주었음을 본격적으로 설명하려나 봐.) 이러한 주장은 자연스럽게 '개인'과 '자아'의 개념을 수정하는 데에 이른다. 즉, "심층적으로 보면 나의 비밀과 타인의 비밀 사이의 차이는 없다. 나의 욕망은 ______함으로써 비롯된 거니까, 심층적으로 보면 나와 타인의 비밀은 차이가 없는 거지. 한 사람의 심층적 자아는 보편적 자아라고 할 수 있다."라고 언급한다.

이러한 지라르의 모방 이론을 임상에 적용해 큰 효과를 입증한 정신의학자 장-미셸 우구를리엥(Jean-Michel Oughourlian)은 고정된 것으로 산수뇌던 과거의 '자아' 개념을 수정한다. 그는 "진정한 심리학적 사실은 한 개인에게 있는 것이 아니라 두 사람 사이의 관계에 있으며, 주변 사람들과의 대칭적 교환과 만남의 한가운데에서 일어나는 지속적 창조 행위의 결과가 우리의 자아"라고 주장한다.

그(______)가 생각하는 인간은 타인과의 만남에 영향을 받는 존재다. 이 영향을 구체적으로 말하면 바로 '모방'이다. 심리를 변화시키는 움직임을 욕망이라고 보는 그는, 타인과의 관계에서 발생하는 모방적 욕망의 집결체가 바로 우리의 '자아'라고 인식한 것이다. 그런데 알다시피 인간 욕망은 새롭게 갱신되는 가변체이다. 그러므로 욕망에 의해 만들어지는 존재인 자아도 고정된 것이 아니다. 자아는 궁극적으로 유동적이고 가변적인 운동 상태에 있다. 자아는 출생 시부터 결정된 것이 아니다. 기존 심리학과 갈라서게 되는 결정적 지점이 바로 이곳(______가 고정된 것인지의 여부)이다.

자아가 더 이상 고정 불변의 존재가 아니라는 생각은 한 사람에게 하나의 자아만이 존재한다는 통념도 수정하게 한다. 다시 말해 우리의 욕망과 마찬가지로 욕망의 산물인 자아도 타인과의 관계에서 매번 새롭게 주조되기에 인간에게는 여러 개의 자아가 있다고 볼 수도 있다. 아울러 우리가 어쩌면 통념적으로 '자아'라 칭하는 것은 습관적으로 그렇게 느끼는 것일 뿐 '실체가 없는 것'이라고도 생각할 수 있다.

장-미셸 우구를리엥		
______	• 심리를 변화시키는 움직임 • 새롭게 갱신되는 가변체	
자아	• 타인과의 ______에서 발생하는 모방적 욕망의 집결체 • ______의 산물이므로 유동적이고 ______이며, 여러 개가 있다고 볼 수도 있음 • ______가 없는 것이라고 생각할 수도 있음	

1. 윗글을 이해한 내용으로 적절하지 않은 것은?

① 지라르는 개인의 자아가 심층적 차원에서는 보편성을 띨 수 있다고 주장했다.

② 우구를리엥은 사회적 관계를 통해서 인간이 자아를 형성할 수 있다고 주장했다.

③ 주체적으로 특정 대상을 욕망한다고 믿는 것은 프로이트의 이론에 기댄 것이다.

④ 지라르는 주체와 욕망하는 대상의 직접 상호작용을 통해 욕망이 발생한다고 주장했다.

⑤ 우구를리엥은 자아가 모방을 통해 고정불변의 것이 아닌 유동적인 것이 된다고 보았다.

2. 윗글에서 ①과 ②에 들어갈 적절한 단어를 찾아 각각 빈칸에 쓰시오.

> ① : 정신을 빼앗겨 하여야 할 바를 잊어버림. **3문단**
> 예 사람들은 미사여구를 늘어놓는 그에게 □□되었다.
>
> ② : 일반적으로 널리 통하는 개념. **7문단**
> 예 이 영화는 행복의 기준에 대한 사회적 □□을 깨고, 각자의 방식대로 살아가는 사람들의 이야기를 그린다.

[3~4] 다음을 읽고 핵심 내용에 밑줄을 치고, 빈칸에 적절한 말을 채우시오. 또한 주어진 물음에 답하시오.

일반적으로 액체나 기체처럼 물질을 구성하고 있는 입자가 쉽게 움직이거나 입자 간의 상대적인 위치를 쉽게 변화시킬 수 있는 물질을 유체라고 부른다. 유체에 작용하는 힘과 유체의 운동 원리를 다루는 유체역학에서는 응력과 점성이라는 개념을 사용하여 유체의 특성을 설명한다. (글의 흐름이 보이네! 먼저 사전 정보로 ______과 ______의 개념을 다루고, 이를 활용해 ______의 특성을 설명하겠지?)

응력이란 어떤 물질에 외부에서 힘이 가해졌을 때 물질의 내부에서 이에 대항하여 외부의 힘과 반대 방향으로 작용하는 힘이다. 응력은 작용하는 방향에 따라 종류를 나눌 수 있는데 그중 물질의 표면과 평행하게 작용하는 응력을 전단응력이라고 한다. 유체는 이러한 전단응력이 작용할 때 그 형태가 연속적으로 변형된다. 이때 유체가 변형되는 양상은 유체가 가지고 있는 점성에 의해 영향을 받게 된다. 점성이란 유체를 구성하는 입자들의 상호 작용으로 인해 나타나는, 유체가 운동에 저항하는 성질을 말한다. (나열된 개념들은 (사전 정보/핵심 정보)이니, 뒤에서 이 개념들을 연결한 (사전 정보/핵심 정보)가 제시되었을 때 정확하게 이해할 수 있도록 차분히 정리하면 돼. 정보량에 당황하지 말자!)

유체	• 물질을 구성하는 ______의 움직임이나 위치가 쉽게 변하는 물질 • ______이 작용할 때 유체의 형태 변형 양상은 유체의 점성에 의해 영향을 받음
______	• 외부에서 가해진 힘에 대항해 이와 반대 방향으로 작용하는 힘 • 전단응력: 물질의 표면과 ______하게 작용하는 응력
점성	• 유체가 운동에 ______하는 성질

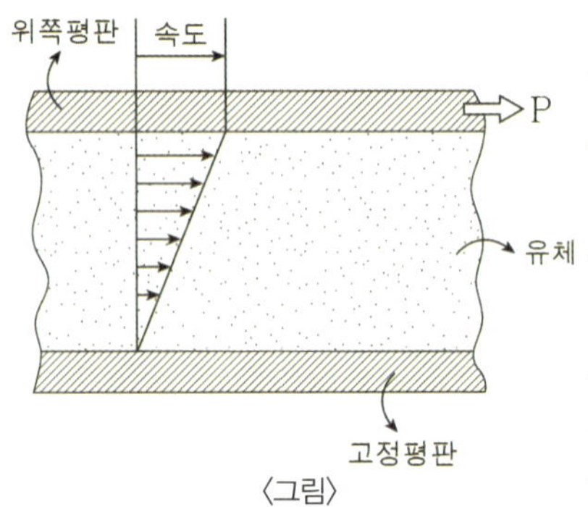

〈그림〉의 실험과 같이 매우 넓은 두 평행평판 사이에 어떤 유체가 들어 있는 경우를 가정해 보자. 이때 평행평판 중 아래쪽은 고정되어 움직이지 않는 고정평판이고, 위쪽평판은 자유롭게 움직일 수 있다. 다른 힘이 작용하지 않는다고 할 때 위쪽평판에 P 방향으로 힘이 가해지면 위쪽평판이 P 방향으로 일정한 속도로 운동하게 된다. 위쪽평판의 운동에 따라 평판 사이의 유체에는 전단응력이 발생하게 된다. 이후 유체를 이루는 입자들은 일정한 속도로 운동하기 시작하고 그에 따라 유체는 연속적으로 그 모습이 변형된다. 이때 위쪽평판에 접하고 있는 유체 입자들은 위쪽평판과 동일 속도로 이동하고, 고정평판에 접하고 있는 유체 입자들은 이동하지 않는다. 이는 유체가 지닌 점성 때문에 나타나는 현상이다. (2문단에서 유체가 변형되는 양상은 유체가 가지고 있는 ______에 의해 영향을 받는다고 했지! 그리고 〈그림〉에서처럼 두 평판 사이에 있는 유체 입자들의 속도는 고정평판으로부터 위쪽평판 사이의 거리에 비례하여 일정한 비율로 커진다. (고정평판으로부터 위쪽평판 사이의 거리(↑/↓) → 유체 입자들의 속도↑) 그런데 〈그림〉에서 전단응력이 증가하게 되면 유체 입자들의 속도도 증가하게 되고, 이에 따라 유체의 변형이 커져 전단응력에 따른 시간당 유체가 변형되는 변화율을 의미하는 전단변형률도 커지게 된다. (전단응력↑ → 유체 입자 속도(↑/↓) → 유체 변형(↑/↓) → 전단변형률(↑/↓)) 이를 수식으로 나타내면,

$$전단응력 = 점성계수 \times 전단변형률$$

로 표현할 수 있다. 이 식에서 점성계수는 유체가 지닌 점성을 수치화하여 표현한 값으로, 유체마다 고유의 값으로 나타난다. 이러한 점성계수의

특징 때문에 전단응력이 일정하다면 점성계수에 따라 전단변형률은 달라지게 된다. 단.(예외적인 사항을 덧붙이면 문제에서 질문할 가능성이 높아.) 유체의 점성계수는 온도의 변화에 따라 달라질 수 있다. (점성계수는 유체마다 ______의 값으로 나타나지만 온도 변화에 따라 달라질 수도 있네.)

한편 점성계수가 전단응력이나 전단변형률의 크기에 관계없이 항상 일정한 유체를 뉴턴 유체라고 한다. 뉴턴 유체는 점성계수가 일정하기 때문에 전단응력이 증가함에 따라 전단변형률도 일정하게 증가하게 되는데, 이를 전단변형률을 가로축으로 하고 전단응력을 세로축으로 하는 그래프로 나타내면 일정한 기울기를 가진 직선의 형태로 나타난다. 이때 기울기는 점성계수를 의미한다. (뉴턴 유체: ______가 일정, 그래프에서 직선의 형태, 전단응력↑ → 전단변형률(↑/↓))

이와 달리(______와 다른 특징을 가진 대상이 제시되겠네.) 비뉴턴 유체는 전단응력의 크기에 따라 점성계수가 변하는 특징을 가지고 있다. 따라서 전단변형률과 전단응력의 관계를 그래프로 나타내면, 기울기(______)가 변하는 곡선의 형태로 나타난다. 이러한 특징을 가진 비뉴턴 유체에는 전단응력이 증가함에 따라 점성계수가 감소하는 전단희박 유체와, 전단응력이 증가함에 따라 점성계수가 증가하는 전단농후 유체가 있다. 또한 전단응력이 일정한 크기에 도달하기 전까지는 변형이 없다가 항복응력이라고 지칭되는 일정한 전단응력을 초과하면 변형이 일어나는 빙햄 유체 등이 있다. (비뉴턴 유체: ______의 크기에 따라 점성계수 변화, 그래프에서 곡선의 형태)

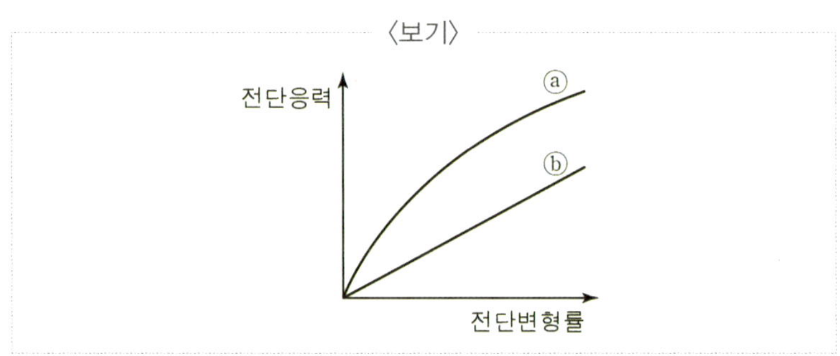

______ 유체		전단응력↑ → 점성계수↓
______ 유체		전단응력↑ → 점성계수↑
빙햄 유체		______ 초과 → 변형

3. 〈보기〉는 유체 ⓐ와 ⓑ의 특성을 나타낸 그래프이다. 윗글을 바탕으로 〈보기〉의 ⓐ와 ⓑ에 대해 설명한 것으로 적절하지 않은 것은?

① ⓐ는 점성계수가 변하는 유체라고 할 수 있겠군.

② ⓐ는 전단응력에 따라 그래프의 기울기가 달라지는 유체겠군.

③ ⓑ는 온도가 변화하면 그래프의 기울기가 달라질 수 있겠군.

④ ⓑ는 전단응력에 따라 유체가 운동에 저항하는 성질이 달라지겠군.

⑤ ⓑ는 전단응력 값이 증가함에 따라 전단변형률이 일정하게 증가하는 유체겠군.

4. 윗글에서 ①과 ②에 들어갈 적절한 단어를 찾아 각각 빈칸에 쓰시오.

① : 굽히거나 지지 않으려고 맞서서 버티거나 항거함. **2문단**

예 의병들은 외세의 침략에 무력으로 □□했다.

② : 어떤 대상을 가리켜 이르는 일. **5문단**

예 우리 집에서 '토끼'는 귀여운 동생을 □□하는 말이다.

[3~4] 고3 2020학년도 4월 학평 「유체역학」

① 일반적으로 액체나 기체처럼 물질을 구성하고 있는 입자가 쉽게 움직이거나 입자 간의 상대적인 위치를 쉽게 변화시킬 수 있는 물질을 유체라고 부른다. 유체에 작용하는 힘과 유체의 운동 원리를 다루는 유체역학에서는 응력과 점성이라는 개념을 사용하여 유체의 특성을 설명한다. (글의 흐름이 보이네! 먼저 사전 정보로 응력과 점성의 개념을 다루고, 이를 활용해 유체의 특성을 설명하겠지?)

② 응력이란 어떤 물질에 외부에서 힘이 가해졌을 때 물질의 내부에서 이에 대항하여 외부의 힘과 반대 방향으로 작용하는 힘이다. 응력은 작용하는 방향에 따라 종류를 나눌 수 있는데 그중 물질의 표면과 평행하게 작용하는 응력을 전단응력이라고 한다. 유체는 이러한 전단응력이 작용할 때 그 형태가 연속적으로 변형된다. 이때 유체가 변형되는 양상은 유체가 가지고 있는 점성에 의해 영향을 받게 된다. 점성이란 유체를 구성하는 입자들의 상호 작용으로 인해 나타나는, 유체가 운동에 저항하는 성질을 말한다. (나열된 개념들은 사전 정보이니, 뒤에서 이 개념들을 연결한 핵심 정보가 제시되었을 때 정확하게 이해할 수 있도록 차분히 정리하면 돼. 정보량에 당황하지 말자!)

유체	• 물질을 구성하는 입자의 움직임이나 위치가 쉽게 변하는 물질 • 전단응력이 작용할 때 유체의 형태 변형 양상은 유체의 점성에 의해 영향을 받음
응력	• 외부에서 가해진 힘에 대항해 이와 반대 방향으로 작용하는 힘 • 전단응력: 물질의 표면과 평행하게 작용하는 응력
점성	• 유체가 운동에 저항하는 성질

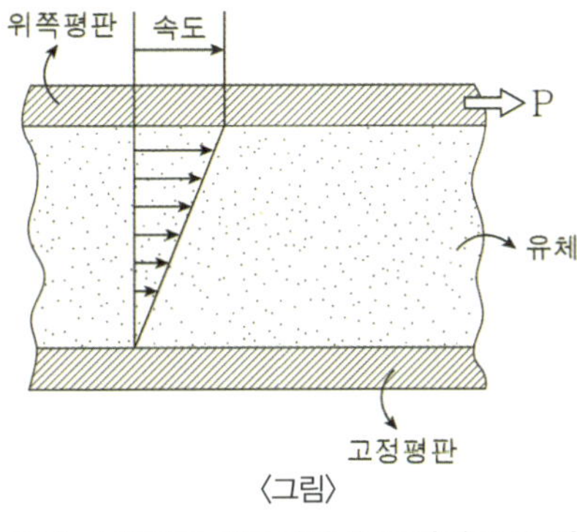

③ 〈그림〉의 실험과 같이 매우 넓은 두 평행평판 사이에 어떤 유체가 들어 있는 경우를 가정해 보자. 이때 평행평판 중 아래쪽은 고정되어 움직이지 않는 고정평판이고, 위쪽평판은 자유롭게 움직일 수 있다. 다른 힘이 작용하지 않는다고 할 때 위쪽평판에 P 방향으로 힘이 가해지면 위쪽평판이 P 방향으로 일정한 속도로 운동하게 된다. 위쪽평판의 운동에 따라 평판 사이의 유체에는 전단응력이 발생하게 된다. 이후 유체를 이루는 입자들은 일정한 속도로 운동하기 시작하고 그에 따라 유체는 연속적으로 그 모습이 변형된다. 이때 위쪽평판에 접하고 있는 유체 입자들은 위쪽평판과 동일 속도로 이동하고, 고정평판에 접하고 있는 유체 입자들은 이동하지 않는다. 이는 유체가 지닌 점성 때문에 나타나는 현상이다. 2문단에서 유체가 변형되는 양상은 유체가 가지고 있는 점성에 의해 영향을 받는다고 했지! 그리고 〈그림〉에서처럼 두 평판 사이에 있는 유체 입자들의 속도는 고정평판으로부터 위쪽평판 사이의 거리에 비례하여 일정한 비율로 커진다. 고정평판으로부터 위쪽평판 사이의 거리↑ → 유체 입자들의 속도↑ 그런데 〈그림〉에서 전단응력이 증가하게 되면 유체 입자들의 속도도 증가하게 되고, 이에 따라 유체의 변형이 커져 전단응력에 따른 시간당 유체가 변형되는 변화율을 의미하는 전단변형률도 커지게 된다. 전단응력↑ → 유체 입자 속도↑ → 유체 변형↑ → 전단변형률↑ 이를 수식으로 나타내면,

$$전단응력 = 점성계수 \times 전단변형률$$

로 표현할 수 있다. 이 식에서 점성계수는 유체가 지닌 점성을 수치화하여 표현한 값으로, 유체마다 고유의 값으로 나타난다. 이러한 점성계수의

특징 때문에 전단응력이 일정하다면 점성계수에 따라 전단변형률은 달라지게 된다. 단,(예외적인 사항을 덧붙이면 문제에서 질문할 가능성이 높아.) 유체의 점성계수는 온도의 변화에 따라 달라질 수 있다. 점성계수는 유체마다 고유의 값으로 나타나지만 온도 변화에 따라 달라질 수도 있네.

④ 한편 점성계수가 전단응력이나 전단변형률의 크기에 관계없이 항상 일정한 유체를 뉴턴 유체라고 한다. 뉴턴 유체는 점성계수가 일정하기 때문에 전단응력이 증가함에 따라 전단변형률도 일정하게 증가하게 되는데, 이를 전단변형률을 가로축으로 하고 전단응력을 세로축으로 하는 그래프로 나타내면 일정한 기울기를 가진 직선의 형태로 나타난다. 이때 기울기는 점성계수를 의미한다. 뉴턴 유체: 점성계수가 일정, 그래프에서 직선의 형태, 전단응력↑ → 전단변형률↑

⑤ 이와 달리(뉴턴 유체와 다른 특징을 가진 대상이 제시되겠네.) 비뉴턴 유체는 전단응력의 크기에 따라 점성계수가 변하는 특징을 가지고 있다. 따라서 전단변형률과 전단응력의 관계를 그래프로 나타내면, 기울기(점성계수)가 변하는 곡선의 형태로 나타난다. 이러한 특징을 가진 비뉴턴 유체에는 전단응력이 증가함에 따라 점성계수가 감소하는 전단희박 유체와, 전단응력이 증가함에 따라 점성계수가 증가하는 전단농후 유체가 있다. 또한 전단응력이 일정한 크기에 도달하기 전까지는 변형이 없다가 항복응력이라고 지칭되는 일정한 전단응력을 초과하면 변형이 일어나는 빙햄 유체 등이 있다. 비뉴턴 유체: 전단응력의 크기에 따라 점성계수 변화, 그래프에서 곡선의 형태

전단희박 유체	전단응력↑ → 점성계수↓
전단농후 유체	전단응력↑ → 점성계수↑
빙햄 유체	항복응력 초과 → 변형

3. ④

2문단에 따르면 '유체가 운동에 저항하는 성질'은 '점성'을 가리키며, 3문단에서 '점성계수는 유체가 지닌 점성을 수치화하여 표현한 값'이라고 했다. 또한 4문단을 통해 '전단변형률을 가로축으로 하고 전단응력을 세로축으로 하는 그래프'가 '일정한 기울기를 가진 직선의 형태로 나타'나는 ⓑ는 '뉴턴 유체'임을 알 수 있다. 즉 ⓑ는 '점성계수가 전단응력이나 전단변형률의 크기에 관계없이 항상 일정한 유체'이므로 전단응력에 따라 점성(유체가 운동에 저항하는 성질)이 달라진다고 볼 수 없다.

①, ② 5문단을 통해 '전단변형률과 전단응력의 관계를 그래프로 나타내면, 기울기가 변하는 곡선의 형태로 나타'나는 ⓐ는 '비뉴턴 유체'이며, 이는 '전단응력의 크기에 따라 점성계수가 변'하는 특징을 가짐을 알 수 있다. 또한 4문단에 따르면 그래프의 '기울기는 점성계수를 의미'하므로, ⓐ는 전단응력에 따라 그래프의 기울기가 달라지는 유체라고 할 수 있다.

③ 3문단에서 '유체의 점성계수는 온도의 변화에 따라 달라질 수 있다.'라고 했고, 4문단에서 그래프의 '기울기는 점성계수를 의미'한다고 했으므로, ⓑ는 온도가 변화하면 그래프의 기울기가 달라질 수 있다. 참고로 뉴턴 유체인 ⓑ의 점성계수는 '전단응력이나 전단변형률의 크기에 관계없이' 항상 일정한 값을 가질 뿐이다.

⑤ 4문단에 따르면 '뉴턴 유체'인 ⓑ는 '전단응력이 증가함에 따라 전단변형률도 일정하게 증가'한다.

4. ① 대항 ② 지칭

[1~2] 경찰대 2019학년도 「지라르의 욕망 이론과 우구를리엥의 자아 개념」

① 내가 좋아하는 사람의 취향이 어느 순간 나의 취향이 되어서 그가 좋아하는 물건을 좋아하거나 즐겨 부르는 노래를 따라 부르는 자신을 발견할 때가 있다. 중요한 물건을 살 때 인터넷에서 타인의 경험담을 참조하거나 그 분야에 능통한 주변인을 곁눈질하는 경우도 많다. 이처럼 우리의 모든 행동에는 눈에 보이지는 않지만 항상 타인이 개입되어 있다. ('모든', '항상' 같은 단어는 놓치지 않도록 하자. 예외가 없다는 의미이니까!) 다시 말해(앞에서 말한 내용의 이해를 돕기 위해 풀어서 설명해 줄 거야. 반복해서 자세히 설명하는 내용은 핵심 정보일 확률이 높아!) 우리는 늘 타인을 모방함으로써 자신의 욕망을 채운다.

② 이렇듯 타인의 욕망에 대한 모방에서 우리의 욕망이 생겨난다는 점을 주목한 이가 르네 지라르(René Girard)이다. (재진술된 표현은 함께 묶어 가며 읽는 게 좋아. 정보량을 줄일 수 있거든!) 우리의 행동에는 타인이 개입 = 타인을 모방함으로써 욕망을 채움 = 타인의 욕망에 대한 모방에서 우리의 욕망이 생김 그는 인간이 갖는 욕구와 욕망을 철저하게 분리하였는데, 그에게 욕구는 본능적으로 실제 대상을 향하는 실질적인 것인 반면, 욕망은 실제 대상 그 자체보다는 그 대상과 관련된 것을 향하는 관념적인 것이다. 지라르는 실질적인 욕구와 관념적인 욕망을 구분했네! 이러한 구분에 입각하여 지라르가 전개한 모방 이론은 욕망의 구조에 대한 새로운 시각을 열어 줌으로써 인간 내면에 대한 새로운 지평을 개척했다. 특히 이 이론은 인간 내면을 탐구하는 심리학에도 지대한 영향을 끼쳤는데, 강력한 영향력을 행사해 온 프로이트의 심리학과는 전혀 다른 시각을 보인다. 즉(지라르의 모방 이론과 프로이트의 심리학에서의 시각이 어떻게 다른지 말해 주겠지?) 욕망이 주체의 타고난 본능에서 나온다거나, 욕망을 대상에서 나오는 자연 발생적인 것으로 보는 프로이트의 시각이 주된 비판의 대상이 된다.

욕망에 대한 관점	
지라르	• 타인의 욕망에 대한 **모방**에서 비롯됨 • 실제 대상 그 자체보다는 그 대상과 관련된 것을 향하는 **관념적인 것**(≠욕구)
프로이트	• 주체의 타고난 **본능**이나 대상에서 나오는 **자연 발생적**인 것

③ 무엇보다 중요한 차이는 프로이트가 욕망의 주체 내부에서 나오는 리비도를 중시했던 반면, 지라르는 욕망하는 이의 모방 행위 그 자체를 중시한다는 것이다. 이러한 차이에 입각하여 지라르는 어떤 이가 주체적으로 특정 대상을 욕망한다고 믿는, 즉 '자발적 욕망'이라는 환상을 믿는 것은 바로 프로이트의 '낭만적 거짓'에 현혹되었기 때문이라고 보았다. 지라르는 대상을 소유하거나 밀접하게 관련을 맺는 중개자를 통해서만이 욕망의 주체가 대상을 욕망할 수 있다고 보는 '비자발적 욕망'을 강조한 것이다. 프로이트는 주체 내부의 자발적 욕망을 중시한 반면, 지라르는 비자발적 욕망을 강조했다는 점이 중요한 차이구나!

④ 또한 지라르는 프로이트 심리학에서 벗어나 '모방'을 중심으로 인간 내면을 분석하는 '새로운 심리학'의 필요성을 역설한다. (앞서 모방 이론의 '욕망의 구조에 대한 새로운 시각'을 언급했다면, 이제 모방 이론이 '인간 내면을 탐구하는 심리학에도 지대한 영향'을 주었음을 본격적으로 설명하려나 봐.) 이러한 주장은 자연스럽게 '개인'과 '자아'의 개념을 수정하는 데에 이른다. 즉, "심층적으로 보면 나의 비밀과 타인의 비밀 사이의 차이는 없다. 나의 욕망은 타인의 욕망을 모방함으로써 비롯된 거니까, 심층적으로 보면 나와 타인의 비밀은 차이가 없는 거겠지. 한 사람의 심층적 자아는 보편적 자아라고 할 수 있다."라고 언급한다.

⑤ 이러한 지라르의 모방 이론을 임상에 적용해 큰 효과를 입증한 정신의학자 장-미셸 우구를리엥(Jean-Michel Oughourlian)은 고정된 것으로 간주되던 과거의 '자아' 개념을 수정한다. 그는 "진정한 심리학적 사실은

한 개인에게 있는 것이 아니라 두 사람 사이의 관계에 있으며, 주변 사람들과의 대칭적 교환과 만남의 한가운데에서 일어나는 지속적 창조 행위의 결과가 우리의 자아"라고 주장한다.

⑥ 그(장-미셸 우구를리엥)가 생각하는 인간은 타인과의 만남에 영향을 받는 존재다. 이 영향을 구체적으로 말하면 바로 '모방'이다. 심리를 변화시키는 움직임을 욕망이라고 보는 그는, 타인과의 관계에서 발생하는 모방적 욕망의 집결체가 바로 우리의 '자아'라고 인식한 것이다. 그런데 알다시피 인간 욕망은 새롭게 갱신되는 가변체이다. 그러므로 욕망에 의해 만들어지는 존재인 자아도 고정된 것이 아니다. 자아는 궁극적으로 유동적이고 가변적인 운동 상태에 있다. 자아는 출생 시부터 결정된 것이 아니다. 기존 심리학과 갈라서게 되는 결정적 지점이 바로 이곳(자아가 고정된 것인지의 여부)이다.

⑦ 자아가 더 이상 고정 불변의 존재가 아니라는 생각은 한 사람에게 하나의 자아만이 존재한다는 통념도 수정하게 한다. 다시 말해 우리의 욕망과 마찬가지로 욕망의 산물인 자아도 타인과의 관계에서 매번 새롭게 주조되기에 인간에게는 여러 개의 자아가 있다고 볼 수도 있다. 아울러 우리가 어쩌면 통념적으로 '자아'라 칭하는 것은 습관적으로 그렇게 느끼는 것일 뿐 '실체가 없는 것'이라고도 생각할 수 있다.

장-미셸 우구를리엥	
욕망	• 심리를 변화시키는 움직임 • 새롭게 갱신되는 가변체
자아	• 타인과의 **관계**에서 발생하는 모방적 욕망의 집결체 • **욕망**의 산물이므로 유동적이고 **가변적**이며, 여러 개가 있다고 볼 수도 있음 • **실체**가 없는 것이라고 생각할 수도 있음

1. ④

3문단에 따르면 '지라르는 대상을 소유하거나 밀접하게 관련을 맺는 중개자를 통해서만이 욕망의 주체가 대상을 욕망할 수 있다고 보는 '비자발적 욕망'을 강조했다. 즉 지라르는 대상과 주체 간의 직접 상호작용을 통해서가 아니라, '중개자'를 통해서만이 주체가 대상을 욕망할 수 있다고 본 것이다.

① 4문단에서 지라르가 '한 사람의 심층적 자아는 보편적 자아'라고 한 것을 통해 개인의 자아가 심층적 차원에서 보편성을 띤다고 보았음을 알 수 있다.

② 5문단의 '주변 사람들과의 대칭적 교환과 만남의 한가운데에서 일어나는 지속적 창조 행위의 결과가 우리의 자아', 6문단의 '타인과의 관계에서 발생하는 모방적 욕망의 집결체가 바로 우리의 '자아''를 통해 우구를리엥이 사회적 관계를 통해 자아를 형성할 수 있다고 주장했음을 알 수 있다.

③ 3문단에 따르면 지라르는 '어떤 이가 주체적으로 특정 대상을 욕망한다고 믿는, 즉 '자발적 욕망'이라는 환상을 믿는 것은 바로 프로이트의 '낭만적 거짓'에 현혹되었기 때문'이라고 본다.

⑤ 6문단을 통해 우구를리엥은 '모방적 욕망의 집결체'인 자아가 '궁극적으로 유동적이고 가변적인 운동 상태'에 있다고 보았음을 알 수 있다.

2. ① 현혹 ② 통념

[1~2] 다음을 읽고 핵심 내용에 밑줄을 치고, 빈칸에 적절한 말을 채우시오. 또한 주어진 물음에 답하시오.

인간 의식의 사회 문화적인 측면을 강조한 비고츠키의 이론이 소개되면서, 인간의 인지 발달에 대한 새로운 해석이 가능하게 되었다. (비고츠키의 이론을 통해 인간의 ______에 대해 어떠한 새로운 해석이 가능하게 되었는지를 설명하겠네.) 비고츠키는 인간의 인지 발달을 설명하면서 '고등 정신 기능의 사회적 기원'을 강조하였다. 인간의 심리는 본성적으로 사회적 관계들의 총체를 내면적으로 표상한다. 따라서 표상의 대상은 개인이 인식하기 이전에 이미 사회적으로 존재한 것이다. 개인은 심리적 도구인 기호의 매개를 통해 사회적 관계 속에 존재하는 고등 정신 기능을 내면화한다. 인간은 ______를 매개로, 개인이 인식하기 이전에 이미 사회적 관계 속에 존재하는 ______을 내면화함(=사회적 관계들의 총체를 내면적으로 ______) 고등 정신 기능은 두 국면에서 나타나는데, 먼저 사회적 국면은 심리 간 범주인 사람 사이에서 나타나고, 다음으로 심리적 국면은 심리 내 범주인 인간의 내부에서 나타난다. 여기서 심리 간 범주는 고등 정신 기능의 발달을 위해 구체적인 사회적 상호 작용에서 타인의 도움을 받는 과정을 뜻하며, 심리 내 범주는 그것이 개인 내부에서 습득되는 과정을 말한다. 고등 정신 기능이 나타나는 두 가지 국면: (1) 사회적 국면(______ 범주, 사람 사이 - 고등 정신 기능 발달을 위해 ______을 받는 과정), (2) 심리적 국면(______ 범주, 인간의 내부 - 고등 정신 기능이 ______에서 습득되는 과정)

여기서 중요한 것은 심리 간 범주(______ 국면)에서 일어나는 상호 작용의 내용이 심리 내 범주(______ 국면)로 있는 그대로 옮겨 가는 것이 아니라는 점이다. 즉(______ 범주에서의 상호 작용 내용이 ______ 범주로 그대로 옮겨 가지는 않는다는 의미를 구체적으로 설명하겠지? 자세히 설명하는 내용은 이해하고 넘어가자!) 인식의 주체인 개인은 자기 조절 과정을 거치면서 심리 간 범주의 상호 작용의 내용을 스스로 의미 있게 이해해 간다. 예를 들어, 성인과 아동이 어떤 대상이나 사건에 대해 서로 다른 표상을 갖고 있다고 하자. 아동은 처음에는 아무 의미 없이 성인이 표상을 사용하는 방식을 모방할 수 있지만, 곧 성인과의 상호 작용을 통해 표상이 사용되는 맥락과 의미를 깨닫게 된다. 자신의 이해를 바탕으로, 아동은 스스로 다시 표상을 사용하며 성인과 상호 작용하게 된다. 이런 과정(아동이 성인의 표상 사용 방식을 의미 없이 ______ → 표상 사용의 ______과 ______ 학습 → 자신의 이해를 바탕으로 스스로 표상을 사용해 성인과 ______)을 반복하면서 아동은 표상의 맥락과 의미를 점차 알아가게 되고, 최종적으로는 성인의 도움 없이 혼자 힘으로 맥락과 의미에 맞게 표상을 사용할 수 있게 된다. 심리 간 범주의 상호 작용은 ______을 거쳐 심리 내 범주로 내면화되는구나.

이런 내면화 과정은 근접 발달 영역에서 일어난다. 근접 발달 영역은 실제적 발달 수준과 잠재적 발달 수준 사이의 간격이다. 실제적 발달 수준은 아동이 혼자서 문제를 해결하는 능력에 의해 결정되고, 잠재적 발달 수준은 성인의 안내 혹은 더 유능한 동료와의 협동을 통해서 문제를 해결할 수 있는 능력에 의해 결정된다. 내면화 과정은 ______(실제적 발달 수준과 잠재적 발달 수준 사이의 간격)에서 일어남 근접 발달 영역 안에 존재하는 정신 기능은 미래에 성숙할 것이지만 현재는 미성숙 상태에 있는 정신 기능이다. 실제적 발달 수준은 이미 이루어진 정신 발달 수준을 나타내는 반면, 잠재적 발달 수준은 앞으로 기대되는 정신 발달 수준을 나타낸다. 비고츠키는 실제적 발달 수준보다 잠재적 발달 수준이 아동의 발달 수준을 더 잘 보여 준다고 하면서, 아동의 근접 발달 영역 안에서 성인이나 더 유능한 동료가 교수·학습적인 도움을 제공해 줌으로써 발달을 촉진할 수 있다고 하였다.

______ 발달 수준	______ 발달 수준
• 이미 이루어진 정신 발달 수준 • ______하는 능력에 의해서 결정	• 앞으로 기대되는 정신 발달 수준 • 성인의 ______나 유능한 동료와의 ______을 통해 문제를 해결하는 능력에 의해서 결정 • 실제적 발달 수준보다 아동의 ______을 더 잘 보여 줌

그렇다면 근접 발달 영역에서 교수·학습은 구체적으로 어떻게 이루어질 수 있을까? 1단계는(근접 발달 영역에서 이루어지는 ______ 과정을 차례대로 설명하려는군.) 학습자가 더 유능한 타인의 도움을 받아 학습 과제를 수행하는 단계이다. 학습자는 성취해야 할 학습 목표에 대한 이해가 거의 없는 상태에서 교수자의 도움을 받아 학습 과제를 수행한다. 이때 교수자의 역할이 매우 중요하다. 학습자가 주어진 학습 과제를 점차 이해하게 됨에 따라 수행 보조자로서 교수자는 도움의 양을 점차 줄여 간다. 근접 발달 영역에서 이루어지는 교수·학습 (1) ______가 ______의 도움을 받아 과제 수행 2단계는 학습자 스스로 학습 과제를 수행하는 단계이다. 학습자는 이제 교수자의 도움을 받지 않거나 적은 도움으로 학습 과제를 수행할 수 있게 된다. 그러나 학습자의 과제 수행이 완수된 단계는 아니다. 근접 발달 영역에서 이루어지는 교수·학습 (2) 학습자가 도움 없이 또는 적은 도움으로 과제 수행. 고등 정신 기능에 따르면 1단계~2단계는 주로 ______ 범주에서 이루어지는 상호 작용이군. 3단계는 학습 과제 수행이 완수되어 학습 목표가 성취된 단계이다. 이 단계에서 학습자는 더 이상 교수자의 도움을 받을 필요 없이 혼자 힘으로 학습 과제를 수행하게 된다. 근접 발달 영역에서 이루어지는 교수·학습 (3) 학습 과제 수행 ______. 3단계는 심리 간 범주의 상호 작용 내용을 심리 내 범주로 ______된 거야. 마지막 4단계는 학습자가 혼자서 해결할 수 없는 또 다른 새로운 성취 목표에 직면하게 됨에 따라 다음 근접 발달 영역으로 나아가는 단계를 말한다. 근접 발달 영역에서 이루어지는 교수·학습 (4) 다음 ______으로 나아감. 기존의 ______ 발달 수준이 ______ 발달 수준이 되면, 새로운 근접 발달 영역으로 나아가는구나.

1. 윗글의 내용과 일치하지 <u>않는</u> 것은?

① 기호를 매개로 한 심리적 활동이 사고 발달을 견인한다.

② 표상의 대상은 학습 이전에 이미 개인의 내면에 존재하던 것이다.

③ 교수·학습의 과정은 심리 간 범주와 심리 내 범주에서 일어난다.

④ 현재의 잠재적 발달 수준은 미래의 실제적 발달 수준이 될 수 있다.

⑤ 인지 발달에서 사회적 국면의 활동은 심리적 국면의 활동으로 전환된다.

2. 윗글에서 ①과 ②에 들어갈 적절한 단어를 찾아 각각 빈칸에 쓰시오.

[①] : 정신적·심리적으로 깊이 마음속에 자리 잡힘. **1문단**

예 오늘 배운 규칙을 [ ][ ][ ]하는 데에는 상당한 시간이 걸릴 것 같다.

[②] : 어떠한 일이나 사물을 직접 당하거나 접함. **4문단**

예 [ ][ ]한 문제에 대한 조속한 해결이 요구된다.

[3~4] 다음을 읽고 핵심 내용에 밑줄을 치고, 빈칸에 적절한 말을 채우시오. 또한 주어진 물음에 답하시오.

디젤 엔진은 가솔린 엔진에 비해 일반적으로 이산화 탄소의 배출량이 적고 열효율이 높으며 내구성이 좋다. 하지만(이어서 디젤 엔진의 __________ 이 제시되겠지?) 디젤 엔진은 미세 먼지로 알려져 있는 입자상 물질과, 일산화 질소나 이산화 질소와 같은 질소 산화물을 많이 발생시킨다. 이런 물질들은 기관지염이나 폐렴 등 각종 호흡기 질환, 광화학 스모그나 산성비의 주요 원인이 된다. 이에 따라 디젤 엔진이 배출하는 오염 물질을 저감하기 위한 기술이 계속 개발되고 있다. 이 글의 화제는 디젤 엔진이 배출하는 오염 물질(__________, __________)을 저감하는 기술이구나!

입자상 물질을 처리하는 대표적인 기술로는 DPF 방식이 있다. (먼저 입자상 물질을 저감하는 기술부터 설명한 뒤 __________하는 기술을 설명하려나 봐.) 이 방식은 배기가스에서 발생하는 입자상 물질을 필터로 포집하고, 필터에 쌓인 물질들을 일정 시점에 연소시켜 제거함으로써 필터의 기능을 회복한다. 포집된 입자상 물질을 연소시키기 위해서는 포집 필터까지 연료가 흘러 들어갈 수 있게 엔진 실린더에 연료를 공급해야 한다. 연료가 공급이 되면 배기가스에 연료가 섞여 필터에서 연소가 이루어진다. DPF 방식: 배기가스에서 발생한 입자상 물질이 ______에 포집됨 → __________에 공급된 연료가 배기가스와 섞여 필터에 들어가 입자상 물질이 ______됨 DPF 방식은 엔진을 특별히 개선할 필요 없이 연료를 추가적으로 공급하면 되기 때문에 제작이 용이한 반면 연비가 떨어진다. 또한 질소 산화물을 저감하기 어렵기 때문에 별도의 기술이 필요하다. __________의 장점과 단점

질소 산화물을 저감하는 기술로는 EGR 방식이 있다. (예상대로 이번에는 __________의 저감 기술을 소개하네.) 이 방식은 배기가스를 엔진으로 재순환시킨 다음, 연료를 배기가스와 함께 연소시켜 연소 온도를 낮추는 기술이다. 배기가스를 엔진으로 재순환시켜 연소 온도를 낮추는 까닭은 연료가 낮은 온도에서 연소될 때 질소 산화물의 발생이 감소되기 때문이다. 하지만 연소 온도를 낮추면 입자상 물질이 많이 배출되므로 EGR 방식은 DPF 방식과 함께 쓰인다. EGR 방식: 배기가스를 엔진으로 __________ → 연료와 배기가스를 함께 연소하여 연소 온도(↑/↓) (질소 산화물 발생↓, 입자상 물질 배출(↑/↓)) EGR 방식은 엔진에 불순물이 쌓일 수 있고, 출력이 저하될 수 있는 단점이 있다. ______ 방식의 장점과 단점

최근에는 EGR 방식보다 질소 산화물의 저감 효율이 높은 SCR 방식이 개발되어 EGR 방식을 대체하고 있다. SCR 방식은 배기가스를 재순환시키지 않기 때문에 EGR 방식보다 엔진에서의 연소 온도가 높다. 이렇게 하면 입자상 물질이 적게 발생하는 대신 질소 산화물이 더 많이 발생하게 된다. 이때 SCR 방식은 암모니아를 이용하여 질소 산화물을 저감한다. 그런데(암모니아를 이용하면 질소 산화물을 ______ 할 수 있다는 장점이 있지만, 단점도 있나 보군.) 암모니아는 폭발의 위험이 있고 금속을 부식시킬 수도 있으며 상온에서는 특유의 자극적인 냄새를 풍겨 불쾌감을 유발한다. 그래서 사용에 제약이 있으며 취급 시 주의를 요한다. (3가지 이상의 정보가 나열되고 있으니 SCR 방식에서 __________ 사용의 문제점이 제시되었다는 점만 기억해 두고 넘어가면 돼. 문제점이 제시되었으니 그 해결 방안에 대한 내용이 이어질 가능성이 높겠네!) 이러한 문제점을 해결하기 위해 SCR 방식에서는 요소를 물에 녹인 요소수를 공급하는 요소수 탱크와 공기를 공급하는 압축 공기 주입기를 별도로 사용하여 SCR 장치에서 다음과 같이 화학 반응이 일어나도록 유도한다. SCR 방식에서 활용하는 암모니아와 관련된 문제를 해결하기 위해 __________와 압축 공기 주입기가 별도로 사용

되는군. 요소는 열분해를 통해 암모니아와 아이소사이안산으로 분해되고, 아이소사이안산은 가수 분해*되어 이산화 탄소와 암모니아를 생성한다. 요소(열분해) → __________ + 아이소사이안산(가수 분해) → __________ + 암모니아 일산화 질소((입자상 물질/질소 산화물))는 이렇게 얻어진 암모니아와 함께 공기 중의 산소와 반응하여 질소와 물로 바뀐다. 그리고 이산화 질소((입자상 물질/질소 산화물))는 일산화 질소와 함께 암모니아와 반응하여 역시 질소와 물로 바뀐다. SCR 방식에서는 화학 반응을 통해 일산화 질소와 이산화 질소를 ______와 ___로 바꿔 질소 산화물을 저감하는군.

화학 반응이 일어나는 SCR 장치 내부는 반응 물실을 흡착시키는 백금이나 바나듐 등을 이용한 금속 촉매로 만들어져 있다. SCR 방식에서는 이러한 촉매의 표면에 배기가스가 오래 머물도록 해 주어야 저감 효율을 높일 수 있다. 즉 공간 속도를 느리게 하여 화학 반응이 일어날 수 있는 시간을 충분히 확보해야 한다. 여기서 공간 속도란 단위 시간당 공급되는 배기가스의 양을 SCR 장치의 촉매의 부피로 나눈 값이다. SCR 장치 내부의 금속 촉매에 __________가 머무는 시간(↑/↓) = 공간 속도(↑/↓) → 저감 효율↑

SCR 방식은 저감 효율이 높아 이용이 점차 확대되고 있으나 해결해야 할 문제도 안고 있다. 암모니아가 배기가스와 함께 배출되는 암모니아 슬립 현상이 발생할 수 있으며, 요소의 분해가 낮은 온도에서 일어나면 고체 형태의 아멜린이나 멜라민 등이 생성되어 배관 내부나 장치 표면에 고착될 수 있다. ______ 방식이 해결해야 할 문제를 언급하며 글을 마무리하고 있군.

*가수 분해: 큰 분자가 물과 반응하여 몇 개의 이온이나 분자로 분해되는 반응.

3. 윗글을 이해한 내용으로 적절하지 <u>않은</u> 것은?

① 암모니아 슬립 현상으로 배출되는 암모니아는 배관 내부나 장치 표면에 아멜린이나 멜라민 등을 고착시킨다.

② 디젤 엔진이 배출하는 오염 물질을 저감하는 데 DPF 방식과 EGR 방식이 복합적으로 사용될 수 있다.

③ DPF 방식에서는 필터에 포집된 입자상 물질을 배기가스에 섞인 연료와 함께 연소시켜 제거한다.

④ 디젤 엔진은 가솔린 엔진에 비해 이산화 탄소가 적게 배출되고 열효율이 높다.

⑤ SCR 방식에서 이산화 질소가 저감될 때 일산화 질소가 함께 저감될 수 있다.

4. 윗글에서 ①과 ②에 들어갈 적절한 단어를 찾아 각각 빈칸에 쓰시오.

[①] : 물질이 원래의 상태에서 변질되거나 변형됨이 없이 오래 견디는 성질. 1문단

예 요즘 사람들은 자동차의 [ ][ ][ ]보다 외관을 더욱 중시하는 경향이 있다.

[②] : 다른 것으로 대신함. 4문단

예 디지털 매체가 인쇄물을 완전히 [ ][ ]할 수 있을까?

[3~4] 고3 2018학년도 10월 학평 「디젤 엔진의 오염 물질 저감 기술」

① 디젤 엔진은 가솔린 엔진에 비해 일반적으로 이산화 탄소의 배출량이 적고 열효율이 높으며 내구성이 좋다. 하지만(이어서 디젤 엔진의 단점이 제시되겠지?) 디젤 엔진은 미세 먼지로 알려져 있는 입자상 물질과, 일산화 질소나 이산화 질소와 같은 질소 산화물을 많이 발생시킨다. 이런 물질들은 기관지염이나 폐렴 등 각종 호흡기 질환, 광화학 스모그나 산성비의 주요 원인이 된다. 이에 따라 디젤 엔진이 배출하는 오염 물질을 저감하기 위한 기술이 계속 개발되고 있다. 이 글의 화제는 디젤 엔진이 배출하는 오염 물질(입자상 물질, 질소 산화물)을 저감하는 기술이구나!

② 입자상 물질을 처리하는 대표적인 기술로는 DPF 방식이 있다. (먼저 입자상 물질을 저감하는 기술부터 설명한 뒤 질소 산화물을 저감하는 기술을 설명하려나 봐.) 이 방식은 배기가스에서 발생하는 입자상 물질을 필터로 포집하고, 필터에 쌓인 물질들을 일정 시점에 연소시켜 제거함으로써 필터의 기능을 회복한다. 포집된 입자상 물질을 연소시키기 위해서는 포집 필터까지 연료가 흘러 들어갈 수 있게 엔진 실린더에 연료를 공급해야 한다. 연료가 공급이 되면 배기가스에 연료가 섞여 필터에서 연소가 이루어진다. DPF 방식: 배기가스에서 발생한 입자상 물질이 필터에 포집됨 → 엔진 실린더에 공급한 연료가 배기가스와 섞여 필터에 들어가 입자상 물질이 연소됨 DPF 방식은 엔진을 특별히 개선할 필요 없이 연료를 추가적으로 공급하면 되기 때문에 제작이 용이한 반면 연비가 떨어진다. 또한 질소 산화물을 저감하기 어렵기 때문에 별도의 기술이 필요하다. DPF 방식의 장점과 단점

③ 질소 산화물을 저감하는 기술로는 EGR 방식이 있다. (예상대로 이번에는 질소 산화물의 저감 기술을 소개하네.) 이 방식은 배기가스를 엔진으로 재순환시킨 다음, 연료를 배기가스와 함께 연소시켜 연소 온도를 낮추는 기술이다. 배기가스를 엔진으로 재순환시켜 연소 온도를 낮추는 까닭은 연료가 낮은 온도에서 연소될 때 질소 산화물의 발생이 감소되기 때문이다. 하지만 연소 온도를 낮추면 입자상 물질이 많이 배출되므로 EGR 방식은 DPF 방식과 함께 쓰인다. EGR 방식: 배기가스를 엔진으로 재순환 → 연료와 배기가스를 함께 연소하여 연소 온도↓(질소 산화물 발생↓, 입자상 물질 배출↑) EGR 방식은 엔진에 불순물이 쌓일 수 있고, 출력이 저하될 수 있는 단점이 있다. EGR 방식의 장점과 단점

④ 최근에는 EGR 방식보다 질소 산화물의 저감 효율이 높은 SCR 방식이 개발되어 EGR 방식을 대체하고 있다. SCR 방식은 배기가스를 재순환시키지 않기 때문에 EGR 방식보다 엔진에서의 연소 온도가 높다. 이렇게 하면 입자상 물질이 적게 발생하는 대신 질소 산화물이 더 많이 발생하게 된다. 이때 SCR 방식은 암모니아를 이용하여 질소 산화물을 저감한다. 그런데(암모니아를 이용하면 질소 산화물을 저감할 수 있다는 장점이 있지만, 단점도 있나 보군.) 암모니아는 폭발의 위험이 있고 금속을 부식시킬 수도 있으며 상온에서는 특유의 자극적인 냄새를 풍겨 불쾌감을 유발한다. 그래서 사용에 제약이 있으며 취급 시 주의를 요한다. (3가지 이상의 정보가 나열되고 있으니 SCR 방식에서 암모니아 사용의 문제점이 제시되었다는 점만 기억해 두고 넘어가면 돼. 문제점이 제시되었으니 그 해결 방안에 대한 내용이 이어질 가능성이 높겠네!) 이러한 문제점을 해결하기 위해 SCR 방식에서는 요소를 물에 녹인 요소수를 공급하는 요소수 탱크와 공기를 공급하는 압축 공기 주입기를 별도로 사용하여 SCR 장치에서 다음과 같이 화학 반응이 일어나도록 유도한다. SCR 방식에서 활용하는 암모니아와 관련된 분제를 해설하기 위해 요소수 탱크와 압축 공기 주입기가 별도로 사용되는군 요소는 열분해를 통해 암모니아와 아이소사이안산으로 분해되고, 아이소사이안산은

가수 분해되어 이산화 탄소와 암모니아를 생성한다. 요소(열분해) → 암모니아 + 아이소사이안산(가수 분해) → 이산화 탄소 + 암모니아 일산화 질소(질소 산화물)는 이렇게 얻어진 암모니아와 함께 공기 중의 산소와 반응하여 질소와 물로 바뀐다. 그리고 이산화 질소(질소 산화물)는 일산화 질소와 함께 암모니아와 반응하여 역시 질소와 물로 바뀐다. SCR 방식에서는 화학 반응을 통해 일산화 질소와 이산화 질소를 질소와 물로 바꿔 질소 산화물을 저감하는군.

⑤ 화학 반응이 일어나는 SCR 장치 내부는 반응 물질을 흡착시키는 백금이나 바나듐 등을 이용한 금속 촉매로 만들어져 있다. SCR 방식에서는 이러한 촉매의 표면에 배기가스가 오래 머물도록 해 주어야 저감 효율을 높일 수 있다. 즉 공간 속도를 느리게 하여 화학 반응이 일어날 수 있는 시간을 충분히 확보해야 한다. 여기서 공간 속도란 단위 시간당 공급되는 배기가스의 양을 SCR 장치의 촉매의 부피로 나눈 값이다. SCR 장치 내부의 금속 촉매에 배기가스가 머무는 시간↑ = 공간 속도↓ → 저감 효율↑

⑥ SCR 방식은 저감 효율이 높아 이용이 점차 확대되고 있으나 해결해야 할 문제도 안고 있다. 암모니아가 배기가스와 함께 배출되는 암모니아 슬립 현상이 발생할 수 있으며, 요소의 분해가 낮은 온도에서 일어나면 고체 형태의 아멜린이나 멜라민 등이 생성되어 배관 내부나 장치 표면에 고착될 수 있다. SCR 방식이 해결해야 할 문제를 언급하며 글을 마무리하고 있군.

3. ①

6문단에서는 SCR 방식의 문제점으로 '암모니아가 배기가스와 함께 배출되는 암모니아 슬립 현상'과 '고체 형태의 아멜린이나 멜라민 등이 생성되어 배관 내부나 장치 표면에 고착될 수 있'음을 나열했을 뿐, 암모니아 슬립 현상으로 배출되는 암모니아로 인해 아멜린이나 멜라민 등이 고착된다는 인과 관계를 언급하지는 않았다.

② 1문단에 따르면 디젤 엔진은 '입자상 물질'과 '질소 산화물'과 같은 오염 물질을 배출하는데, 3문단에 따르면 EGR 방식을 통해 '질소 산화물을 저감'할 수 있다. 그러나 EGR 방식은 '입자상 물질이 많이 배출'되는 특성이 있으므로, 입자상 물질을 처리하는 기술인 DPF 방식과 함께 쓰인다.

③ 2문단에 따르면 DPF 방식에서는 '입자상 물질을 필터로 포집'하고 '연료가 공급이 되면 배기가스에 연료가 섞여 필터에서 연소가 이루어'지게 함으로써 입자상 물질을 제거한다.

④ 1문단의 '디젤 엔진은 가솔린 엔진에 비해 일반적으로 이산화 탄소의 배출량이 적고 열효율이 높으며 내구성이 좋다.'를 통해 알 수 있다.

⑤ 4문단의 SCR 방식에서 요소를 활용하여 화학 반응이 일어나도록 유도하면 '이산화 질소는 일산화 질소와 함께 암모니아와 반응하여 역시 질소와 물로 바뀐다.'를 통해 SCR 방식에서 이산화 질소가 저감될 때 일산화 질소도 함께 저감될 수 있음을 알 수 있다.

4. ① 내구성 ② 대체

[1~2] LEET 2012년도 「비고츠키의 인지 발달 이론」

① 인간 의식의 사회 문화적인 측면을 강조한 비고츠키의 이론이 소개되면서, 인간의 인지 발달에 대한 새로운 해석이 가능하게 되었다. (비고츠키의 이론을 통해 인간의 인지 발달에 대해 어떠한 새로운 해석이 가능하게 되었는지를 설명하겠네.) 비고츠키는 인간의 인지 발달을 설명하면서 '고등 정신 기능의 사회적 기원'을 강조하였다. 인간의 심리는 본성적으로 사회적 관계들의 총체를 내면적으로 표상한다. 따라서 표상의 대상은 개인이 인식하기 이전에 이미 사회적으로 존재한 것이다. 개인은 심리적 도구인 기호의 매개를 통해 사회적 관계 속에 존재하는 고등 정신 기능을 내면화한다. 인간은 기호를 매개로, 개인이 인식하기 이전에 이미 사회적 관계 속에 존재하는 고등 정신 기능을 내면화함(=사회적 관계들의 총체를 내면적으로 표상) 고등 정신 기능은 두 국면에서 나타나는데, 먼저 (1)사회적 국면은 심리 간 범주인 사람 사이에서 나타나고, 다음으로 (2)심리적 국면은 심리 내 범주인 인간의 내부에서 나타난다. 여기서 심리 간 범주는 고등 정신 기능의 발달을 위해 구체적인 사회적 상호 작용에서 타인의 도움을 받는 과정을 뜻하며, 심리 내 범주는 그것이 개인 내부에서 습득되는 과정을 말한다. 고등 정신 기능이 나타나는 두 가지 국면: (1) 사회적 국면(심리 간 범주, 사람 사이 - 고등 정신 기능 발달을 위해 타인의 도움을 받는 과정), (2) 심리적 국면(심리 내 범주, 인간의 내부 - 고등 정신 기능이 개인 내부에서 습득되는 과정)

② 여기서 중요한 것은 심리 간 범주(사회적 국면)에서 일어나는 상호 작용의 내용이 심리 내 범주(심리적 국면)로 있는 그대로 옮겨 가는 것이 아니라는 점이다. 즉(심리 간 범주에서의 상호 작용 내용이 심리 내 범주로 그대로 옮겨 가지는 않는다는 의미를 구체적으로 설명하겠지? 자세히 설명하는 내용은 이해하고 넘어가자!) 인식의 주체인 개인은 자기 조절 과정을 거치면서 심리 간 범주의 상호 작용의 내용을 스스로 의미 있게 이해해 간다. 예를 들어, 성인과 아동이 어떤 대상이나 사건에 대해 서로 다른 표상을 갖고 있다고 하자. 아동은 처음에는 아무 의미 없이 성인이 표상을 사용하는 방식을 모방할 수 있지만, 곧 성인과의 상호 작용을 통해 표상이 사용되는 맥락과 의미를 깨닫게 된다. 자신의 이해를 바탕으로, 아동은 스스로 다시 표상을 사용하며 성인과 상호 작용하게 된다. 이런 과정(아동이 성인의 표상 사용 방식을 의미 없이 모방 → 표상 사용의 맥락과 의미 학습 → 자신의 이해를 바탕으로 스스로 표상을 사용해 성인과 상호 작용)을 반복하면서 아동은 표상의 맥락과 의미를 점차 알아가게 되고, 최종적으로는 성인의 도움 없이 혼자 힘으로 맥락과 의미에 맞게 표상을 사용할 수 있게 된다. 심리 간 범주의 상호 작용은 자기 조절 과정을 거쳐 심리 내 범주로 내면화되는구나.

③ 이런 내면화 과정은 근접 발달 영역에서 일어난다. 근접 발달 영역은 실제적 발달 수준과 잠재적 발달 수준 사이의 간격이다. 실제적 발달 수준은 아동이 혼자서 문제를 해결하는 능력에 의해 결정되고, 잠재적 발달 수준은 성인의 안내 혹은 더 유능한 동료와의 협동을 통해서 문제를 해결할 수 있는 능력에 의해 결정된다. 내면화 과정은 근접 발달 영역(실제적 발달 수준과 잠재적 발달 수준 사이의 간격)에서 일어남 근접 발달 영역 안에 존재하는 정신 기능은 미래에 성숙할 것이지만 현재는 미성숙 상태에 있는 정신 기능이다. 실제적 발달 수준은 이미 이루어진 정신 발달 수준을 나타내는 반면, 잠재적 발달 수준은 앞으로 기대되는 정신 발달 수준을 나타낸다. 비고츠키는 실제적 발달 수준보다 잠재적 발달 수준이 아동의 발달 수준을 더 잘 보여 준다고 하면서, 아동의 근접 발달 영역 안에서 성인이나 더 유능한 동료가 교수·학습적인 도움을 제공해 줌으로써 발달을 촉진할 수 있다고 하였다.

실제적 발달 수준	잠재적 발달 수준
· 이미 이루어진 정신 발달 수준 · 혼자서 문제를 해결하는 능력에 의해서 결정	· 앞으로 기대되는 정신 발달 수준 · 성인의 안내나 유능한 동료와의 협동을 통해 문제를 해결하는 능력에 의해서 결정 · 실제적 발달 수준보다 아동의 발달 수준을 더 잘 보여 줌

④ 그렇다면 근접 발달 영역에서 교수·학습은 구체적으로 어떻게 이루어질 수 있을까? 1단계는(근접 발달 영역에서 이루어지는 교수·학습 과정을 차례대로 설명하려는군.) 학습자가 더 유능한 타인의 도움을 받아 학습 과제를 수행하는 단계이다. 학습자는 성취해야 할 학습 목표에 대한 이해가 거의 없는 상태에서 교수자의 도움을 받아 학습 과제를 수행한다. 이때 교수자의 역할이 매우 중요하다. 학습자가 주어진 학습 과제를 점차 이해하게 됨에 따라 수행 보조자로서 교수자는 도움의 양을 점차 줄여 간다. 근접 발달 영역에서 이루어지는 교수·학습 (1) 학습자가 교수자의 도움을 받아 과제 수행 2단계는 학습자 스스로 학습 과제를 수행하는 단계이다. 학습자는 이제 교수자의 도움을 받지 않거나 적은 도움으로 학습 과제를 수행할 수 있게 된다. 그러나 학습자의 과제수행이 완수된 단계는 아니다. 근접 발달 영역에서 이루어지는 교수·학습 (2) 학습자가 도움 없이 또는 적은 도움으로 과제 수행. 고등 정신 기능에 따르면 1단계~2단계는 주로 심리 간 범주에서 나타나는 상호 작용이군. 3단계는 학습 과제 수행이 완수되어 학습 목표가 성취된 단계이다. 이 단계에서 학습자는 더 이상 교수자의 도움을 받을 필요 없이 혼자 힘으로 학습 과제를 수행하게 된다. 근접 발달 영역에서 이루어지는 교수·학습 (3) 학습 과제 수행 완수. 3단계는 심리 간 범주의 상호 작용 내용이 심리 내 범주로 내면화된 거야. 마지막 4단계는 학습자가 혼자서 해결할 수 없는 또 다른 새로운 성취 목표에 직면하게 됨에 따라 다음 근접 발달 영역으로 나아가는 단계를 말한다. 근접 발달 영역에서 이루어지는 교수·학습 (4) 다음 근접 발달 영역으로 나아감. 기존의 잠재적 발달 수준이 실제적 발달 수준이 되면, 새로운 근접 발달 영역으로 나아가는구나.

1. ②

> 1문단에서 '인간의 심리는 본성적으로 사회적 관계들의 총체를 내면적으로 표상'하는데, '표상의 대상은 개인이 인식하기 이전에 이미 사회적으로 존재한 것'이라고 했다. 즉 표상의 대상은 학습 이전에 개인의 내면에 존재하던 것이 아니라 사회적으로 존재하던 것이다.

① 1문단의 '개인은 심리적 도구인 기호의 매개를 통해 사회적 관계 속에 존재하는 고등 정신 기능을 내면화한다.'를 통해 알 수 있다.

③ 1문단에 따르면 고등 정신 기능은 '심리 간 범주인 사람 사이'와 '심리 내 범주인 인간의 내부'에서 나타나는데, 4문단을 통해 교수·학습 과정은 학습자가 '교수자의 도움'을 받으며 학습하는 심리 간 범주와 '혼자 힘으로 학습 과제를 수행'하는 심리 내 범주에서 일어난다는 것을 알 수 있다.

④ 3문단에 따르면 '실제적 발달 수준은 이미 이루어진 정신 발달 수준을 나타내는 반면, 잠재적 발달 수준은 앞으로 기대되는 정신 발달 수준을 나타'내므로, 현재의 잠재적 발달 수준은 교수·학습 과정을 거쳐 미래의 실제적 발달 수준이 될 수 있다.

⑤ 1문단에서 인간의 인지 발달에서 고등 정신 기능은 두 국면에서 나타나는데 '사회적 국면은 심리 간 범주'에서, '심리적 국면은 심리 내 범주'에서 나타난다고 했다. 그러나 2문단에 따르면 '심리 간 범주(사회적 국면)에서'의 상호 작용이 개인의 '자기 조절 과정을 거쳐' '심리 내 범주(심리적 국면)'로 옮겨 간다고 하였으므로 사회적 국면의 활동은 심리적 국면의 활동으로 전환된다고 볼 수 있다.

2. ① 내면화 ② 직면

[1~2] 다음을 읽고 핵심 내용에 밑줄을 치고, 빈칸에 적절한 말을 채우시오. 또한 주어진 물음에 답하시오.

소비하는 인간인 호모 콘수무스(homo consumus)는 소비 자본주의 시대의 신인류를 지칭하는 표현이다. 소비의 사전적 정의는 '인간의 욕구를 충족시키기 위해 필요한 물건을 구매하는 일'이다. 목마른 사람은 물을 사 먹고, 배고픈 사람은 밥을 사 먹는다. 이 점에서 소비는 노동과 함께 인간의 생존을 구성하는 중요한 기둥이다.

일반적으로 소비자들은 합리적인 경제 행위를 추구하기 때문에 최소 비용으로 최대 효과를 얻으려 한다는 것이 소비의 기본 원칙이다. 그들은 '보이지 않는 손'이라고 일컬어지는 시장 원리 아래에서 생산자와 만난다. 소비는 ______ 충족을 위해 물건을 사는 것인데, 소비자들은 ______ 비용으로 ______ 효과를 얻는 합리적 소비를 하고자 하는 것이 일반적이군. 그러나 이러한 일차적 의미의 합리적 소비가 언제나 유효한 것은 아니다. (앞에서 설명한 것과 달리 '______'이지 않은 경우, 즉 ______________를 추구하지 않는 경우에 대해 설명하겠네!)

생산보다는 소비가 화두가 된 소비 자본주의 시대에 소비는 단순히 필요한 재화, 그리고 경제학적으로 유리한 재화를 구매하는 행위에 머물지 않는다. 최대 효과 자체에 정서적이고 사회 심리학적인 요인이 개입하면서, 이제 소비는 개인이 세계와 만나는 다분히 심리적인 방법이 되어버린 것이다. 곧 인간의 기본적인 생존 욕구를 충족시켜 주는 합리적 소비 수준에 머물지 않고, 소비는 자신을 표현하는 상징적 행위가 된 것이다. 이처럼 오늘날의 소비문화는 물질적 소비 차원이 아닌 심리적 소비 형태를 띠게 된다. 소비 자본주의 시대의 소비: 자신을 표현하는 상징적 행위로, ______ 소비 형태를 띰

가령 베블린 효과(veblen effect)는 남들보다 돋보이거나 뽐내고 싶어서 비싼 물건일수록 사려고 하는 인간의 심리를 나타내는 용어이다. 특정 상품을 소비하는 사람이 많아질수록 수요가 오히려 줄어드는 스노브 효과(snob effect), 대중적으로 널리 알려진 상품을 소비하면서 다른 사람과 비슷해지고자 하는 밴드 웨건 효과(band wagon effect), 미적 특성 등과 같은 감성적 가치를 구매 결정의 우선 요소로 보는 헤도니스트 효과(hedonist effect) 등이 있다. (여러 개념을 나열하고 있네. 이럴 때에는 각 효과의 세부적 내용을 기억하려고 하기보다는, 상위 개념으로 묶어 ______________를 보여 주는 효과들을 설명했다는 정도로만 기억해 두자. 혹시 문제에서 물어보면 돌아와서 확인하면 돼!)

소비 자본주의의 화두는 이제 과소비가 아니라 과시 소비로 넘어간 것이다. 과시 소비의 중심에는 신분의 논리가 있다. 신분의 논리는 유용성의 논리, 나아가 시장의 논리로 설명되지 않는 것들을 설명해 준다. 혈통으로 이어지던 폐쇄적 계층 사회는 소비 행위에 대해 계급에 근거한 제한을 부여했다. 먼 옛날 부족 사회에서 수장들만이 걸칠 수 있었던 장신구에서부터, 제아무리 권문세가의 정승이라도 아흔아홉 칸을 넘을 수 없던 집이 좋은 예이다. 인도의 한 지방에선 하층 계급의 여인들은 긴치마를 입을 수도, 머리에 꽃 장식을 할 수도 없었다고 한다. 권력을 가진 자는 힘을 통해 자기의 취향을 주위 사람들과 분리시킴으로써 경외감을 강요하고, 그렇게 자기 취향을 과시함으로써 잠재적 경쟁자들을 통제한 것이다. 폐쇄적 계층 사회(______에 의한 신분) → ______________에 제한을 부여하여 권력가의 ______을 과시, 잠재적 경쟁자들을 통제

가시적 신분 제도가 사라진 현대 사회에서도 이러한 신분의 논리는 여전히 유효하다. 이제 개인은 소비를 통해 자신의 물질적 부를 표현함으로써 신분을 과시하려 한다. 현대의 소비 자본주의 시대(___에 의한 신분) → 소비를 통해 물질적 부를 표현해 ______을 과시 문제는 혈통이 보장하는 신분에 비해 부에 의한 신분은 덜 견고하다는 것이다. 자본주의 시대의 신분 과시욕이 호모 콘수무스를 만들어 냈다면, 그 이면에는 자본주의 자체의 작동 원리가 움직이고 있다. 가시적 신분 제도는 사라졌지만, ________________는 과거뿐만 아니라 현대에도 여전히 적용되고 있네.

자본주의가(7문단이 '자본주의가'로 시작하는 것으로 보아 6문단 마지막에서 언급한 ______________가 무엇인지를 설명하겠네!) 일구어 낸 산업화는 무엇보다도 생산의 극대화를 향해 돌진했다. 많이 만들고, 많이 팔아야 한다. 경제를 살리는 것은 절약이 아니라 건전한 소비이다. 그러나 필요량을 넘어서 과잉 생산된 상품을 팔기 위해 초기 산업화는 제국주의를 낳을 수밖에 없었다. 원료도 싸게 가져오고 싼 인건비로 만들어서 다시 비싸게 팔 수 있으니, 식민지만큼 매혹적인 것은 없었을 것이다. 하지만 자본주의가 고도화되면서 끊임없이 돌아가는 기계에서 쏟아져 나오는 제품들을 팔기 위해서는 필요성이나 가격과 무관한 욕망(______ 과시욕)을 만들어 내는 것이 가장 효과적인 방법이 된다. 생산자나 판매자의 전략은 제품 자체보다는 제품에 부가되어 소비자의 욕망을 만들어 내는 요소에 집중될 수밖에 없다. 초기 산업화: 상품을 팔기 위해 ______를 낳음 → 자본주의의 고도화: 상품을 팔기 위해 ________________을 만들어 냄 이것이 프랑스의 유명한 철학자인 보드리야르가 말하는 기호 가치이다. 사람들은 제품을 소비한다고 생각하지만, 정작 소비되는 것은 제품에 부여된 이미지라는 것이다. 그래서 자본주의의 꽃이라고 불리는 광고들은 최근 노골적으로 과시 소비를 부추기고 있다. 그렇게 TV는 온통 소비를 누리는 안온한 부르주아지의 삶을 떠안기느라 여념이 없다. 자본주의는 과잉 생산된 상품의 판매를 위해 소비자의 욕망을 만들어 내고 ________________를 부추기고 있어. 그 결과 사람들은 제품이 아닌 ________________를 소비하게 되는 거지.

1. 윗글의 내용과 일치하지 않는 것은?

① 호모 콘수무스의 출현 이면에는 자본주의 자체의 원리가 작동한다.
② 소비 자본주의 사회에서는 물질적 부를 과시하기 위해 소비를 한다.
③ 소비 자본주의 사회에서는 생산자가 소비자의 구매 의사를 조절한다.
④ 폐쇄적 계층 사회에서 소비 행위는 권력과 계급에 의한 통제가 이루어진다.
⑤ 제국주의의 식민지 경영은 초기 산업화로 이어져 생산의 극대화를 가져왔다.

2. 윗글에서 ①과 ②에 들어갈 적절한 단어를 찾아 각각 빈칸에 쓰시오.

| ① | : 관심을 두어 중요하게 생각하거나 이야기할 만한 것. **3문단** |

예 최근 제로 웨이스트(Zero Waste) 운동이 세계적 ☐☐로 떠올랐다.

| ② | : 겉으로 나타나거나 눈에 보이지 않는 부분. **6문단** |

예 무심한 표정의 ☐☐☐에는 적개심이 가득했다.

[3~4] 다음을 읽고 핵심 내용에 밑줄을 치고, 빈칸에 적절한 말을 채우시오. 또한 주어진 물음에 답하시오.

19세기 후반에 발견된 자기(磁氣) 열량 효과는 20세기 전반에 이르러 자기 냉각 기술에 활용될 수 있음이 확인되었고 이로부터 자기 냉각 기술은 오늘날 극저온을 만드는 고급 기술로 발전하였다. ________________________

________를 활용한 ____________________은 극저온을 만드는 기술로 발전했군. 일반 냉장고는 가스 냉매가 압축될 때 열을 방출하고 팽창될 때 열을 흡수하는 열역학적 순환 과정을 이용하여 냉장고 내부의 열을 외부로 방출시킨다. 일반 냉장고: 가스 냉매의 ______과 ______에 따른 ________________________ 과정 이용해 내부의 열 방출

그러나 가스 냉매는 일정한 온도 이하로 내려가면 응고되어 냉매로서 기능을 할 수 없게 되거나 누출되었을 때 환경오염을 유발하는 문제점이 있다. 최근 자기 냉각 기술은 일반 냉장고를 대신할 수 있는 냉장고의 개발에 이용될 수 있음이 확인되었다. 일반 냉장고는 ____________ 사용으로 인한 문제점이 있네. (기술 지문에서는 일반적으로 어떤 기술의 문제점을 제시한 다음에, 이를 보완하거나 해결한 새로운 기술을 소개하지. 그렇다면 자기 냉각 기술을 이용한 냉장고는 가스 냉매 대신 자기 냉각 기술을 통해 ____________________을 외부로 방출시키겠군.) 자기 냉각 기술에 사용되는 자기 물질의 자기적 특성에 따라 냉장고가 작동되는 온도 범위가 달라지기 때문에 자기 냉각 기술에 사용하기 적합한 자기 물질의 개발이 매우 중요한데, 최근 실온에서 작동 가능한 실온 자기 냉장고를 만들 수 있는 새로운 자기 물질의 개발이 활발하게 이루어지고 있다. 자기 냉장고가 작동되는 온도 범위에 맞는 ____________ 개발의 중요성

자기 물질은 자화(磁化)되는 물질을 의미한다. 물질의 자화는 외부에서 가하는 자기장의 세기 및 자기 물질에 들어 있는 단위 부피당 자기 쌍극자의 수에 비례한다. 여기서 자기 쌍극자는 자기 물질 속에 존재하는 초소형 자석을 의미한다. 물질의 자화 ∝ 자기장의 ______, 단위 부피당 ____________(자기 물질 속 초소형 자석)의 수 자기 물질은 강자성체와 상자성체로 구분된다. (강자성체와 상자성체가 어떤 점에서 구분되는지를 파악하며 읽자.) 강자성체는 외부의 자기장이 제거되었을 때에도 자기적 성질을 유지하는 물질이며, 상자성체는 외부의 자기장이 제거되면 자기적 성질을 잃어버리는 물질이다. 강자성체는 온도를 올리면 일정 온도에서 상자성체로 상전이를 하는데, 이때 자기 물질의 엔트로피는 증가한다. ____________(자기장 제거 시 자기적 성질 유지 O)의 온도↑ → 일정 온도에서 ____________(자기장 제거 시 자기적 성질 유지 X)로 상전이하며 자기 물질의 ____________ 증가

자기 열량 효과는 자기 물질에 외부에서 자기장을 가했을 때 그 물질이 열을 발산하는 현상에서 비롯된다. 외부에서 ______이 가해짐 → 자기 물질이 열 발산 자기 냉장고는 이 효과를 이용한 열역학적 순환 과정을 통해 냉장고 내부의 열을 외부로 방출한다. 자기 냉장고: ____________를 이용한 열역학적 순환 과정을 통해 열 방출 이 순환 과정은 열 출입이 없는 두 과정과 자기장이 일정한 두 과정으로 구성된다. 여기서 열 출입이 없는 열역학적 과정에서는 엔트로피 변화가 없다. 자기 냉장고에서 열역학적 순환 과정은 다음의 Ⅰ, Ⅱ, Ⅲ, Ⅳ 네 과정을 거치면서 진행된다. (자기 냉장고에서 열역학적 순환이 이루어지는 과정에 대해 설명할 테니, 단계별로 끊어 가며 읽자.) 과정 Ⅰ에서는, 자기 쌍극자들이 무질서하게 배열되어 있던, 온도가 T인 작용물질(____________)에 외부와의 열 출입이 차단된 상태에서 자기장을 가하면 작용물질의 쌍극자들이 자기장의 방향으로 정렬하면서 열이 발생하고 작용물질의 온도가 상승한다. 이때 자기장이 강할수록 작용물질에서 더 많은 열이 발생한다. 과정 Ⅰ: 열 출입 (O/X), 자기장 가함, 작용물질 온도 ______(____________의 세기 ∝ 발생하는

열의 양) 과정 Ⅱ에서는, 외부 자기장을 그대로 유지한 상태로 작용물질과 외부와의 열 출입을 허용하면 이 작용물질은 열을 방출하고 차가워진다. 과정 Ⅱ: 열 출입 (O/X), 자기장 유지, 작용물질 온도 ______ 과정 Ⅲ에서는, 다시 작용물질과 외부와의 열 출입을 차단한 상태에서 외부의 자기장을 제거하면 쌍극자의 배열이 무질서해지면서 작용물질의 온도가 하강한다. 과정 Ⅲ: 열 출입 (O/X), 자기장 제거, 작용물질 온도 ______ 과정 Ⅳ에서는, 작용물질과 외부와의 열 출입을 허용하면 이 작용물질은 열을 흡수하고 온도가 상승하여 초기 온도 T로 복귀하면서 1회의 순환이 마무리된다. 과정 Ⅳ: 열 출입 (O/X), 자기장 일정, 작용물질 온도 ______(______ 온도 T로 복귀) 이러한 순환 과정에서 작용물질이 열을 흡수할 때는 작용물질을 냉장고 내부와 접촉시키고 열을 방출할 때에는 냉장고 외부와 접촉시킨다. 이를 반복하면 작용물질은 냉장고의 내부에서 외부로 열을 퍼내는 열펌프의 역할을 하게 된다. 작용물질이 열 흡수 시에는 냉장고 ______, 열 방출 시에는 냉장고 ______와 접촉시킴 → 이를 반복하면 냉장고 ______로 열 방출

효율이 좋은 자기 냉장고를 만들기 위해서는 특정 온도에서 외부에서 가하는 자기장의 변화에 따른 엔트로피 변화량이 큰 자기 물질을 작용물질로 사용해야 한다. 자기 냉장고에서 1회의 순환 과정에서 빠져 나가는 열량은 외부 자기장을 가하기 전과 후의 엔트로피 변화(열 출입이 (있는/없는) 과정에서만 변화)와 밀접한 관련이 있다. 엔트로피는 물질의 자기 상태가 변하는 임계온도에서 가장 큰 폭으로 변한다. 그러므로 작용물질이 상전이(____________에서 ____________로 변화)하는 임계온도가 냉장고의 작동 온도 근처에 있을 때 그것(____________)의 자기 냉각 효과가 크다. 최근에는 임계온도가 실온에 가까운 물질들이 많이 발견되고 있으며, 이것을 이용한 실온 자기 냉장고의 개발이 활발히 진행되고 있다. 1문단에서 언급한 ____________ 자기 냉장고를 만들기 위해 필요한 자기 물질의 특징을 구체화하며 글을 마무리하고 있네.

3. '과정 Ⅰ~Ⅳ'에 대한 설명으로 옳지 <u>않은</u> 것은?

① 과정 Ⅰ에서 작용물질의 자화는 증가한다.

② 과정 Ⅱ에서는 작용물질의 온도가 내려간다.

③ 과정 Ⅲ에서는 작용물질의 엔트로피가 증가한다.

④ 과정 Ⅳ에서는 작용물질을 냉장고 내부와 접촉시킨다.

⑤ 과정 Ⅰ~Ⅳ의 1회 순환에서 자기장의 변화 폭이 클수록 방출되는 열량은 크다.

4. 윗글에서 ①과 ②에 들어갈 적절한 단어를 찾아 각각 빈칸에 쓰시오.

[①] : 액체나 기체 따위가 밖으로 새어 나옴. 또는 그렇게 함. 1문단

예 유조선이 좌초하여 기름이 바다에 [ ][ ]되었다.

[②] : 냄새, 빛, 열 따위가 사방으로 퍼져 나감. 3문단

예 불가마는 후끈한 열기를 [ ][ ]하고 있었다.

[3~4] LEET 2012년도 「자기 냉장고의 냉각 원리」

① 19세기 후반에 발견된 자기(磁氣) 열량 효과는 20세기 전반에 이르러 자기 냉각 기술에 활용될 수 있음이 확인되었고 이로부터 자기 냉각 기술은 오늘날 극저온을 만드는 고급 기술로 발전하였다. 자기 열량 효과를 활용한 자기 냉각 기술은 극저온을 만드는 기술로 발전했군. 일반 냉장고는 가스 냉매가 압축될 때 열을 방출하고 팽창될 때 열을 흡수하는 열역학적 순환 과정을 이용하여 냉장고 내부의 열을 외부로 방출시킨다. 일반 냉장고: 가스 냉매의 압축과 팽창에 따른 열역학적 순환 과정 이용해 내부의 열 방출 그러나 가스 냉매는 일정한 온도 이하로 내려가면 응고되어 냉매로서 기능을 할 수 없게 되거나 누출되었을 때 환경오염을 유발하는 문제점이 있다. 최근 자기 냉각 기술은 일반 냉장고를 대신할 수 있는 냉장고의 개발에 이용될 수 있음이 확인되었다. 일반 냉장고는 가스 냉매 사용으로 인한 문제점이 있네. (기술 지문에서는 일반적으로 어떤 기술의 문제점을 제시한 다음에, 이를 보완하거나 해결한 새로운 기술을 소개하지. 그렇다면 자기 냉각 기술을 이용한 냉장고는 가스 냉매 대신 자기 냉각 기술을 통해 냉장고 내부의 열을 외부로 방출시키겠군.) 자기 냉각 기술에 사용되는 자기 물질의 자기적 특성에 따라 냉장고가 작동되는 온도 범위가 달라지기 때문에 자기 냉각 기술에 사용하기 적합한 자기 물질의 개발이 매우 중요한데, 최근 실온에서 작동 가능한 실온 자기 냉장고를 만들 수 있는 새로운 자기 물질의 개발이 활발하게 이루어지고 있다. 자기 냉장고가 작동되는 온도 범위에 맞는 자기 물질 개발의 중요성

② 자기 물질은 자화(磁化)되는 물질을 의미한다. 물질의 자화는 외부에서 가하는 자기장의 세기 및 자기 물질에 들어 있는 단위 부피당 자기 쌍극자의 수에 비례한다. 여기서 자기 쌍극자는 자기 물질 속에 존재하는 초소형 자석을 의미한다. 물질의 자화 ∝ 자기장의 세기, 단위 부피당 자기 쌍극자(자기 물질 속 초소형 자석)의 수 자기 물질은 강자성체와 상자성체로 구분된다. (강자성체와 상자성체가 어떤 점에서 구분되는지를 파악하며 읽자.) 강자성체는 외부의 자기장이 제거되었을 때에도 자기적 성질을 유지하는 물질이며, 상자성체는 외부의 자기장이 제거되면 자기적 성질을 잃어버리는 물질이다. 강자성체는 온도를 올리면 일정 온도에서 상자성체로 상전이를 하는데, 이때 자기 물질의 엔트로피는 증가한다. 강자성체(자기장 제거 시 자기적 성질 유지 O)의 온도↑ → 일정 온도에서 상자성체(자기장 제거 시 자기적 성질 유지 X)로 상전이하며 자기 물질의 엔트로피 증가

③ 자기 열량 효과는 자기 물질에 외부에서 자기장을 가했을 때 그 물질이 열을 발산하는 현상에서 비롯된다. 외부에서 자기장이 가해짐 → 자기 물질이 열 발산 자기 냉장고는 이 효과를 이용한 열역학적 순환 과정을 통해 냉장고 내부의 열을 외부로 방출한다. 자기 냉장고: 자기 열량 효과를 이용한 열역학적 순환 과정을 통해 열 방출 이 순환 과정은 열 출입이 없는 두 과정과 자기장이 일정한 두 과정으로 구성된다. 여기서 열 출입이 없는 열역학적 과정에서는 엔트로피 변화가 없다. 자기 냉장고에서 열역학적 순환 과정은 다음의 Ⅰ, Ⅱ, Ⅲ, Ⅳ 네 과정을 거치면서 진행된다. (자기 냉장고에서 열역학적 순환이 이루어지는 과정에 대해 설명할 테니, 단계별로 끊어 가며 읽자.) 과정 Ⅰ에서는, 자기 쌍극자들이 무질서하게 배열되어 있던, 온도가 T인 작용물질(자기 물질)에 외부와의 열 출입이 차단된 상태에서 자기장을 가하면 작용물질의 쌍극자들이 자기장의 방향으로 정렬하면서 열이 발생하고 작용물질의 온도가 상승한다. 이때 자기장이 강할수록 작용물질에서 더 많은 열이 발생한다. 과정 Ⅰ: 열 출입 X, 자기장 가함, 작용물질 온도 상승(자기장의 세기 ∝ 발생하는 열의 양) 과정 Ⅱ에서는, 외부 자기장을 그대로 유지한 상태로 작용물질과 외부와의 열 출입을 허용하면 이 작용물질은 열을 방출하고 차가워진다. 과정 Ⅱ: 열 출입 O, 자기장 유지, 작용물질

온도 하강 과정 Ⅲ에서는, 다시 작용물질과 외부와의 열 출입을 차단한 상태에서 외부의 자기장을 제거하면 쌍극자의 배열이 무질서해지면서 작용물질의 온도가 하강한다. 과정 Ⅲ: 열 출입 X, 자기장 제거, 작용물질 온도 하강 과정 Ⅳ에서는, 작용물질과 외부와의 열 출입을 허용하면 이 작용물질은 열을 흡수하고 온도가 상승하여 초기 온도 T로 복귀하면서 1회의 순환이 마무리된다. 과정 Ⅳ: 열 출입 O, 자기장 일정, 작용물질 온도 상승(초기 온도 T로 복귀) 이러한 순환 과정에서 작용물질이 열을 흡수할 때는 작용물질을 냉장고 내부와 접촉시키고 열을 방출할 때에는 냉장고 외부와 접촉시킨다. 이를 반복하면 작용물질은 냉장고의 내부에서 외부로 열을 퍼내는 열펌프의 역할을 하게 된다. 작용물질이 열 흡수 시에는 냉장고 내부, 열 방출 시에는 냉장고 외부와 접촉시킴 → 이를 반복하면 냉장고 외부로 열 방출

④ 효율이 좋은 자기 냉장고를 만들기 위해서는 특정 온도에서 외부에서 가하는 자기장의 변화에 따른 엔트로피 변화량이 큰 자기 물질을 작용물질로 사용해야 한다. 자기 냉장고에서 1회의 순환 과정에서 빠져 나가는 열량은 외부 자기장을 가하기 전과 후의 엔트로피 변화(열 출입이 있는 과정에서만 변화)와 밀접한 관련이 있다. 엔트로피는 물질의 자기 상태가 변하는 임계온도에서 가장 큰 폭으로 변한다. 그러므로 작용물질이 상전이(강자성체에서 상자성체로 변화)하는 임계온도가 냉장고의 작동 온도 근처에 있을 때 그것(작용물질)의 자기 냉각 효과가 크다. 최근에는 임계온도가 실온에 가까운 물질들이 많이 발견되고 있으며, 이것을 이용한 실온 자기 냉장고의 개발이 활발히 진행되고 있다. 1문단에서 언급한 실온 자기 냉장고를 만들기 위해 필요한 자기 물질의 특징을 구체화하며 글을 마무리하고 있네.

3. ③

3문단에서 '열 출입이 없는 열역학적 과정에서는 엔트로피 변화가 없다.'라고 했다. 따라서 '작용물질과 외부와의 열 출입을 차단한 상태'인 과정 Ⅲ에서는 작용물질의 엔트로피 변화가 없다.

① 2문단에 따르면 '물질의 자화는 외부에서 가하는 자기장의 세기'에 비례하므로, 3문단에서 작용 물질에 '자기장을 가'한다고 한 과정 Ⅰ에서는 자화가 증가할 것이다.

② 3문단을 통해 과정 Ⅱ에서 '작용물질은 열을 방출하고 차가워'짐을 알 수 있다.

④ 3문단에 따르면 과정 Ⅳ에서 '작용물질은 열을 흡수'하는데 이때에는 '작용물질을 냉장고 내부와 접촉'시킨다.

⑤ 4문단에 따르면 '효율이 좋은 자기 냉장고를 만들기 위해서는 특정 온도에서 외부에서 가하는 자기장의 변화에 따른 엔트로피 변화량이 큰 자기 물질을 작용물질로 사용해야' 하는데, '1회의 순환 과정에서 빠져 나가는 열량은 외부 자기장을 가하기 전과 후의 엔트로피 변화와 밀접한 관련'이 있으므로 자기장의 변화 폭이 클수록 방출되는 열량이 크다고 할 수 있다.

4. ① 누출 ② 발산

[1~2] 경찰대 2015학년도 「과시 소비」

① 소비하는 인간인 호모 콘수무스(homo consumus)는 소비 자본주의 시대의 신인류를 지칭하는 표현이다. 소비의 사전적 정의는 '인간의 욕구를 충족시키기 위해 필요한 물건을 구매하는 일'이다. 목마른 사람은 물을 사 먹고, 배고픈 사람은 밥을 사 먹는다. 이 점에서 소비는 노동과 함께 인간의 생존을 구성하는 중요한 기둥이다.

② 일반적으로 소비자들은 합리적인 경제 행위를 추구하기 때문에 최소 비용으로 최대 효과를 얻으려 한다는 것이 소비의 기본 원칙이다. 그들은 '보이지 않는 손'이라고 일컬어지는 시장 원리 아래에서 생산자와 만난다. 소비는 욕구 충족을 위해 물건을 사는 것인데, 소비자들은 최소 비용으로 최대 효과를 얻는 합리적 소비를 하고자 하는 것이 일반적이군. 그러나 이러한 일차적 의미의 합리적 소비가 언제나 유효한 것은 아니다. (앞에서 설명한 것과 달리 '일반적'이지 않은 경우, 즉 합리적 소비를 추구하지 않는 경우에 대해 설명하겠네!)

③ 생산보다는 소비가 화두가 된 소비 자본주의 시대에 소비는 단순히 필요한 재화, 그리고 경제학적으로 유리한 재화를 구매하는 행위에 머물지 않는다. 최대 효과 자체에 정서적이고 사회 심리학적인 요인이 개입하면서, 이제 소비는 개인이 세계와 만나는 다분히 심리적인 방법이 되어버린 것이다. 곧 인간의 기본적인 생존 욕구를 충족시켜 주는 합리적 소비 수준에 머물지 않고, 소비는 자신을 표현하는 상징적 행위가 된 것이다. 이처럼 오늘날의 소비문화는 물질적 소비 차원이 아닌 심리적 소비 형태를 띠게 된다. 소비 자본주의 시대의 소비: 자신을 표현하는 상징적 행위로, 심리적 소비 형태를 띰

④ 가령 베블런 효과(veblen effect)는 남들보다 돋보이거나 뽐내고 싶어서 비싼 물건일수록 사려고 하는 인간의 심리를 나타내는 용어이다. 특정 상품을 소비하는 사람이 많아질수록 수요가 오히려 줄어드는 스노브 효과(snob effect), 대중적으로 널리 알려진 상품을 소비하면서 다른 사람과 비슷해지고자 하는 밴드 웨건 효과(band wagon effect), 미적 특성 등과 같은 감성적 가치를 구매 결정의 우선 요소로 보는 헤도니스트 효과(hedonist effect) 등이 있다. (여러 개념을 나열하고 있네. 이럴 때에는 각 효과의 세부적 내용을 기억하려고 하기보다는, 상위 개념으로 묶어 심리적 소비의 형태를 보여 주는 효과들을 설명했다는 정도로만 기억해 두자. 혹시 문제에서 물어보면 돌아와서 확인하면 돼!)

⑤ 소비 자본주의의 화두는 이제 과소비가 아니라 과시 소비로 넘어간 것이다. 과시 소비의 중심에는 신분의 논리가 있다. 신분의 논리는 유용성의 논리, 나아가 시장의 논리로 설명되지 않는 것들을 설명해 준다. 혈통으로 이어지던 폐쇄적 계층 사회는 소비 행위에 대해 계급에 근거한 제한을 부여했다. 먼 옛날 부족 사회에서 수장들만이 걸칠 수 있었던 장신구에서부터, 제아무리 권문세가의 정승이라도 아흔아홉 칸을 넘을 수 없던 집이 좋은 예이다. 인도의 한 지방에선 하층 계급의 여인들은 긴치마를 입을 수도, 머리에 꽃 장식을 할 수도 없었다고 한다. 권력을 가진 자는 힘을 통해 자기의 취향을 주위 사람들과 분리시킴으로써 경외감을 강요하고, 그렇게 자기 취향을 과시함으로써 잠재적 경쟁자들을 통제한 것이다. 폐쇄적 계층 사회(혈통에 의한 신분) → 소비 행위에 제한을 부여하여 권력가의 취향을 과시, 잠재적 경쟁자들을 통제

⑥ 가시적 신분 제도가 사라진 현대 사회에서도 이러한 신분의 논리는 여전히 유효하다. 이제 개인은 소비를 통해 자신의 물질적 부를 표현함으로써 신분을 과시하려 한다. 현대의 소비 자본주의 시대(부에 의한 신분) → 소비를 통해 물질적 부를 표현해 신분을 과시 문제는 혈통이 보장하는 신분에 비해 부에 의한 신

분은 덜 견고하다는 것이다. 자본주의 시대의 신분 과시욕이 호모 콘수무스를 만들어 냈다면, 그 이면에는 자본주의 자체의 작동 원리가 움직이고 있다. 가시적 신분 제도는 사라졌지만, 신분의 논리는 과거뿐만 아니라 현대에도 여전히 적용되고 있네.

⑦ 자본주의가(7문단이 '자본주의가'로 시작하는 것으로 보아 6문단 마지막에서 언급한 자본주의의 작동 원리가 무엇인지를 설명하겠네!) 일구어 낸 산업화는 무엇보다도 생산의 극대화를 향해 돌진했다. 많이 만들고, 많이 팔아야 한다. 경제를 살리는 것은 절약이 아니라 거전한 소비이다. 그러나 필요량을 넘어서 과잉 생산된 상품을 팔기 위해 초기 산업화는 제국주의를 낳을 수밖에 없었다. 원료도 싸게 가져오고 싼 인건비로 만들어서 다시 비싸게 팔 수 있으니, 식민지만큼 매혹적인 것은 없었을 것이다. 하지만 자본주의가 고도화되면서 끊임없이 돌아가는 기계에서 쏟아져 나오는 제품들을 팔기 위해서는 필요성이나 가격과 무관한 욕망(신분 과시욕)을 만들어 내는 것이 가장 효과적인 방법이 된다. 생산자나 판매자의 전략은 제품 자체보다는 제품에 부가되어 소비자의 욕망을 만들어 내는 요소에 집중될 수밖에 없다. 초기 산업화: 상품을 팔기 위해 제국주의를 낳음 → 자본주의의 고도화: 상품을 팔기 위해 소비자의 욕망을 만들어 냄 이것이 프랑스의 유명한 철학자인 보드리야르가 말하는 기호 가치이다. 사람들은 제품을 소비한다고 생각하지만, 정작 소비되는 것은 제품에 부여된 이미지라는 것이다. 그래서 자본주의의 꽃이라고 불리는 광고들은 최근 노골적으로 과시 소비를 부추기고 있다. 그렇게 TV는 온통 소비를 누리는 안온한 부르주아지의 삶을 떠안기느라 여념이 없다. 자본주의는 과잉 생산된 상품의 판매를 위해 소비자의 욕망을 만들어 내고 과시 소비를 부추기고 있어. 그 결과 사람들은 제품이 아닌 제품에 부여된 이미지를 소비하게 되는 거지.

---

1. ⑤

7문단에서 '산업화는 무엇보다도 생산의 극대화를 향해 돌진'했으며, '필요량을 넘어서 과잉 생산된 상품을 팔기 위해 초기 산업화는 제국주의를 낳을 수밖에 없었다.'라고 했다. 즉 초기 산업화의 과잉 생산으로 인해 제국주의가 야기된 것이지, 제국주의의 식민지 경영이 초기 산업화로 이어져 생산의 극대화를 가져온 것은 아니다.

① 6문단의 '자본주의 시대의 신분 과시욕이 호모 콘수무스를 만들어 냈다면, 그 이면에는 자본주의 자체의 작동 원리가 움직이고 있다.'를 통해 알 수 있다.

② 6문단에서 소비 자본주의 사회의 '개인은 소비를 통해 자신의 물질적 부를 표현함으로써 신분을 과시하려 한다.'라고 했다.

③ 7문단에서 소비 자본주의 사회에서는 '생산자나 판매자'가 '제품 자체보다는 제품에 부가되어 소비자의 욕망(구매 의사)을 만들어 내는 요소에 집중'하여 판매 전략을 짜면서 '과시 소비를 부추기고', 그에 따라 소비자는 '제품에 부여된 이미지'를 소비하게 된다고 했다. 이는 곧 생산자가 소비자의 구매 의사를 조절함을 뜻한다.

④ 5문단의 '혈통으로 이어지던 폐쇄적 계층 사회는 소비 행위에 대해 계급에 근거한 제한을 부여했다.'를 통해 알 수 있다.

2. ① 화두 ② 이면

[1~2] 다음을 읽고 핵심 내용에 밑줄을 치고, 빈칸에 적절한 말을 채우시오. 또한 주어진 물음에 답하시오.

건초 더미를 가득 싣고 졸졸 흐르는 개울물을 건너는 마차, 수확을 앞둔 밀밭 사이로 양 떼를 몰고 가는 양치기 소년과 개, 이른 아침 농가의 이층 창밖으로 펼쳐진 청록의 들녘 등, 이런 평범한 시골 풍경을 그린 컨스터블(1776~1837)은 오늘날 영국인들에게 사랑을 받는 영국의 국민 화가이다. 현대인들은 그의 풍경화를 통해 영국의 전형적인 농촌 풍경을 떠올리지만, 사실 컨스터블이 활동하던 19세기 초반까지 이와 같은 소재는 풍경화의 묘사 대상이 아니었다. 그렇다면 평범한 농촌의 일상 정경을 그린 컨스터블은 **왜** 영국의 국민 화가가 되었을까? *(질문을 통해 화제를 제시했어. 이 글에서는 풍경화의 ___________이 아니었던 평범한 농촌의 일상을 그린 컨스터블이 왜 오늘날 국민 화가가 되었는지를 설명하고자 하는구나.)*

컨스터블의 그림은 당시 풍경화의 주요 구매자였던 영국 귀족의 취향에서 어긋나 그다지 인기를 끌지 못했다. 컨스터블은 _______과는 달리 당대에는 명성을 얻지 못했군! 당시 유행하던 픽처레스크 풍경화는 도식적이고 이상화된 풍경 묘사에 치중했**지만**,*(___________와 대비되는 컨스터블 그림의 특징이 제시되겠군.)* 컨스터블의 그림은 평범한 시골의 전원 풍경을 사실적으로 묘사한 것처럼 보인다. 이 때문에 그의 풍경화는 자연에 대한 과학적이고 객관적인 관찰을 바탕으로, 아무도 눈여겨보지 않았던 평범한 농촌의 아름다운 풍경을 포착하여 표현해 낸 결과물로 여겨져 왔다. 객관적 관찰과 사실적 묘사를 중시하는 관점에서 보면 컨스터블은 당대 유행하던 화풍*(도식적이고 _______된 풍경 묘사)*과 타협하지 않고 독창적인 화풍을 추구한 화가이다. *유행을 따르지 않고, 누구도 주목하지 않은 풍경을 ___________ 관찰과 ___________ 묘사로 표현한 컨스터블의 그림을 긍정적으로 보는 관점이 제시되었군.*

그러나 1980년대에 들어서면서 이와 같은 관점에 대해 의문을 제기하는 비판적 해석이 등장한다. *(2문단과 상반되는 관점이 제시될 거야.)* 새로운 해석은 작품이 제작될 당시의 구체적인 사회적 상황을 중시하며 작품에서 지배 계급의 왜곡된 이데올로기를 읽어내는 데 중점을 둔다. 이 해석에 따르면 컨스터블의 풍경화는 당시 농촌의 모습을 있는 그대로 전달해 주지 않는다. 사실 컨스터블이 활동하던 19세기 전반 영국은 산업혁명과 더불어 도시화가 급속히 진행되어 전통적 농촌 사회가 와해되면서 농민 봉기가 급증하였다. 그런데 그의 풍경화에 등장하는 인물들은 거의 예외 없이 원경으로 포착되어 얼굴이나 표정을 알아보기 어렵다. 시골에서 나고 자라 복잡한 농기구까지 세밀하게 그릴 줄 알았던 컨스터블이 있는 그대로의 자연을 포착하려 했다면 왜 농민들의 모습은 구체적으로 표현하지 **않았을까?** *(질문을 통해 컨스터블이 농민들의 모습을 ___________으로 표현하지 않은 이유를 강조하고 있어.)* 이는 풍경의 관찰자인 컨스터블과 풍경 속 인물들 간에는 항상 일정한 심리적 거리가 유지되고 있기 때문이다. 수정주의 미술사학자들은 컨스터블의 풍경화에 나타나는 인물과 풍경의 불편한 동거는 바로 이러한 거리 두기에서 비롯한다고 주장하면서, 이 거리는 계급 간의 거리라고 해석한다. *컨스터블의 풍경화에 나타나는 농민들과의 거리 = _______ 간의 거리* 지주의 아들이었던 그는 19세기 전반 영국 농촌 사회의 불안한 모습을 애써 외면했고, 그 결과 농민들은 적당히 화면에서 떨어져 있도록 배치하여 결코 그들의 일 그러지고 힘든 얼굴을 볼 수 없게 하였다는 것이다. *2문단과는 달리 컨스터블이 당대 농촌 사회의 현실을 오히려 _______했다고 지적하는 관점이 제시되었군.*

여기서 우리는 위의 두 견해가 암암리에 공유하는 기본 전제에 주목할 필요가 있다. 두 견해는 모두 작품이 가진 의미의 생산자를 작가로 보고

있다. 유행을 거부하고 남들이 보지 못한 평범한 농촌의 아름다움을 발견한 '천재' 컨스터블이나 지주 계급 출신으로 불안한 농촌 현실을 직시하지 않으려 한 '반동적' 컨스터블은 결국 동일한 인물로서 작품의 제작자이자 의미의 궁극적 생산자로 간주된다. *2문단과 3문단의 견해는 작품이 가진 의미의 생산자를 _______인 컨스터블로 본다는 공통점이 있군.* **그러나***(작가가 _______의 궁극적 생산자라는 기본 전제를 부정하는 내용이 나오겠군.)* 생산자가 있으면 소비자가 있게 마련이다. 기존의 견해는 소비자의 역할에 주목하지 않았다. 하지만 소비자는 생산자가 만들어낸 작품을 수동적으로 수용하는 존재가 아니다. 미술 작품을 포함한 문화적 텍스트의 의미는 그 텍스트를 만들어 낸 생산자나 텍스트 자체에 내재하는 것이 아니라 텍스트를 수용하는 소비자와의 상호 작용에 의해 결정된다. **다시 말해***(___________의 의미가 소비자와의 상호 작용에 의해 결정된다는 것을 풀어서 설명할 거야.)* 수용자는 이해와 수용의 과정을 통해 특정 작품의 의미를 끊임없이 재생산하는 능동적 존재인 것이다. 따라서 앞에서 언급한 해석들은 컨스터블 풍경화가 함축한 의미의 일부만 드러낸 것이고 나머지 의미는 그것을 바라보는 감상자의 경험과 기대가 투사되어 채워지는 것이라고 할 수 있다. 즉 컨스터블의 풍경화가 지니는 가치는 풍경화 그 자체가 아니라 감상자의 의미 부여에 의해 완성되는 것이다. 이런 관점*(컨스터블 풍경화의 가치가 감상자의 경험과 기대에 따른 ___________에 의해 완성된다는 관점)*에서 보면 컨스터블의 풍경화에 담긴 풍경이 실재와 얼마나 일치하는가는 크게 문제가 되지 않는다. *컨스터블 풍경화가 지닌 텍스트의 의미는 이를 수용하는 _______에 의해 완성되므로, 컨스터블이 실재를 있는 그대로 묘사했는지는 크게 문제가 되지 않는 거지!*

1. 컨스터블의 풍경화에 대한 설명으로 적절한 것은?

① 목가적인 전원을 그려 당대에 그에게 큰 명성을 안겨 주었다.

② 사실적 화풍으로 제작되어 당시 영국 귀족들에게 선호되지 못했다.

③ 서정적인 농촌 정경을 담고 있는 전형적인 픽처레스크 풍경화이다.

④ 세부 묘사가 결여되어 있어 그가 인물 표현에는 재능이 없었음을 보여준다.

⑤ 객관적 관찰에 기초하여 19세기 전반 영국 농촌의 현실을 가감 없이 그려 냈다.

2. 윗글에서 ①과 ②에 들어갈 적절한 단어를 찾아 각각 빈칸에 쓰시오.

> **①** : 조직이나 계획 따위가 산산이 무너지고 흩어짐. `3문단`
> **예** 그 조직은 내부 분열로 인해 빠르게 ◻◻되었다.
>
> **②** : 사물의 진실을 바로 봄. `4문단`
> **예** 정치인은 국민의 바람을 ◻◻해야 한다.

[3~4] 다음을 읽고 핵심 내용에 밑줄을 치고, 빈칸에 적절한 말을 채우시오. 또한 주어진 물음에 답하시오.

세포핵 속 DNA에 저장된 생물체의 유전 정보는 mRNA로 전사되어 세포질로 내보내진 후 리보솜을 통해 단백질로 합성된다. mRNA: DNA에 저장된 ＿＿＿＿＿가 전사된 것 → 유전 정보는 리보솜을 통해 단백질로 합성됨 바이러스는 단백질로 둘러싸인 DNA나 RNA를 유전 물질로 갖는 기생체로, 생물체에 침입하여 자신의 유전 물질을 mRNA로 바꾼 뒤 숙주 세포가 스스로 바이러스 단백질을 합성하게 한다. ＿＿＿＿＿의 개념과 역할을 설명하고 있네. 이에 대항해 생물체는 바이러스 단백질을 항원으로 인식하고 항체를 만들어 대항하거나 기억 세포를 생성해 같은 바이러스가 침입할 경우를 대비한다. 따라서 바이러스를 인공적으로 흉내 낸 물질인 백신을 접종하여 면역 반응을 일으키면 바이러스 감염에 미리 대비할 수 있다. (글쓴이가 글 전체에서 설명하려고 하는 바는 ＿＿＿＿＿이 바이러스를 막아 내는 원리야. 그런데 이를 명확히 이해하려면 바이러스의 특징과 생물체의 면역 반응에 대해 이해하고 있어야 하기 때문에 글쓴이는 사전 정보를 먼저 제시한 거야.)

mRNA 백신은 바이러스 단백질의 유전 정보를 암호화한 ⓐmRNA를 접종하는 것으로, 주입된 mRNA를 통해 바이러스 단백질을 합성하여 면역 반응을 유도한다. ＿＿＿＿＿ 백신의 개념과 특징을 설명하고 있어. 바이러스를 배양하여 접종하는 기존의 백신과 **달리**(＿＿＿＿＿의 백신과 다른 점을 제시할 거야.) mRNA 백신은 바이러스가 아니기 때문에 인체가 바이러스에 감염될 위험이 없으며 체내 효소에 의해 쉽게 분해된다. 반면 이처럼 체내에서 불안정할 뿐 아니라 분자의 크기가 크고 음전하를 띠고 있어 세포에 거의 흡수되지 않는 문제가 있다. (문제점이 제시되었으니 해결 방안이 제시될 가능성이 높겠네.) 따라서 mRNA를 보호하여 세포 내로 진입시키기 위해 지질 나노 입자를 이용한다. mRNA는 ＿＿＿＿＿에 의해 쉽게 분해되고 세포에 잘 흡수되지 않으므로, ＿＿＿＿＿를 이용하여 세포 내로 진입시켜야 함

지질 분자는 지방산으로 이루어져 있기 때문에 물 분자와 섞이지 않는 소수성을 갖는다. 지질 분자: ＿＿＿＿＿(물 분자와 섞이지 않음)을 가진 지방산으로 구성 물은 분자 내 전하가 양극으로 분리된 상태인 극성을 띠거나 분자가 전하를 띠는 물질, 즉 친수성 물질과만 섞이고 소수성 물질은 소수성 물질과만 섞이기 때문이다. 물은 친수성 물질과만 섞이고 소수성 물질은 소수성 물질과만 섞인다고 해. **한편**(전환!) 생물체의 세포막은 인지질로 구성되는데, 인지질은 지방산(소수성/친수성)을 지님)으로 이루어진 소수성 꼬리와 음전하를 띤 ⓑ인산기 머리(소수성/친수성)을 지님)를 갖고 있다. 따라서 인지질은 친수성 용매나 소수성 용매 모두와 섞이는 양친매성 물질이다. 인지질: ＿＿＿＿＿ 물질(친수성+소수성) 이에 따라 인지질의 친수성 머리는 세포 외부나 세포질의 수용액에 접하고 소수성 꼬리는 소수성 분자 간의 인력으로 인해 서로 몰려 있는 상태로 세포막이 구성된다. 세포막의 이러한 특징으로 인해 친수성 물질이 세포막을 투과하는 것이 차단된다. 세포막: ＿＿＿＿＿로 구성되어 친수성 물질이 세포막을 투과하는 것이 차단됨

양이온성 지질을 지질 나노 입자로 사용하면 mRNA와 세포막 사이에 전기적 반발력이 발생하는 것을 막을 수 있다. 음전하를 띤 mRNA가 양이온성 지질로 둘러싸이면 음전하를 띤 세포막의 인산기 머리와 서로 반발하지 않기 때문이다. 세포막의 인산기 머리도 음전하를 띠기 때문에 양이온성 지질로 mRNA를 둘러싸면 음전하끼리 부딪히는 ＿＿＿＿＿이 발생하는 것을 막을 수 있다고 해. **그런데**(전환!) 양이온성 지질은 실험실 환경에서는 mRNA를 세포 내로 진입시키는 데 도움이 되지만 체내에서는 양이온성 지질에 ⓒ혈장 단백질

이 흡착되어 mRNA의 세포막 투과가 제한된다. 문제: 양이온성 지질은 실험실 환경과 달리 ＿＿＿＿＿에서는 혈장 단백질에 의해 mRNA의 세포막 투과가 제한됨 (글의 흐름을 고려할 때, 지금부터 소개할 방식은 체내에서 mRNA의 세포막 투과가 제한되는 문제를 해결한 것이겠네.)

따라서 용액의 pH*에 따라 양이온성이 달라지는 ⓓ이온화 지질을 지질 나노 입자의 재료로 사용한다. 해결안: 지질 나노 입자 재료로 ＿＿＿＿＿ 지질(pH에 따라 양이온성이 달라짐) 사용 pH가 낮은 용액에서는 수소 이온 농도가 높으므로 이온화 지질이 양이온화된다. **반면**(pH가 (낮은/높은) 용액과의 차이를 파악하며 읽자!) pH기 높은 용액에서는 수소 이온을 적게 받아들여 이온화 지질이 전기적으로 중성이 되므로 이온화 지질에 혈장 단백질이 흡착되지 않는다. 즉 낮은 pH에서 mRNA와 이온화 지질을 결합시킨 뒤 pH를 높이면 중성의 'mRNA – 지질 나노 입자 복합체'를 만들 수 있고, 이 복합체는 세포막의 수용체에 결합하여 내포 작용에 의해 세포 내부로 진입할 수 있다. (낮은 pH에서) mRNA + 이온화 지질 → pH 높이기 → ＿＿＿＿＿의 복합체 생성 → 세포막 수용체에 결합하여 내포 작용 → 세포 내부 진입 내포 작용이란 일종의 생화학적 싱크홀 현상으로, 세포막의 일부가 수용체에 결합한 외부 물질과 함께 세포질로 함입되는 현상이다. 내포 작용이 일어나면 세포질 안에 엔도솜 구조체가 형성된다. 내포 작용: 세포막 일부 + 수용체에 결합한 외부 물질 → 세포질로 함입 → 세포질 안에 ＿＿＿＿＿ 구조체 형성 세포질에서 엔도솜 내부는 산성화되는데, 이에 따라 세포막에서 유래한 엔도솜 막이 불안정해져 mRNA가 세포질로 방출된다. 그리고 방출된 mRNA가 리보솜과 결합하여 바이러스 단백질을 합성하고 기억 세포를 생성함으로써 인체가 바이러스 감염에 대비할 수 있게 된다. 세포질 내에서 엔도솜 내부가 산성화되면 mRNA가 엔도솜에서 세포질로 ＿＿＿＿＿되어 리보솜과 결합함 → 바이러스 단백질을 합성

*pH: 수용액의 수소 이온 농도를 나타내는 지표. 중성 수용액의 pH는 7이며, 산성 용액에서는 7보다 낮다.

3. ⓐ~ⓓ에 대한 설명으로 적절하지 <u>않은</u> 것은?

① ⓓ는 ⓐ가 체내 효소에 의해 분해되는 것을 방지하는 인공 외막으로 기능한다.

② ⓐ와 ⓑ는 모두 음전하를 띠기 때문에 둘 사이에 서로를 밀어내는 힘이 작용한다.

③ ⓐ가 리보솜에 전달되려면 세포 밖에서 ⓓ와 결합한 후 세포 안에서 ⓓ와 분리되어야 한다.

④ ⓒ는 음전하를 띠는 반면 ⓓ는 주변에 분포하는 수소 이온의 양에 따라 이온화의 정도가 변화한다.

⑤ ⓐ와 결합하면서 ⓓ가 전기적으로 중성이 되기 때문에 체내에서 ⓒ가 흡착되는 현상이 억제된다.

4. 윗글에서 ①과 ②에 들어갈 적절한 단어를 찾아 각각 빈칸에 쓰시오.

＿①＿ : 흘러 들어가도록 부어 넣음. **2문단**

예 주사기를 사용해 환자에게 약물을 ☐☐하였다.

＿②＿ : 일정한 한도를 정하거나 그 한도를 넘지 못하게 막음. 또는 그렇게 정한 한계. **4문단**

예 해당 영화는 관람 가능 연령에 ☐☐을 두고 있다.

[3~4] 고2 2023학년도 3월 학평 「mRNA 백신」

① 세포핵 속 DNA에 저장된 생물체의 유전 정보는 mRNA로 전사되어 세포질로 내보내진 후 리보솜을 통해 단백질로 합성된다. *mRNA: DNA에 저장된 유전 정보가 전사된 것 → 유전 정보는 리보솜을 통해 단백질로 합성됨* 바이러스는 단백질로 둘러싸인 DNA나 RNA를 유전 물질로 갖는 기생체로, 생물체에 침입하여 자신의 유전 물질을 mRNA로 바꾼 뒤 숙주 세포가 스스로 바이러스 단백질을 합성하게 한다. *바이러스의 개념과 역할을 설명하고 있네.* 이에 대항해 생물체는 바이러스 단백질을 항원으로 인식하고 항체를 만들어 대항하거나 기억 세포를 생성해 같은 바이러스가 침입할 경우를 대비한다. 따라서 바이러스를 인공적으로 흉내 낸 물질인 백신을 접종하여 면역 반응을 일으키면 바이러스 감염에 미리 대비할 수 있다. *(글쓴이가 글 전체에서 설명하려고 하는 바는 mRNA 백신이 바이러스를 막아 내는 원리야. 그런데 이를 명확히 이해하려면 바이러스의 특징과 생물체의 면역 반응에 대해 이해하고 있어야 하기 때문에 글쓴이는 사전 정보를 먼저 제시한 거야.)*

② mRNA 백신은 바이러스 단백질의 유전 정보를 암호화한 ⓐmRNA를 접종하는 것으로, 주입된 mRNA를 통해 바이러스 단백질을 합성하여 면역 반응을 유도한다. *mRNA 백신의 개념과 특징을 설명하고 있어.* 바이러스를 배양하여 접종하는 기존의 백신과 달리*(기존의 백신과 다른 점을 제시할 거야.)* mRNA 백신은 바이러스가 아니기 때문에 인체가 바이러스에 감염될 위험이 없으며 체내 효소에 의해 쉽게 분해된다. 반면 이처럼 체내에서 불안정할 뿐 아니라 분자의 크기가 크고 음전하를 띠고 있어 세포에 거의 흡수되지 않는 문제가 있다. *(문제점이 제시되었으니 해결 방안이 제시될 가능성이 높겠네.)* 따라서 mRNA를 보호하여 세포 내로 진입시키기 위해 지질 나노 입자를 이용한다. *mRNA는 체내 효소에 의해 쉽게 분해되고 세포에 잘 흡수되지 않으므로, 지질 나노 입자를 이용하여 세포 내로 진입시켜야 함*

③ 지질 분자는 지방산으로 이루어져 있기 때문에 물 분자와 섞이지 않는 소수성을 갖는다. *지질 분자: 소수성(물 분자와 섞이지 않음)을 가진 지방산으로 구성* 물은 분자 내 전하가 양극으로 분리된 상태인 극성을 띠거나 분자가 전하를 띠는 물질, 즉 친수성 물질과만 섞이고 소수성 물질은 소수성 물질과만 섞이기 때문이다. *물은 친수성 물질과만 섞이고 소수성 물질은 소수성 물질과만 섞인다고 해.* 한편*(전환!)* 생물체의 세포막은 인지질로 구성되는데, 인지질은 지방산*(소수성을 지님)*으로 이루어진 소수성 꼬리와 음전하를 띤 ⓑ인산기 머리*(친수성을 지님)*를 갖고 있다. 따라서 인지질은 친수성 용매나 소수성 용매 모두와 섞이는 양친매성 물질이다. *인지질: 양친매성 물질(친수성+소수성)* 이에 따라 인지질의 친수성 머리는 세포 외부나 세포질의 수용액에 접하고 소수성 꼬리는 소수성 분자 간의 인력으로 인해 서로 몰려 있는 상태로 세포막이 구성된다. 세포막의 이러한 특징으로 인해 친수성 물질이 세포막을 투과하는 것이 차단된다. *세포막: 인지질로 구성되어 친수성 물질이 세포막을 투과하는 것이 차단됨*

④ 양이온성 지질을 지질 나노 입자로 사용하면 mRNA와 세포막 사이에 전기적 반발력이 발생하는 것을 막을 수 있다. 음전하를 띤 mRNA가 양이온성 지질로 둘러싸이면 음전하를 띤 세포막의 인산기 머리와 서로 반발하지 않기 때문이다. *세포막의 인산기 머리도 음전하를 띠기 때문에 양이온성 지질로 mRNA를 둘러싸면 음전끼리 부딪히는 전기적 반발력이 발생하는 것을 막을 수 있다고 해.* 그런데*(전환!)* 양이온성 지질은 실험실 환경에서는 mRNA를 세포 내로 진입시키는 데 도움이 되지만 체내에서는 양이온성 지질에 ⓒ혈장 단백질이 흡착되어 mRNA의 세포막 투과가 제한된다. *문제: 양이온성 지질은 실험실 환경과 달리 체내*

에서는 혈장 단백질에 의해 mRNA의 세포막 투과가 제한됨 *(글의 흐름을 고려할 때, 지금부터 소개할 방식은 체내에서 mRNA의 세포막 투과가 제한되는 문제를 해결한 것이겠네.)*

⑤ 따라서 용액의 pH에 따라 양이온성이 달라지는 ⓓ이온화 지질을 지질 나노 입자의 재료로 사용한다. *해결안: 지질 나노 입자 재료로 이온화 지질(pH에 따라 양이온성이 달라짐) 사용* pH가 낮은 용액에서는 수소 이온 농도가 높으므로 이온화 지질이 양이온화된다. 반면*(pH가 낮은 용액과의 차이를 파악하며 읽자!)* pH가 높은 용액에서는 수소 이온을 적게 받아들여 이온화 지질이 전기적으로 중성이 되므로 이온화 지질에 혈장 단백질이 흡착되지 않는다. 즉 낮은 pH에서 mRNA와 이온화 지질을 결합시킨 뒤 pH를 높이면 중성의 'mRNA – 지질 나노 입자 복합체'를 만들 수 있고, 이 복합체는 세포막의 수용체에 결합하여 내포 작용에 의해 세포 내부로 진입할 수 있다. *(낮은 pH에서) mRNA + 이온화 지질 → pH 높이기 → 중성의 복합체 생성 → 세포막 수용체에 결합하여 내포 작용 → 세포 내부 진입* 내포 작용이란 일종의 생화학적 싱크홀 현상으로, 세포막의 일부가 수용체에 결합한 외부 물질과 함께 세포질로 함입되는 현상이다. *내포 작용: 세포막 일부 + 수용체에 결합한 외부 물질 → 세포질로 함입 → 세포질 안에 엔도솜 구조체 형성* 내포 작용이 일어나면 세포질 안에 엔도솜 구조체가 형성된다. 세포질에서 엔도솜 내부는 산성화되는데, 이에 따라 세포막에서 유래한 엔도솜 막이 불안정해져 mRNA가 세포질로 방출된다. 그리고 방출된 mRNA가 리보솜과 결합하여 바이러스 단백질을 합성하고 기억 세포를 생성함으로써 인체가 바이러스 감염에 대비할 수 있게 된다. *세포질 내에서 엔도솜 내부가 산성화되면 mRNA가 엔도솜에서 세포질로 방출되어 리보솜과 결합함 → 바이러스 단백질을 합성*

3. ⑤

4문단과 5문단 따르면, 체내에서는 양이온성 지질에 ⓒ(혈장 단백질)가 흡착되어 'mRNA의 세포막 투과가 제한'되지만, ⓓ(이온화 지질)는 pH가 높은 용액에서는 '전기적으로 중성'이 되므로 ⓒ가 흡착되지 않는다. 즉 ⓐ(mRNA)와 결합하면서 ⓓ가 전기적으로 중성이 되기 때문이 아니라, ⓓ가 pH가 높은 용액에서 전기적으로 중성이 되기 때문에 체내에서 ⓒ와 흡착되는 현상이 억제된다.

① 2문단과 5문단에 따르면, ⓐ는 '체내 효소에 의해 쉽게 분해'되므로 ⓓ라는 인공 외막으로 둘러싸 보호하며 세포 내로 진입시킨다.

② 4문단에서 '음전하를 띤 mRNA(ⓐ)가 양이온성 지질로 둘러싸이면 음전하를 띤 세포막의 인산기 머리(ⓑ)와 서로 반발하지 않'는다고 한 점을 참고할 때, ⓐ와 ⓑ는 모두 음전하를 띠므로 둘 사이에 밀어내는 힘(전기적 반발력)이 작용함을 알 수 있다.

③ 2문단과 5문단에 따르면, ⓐ는 세포 밖에서 ⓓ와 결합하고, 세포 안으로 들어온 뒤에는 ⓓ와 분리되어 리보솜과 결합함으로써 바이러스 단백질을 합성한다.

④ 4문단과 5문단에 따르면, ⓒ는 체내에서 양이온성 지질에 흡착되지만 전기적으로 중성 상태의 ⓓ에는 흡착되지 않는다. 이는 ⓒ가 음전하를 띠기 때문이며, ⓓ는 수소 이온 농도. 즉 용액의 pH에 따라 이온화의 정도가 달라진다.

4. ① 주입 ② 제한

[1~2] LEET 2016년도 「컨스터블의 풍경화」

① 건초 더미를 가득 싣고 졸졸 흐르는 개울물을 건너는 마차, 수확을 앞둔 밀밭 사이로 양 떼를 몰고 가는 양치기 소년과 개, 이른 아침 농가의 이층 창밖으로 펼쳐진 청록의 들녘 등, 이런 평범한 시골 풍경을 그린 컨스터블(1776~1837)은 오늘날 영국인들에게 사랑을 받는 영국의 국민 화가이다. 현대인들은 그의 풍경화를 통해 영국의 전형적인 농촌 풍경을 떠올리지만, 사실 컨스터블이 활동하던 19세기 초반까지 이와 같은 소재는 풍경화의 묘사 대상이 아니었다. 그렇다면 평범한 농촌의 일상 정경을 그린 컨스터블은 왜 영국의 국민 화가가 되었을까? (질문을 통해 화제를 제시했어. 이 글에서는 풍경화의 묘사 대상이 아니었던 평범한 농촌의 일상을 그린 컨스터블이 왜 오늘날 국민 화가가 되었는지를 설명하고자 하는구나.)

② 컨스터블의 그림은 당시 풍경화의 주요 구매자였던 영국 귀족의 취향에서 어긋나 그다지 인기를 끌지 못했다. 컨스터블은 오늘날과는 달리 당대에는 명성을 얻지 못했군! 당시 유행하던 픽처레스크 풍경화는 도식적이고 이상화된 풍경 묘사에 치중했지만,(픽처레스크 풍경화와 대비되는 컨스터블 그림의 특징이 제시되겠군.) 컨스터블의 그림은 평범한 시골의 전원 풍경을 사실적으로 묘사한 것처럼 보인다. 이 때문에 그의 풍경화는 자연에 대한 과학적이고 객관적인 관찰을 바탕으로, 아무도 눈여겨보지 않았던 평범한 농촌의 아름다운 풍경을 포착하여 표현해 낸 결과물로 여겨져 왔다. 객관적 관찰과 사실적 묘사를 중시하는 관점에서 보면 컨스터블은 당대 유행하던 화풍(도식적이고 이상화된 풍경 묘사)과 타협하지 않고 독창적인 화풍을 추구한 화가이다. 유행을 따르지 않고, 누구도 주목하지 않은 풍경을 객관적 관찰과 사실적 묘사로 표현한 컨스터블의 그림을 긍정적으로 보는 관점이 제시되었군.

③ 그러나 1980년대에 들어서면서 이와 같은 관점에 대해 의문을 제기하는 비판적 해석이 등장한다. (2문단과 상반되는 관점이 제시될 거야.) 새로운 해석은 작품이 제작될 당시의 구체적인 사회적 상황을 중시하며 작품에서 지배 계급의 왜곡된 이데올로기를 읽어내는 데 중점을 둔다. 이 해석에 따르면 컨스터블의 풍경화는 당시 농촌의 모습을 있는 그대로 전달해 주지 않는다. 사실 컨스터블이 활동하던 19세기 전반 영국은 산업혁명과 더불어 도시화가 급속히 진행되어 전통적 농촌 사회가 와해되면서 농민 봉기가 급증하였다. 그런데 그의 풍경화에 등장하는 인물들은 거의 예외 없이 원경으로 포착되어 얼굴이나 표정을 알아보기 어렵다. 시골에서 나고 자라 복잡한 농기구까지 세밀하게 그릴 줄 알았던 컨스터블이 있는 그대로의 자연을 포착하려 했다면 왜 농민들의 모습은 구체적으로 표현하지 않았을까? (질문을 통해 컨스터블이 농민들의 모습을 구체적으로 표현하지 않은 이유를 강조하고 있어.) 이는 풍경의 관찰자인 컨스터블과 풍경 속 인물들 간에는 항상 일정한 심리적 거리가 유지되고 있기 때문이다. 수정주의 미술사학자들은 컨스터블의 풍경화에 나타나는 인물과 풍경의 불편한 동거는 바로 이러한 거리 두기에서 비롯한다고 주장하면서, 이 거리는 계급 간의 거리라고 해석한다. 컨스터블의 풍경화에 나타나는 농민들과의 거리 = 계급 간의 거리 지주의 아들이었던 그는 19세기 전반 영국 농촌 사회의 불안한 모습을 애써 외면했고, 그 결과 농민들은 적당히 화면에서 떨어져 있도록 배치하여 결코 그들의 일그러지고 힘든 얼굴을 볼 수 없게 하였다는 것이다. 2문단과는 달리 컨스터블이 당대 농촌 사회의 현실을 오히려 외면했다고 지적하는 관점이 제시되었군.

④ 여기서 우리는 위의 두 견해가 암암리에 공유하는 기본 전제에 주목할 필요가 있다. 두 견해는 모두 작품이 가진 의미의 생산자를 작가로 보고

있다. 유행을 거부하고 남들이 보지 못한 평범한 농촌의 아름다움을 발견한 '천재' 컨스터블이나 지주 계급 출신으로 불안한 농촌 현실을 직시하지 않으려 한 '반동적' 컨스터블은 결국 동일한 인물로서 작품의 제작자이자 의미의 궁극적 생산자로 간주된다. 2문단과 3문단의 견해는 작품이 가진 의미의 생산자를 작가인 컨스터블로 본다는 공통점이 있군. 그러나(작가가 의미의 궁극적 생산자라는 기본 전제를 부정하는 내용이 나오겠군.) 생산자가 있으면 소비자가 있게 마련이다. 기존의 견해는 소비자의 역할에 주목하지 않았다. 하지만 소비자는 생산자가 만들어낸 작품을 수동적으로 수용하는 존재가 아니다. 미술 작품을 포함한 문화적 텍스트의 의미는 그 텍스트를 만들어 낸 생산자나 텍스트 자체에 내재하는 것이 아니라 텍스트를 수용하는 소비자와의 상호 작용에 의해 결정된다. 다시 말해(문화적 텍스트의 의미가 소비자와의 상호 작용에 의해 결정된다는 것을 풀어서 설명할 거야.) 수용자는 이해와 수용의 과정을 통해 특정 작품의 의미를 끊임없이 재생산하는 능동적 존재인 것이다. 따라서 앞에서 언급한 해석들은 컨스터블 풍경화가 함축한 의미의 일부만 드러낸 것이고 나머지 의미는 그것을 바라보는 감상자의 경험과 기대가 투사되어 채워지는 것이라고 할 수 있다. 즉 컨스터블의 풍경화가 지니는 가치는 풍경화 그 자체가 아니라 감상자의 의미 부여에 의해 완성되는 것이다. 이런 관점(컨스터블 풍경화의 가치가 감상자의 경험과 기대에 따른 의미 부여에 의해 완성된다는 관점)에서 보면 컨스터블의 풍경화에 담긴 풍경이 실재와 얼마나 일치하는가는 크게 문제가 되지 않는다. 컨스터블 풍경화가 지닌 텍스트의 의미는 이를 수용하는 감상자(소비자, 수용자)에 의해 완성되므로, 컨스터블이 실재를 있는 그대로 묘사했는지는 크게 문제가 되지 않는 거지!

---

1. ②

2문단에서 '컨스터블의 그림은 당시 풍경화의 주요 구매자였던 영국 귀족의 취향에서 어긋나 그다지 인기를 끌지 못했다.'라고 했다. 또한 당시에는 '도식적이고 이상화된 풍경 묘사에 치중'한 픽처레스크 풍경화가 유행했다고 했으므로, '평범한 시골의 전원 풍경을 사실적으로 묘사한 것처럼 보'이는 컨스터블의 그림은 사실적 화풍으로 제작되어 당시 영국 귀족들이 선호하지 않았을 것이다.

① 2문단을 통해 컨스터블의 그림은 당시 '그다지 인기를 끌지 못했'음을 알 수 있다.

③ 2문단에 따르면 컨스터블은 '도식적이고 이상화된 풍경 묘사에 치중'한 픽처레스크 풍경화, 즉 '당대 유행하던 화풍과 타협하지 않'았다.

④ 3문단에서 컨스터블 풍경화에 '등장하는 인물들은 거의 예외 없이 원경으로 포착되어 얼굴이나 표정을 알아보기 어렵'다고 했으나, 이는 의도적으로 농민들을 '화면에서 떨어져 있도록 배치'했기 때문이라고 하였다. 윗글에서 컨스터블이 인물 표현에는 재능이 없었다고 언급한 부분은 찾아볼 수 없다.

⑤ 2문단과 3문단에 따르면 컨스터블은 풍경화에서 '객관적인 관찰'을 통해 '평범한 농촌의 아름다운 풍경을 포착'했으나, '농민들의 모습은 구체적으로 표현하지 않'음으로써 '19세기 전반 영국 농촌 사회의 불안한 모습을 애써 외면'했다.

2. ① 와해 ② 직시

[1~2] 다음을 읽고 핵심 내용에 밑줄을 치고, 빈칸에 적절한 말을 채우시오. 또한 주어진 물음에 답하시오.

고려 말 중앙 집권 체제의 약화와 왕권의 쇠퇴 속에서 조선 왕조를 세운 신흥 사대부들은 지주층이었기 때문에 노비 노동력이 필요했다. 그러나 이들(______________)은 강력한 중앙 집권 체제의 확립을 **위해** 국역(國役)* 대상인 양인 계층의 폭을 넓히려 하였다. (양인 계층의 폭을 넓히려 한 목적: _____________________) **따라서**(______의 노동력도 필요했고, _____________의 확대도 필요했던 신흥 사대부들이 내린 결론이 제시될 거야.) 노비가 꼭 있어야 하더라도 되도록 양인을 더 많이 확보하려는 것이 새 왕조가 추구한 국역 정책의 기본 방향이었다. 조선 초 국역 정책의 기본 방향: 중앙 집권 체계 확립을 위한 ______ 확보 우선시

이처럼 국역 대상의 확보를 새 왕조 통치 체제의 발판으로 추구하면서, 법제적으로 모든 사회 구성원을 일단 양인과 천인으로 나누었다. 이들(______과 ______) 사이에는 의무와 권리에서 차등이 있었는데 **먼저** 의무 면에서(양인과 천인은 의무와 권리에서 차등이 있었는데, '먼저 의무 면에서'라고 한 것으로 보아 ______의 차등을 설명한 후 _____________을 설명할 거야.) 양인 남자는 국역인 군역(軍役)과 요역(徭役)*의 의무가 있었다. 이에 비해 천인은 군역에서 철저히 배제되었다. 양인과 천인의 의무 차등: 양인 남자와 달리 ______은 군역에서 배제됨

권리 면에서 양인과 천인은 신체와 생명의 보호와 같은 인간의 기본권을 공권력으로 보장받을 수 있는지에서 뚜렷이 차이가 났다. 천인인 노비는 재산으로 보아 매매·상속·양도·증여의 대상이 되었으며, 사는 곳을 옮길 자유가 없었다. 노비와 양인이 싸우면 노비가 한 등급 더 무거운 벌을 받는 것은 양·천 사이의 법적 지위의 차이를 잘 보여준다. 양인과 천인의 권리 차등 (1) 양인만 _________________을 공권력으로 보장받을 수 있음 그보다 권리 면에서 양·천의 가장 분명한 차이는 관직 진출권이 있느냐는 것이었다. 양인 중에도 관직 진출권이 제한된 사람이 적지 않았으나 양인은 일단 관직 진출권이 있었다. 더러 노비가 국가에 큰 공로를 세워 정규 관직인 유품직(流品職)을 받기도 하였으나 이때는 **반드시** 양인이 되는 종량(從良) 절차를 먼저 밟아야 했다. ('반드시'는 예외가 (있음/없음)을 뜻하지. 따라서 노비가 관직을 받으려면 반드시 __________를 밟아야 한다는 것은 노비 신분인 상태로는 어떤 경우에도 관직에 진출할 수 없다는 의미야.) 양인과 천인의 권리 차등 (2) 양인만 __________이 있음

그러나 이러한 양·천 구분은 국가의 법적 구분이었지, 실제 사회 구성은 좀 더 복잡했다. ______ 신분 구조와 실제의 신분 구조는 달랐다는 거네. (구분되는 개념을 설명했다면 문제에서 물어볼 가능성이 높아. 둘의 차이를 생각하며 읽자!) 양·천이라는 법적 구분 아래 사회 구성원은 상급 신분층인 양반 계층, 의관·역관과 같은 기술관이나 서얼 등의 중인 계층, 양인 중 수가 가장 많았던 평민 계층, 노비가 주류인 천민 계층으로 나뉘었다. 신분 구조는 법제적으로는 ______과 ______으로만 구분되지만, 실제 사회에서는 ______, 중인, 평민, ______ 계층으로 구분되어 나타남

조선을 양반 관료 사회라고 규정하듯이 양반은 정치·사회·경제 면에서 갖가지 특권과 명예를 독점적으로 누리면서 그 아래인 중인·평민·천민과는 격을 달리했다. 이를 반상(班常)이라는 말로 표현한다. 반상은 곧 신분을 지배자와 피지배자로 나눈 것으로서, 반상의 반(班)에는 중인이 들어가지 않지만 상(常)에는 평민부터 노비까지 포함되었다. ______은 '신분을 지배자와 피지배자로 나눈 것'이라고 했으니까, 양반만 (지배자/피지배자)이고 평민 이하는 (지배자/피지배자)로 본 것이구나. 이러한 구분은 법적 구분과는 달리 사회 통념상으로 최고 신분인 양반의 지배자적 위치를 돋보이게 하려는 의식에서 생겼다고 하겠다.

이처럼 국가 차원의 법적 규범인 양천제와 당시 실제 계급 관계를 반영한 사회 통념상 구분인 반상제가 서로 섞여 중세의 신분 구조를 이루었다. 중세 사회가 발전하면서 신분 구조는 양천제라는 법제적 틀에서 차츰 사회 통념상의 신분 규범(______)이 규정 요소로 확고히 자리 잡는 방향으로 변화했다. 이는 지주제의 확대와 발전, 그리고 조선 사회의 안정과 변동을 나타내는 것이기도 하였다. ________와 ________가 섞인 신분 구조 → ________가 규정 요소로 자리 잡음

*국역: 나라에서 백성들에게 지우던 부역.
*요역: 나라에서 16세 이상 60세 미만의 남자에게 관아의 임무 대신 시키던 노동.

1. 윗글을 통해 알 수 있는 내용으로 적절하지 <u>않은</u> 것은?

① 중인은 반상제에서 '반'에 포함되지 않았다.

② 양인 가운데 평민층의 수가 양반층의 수보다 더 많았다.

③ 조선 시대 사회 구성원은 사회 통념상 네 계층으로 나뉘었다.

④ 지주제의 확대와 발전은 양천제에서 반상제로의 변화와 관련이 있었다.

⑤ 조선의 국역 정책은 노동력 확보를 위해 노비의 수를 최대한 늘리는 것을 우선시하였다.

2. 윗글에서 ①과 ②에 들어갈 적절한 단어를 찾아 각각 빈칸에 쓰시오.

> [①] : 고르거나 가지런하지 않고 차별이 있음. **2문단**
> **예** 우리 회사는 성과에 따른 ☐☐을 두어 임금을 지불한다.
>
> [②] : 일을 마치거나 그 목적을 이룬 결과로서의 공적. **3문단**
> **예** 그는 세계 평화에 있어 높은 ☐☐를 세웠다.

구 조 도 그 리 기

〈 조선의 신분 구조 〉

- 국역 정책의 기본 방향: 중앙 집권 체제 확립을 위해 ______의 대상인 양인 계층의 폭을 넓히고자 함
- 신분 구조: __________와 __________가 섞임
  ① __________(법적 규범): 양인, 천인 → ______와 ______의 차등
     · ______은 국역의 의무를 지는 대상으로, 인간의 기본권을 공권력으로 보장받으며 ______에 진출할 수 있음
  ② __________(통념상 구분): 양반, 중인, 평민, 천민 계층
     · ______의 지배자적 위치를 돋보이게 하려는 의식
     → ______ : 신분을 지배자(______ 계층)와 피지배자(______, ______ 계층)로 구분

↓ __________의 확대와 발전, ______________의 안정과 변동

__________가 신분 규정 요소로 확고히 자리 잡음

[3~4] 다음을 읽고 핵심 내용에 밑줄을 치고, 빈칸에 적절한 말을 채우시오. 또한 주어진 물음에 답하시오.

사람은 두 귀로 3차원 공간상에서 음원의 위치를 판별할 수 있다. 이는 음이 두 귀에 도달하는 시간차(ITD)와 두 귀에서 느끼는 음의 세기차(ILD) 때문이다. 이를 바이노럴(binaural) 효과라 하며, *바이노럴 효과: ITD와 ILD로 인해 두 귀로 3차원 공간상의 ＿＿＿＿＿ 판별 가능* 이 효과를 반영하면 음원의 위치를 3차원 공간상의 어느 곳에나 위치시킬 수 있다. 이러한 기술을 입체 음향 기술이라고 한다. *입체 음향 기술: ＿＿＿＿＿를 활용하여 음원의 위치를 3차원 공간상의 원하는 곳에 위치시키는 기술*

입체음향용 음원을 제작할 때는 주로 '더미 헤드(dummy head)'를 사용한다. 사람 머리 모양인 더미 헤드 양옆의 보조 귀 안에 마이크로폰을 설치하여 음원을 녹음하면, 제작자가 3차원 공간상에 임의로 위치시킬 수 있는 음원이 녹음된다. 이를 바이노럴 음원이라고 한다. *＿＿＿＿＿의 제작 과정: ＿＿＿＿＿의 모조 귀 안에 마이크로폰 설치하여 녹음* 바이노럴 음원 제작 시 해결되어야 할 과제들이 몇 가지 존재하는데(＿＿＿＿＿를 두 개 이상 설명할 거야.) 그중 하나는 양 귀를 잇는 축을 기준으로 할 때, 그(＿＿＿＿＿) 축의 중심점으로부터 같은 각도와 거리를 갖는 위치들의 경우 ITD와 ILD가 같기 때문에 서로 구별할 수 없다는 것이다. 또한(해결되어야 할 다른 과제를 제시할 거야.) 더미 헤드는 머리 크기나 귓바퀴의 모양 등 청각과 관련된 개개인의 고유한 특성을 반영할 수 없으므로 실제 이 음원을 청취할 때 음원 위치 지각에 오차가 있을 수 있다. *바이노럴 음원을 만드는 과정에서 해결되어야 할 과제들: (1) ＿＿＿＿＿으로부터 같은 각도와 거리를 갖는 위치들은 구별 불가, (2) ＿＿＿＿＿과 관련된 개개인의 특성 반영이 불가해 음원의 위치 지각에 오차 발생 가능*

바이노럴 음원을 헤드폰으로 청취할 경우 청취자는 별도의 신호 처리 과정 없이도 입체감을 느낄 수 있다. 그러나(앞에서 바이노럴 음원을 헤드폰으로 청취할 때의 장점이 제시되었으니, 이제 ＿＿＿＿＿이 제시될 거야.) 바이노럴 음원은 헤드폰을 기준으로 음의 위치 정보를 갖고 있기 때문에 헤드폰이 움직이면, 즉 사람의 머리가 움직이면 음원의 방향도 함께 움직이는 단점이 있어서 이에 대한 연구가 진행 중이다. *바이노럴 음원을 ＿＿＿＿＿으로 청취할 경우의 장단점: 별도의 처리 과정 없이 ＿＿＿＿＿ 지각 가능하지만 머리가 움직이면 ＿＿＿＿＿도 함께 움직임*

한편 동일한 음원이라고 하더라도 이를 가정에서 스피커를 이용해 청취할 경우 입체감은 현저하게 감소된다. ('한편'을 통해 음원을 헤드폰으로 듣는 경우에서 음원을 ＿＿＿＿＿로 듣는 경우로 글의 흐름이 전환되었어.) 닫힌 공간 구조를 가진 헤드폰과 달리 열린 공간 구조를 갖는 스피커 청취 환경으로 인해, 한쪽 귀에 도달하는 것을 목표로 출력된 소리가 청자의 반대편 귀에도 들어가게 되기 때문이다. 이렇듯 원치 않는 소리가 반대편 귀로 들어가는 현상을 '크로스토크(crosstalk)'라고 한다. 크로스토크는 스피커를 이용한 입체 음향 기술 구현에 가장 큰 걸림돌이다. 이제까지의 연구 결과로는 자연 세계에서 크로스토크로 인한 간섭을 완벽하게 제거하는 것은 불가능하다. 그러나 이를 줄이기 위한 크로스토크 제거 기술이 활발히 연구 중이다. *음원을 ＿＿＿＿＿ 공간 구조를 갖는 스피커로 청취할 경우 ＿＿＿＿＿가 발생하는 문제점이 있어.*

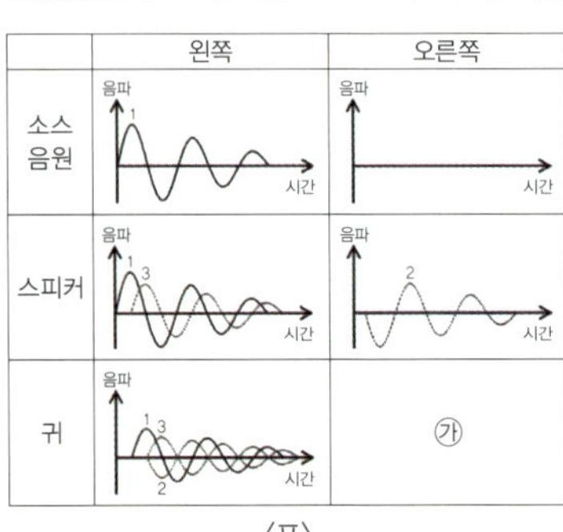

〈표〉

크로스토크 제거 원리를 도식화한 〈표〉는 소스 음원이 귀에 도달하기까지의 과정을 보여주고 있다. 스피커에서 귀에 도달하기까지는 시간 차가 존재하며, 스피커로 출력된 1, 2, 3은 크로스토크 제거 필터를 통해 처리된 것이다. 이때 청자가 듣는 음원은 소스 음원과 같아야 한다. 즉, 왼쪽 귀에는 1만 들리고, 오른쪽 귀에는 아무런 소리도 들리지 않아야 한다. 이를 위해서 왼쪽 스피커에서는 1, 3을 재생하고, 오른쪽 스피커에서는 2를 재생한다. 그렇게 되면 3이 2와 상쇄돼서 왼쪽 귀에는 1이 남게 되고, 오른쪽 귀에는 1과 2가 상쇄돼서 3만이 남게 된다. 이런 과정을 반복해서 왼쪽 귀에는 1만 들리게 하고 오른쪽 귀에는 3이 매우 작게 들리도록 만들어 줄 수 있다. *크로스토크 제거 원리를 활용하여 ＿＿＿＿＿이 귀에 도달하도록 하는 과정: 왼쪽 스피커 1, 3 재생 + 오른쪽 스피커 2 재생 → 왼쪽 귀 1 남음(3이 2와 ＿＿＿＿＿) + 오른쪽 귀 3 남음(1과 2 상쇄) → 반복하면 왼쪽 귀 ＿＿＿＿＿ + 오른쪽 귀 ＿＿＿＿＿ 들림*

3. 윗글에 있는 〈표〉의 ㉮에 들어갈 그림으로 가장 적절한 것은?

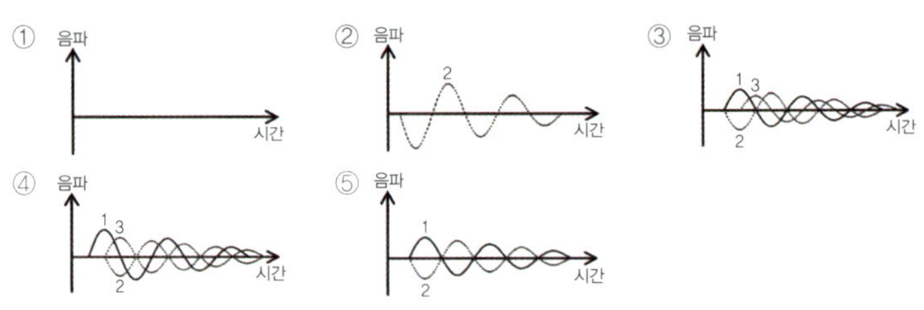

4. 윗글에서 ①과 ②에 들어갈 적절한 단어를 찾아 각각 빈칸에 쓰시오.

① : 본래부터 가지고 있는 특유한 것. **2문단**

[예] 생활한복은 우리 □□의 멋에 실용성을 더해 만들었다.

② : 위치와 넓이, 길이, 두께를 가진 물건에서 받는 느낌. 또는 삼차원의 공간적 부피를 가진 물체를 보는 것과 같은 느낌. **3문단**

[예] 새로 출시된 오픈형 이어폰으로 소리를 □□□ 있게 들을 수 있다.

구 조 도 그 리 기

〈 입체 음향 기술 〉

바이노럴 효과	ITD와 ILD로 인해 두 귀로 ＿＿＿＿＿에서 음원의 위치 판별 가능 → ＿＿＿＿＿ 기술에 반영됨
바이노럴 음원	• 제작 과정: 더미 헤드의 ＿＿＿＿＿에 마이크로폰을 설치 → ＿＿＿＿＿(3차원 공간상에 임의로 위치시킬 수 있는 음원) 녹음 • 해결 과제: ① ＿＿＿＿＿할 수 없는 음원의 위치 존재, ② 개개인의 청각 특성 반영 불가 → ＿＿＿＿＿에 오차 발생 가능
바이노럴 음원 청취 시 문제점	• ＿＿＿＿＿으로 청취: ＿＿＿＿＿이 움직이면 음원의 방향도 함께 움직임 • ＿＿＿＿＿로 청취: 열린 공간 구조를 갖는 청취 환경으로 인해 크로스토크 현상 발생 · 크로스토크: ＿＿＿＿＿에 도달하는 것을 목표로 출력된 소리가 ＿＿＿＿＿에도 들어가는 현상 · ＿＿＿＿＿이 귀에 도달하도록 하기 위해 크로스토크 제거 기술 활용

[3~4] 사관학교 2016학년도A 「입체 음향 기술」

① 사람은 두 귀로 3차원 공간상에서 음원의 위치를 판별할 수 있다. 이는 음이 두 귀에 도달하는 시간차(ITD)와 두 귀에서 느끼는 음의 세기차(ILD) 때문이다. 이를 바이노럴(binaural) 효과라 하며, *바이노럴 효과: ITD와 ILD로 인해 두 귀로 3차원 공간상의 음원의 위치 판별 가능* 이 효과를 반영하면 음원의 위치를 3차원 공간상의 어느 곳에나 위치시킬 수 있다. 이러한 기술을 입체 음향 기술이라고 한다. *입체 음향 기술: 바이노럴 효과를 활용하여 음원의 위치를 3차원 공간상의 원하는 곳에 위치시키는 기술*

② 입체음향용 음원을 제작할 때는 주로 '더미 헤드(dummy head)'를 사용한다. 사람 머리 모양인 더미 헤드 양옆의 모조 귀 안에 마이크로폰을 설치하여 음원을 녹음하면, 제작자가 3차원 공간상에 임의로 위치시킬 수 있는 음원이 녹음된다. 이를 바이노럴 음원이라고 한다. *바이노럴 음원의 제작 과정: 더미 헤드의 모조 귀 안에 마이크로폰 설치하여 녹음* 바이노럴 음원 제작 시 해결되어야 할 과제들이 몇 가지 존재하는데(*바이노럴 음원 제작 시 해결되어야 할 과제를 두 개 이상 설명할 거야.*) 그중 하나는 (1) 양 귀를 잇는 축을 기준으로 할 때, 그(*양 귀를 잇는*) 축의 중심점으로부터 같은 각도와 거리를 갖는 위치들의 경우 ITD와 ILD가 같기 때문에 서로 구별할 수 없다는 것이다. 또한(*해결되어야 할 다른 과제를 제시할 거야.*) (2) 더미 헤드는 머리 크기나 귓바퀴의 모양 등 청각과 관련된 개개인의 고유한 특성을 반영할 수 없으므로 실제 이 음원을 청취할 때 음원 위치 지각에 오차가 있을 수 있다. *바이노럴 음원을 만드는 과정에서 해결되어야 할 과제들: (1) 양 귀를 잇는 축의 중심점으로부터 같은 각도와 거리를 갖는 위치들을 구별 불가, (2) 청각과 관련된 개개인의 특성 반영이 불가해 음원의 위치 지각에 오차 발생 가능*

③ 바이노럴 음원을 헤드폰으로 청취할 경우 청취자는 별도의 신호 처리 과정 없이도 입체감을 느낄 수 있다. 그러나(*앞에서 바이노럴 음원을 헤드폰으로 청취할 때의 장점이 제시되었으니, 이제 단점이 제시될 거야.*) 바이노럴 음원은 헤드폰을 기준으로 음의 위치 정보를 갖고 있기 때문에 헤드폰이 움직이면, 즉 사람의 머리가 움직이면 음원의 방향도 함께 움직이는 단점이 있어서 이에 대한 연구가 진행 중이다. *바이노럴 음원을 헤드폰으로 청취할 경우의 장단점: 별도의 처리 과정 없이 입체감 지각 가능하지만 머리가 움직이면 음원의 방향도 함께 움직임*

④ 한편 동일한 음원이라고 하더라도 이를 가정에서 스피커를 이용해 청취할 경우 입체감은 현저하게 감소된다. (*'한편'을 통해 음원을 헤드폰으로 듣는 경우에서 음원을 스피커로 듣는 경우로 글의 흐름이 전환되었어.*) 닫힌 공간 구조를 가진 헤드폰과 달리 열린 공간 구조를 갖는 스피커 청취 환경으로 인해, 한쪽 귀에 도달하는 것을 목표로 출력된 소리가 청자의 반대편 귀에도 들어가게 되기 때문이다. 이렇듯 원치 않는 소리가 반대편 귀로 들어가는 현상을 크로스토크(crosstalk)라고 한다. 크로스토크는 스피커를 이용한 입체 음향 기술 구현에 가장 큰 걸림돌이다. 이제까지의 연구 결과로는 자연 세계에서 크로스토크로 인한 간섭을 완벽하게 제거하는 것은 불가능하다. 그러나 이를 줄이기 위한 크로스토크 제거 기술이 활발히 연구 중이다. *음원을 열린 공간 구조를 갖는 스피커로 청취할 경우 크로스토크가 발생하는 문제점이 있어.*

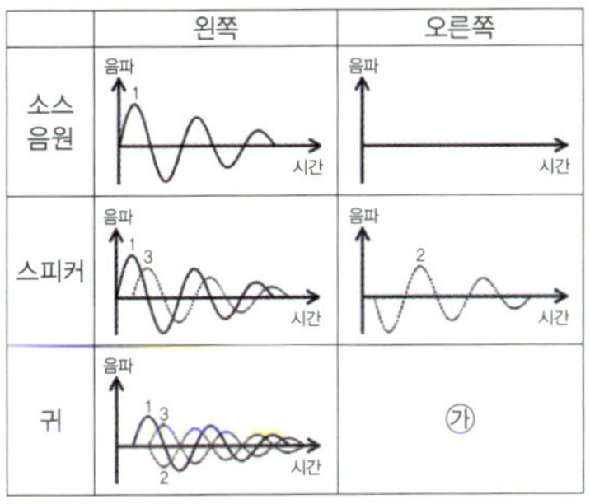

⟨표⟩

⑤ 크로스토크 제거 원리를 도식화한 ⟨표⟩는 소스 음원이 귀에 도달하기까지의 과정을 보여주고 있다. 스피커에서 귀에 도달하기까지는 시간 차가 존재하며, 스피커로 출력된 1, 2, 3은 크로스토크 제거 필터를 통해 처리된 것이다. 이때 청자가 듣는 음원은 소스 음원과 같아야 한다. 즉, 왼쪽 귀에는 1만 들리고, 오른쪽 귀에는 아무런 소리도 들리지 않아야 한다. 이를 위해서 왼쪽 스피커에서는 1, 3을 재생하고, 오른쪽 스피커에서는 2를 재생한다. 그렇게 되면 3이 2와 상쇄돼서 왼쪽 귀에는 1이 남게 되고, 오른쪽 귀에는 1과 2가 상쇄돼서 3만이 남게 된다. 이런 과정을 반복해서 왼쪽 귀에는 1만 들리게 하고 오른쪽 귀에는 3이 매우 작게 들리도록 만들어 줄 수 있다. *크로스토크 제거 원리를 활용하여 소스 음원이 귀에 도달하도록 하는 과정: 왼쪽 스피커 1, 3 재생 + 오른쪽 스피커 2 재생 → 왼쪽 귀 1 남음(3이 2와 상쇄) + 오른쪽 귀 3 남음(1과 2 상쇄) → 반복하면 왼쪽 귀 1만 들림 + 오른쪽 귀 3이 매우 작게 들림*

---

3. ③

5문단을 통해 오른쪽 귀에는 '1과 2가 상쇄돼서 3만이 남'아 '3이 매우 작게 들리'는 상황이 ㉮에 들어가야 함을 알 수 있다. 따라서 1과 2가 정반대로 나타나 상쇄되고, 3이 작게 나타난 ③번이 ㉮에 들어갈 그림으로 가장 적절하다.

①, ②, ④, ⑤ ㉮에는 1과 2가 상쇄되고 3이 매우 작게 들리는 그림이 들어가야 하므로, 아무런 소리도 들리지 않는 ①번이나 2만 들리는 ②번은 ㉮에 들어가기에 적절하지 않다. 또한 2와 3이 상쇄되고 1이 들리는 ④번이나 1과 2가 상쇄되지만 3이 들리지 않는 ⑤번도 ㉮에 들어가기에 적절하지 않다.

4. ① 고유 ② 입체감

구 조 도 그 리 기

〈 입체 음향 기술 〉

바이노럴 효과	ITD와 ILD로 인해 두 귀로 3차원 공간상에서 음원의 위치 판별 가능 → 입체 음향 기술에 반영됨
바이노럴 음원	• 제작 과정: 더미 헤드의 모조 귀 안에 마이크로폰을 설치 → 바이노럴 음원(3차원 공간상에 임의로 위치시킬 수 있는 음원) 녹음 • 해결 과제: ① 서로 구별할 수 없는 음원의 위치 존재, ② 개개인의 청각 특성 반영 불가 → 음원 위치 지각에 오차 발생 가능
바이노럴 음원 청취 시 문제점	• 헤드폰으로 청취: 헤드폰이 움직이면 음원의 방향도 함께 움직임 • 스피커로 청취: 열린 공간 구조를 갖는 청취 환경으로 인해 크로스토크 현상 발생 · 크로스토크: 한쪽 귀에 도달하는 것을 목표로 출력된 소리가 반대편 귀에도 들어가는 현상 · 소스 음원이 귀에 도달하도록 하기 위해 크로스토크 제거 기술 활용

[1~2] 고1 2017학년도 6월 학평 「양천제와 반상제」

① 고려 말 중앙 집권 체제의 약화와 왕권의 쇠퇴 속에서 조선 왕조를 세운 신흥 사대부들은 지주층이었기 때문에 노비 노동력이 필요했다. 그러나 이들(신흥 사대부들)은 강력한 중앙 집권 체제의 확립을 위해 국역(國役) 대상인 양인 계층의 폭을 넓히려 하였다. (양인 계층의 폭을 넓히려 한 목적: 중앙 집권 체제의 확립) 따라서(노비의 노동력도 필요했고, 양인 계층의 확대도 필요했던 신흥 사대부들이 내린 결론이 제시될 거야.) 노비가 꼭 있어야 하더라도 되도록 양인을 더 많이 확보하려는 것이 새 왕조가 추구한 국역 정책의 기본 방향이었다. 조선 초 국역 정책의 기본 방향: 중앙 집권 체계 확립을 위한 양인 확보 우선시

② 이처럼 국역 대상의 확보를 새 왕조 통치 체제의 발판으로 추구하면서, 법제적으로 모든 사회 구성원을 일단 양인과 천인으로 나누었다. 이들(양인과 천인) 사이에는 의무와 권리에서 차등이 있었는데 먼저 의무 면에서 (양인과 천인은 의무와 권리에서 차등이 있었는데, '먼저 의무 면에서'라고 한 것으로 보아 의무의 차등을 설명한 후 권리의 차등을 설명할 거야.) 양인 남자는 국역인 군역(軍役)과 요역(徭役)의 의무가 있었다. 이에 비해 천인은 군역에서 철저히 배제되었다. 양인과 천인의 의무 차등: 양인 남자와 달리 천인은 군역에서 배제됨

③ 권리 면에서 양인과 천인은 신체와 생명의 보호와 같은 인간의 기본권을 공권력으로 보장받을 수 있는지에서 뚜렷이 차이가 났다. 천인인 노비는 재산으로 보아 매매 · 상속 · 양도 · 증여의 대상이 되었으며, 사는 곳을 옮길 자유가 없었다. 노비와 양인이 싸우면 노비가 한 등급 더 무거운 벌을 받는 것은 양 · 천 사이의 법적 지위의 차이를 잘 보여준다. 양인과 천인의 권리 차등 (1) 양인만 인간의 기본권을 공권력으로 보장받을 수 있음 그보다 권리 면에서 양 · 천의 가장 분명한 차이는 관직 진출권이 있느냐는 것이었다. 양인 중에도 관직 진출권이 제한된 사람이 적지 않았으나 양인은 일단 관직 진출권이 있었다. 더러 노비가 국가에 큰 공로를 세워 정규 관직인 유품직(流品職)을 받기도 하였으나 이때는 반드시 양인이 되는 종량(從良) 절차를 먼저 밟아야 했다. ('반드시'는 예외가 없음을 뜻하지. 따라서 노비가 관직을 받으려면 반드시 종량 절차를 밟아야 한다는 것은 노비 신분인 상태로는 어떤 경우에도 관직에 진출할 수 없다는 의미야.) 양인과 천인의 권리 차등 (2) 양인만 관직 진출권이 있음

④ 그러나 이러한 양 · 천 구분은 국가의 법적 구분이었지, 실제 사회 구성은 좀 더 복잡했다. 법제적(법적) 신분 구조와 실제의 신분 구조는 달랐다는 거네. (구분되는 개념을 설명했다면 문제에서 물어볼 가능성이 높아, 둘의 차이를 생각하며 읽자!) 양 · 천이라는 법적 구분 아래 사회 구성원은 상급 신분층인 양반 계층, 의관 · 역관과 같은 기술관이나 서얼 등의 중인 계층, 양인 중 수가 가장 많았던 평민 계층, 노비가 주류인 천민 계층으로 나뉘었다. 신분 구조는 법제적으로는 양인과 천인으로만 구분되지만, 실제 사회에서는 양반, 중인, 평민, 천민 계층으로 구분되어 나타남

⑤ 조선을 양반 관료 사회라고 규정하듯이 양반은 정치 · 사회 · 경제 면에서 갖가지 특권과 명예를 독점적으로 누리면서 그 아래인 중인 · 평민 · 천민과는 격을 달리했다. 이를 반상(班常)이라는 말로 표현한다. 반상은 곧 신분을 지배자와 피지배자로 나눈 것으로서, 반상의 반(班)에는 중인이 들어가지 않았지만 상(常)에는 평민부터 노비까지 포함되었다. 반상은 '신분을 지배자와 피지배자로 나눈 것'이라고 했으니까, 양반만 지배자이고 평민 이하는 피지배자로 본 것이구나. 이러한 구분은 법적 구분과는 달리 사회 통념상으로 최고 신분인 양반의 지배자적 위치를 돋보이게 하려는 의식에서 생겼다고 하겠다.

⑥ 이처럼 국가 차원의 법적 규범인 양천제와 당시 실제 계급 관계를 반

영한 사회 통념상 구분인 반상제가 서로 섞여 중세의 신분 구조를 이루었다. 중세 사회가 발전하면서 신분 구조는 양천제라는 법제적 틀에서 차츰 사회 통념상의 신분 규범(반상제)이 규정 요소로 확고히 자리 잡는 방향으로 변화했다. 이는 지주제의 확대와 발전, 그리고 조선 사회의 안정과 변동을 나타내는 것이기도 하였다. 양천제와 반상제가 섞인 신분 구조 → 반상제가 규정 요소로 자리 잡음

1. ⑤

> 1문단에서 '노비가 꼭 있어야 하더라도 되도록 양인을 더 많이 확보하려는 것이 새 왕조(조선)가 추구한 국역 정책의 기본 방향'이라고 했으므로, 조선의 국역 정책이 노비의 수를 최대한 늘리는 것을 우선시하였다고 볼 수 없다.

① 5문단에서 '반상의 반에는 중인이 들어가지 않았다'고 했다.

② 4문단의 '양인 중 수가 가장 많았던 평민 계층'을 통해 양인 가운데 평민층의 수가 양반층의 수보다 더 많았음을 알 수 있다.

③ 4문단에서 조선 시대 사회 구성원은 사회 통념상 '양반 계층', '중인 계층', '평민 계층', '천민 계층'으로 나뉘었다고 했다.

④ 6문단을 통해 '국가 차원의 법적 규범인 양천제'와 '사회 통념상 구분인 반상제가 서로 섞여 중세의 신분 구조를 이루'다가 '지주제의 확대와 발전' 등 '중세 사회가 발전'함에 따라 '차츰 사회 통념상의 신분 규범(반상제)이 규정 요소로 확고히 자리 잡는 방향으로 변화'했음을 알 수 있다.

2. ① 차등 ② 공로

구 조 도 그 리 기

〈 조선의 신분 구조 〉

- 국역 정책의 기본 방향: 중앙 집권 체제 확립을 위해 국역의 대상인 양인 계층의 폭을 넓히고자 함
- 신분 구조: 양천제와 반상제가 섞임
  ① 양천제(법적 규범): 양인, 천인 → 의무와 권리의 차등
    · 양인은 국역의 의무를 지는 대상으로, 인간의 기본권을 공권력으로 보장받으며 관직에 진출할 수 있음
  ② 반상제(통념상 구분): 양반, 중인, 평민, 천민 계층
    · 양반의 지배자적 위치를 돋보이게 하려는 의식
    → 반상: 신분을 지배자(양반 계층)와 피지배자(평민, 천민 계층)로 구분

↓ 지주제의 확대와 발전, 조선 사회의 안정과 변동

반상제가 신분 규정 요소로 확고히 자리 잡음

[1~2] 다음을 읽고 핵심 내용에 밑줄을 치고, 빈칸에 적절한 말을 채우시오. 또한 주어진 물음에 답하시오.

재산을 무상으로 타인에게 이전하는 것에는 '상속'과 '증여'가 있다. 상속은 재산을 주는 이가 사망했을 때, 증여는 재산을 주는 이가 생존해 있을 때 이루어진다. 상속: 주는 이가 _______ 후, 재산을 타인에게 무상 이전 vs. 증여: 주는 이가 _______ 시, 재산을 타인에게 무상 이전 상속과 증여에는 세금을 부과하는데 이를 각각 상속세, 증여세라 한다. 이는 부의 세습을 통한 부익부 빈익빈 현상의 심화를 막고, 부를 사회적으로 재분배하기 위해서이다. 상속과 증여에 _______하는 목적: 부익부 빈익빈의 심화 억제, 부의 사회적 재분배

상속과 증여는 모두 재산을 주는 이의 의지에 따라 재산을 받는 이가 결정되고, 재산을 받는 이가 세금 납부 의무자가 된다. 그런데 상속의 경우 재산을 물려주는 이가 유언 없이 사망하였을 때, 그의 상속 의지를 알 수 없다. 이(재산을 물려주는 이가 _______하여 _______를 알 수 없는 경우)에 대비하여 상속인의 범위를 민법에 명확히 규정하고 있다. 민법에 따르면 상속 1순위는 자녀, 손자와 같은 직계비속이고, 2순위는 부모, 조부모와 같은 직계존속, 3순위는 형제자매, 4순위는 조카, 백부모, 숙부모와 같은 4촌 이내의 방계혈족*이다. (3개 이상 나열되었으니, 민법에서 규정하는 _______가 제시되었다고만 기억하고 구체적인 내용은 문제에서 물어보면 돌아와서 다시 확인하자!) 배우자의 경우는 따로 규정을 두고 있다. 배우자는 1, 2순위자가 있는 경우에 그 상속인과 동순위로 공동 상속인이 되고 1, 2순위자가 없는 때에는 단독 상속인이 된다. 단, 임신한 배우자의 경우에는 태아를 이미 출생한 것으로 보아, 태아의 상속권을 인정한다. (추가적인 설명을 덧붙인 경우는 반드시 문제로 물어보게 되어 있어! 배우자, 특히 _______한 배우자의 경우 _______의 상속권을 인정한다는 점을 짚고 넘어가자.)

상속과 증여에 항상 세금이 부과되는 것은 아니다. ('항상 ~은/는 아니다.'라고 했으니, 예외적인 경우를 설명할 거야.) 일정 금액을 제외하고 세금을 부과하는 공제 제도가 있어서 상속과 증여가 그 금액 이하에서 이루어지면 세금이 부과되지 않는다. 공제 금액은 상속과 증여가 이루어지는 상황과 조건에 따라 달라진다. 상속세와 증여세는 모두 공제 후 남은 금액에 대해 금액이 클수록 세율이 높아지는 누진 세율이 동일하게 적용된다. 따라서 공제 후에 남은 총액이 같으면 상속세와 증여세가 같다고 생각하기 쉽다. 하지만 _______이 같음에도 상속세와 증여세가 _______ 경우에 대한 설명이 이어질 거야.) 그렇지 않은 경우가 있다. 상속세는 사망자의 상속 재산 총액에 대해 세율이 적용되지만, 증여세는 증여받는 사람 각자를 기준으로 세금이 부과되므로 재산을 나누어 증여하면 상속세보다 더 낮은 세율을 적용받을 수 있다. 상속세와 증여세는 공제 후 금액에 대한 _______이 다름

이러한 점을 악용하여 높은 비율의 세금 부담을 피하기 위해 일부 재산을 미리 증여하는 폐단이 있다. 이를 최소화하기 위해(_______을 피하기 위해 미리 _______를 하는 문제 상황을 막기 위한 방안이 제시되겠군.) 증여와 상속 모두 재산을 준 후 10년이 지나야 완전히 이전된 것으로 본다. 그래서 10년 이내의 기간에 동일인에게 증여한 금액이 있는 경우 모두 합산해 증여세를 다시 계산하고, 그 기간에 증여자가 사망하면, 그 증여했던 재산도 상속 재산에 포함하여 세금을 재산정한다. 증여·상속 후 _______년이 지나야 재산이 완전 이전되며, 기간 내 동일인에게 중복 _______하거나 증여자 _______ 시 세금을 재산정함

세금을 재산정할 때, 부동산에 대해서는 주의할 점이 있다. 부동산은 증여 당시의 가치를 기준으로 세금을 정하기 때문이다. 예를 들어, 아버지가 아들에게 시세 2억 원 아파트를 주면서 아들이 증여세를 납부했다

고 하자. 그런데 10년이 경과하기도 전에 아버지가 사망하면 그 아파트도 상속세 부과 대상에 포함된다. 이 경우 현재 그 아파트 가격이 3억 원으로 올랐다 해서 3억 원에 대해 상속세를 계산하는 것이 아니라, 증여한 시점의 가격인 2억 원을 대상으로 상속세를 계산한다. 부동산은 _______를 기준으로 세금을 정함

*방계혈족: 직계혈족을 중심으로 옆으로 갈라진 혈족.

1. 윗글을 바탕으로 〈보기〉의 사례를 해석한 내용으로 적절하지 <u>않은</u> 것은?

〈보기〉

A씨는 가족으로 임신한 아내와 홀어머니가 있다. 그는 유언 없이 사망했다. 그에게는 토지와 예금이 있었는데, 죽기 5년 전에 당시의 시세에 따라 토지를 아내에게 증여하여 세금을 납부한 상황이다.

① 민법에 따라 A씨의 아내와 태아가 공동 상속인이 되겠군.

② 토지와 예금에 대해 서로 다른 세율로 상속세를 부과하겠군.

③ A씨의 아내가 이미 증여받은 토지도 상속세의 부과 대상이 되겠군.

④ A씨의 아내가 임신한 상황이 아니라면, 홀어머니에게도 상속권이 있겠군.

⑤ A씨의 아내가 증여받은 토지에 대해서 현재의 시세를 고려할 필요는 없겠군.

2. 윗글에서 ①과 ②에 들어갈 적절한 단어를 찾아 각각 빈칸에 쓰시오.

| ① | : 어떤 일이나 행동에서 나타나는 옳지 못한 경향이나 해로운 현상. 4문단

예 인사 비리의 ☐☐을 시정하기로 했다.

| ② | : 일정한 시기의 물건값. 5문단

예 ☐☐에 준해서 집을 팔았다.

구 조 도 그 리 기

〈 상속세와 증여세 〉

상속과 증여: 재산을 타인에게 _______으로 이전	
_______: 주는 이가 사망한 후	_______: 주는 이가 생존 시

↓

상속세	증여세
• 부과 목적: 부의 _______________를 위해 • _______________ 제외 후 남은 금액에 _______ 세율 적용 • 재산을 준 후 10년 지나야 완전 _______ 간주 · 10년 내 _______에게 증여한 금액 _______해 증여세 재계산 · 10년 내 증여자 사망 시 _______ 재산도 _______ 재산에 포함해 세금 재산정(_______은 증여 당시 가치를 기준으로 세금 정함)	
• 사망자의 _______________에 세율 적용 • 상속인의 범위는 _______에 규정	• _______________를 기준으로 세금 부과

[3~4] 다음을 읽고 핵심 내용에 밑줄을 치고, 빈칸에 적절한 말을 채우시오. 또한 주어진 물음에 답하시오.

디지털 카메라에는 피사체를 선명하게 촬영하기 위해 초점을 자동으로 맞추는 자동 초점 방식이 활용되고 있다. 자동 초점 방식은 일반적으로 ⊙피사체로부터 반사되는 빛을 활용하여 초점을 맞추는데, 자동 초점 방식에는 대표적으로 대비 검출 방식과 위상차 검출 방식이 있다. ______ 방식의 개념과 두 방식(대비 검출 방식, 위상차 검출 방식)을 제시하고 있어.

대비 검출 방식은 촬영 렌즈를 통해 들어온 빛을 피사체의 상이 맺히는 이미지 센서로 바로 보내 이미지 센서에서 초점을 직접 검출한다. 이 방식은 피사체로부터 반사되어 들어오는 빛들의 밝기 차이인 빛의 대비를 분석하는 원리를 이용한다. 빛의 대비가 클수록 이미지 센서에 맺히는 상이 선명해져 초점이 정확하게 맞게 된다. 이런 원리를 활용해 대비 검출 방식에서는 빛의 대비가 최대치가 되는 지점을 파악하기 위해 촬영 렌즈를 앞뒤로 반복적으로 움직이면서 이미지 센서에 맺힌 상을 분석한다. 자동 초점 방식 (1) 대비 검출 방식: ______ 센서에서 초점 직접 검출(원리: 빛들의 ______ 차이인 빛의 대비 분석) 이 방식은 촬영 렌즈가 반복적으로 움직여야 하므로 초점을 맞추는 속도가 상대적으로 느려 빠르게 움직이는 피사체를 촬영할 때는 초점을 맞추기 힘들다. 단점: 촬영 ______ 반복적 이동 → 초점 맞추는 속도↓ **하지만** (앞에서 ______을 맞추기 힘들다는 단점을 제시했으니 이제 장점을 제시할 거야.) 별도의 센서에서 초점을 검출하지 않고 상이 맺히는 이미지 센서에서 직접 초점을 검출하기 때문에 초점의 정확도가 높으며 오류의 가능성이 낮다. 장점: 초점의 정확도(↑/↓), 오류의 가능성(↑/↓)

위상차 검출 방식은 상이 맺히는 이미지 센서가 직접 초점을 검출하지 않고 AF 센서에서 초점을 검출한다. 이 방식은 AF 센서에 맺히는 빛의 위치 차이인 위상차를 분석하는 원리를 이용한다. 자동 초점 방식 (2) 위상차 검출 방식: ______ 센서에서 초점 검출(원리: 빛이 맺히는 ______ 차이인 위상차 분석) 위상차 검출 방식을 활용하여 초점을 맞추는 과정은 **일반적으로 다음과 같이 진행된다.** (______ 과정이 제시되면 정확히 파악하자.) 우선 피사체로부터 반사된 빛은 촬영 렌즈를 통해 들어와, 주 반사 거울에서 반사되거나 주 반사 거울을 통과하게 된다. 주 반사 거울에서 반사된 빛은 뷰파인더로 보내져 촬영자가 피사체를 눈으로 확인할 수 있게 해 준다. 한편 주 반사 거울을 통과한 빛은 보조 반사 거울에서 반사되어 한 쌍의 마이크로 렌즈를 통과하면서 분리되고 각각의 AF 센서에 도달하게 된다. 과정: 촬영 렌즈에 들어온 빛 → ① 주 반사 거울에서 ______된 경우: 뷰파인더로 이동, ② 주 반사 거울을 ______한 경우: 보조 반사 거울에서 반사 → 한 쌍의 마이크로 렌즈 통과하며 분리 → 각 AF 센서에 도달 이때 AF 센서에서는 광학적으로 이미 결정되어 있는 위상차 기준값과, 새롭게 측정한 위상차 값을 비교하여 초점이 맞았는지를 판단하게 된다.

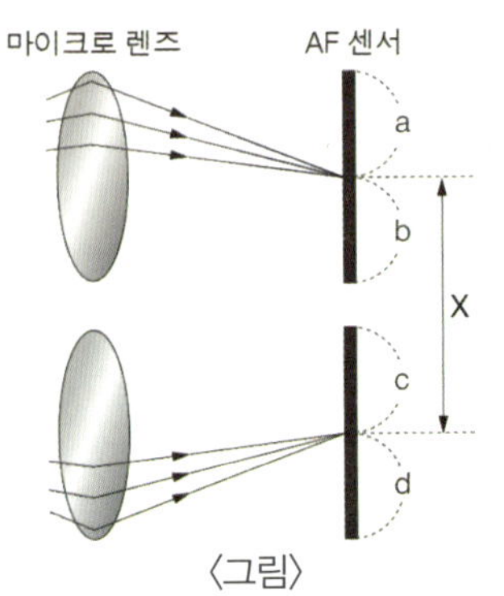

〈그림〉과 같이 한 쌍의 마이크로 렌즈를 지난 빛들이 각각의 AF 센서 표면의 한 점에서 수렴되면, (<그림>을 활용하여 앞서 제시한 ______ 검출 방식을 자세하게 설명하려 하는군.) 이 두 점 사이의 간격인 위상차 값 X가 광학적으로 이미 결정되어 있는 위상차 기준값과 일치하게 되어 AF 센서는 초점이 맞았다고 판단한다. **하지만 〈그림〉의 상황과 달리** (위상차 값이 ______과 일치하지 않는 경우에 대해 설명하겠지?) 마이크로 렌즈를 지난 빛들이

AF 센서에 도달하기 전에 수렴하게 되면 빛들은 각각 AF 센서의 b 영역과 c 영역에 퍼져서 도달한다. 이 경우 측정된 위상차 값은 정해진 위상차 기준값보다 작아지기 때문에 초점을 맞추기 위해 촬영 렌즈를 뒤로 이동시킨다. 빛들이 AF 센서에 도달하기 전에 수렴한 경우: 측정 위상차 값 (< / >) 정해진 위상차 기준값 → 촬영 렌즈를 뒤로 이동 **반대로** (앞선 사례와 반대인 경우를 설명할 거야.) 마이크로 렌즈를 지난 빛들이 AF 센서에 도달할 때까지 수렴하지 못하게 되면 빛들은 각각 AF 센서의 a 영역과 d 영역에 퍼져서 도달한다. 이 경우 측정된 위상차 값은 정해진 위상차 기준값보다 커지기 때문에 초점을 맞추기 위해 촬영 렌즈를 앞으로 이동시킨다. 빛들이 AF 센서에 도달할 때까지 수렴하지 못한 경우: 측정 위상차 값 (< / >) 정해진 위상차 기준값 → 촬영 렌즈를 앞으로 이동 이 방식은 AF 센서에서 초점을 검출하여 촬영 렌즈를 한 번만 이동시키기 때문에 초점을 맞추는 속도가 상대적으로 빠르다. 장점: 촬영 렌즈를 한 번만 이동 → 초점 맞추는 속도 (↑/↓)

3. ⊙에 대한 설명으로 적절하지 <u>않은</u> 것은?

① 대비 검출 방식에서 ⊙은 촬영 렌즈를 통해 들어와 이미지 센서로 바로 보내진다.

② 대비 검출 방식에서 촬영 렌즈는 ⊙의 대비가 최대치가 되는 지점을 찾기 위해 반복하여 움직인다.

③ 위상차 검출 방식에서 주 반사 거울을 통과한 ⊙은 보조 반사 거울에서 반사된다.

④ 위상차 검출 방식에서 ⊙은 초점을 이미지 센서에서 검출하기 위해 마이크로 렌즈로 이동한 후 분리된다.

⑤ 위상차 검출 방식에서 주 반사 거울에서 반사된 ⊙은 촬영자가 피사체를 눈으로 직접 확인할 수 있는 뷰파인더로 보내진다.

4. 윗글에서 ①과 ②에 들어갈 적절한 단어를 찾아 각각 빈칸에 쓰시오.

| ① | : 목적한 곳이나 수준에 다다름. **3문단** |

예 오랜 항해 끝에 마침내 육지에 [ ][ ]하였다.

| ② | : 광선, 유체, 전류 따위가 한 점에 모이는 일. **4문단** |

예 허공에 쏘아 올린 여러 다발의 광선이 한 점으로 [ ][ ]되었다.

구 조 도 그 리 기

〈 자동 초점 방식 〉

종류

(1) ______ 검출 방식
- 원리: 빛의 대비 분석 → 빛의 대비가 (클수록/작을수록) 초점이 정확하게 맞음
- 과정: 빛 → 촬영 렌즈 통과 → 이미지 센서에서 초점 검출

(2) __________ 검출 방식
- 원리: AF 센서에 맺히는 빛의 위치 차이(위상차) 분석
- 과정: 촬영 렌즈에 들어온 빛
  ① 주 반사 거울에서 반사된 경우: ______로 이동 → 촬영자가 피사체 확인
  ② 주 반사 거울을 통과한 경우: 보조 반사 거울에서 반사 → 한 쌍의 마이크로 렌즈 통과 → 각각의 ______ 도달 → 결정된 위상차 ______과 새로 측정된 위상차 값을 비교하여 초점 조정

[3~4] 고3 2022학년도 4월 학평「자동 초점 방식」

① 디지털 카메라에는 피사체를 선명하게 촬영하기 위해 초점을 자동으로 맞추는 자동 초점 방식이 활용되고 있다. 자동 초점 방식은 일반적으로 ⓘ피사체로부터 반사되는 빛을 활용하여 초점을 맞추는데, 자동 초점 방식에는 대표적으로 대비 검출 방식과 위상차 검출 방식이 있다. 자동 초점 방식의 개념과 두 방식(대비 검출 방식, 위상차 검출 방식)을 제시하고 있어.

② 대비 검출 방식은 촬영 렌즈를 통해 들어온 빛을 피사체의 상이 맺히는 이미지 센서로 바로 보내 이미지 센서에서 초점을 직접 검출한다. 이 방식은 피사체로부터 반사되어 들어오는 빛들의 밝기 차이인 빛의 대비를 분석하는 원리를 이용한다. 빛의 대비가 클수록 이미지 센서에 맺히는 상이 선명해져 초점이 정확하게 맞게 된다. 이런 원리를 활용해 대비 검출 방식에서는 빛의 대비가 최대치가 되는 지점을 파악하기 위해 촬영 렌즈를 앞뒤로 반복적으로 움직이면서 이미지 센서에 맺힌 상을 분석한다. 자동 초점 방식 (1) 대비 검출 방식: 이미지 센서에서 초점 직접 검출(원리: 빛들의 **밝기** 차이인 빛의 대비 분석) 이 방식은 촬영 렌즈가 반복적으로 움직여야 하므로 초점을 맞추는 속도가 상대적으로 느려 빠르게 움직이는 피사체를 촬영할 때는 초점을 맞추기 힘들다. 단점: 촬영 렌즈 반복적 이동 → 초점 맞추는 속도↓ 하지만(앞에서 초점을 맞추기 힘들다는 단점을 제시했으니 이제 장점을 제시할 거야.) 별도의 센서에서 초점을 검출하지 않고 상이 맺히는 이미지 센서에서 직접 초점을 검출하기 때문에 초점의 정확도가 높으며 오류의 가능성이 낮다. 장점: 초점의 정확도↑, 오류의 가능성↓

③ 위상차 검출 방식은 상이 맺히는 이미지 센서가 직접 초점을 검출하지 않고 AF 센서에서 초점을 검출한다. 이 방식은 AF 센서에 맺히는 빛의 위치 차이인 위상차를 분석하는 원리를 이용한다. 자동 초점 방식 (2) 위상차 검출 방식: AF 센서에서 초점 검출(원리: 빛이 맺히는 **위치** 차이인 위상차 분석) 위상차 검출 방식을 활용하여 초점을 맞추는 과정은 일반적으로 다음과 같이 진행된다. (진행 과정이 제시되면 정확히 파악하자.) 우선 피사체로부터 반사된 빛은 촬영 렌즈를 통해 들어와, 주 반사 거울에서 반사되거나 주 반사 거울을 통과하게 된다. 주 반사 거울에서 반사된 빛은 뷰파인더로 보내져 촬영자가 피사체를 눈으로 확인할 수 있게 해 준다. 한편 주 반사 거울을 통과한 빛은 보조 반사 거울에서 반사되어 한 쌍의 마이크로 렌즈를 통과하면서 분리되고 각각의 AF 센서에 도달하게 된다. 과정: 촬영 렌즈에 들어온 빛 → ① 주 반사 거울에서 반사된 경우: 뷰파인더로 이동, ② 주 반사 거울을 **통과**한 경우: 보조 반사 거울에서 반사 → 한 쌍의 마이크로 렌즈 통과하며 분리 → 각 AF 센서에 도달 이때 AF 센서에서는 광학적으로 이미 결정되어 있는 위상차 기준값과, 새롭게 측정한 위상차 값을 비교하여 초점이 맞았는지를 판단하게 된다.

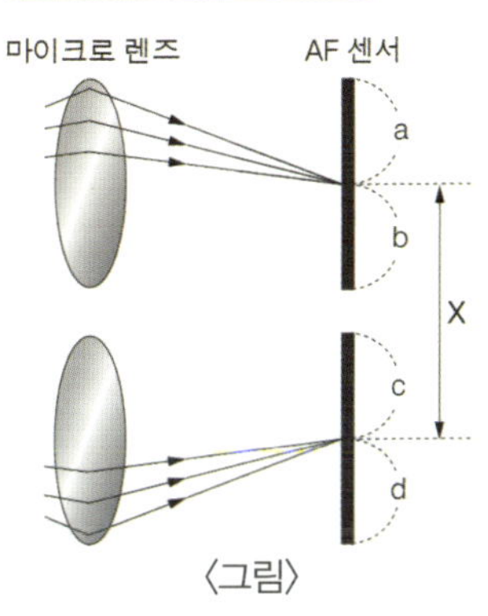

④ 〈그림〉과 같이 한 쌍의 마이크로 렌즈를 지난 빛들이 각각의 AF 센서 표면의 한 점에서 수렴되면,(〈그림〉을 활용하여 앞서 제시한 **위상차** 검출 방식을 자세하게 설명하려 하는군.) 이 두 점 사이의 간격인 위상차 값 X가 광학적으로 이미 결정되어 있는 위상차 기준값과 일치하게 되어 AF 센서는 초점이 맞았다고 판단한다. 하지만 〈그림〉의 상황과 달리(위상차 값이 기준값과 일치하지 않는 경우에 대해 설명하겠지?) 마이크로 렌즈를 지난 빛들이 AF 센서에

도달하기 전에 수렴하게 되면 빛들은 각각 AF 센서의 b 영역과 c 영역에 퍼져서 도달한다. 이 경우 측정된 위상차 값은 정해진 위상차 기준값보다 작아지기 때문에 초점을 맞추기 위해 촬영 렌즈를 뒤로 이동시킨다. 빛들이 AF 센서에 도달하기 전에 수렴한 경우: 측정 위상차 값 < 정해진 위상차 기준값 → 촬영 렌즈를 뒤로 이동 반대로(앞선 사례와 반대인 경우를 설명할 거야.) 마이크로 렌즈를 지난 빛들이 AF 센서에 도달할 때까지 수렴하지 못하게 되면 빛들은 각각 AF 센서의 a 영역과 d 영역에 퍼져서 도달한다. 이 경우 측정된 위상차 값은 정해진 위상차 기준값보다 커지기 때문에 초점을 맞추기 위해 촬영 렌즈를 앞으로 이동시킨다. 빛들이 AF 센서에 도달할 때까지 수렴하지 못한 경우: 측정 위상차 값 > 정해진 위상차 기준값 → 촬영 렌즈를 앞으로 이동 이 방식은 AF 센서에서 초점을 검출하여 촬영 렌즈를 한 번만 이동시키기 때문에 초점을 맞추는 속도가 상대적으로 빠르다. 장점: 촬영 렌즈를 한 번만 이동 → 초점 맞추는 속도↑

3. ④

> 3문단에 따르면 위상차 검출 방식은 'AF 센서에 맺히는 빛의 위치 차이인 위상차를 분석하는 원리를 이용'하여 초점을 검출하므로, 대비 검출 방식과 달리 상이 맺히는 이미지 센서에서 직접 초점을 검출하지 않는다.

① 2문단에 따르면, 대비 검출 방식은 '촬영 렌즈를 통해 들어온 빛을 피사체의 상이 맺히는 이미지 센서로 바로 보내 이미지 센서에서 초점을 직접 검출'함을 알 수 있다.

② 2문단에 따르면, 대비 검출 방식은 '빛의 대비가 최대치가 되는 지점을 파악하기 위해 촬영 렌즈를 앞뒤로 반복적으로 움직이면서 이미지 센서에 맺힌 상을 분석'함을 알 수 있다.

③ 3문단에 따르면, 위상차 검출 방식에서 '주 반사 거울을 통과한 빛은 보조 반사 거울에서 반사되어 한 쌍의 마이크로 렌즈를 통과하면서 분리되고 각각의 AF 센서에 도달'하게 됨을 알 수 있다.

⑤ 3문단에 따르면, 위상차 검출 방식은 '주 반사 거울에서 반사된 빛은 뷰파인더로 보내져 촬영자가 피사체를 눈으로 확인할 수 있'음을 알 수 있다.

4. ① 도달 ② 수렴

구 조 도 그 리 기
〈 자동 초점 방식 〉

| 종류 | (1) 대비 검출 방식
• 원리: 빛의 대비 분석 → 빛의 대비가 클수록 초점이 정확하게 맞음
• 과정: 빛 → 촬영 렌즈 통과 → 이미지 센서에서 초점 검출

(2) 위상차 검출 방식
• 원리: AF 센서에 맺히는 빛의 위치 차이(위상차) 분석
• 과정: 촬영 렌즈에 들어온 빛
　① 주 반사 거울에서 반사된 경우: 뷰파인더로 이동 → 촬영자가 피사체 확인
　② 주 반사 거울을 통과한 경우: 보조 반사 거울에서 반사 → 한 쌍의 마이크로 렌즈 통과 → 각각의 AF 센서 도달 → 결정된 위상차 기준값과 새로 측정된 위상차 값을 비교하여 초점 조정 |

[1~2] 고2 2016학년도 6월 학평 「상속세와 증여세」

① 재산을 무상으로 타인에게 이전하는 것에는 '상속'과 '증여'가 있다. 상속은 재산을 주는 이가 사망했을 때, 증여는 재산을 주는 이가 생존해 있을 때 이루어진다. 상속: 주는 이가 사망 후, 재산을 타인에게 무상 이전 vs. 증여: 주는 이가 생존 시, 재산을 타인에게 무상 이전 상속과 증여에는 세금을 부과하는데 이를 각각 상속세, 증여세라 한다. 이는 부의 세습을 통한 부익부 빈익빈 현상의 심화를 막고, 부를 사회적으로 재분배하기 위해서이다. 상속과 증여에 세금을 부과하는 목적: 부익부 빈익빈의 심화 억제, 부의 사회적 재분배

② 상속과 증여는 모두 재산을 주는 이의 의지에 따라 재산을 받는 이가 결정되고, 재산을 받는 이가 세금 납부 의무자가 된다. 그런데 상속의 경우 재산을 물려주는 이가 유언 없이 사망하였을 때, 그의 상속 의지를 알 수 없다. 이(재산을 물려주는 이가 유언 없이 사망하여 상속 의지를 알 수 없는 경우)에 대비하여 상속인의 범위를 민법에 명확히 규정하고 있다. 민법에 따르면 상속 1순위는 자녀, 손자와 같은 직계비속이고, 2순위는 부모, 조부모와 같은 직계존속, 3순위는 형제자매, 4순위는 조카, 백부모, 숙부모와 같은 4촌 이내의 방계혈족이다. (3개 이상 나열되었으니, 민법에서 규정하는 상속인의 범위가 제시되었다고만 기억하고 구체적인 내용은 문제에서 물어보면 돌아와서 다시 확인하자!) 배우자의 경우는 따로 규정을 두고 있다. 배우자는 1, 2순위자가 있는 경우에 그 상속인과 동순위로 공동 상속인이 되고 1, 2순위자가 없는 때에는 단독 상속인이 된다. 단, 임신한 배우자의 경우에는 태아를 이미 출생한 것으로 보아, 태아의 상속권을 인정한다. (추가적인 설명을 덧붙인 경우는 반드시 문제로 물어보게 되어 있어! 배우자, 특히 임신한 배우자의 경우 태아의 상속권을 인정한다는 점을 짚고 넘어가자.)

③ 상속과 증여에 항상 세금이 부과되는 것은 아니다. ('항상 ~은/는 아니다.'라고 했으니, 예외적인 경우를 설명할 거야.) 일정 금액을 제외하고 세금을 부과하는 공제 제도가 있어서 상속과 증여가 그 금액 이하에서 이루어지면 세금이 부과되지 않는다. 공제 금액은 상속과 증여가 이루어지는 상황과 조건에 따라 달라진다. 상속세와 증여세는 모두 공제 후 남은 금액에 대해 금액이 클수록 세율이 높아지는 누진 세율이 동일하게 적용된다. 따라서 공제 후에 남은 총액이 같으면 상속세와 증여세가 같다고 생각하기 쉽다. 하지만(공제 후 남은 총액이 같음에도 상속세와 증여세가 다른 경우에 대한 설명이 이어질 거야.) 그렇지 않은 경우가 있다. 상속세는 사망자의 상속 재산 총액에 대해 세율이 적용되지만, 증여세는 증여받는 사람 각자를 기준으로 세금이 부과되므로 재산을 나누어 증여하면 상속세보다 더 낮은 세율을 적용받을 수 있다. 상속세와 증여세는 공제 후 금액에 대한 세금 부과 기준이 다름

④ 이러한 점을 악용하여 높은 비율의 세금 부담을 피하기 위해 일부 재산을 미리 증여하는 폐단이 있다. 이를 최소화하기 위해(세금 부담을 피하기 위해 미리 증여를 하는 문제 상황을 막기 위한 방안이 제시되겠군.) 증여와 상속 모두 재산을 준 후 10년이 지나야 완전히 이전된 것으로 본다. 그래서 10년 이내의 기간에 동일인에게 증여한 금액이 있는 경우 모두 합산해 증여세를 다시 계산하고, 그 기간에 증여자가 사망하면, 그 증여했던 재산도 상속 재산에 포함하여 세금을 재산정한다. 증여·상속 후 10년이 지나야 재산이 완전 이전되며, 기간 내 동일인에게 중복 증여하거나 증여자 사망 시 세금을 재산정함

⑤ 세금을 재산정할 때, 부동산에 대해서는 주의할 점이 있다. 부동산은 증여 당시의 가치를 기준으로 세금을 정하기 때문이다. 예를 들어, 아버지가 아들에게 시세 2억 원 아파트를 주면서 아들이 증여세를 납부했다

고 하자. 그런데 10년이 경과하기도 전에 아버지가 사망하면 그 아파트도 상속세 부과 대상에 포함된다. 이 경우 현재 그 아파트 가격이 3억 원으로 올랐다 해서 3억 원에 대해 상속세를 계산하는 것이 아니라, 증여한 시점의 가격인 2억 원을 대상으로 상속세를 계산한다. 부동산은 증여 당시의 가치를 기준으로 세금을 정함

1. ②

5문단에서 '부동산은 증여 당시의 가치를 기준으로 세금을 정'한다는 예외적인 사항을 언급했으나, 이는 토지나 예금의 상속세를 계산하는 세율이 다르게 적용된다는 의미가 아니다. 윗글에서 토지와 예금에 서로 다른 세율로 상속세가 부과된다고 판단할 만한 근거는 찾을 수 없다.

① 2문단에서 '임신한 배우자'에 대해서는 '태아의 상속권을 인정'한다고 했는데, 민법에 따르면 자녀는 '상속 1순위'에 해당하고, '배우자는 1, 2순위자가 있는 경우에 그 상속인과 동순위로 공동 상속인'이 되므로, A씨의 아내와 태아는 공동 상속인이 된다.

③ 4문단에 따르면 증여나 상속 후 '10년 이내의 기간'에 증여자가 사망하면 '그 증여했던 재산도 상속 재산에 포함하여 세금을 재산정'하므로, A씨의 아내가 5년 전에 증여받은 토지는 상속세의 부과 대상이 된다.

④ 2문단에서 '부모, 조부모와 같은 직계존속'은 상속 2순위에 해당하는데, 이렇게 '1, 2순위자가 있는 경우' 배우자는 '그 상속인과 동순위로 공동 상속인'이 된다고 했다. 따라서 A씨의 아내가 임신한 상황이 아니라서 상속 1순위에 해당하는 자녀가 없다면, 상속 2순위에 해당하는 홀어머니와 A씨의 아내가 공동 상속인이 된다.

⑤ 5문단에서 '부동산은 증여 당시의 가치를 기준으로 세금을 정'한다고 했으므로, A씨의 아내가 증여받은 토지에 대한 현재의 시세는 고려할 필요가 없다.

2. ① 폐단 ② 시세

구 조 도 그 리 기

〈 상속세와 증여세 〉

상속과 증여: 재산을 타인에게 무상으로 이전	
상속: 주는 이가 사망한 후	증여: 주는 이가 생존 시

↓

상속세	증여세
• 부과 목적: 부의 사회적 재분배를 위해 • 공제 금액 제외 후 남은 금액에 누진 세율 적용 • 재산을 준 후 10년 지나야 완전 이전 간주 · 10년 내 동일인에게 증여한 금액 합산해 증여세 재계산 · 10년 내 증여자 사망 시 증여 재산도 상속 재산에 포함해 세금 재산정 (부동산은 증여 당시 가치를 기준으로 세금 정함)	
• 사망자의 상속 재산 총액에 세율 적용 • 상속인의 범위는 민법에 규정	• 증여받는 사람 각자를 기준으로 세금 부과

[1~2] 다음을 읽고 핵심 내용에 밑줄을 치고, 빈칸에 적절한 말을 채우시오. 또한 주어진 물음에 답하시오.

출퇴근에 대한 관념은 근대 이후에 형성되었다. 집과 일터의 경계가 뚜렷하지 않았던 전근대 사회와 달리('달리'는 놓쳐서는 안 되지! 집과 일터의 ______가 뚜렷하게 나타난 상황을 제시할 거야.) 19세기 이후의 도시적 삶에서는 주거를 위한 사적 공간과 노동을 위한 공적 공간이 분리되었다. 여가를 즐길 수 있는 곳은 사적 공간으로, 경제적 활동을 하는 곳은 공적 공간으로 인식되었으며 이 둘의 관계는 내부와 외부, 실내와 거리의 관계에 대응된다. 19세기 이후 출퇴근에 대한 관념이 형성되면서 주거를 위한 ______ 공간과 노동을 위한 ______ 공간이 분리됨

게오르크 짐멜은 대표적인 사적 공간인 실내의 공간적 의미를 도시의 삶과 관련지어 분석하였다. 짐멜은 도시에서 살아가는 개인이 외적 자극의 과잉으로 인해 신경과민에 빠지게 되는데, 이에 대응하는 전형적인 방식이 내면으로의 침잠이라고 설명하였다. 짐멜의 분석: 외적 자극 ______ → 신경과민 → 대응: 내면으로 침잠 외부와 차단된 실내는 내면을 지키기에 가장 유리한 공간이라는 것이다. 또한(______의 주장을 추가적으로 나열하고 있어.) 짐멜은 개인이 개성을 실현할 수 있는 공간이라는 의미를 실내에 부여하였다. 19세기에는 실내를 가구와 공예품으로 빈틈없이 장식하는 것이 유행했는데, 그는 다양한 양식을 지닌 사물을 취향에 따라 조합함으로써 일상에서 개성을 드러낼 수 있다는 점에서 이를 긍정적으로 평가하였다. 또 양식이라는 보편적인 표현 형태를 매개로 하는 공예품은 평온함과 안정감을 줄 수 있다고 덧붙였다. 실내의 공간적 의미: (1) ______을 지키기에 유리함, (2) 평온함과 안정감을 주는 ______을 통해 개성 표출 가능 ㉠실내에 대한 짐멜의 설명은 도시적 삶이 가져오는 불안과 몰개성을 사적 공간에서 해소하려는 개인의 욕망에 부응한다. 실내가 개인의 은신처이자 일상의 심미화를 추구할 수 있는 공간으로 자리매김함에 따라, 거주자를 외부로부터 보호하고 자유로운 개성 표현을 보장하는 실내의 설계가 당시 건축의 주요한 구성 원리로 등장하였다. 당시 주요한 실내 건축 구성 원리: 외부로부터의 보호와 자유로운 ______ 표현을 보장하는 실내 설계

발터 베냐민은 실내 장식에 집착한 19세기의 주거 문화를 '주거 중독증'으로 표현하면서 이는 도시의 공적 공간에서 개인적 흔적을 남길 수 없는 데 대한 보상 심리에서 기인한 것이라고 설명하였다. 베냐민이 19세기 주거 문화에 대해 (옹호하는/비판적인) 입장임을 추론할 수 있군. 베냐민은 실내가 사회적 세계와의 연관성을 잃어가면서 점점 더 인위적인 공간이 되었으며 그곳에서의 은둔은 공적 공간으로부터의 도피를 의미한다고 보았다. 그는 신화나 자연에서 모티프를 딴 가구와 공예품들의 조합을 통해 몽환적 분위기를 조성했던 19세기의 실내 풍경을 예로 들면서, 이러한 실내는 거주자를 환상에 빠지게 함으로써 도피에 대한 욕망을 충족시킬 뿐이라고 주장하였다. 베냐민은 19세기 실내가 공적 공간으로부터의 ______ 욕망을 충족할 뿐이라 보았군.

실내에 대한 베냐민의 비판적 고찰은 사적 공간과 공적 공간의 괴리를 문제 삼는 데로 이어지는데, 이때 베냐민이 주목한 것은 파리의 '파사주'이다. 파사주는 몇 채의 건물을 잇는 통로 형태의 상가로, 베냐민에 따르면 유행의 리듬이 지배하는 최초의 자본주의적 소비 공간이다. 유행은 새로운 것을 부단히 연출함으로써 상품을 향한 욕망을 재생산한다. 서로 마주 보는 상점들이 늘어선 구조는 오가는 이들의 시선을 붙잡아 소비를 부추겼다. 파사주의 특징 (1) 마주 보는 상점들이 늘어선 통로 형태의 상가 → 최초의 자본주의적 ______ 공간으로서 소비를 부추김 또한 파사주는 건축학적으로 거리와 실내 사이에 위치하는 '사이공간'이다. 베냐민은 그렇기 때문에 파사주에서는 외부와 내부가 혼동되는 경험이 가능하다고 보았다. 전적으로 공적이지도 않고 사적이지도 않은 중간 영역의 존재는 경계 해체의 단초를 제공한다. 파사주의 특징 (2) 거리(외부)와 실내(내부) 사이에 존재하는 '______' → 중간 영역 (경계 해체의 단초 제공)

사적 공간과 공적 공간의 분리를 신봉하는 낡은 개념을 대신할 새로운 주거 개념을 탐색하면서, 베냐민은 신건축과의 관계에서 파사주의 의미를 다시 조명하였다. 1920년대에 등장한 신건축은 산업 기술의 발전에도 불구하고 건축의 미학화 경향이 지속되는 상황에 대한 반론의 성격을 띤다. 베냐민은 공간의 이분법을 극복하려는 사유의 연장선상에서 신건축의 구성 원리를 탐구하였다. 신건축에서는 철골을 재료로 사용하면서 벽을 제거하는 설계가 가능해져 내부와 외부의 경계를 완화할 수 있게 되었다. 신건축의 특징 (1) 벽 제거 → 내·외부 경계 ______ 또 빛이 투과하는 유리 사용의 확대는 내부와 외부의 통합을 공간적으로 구현할 수 있게 했다. 신건축의 특징 (2) 유리 사용 확대 → 내·외부 통합을 ______으로 구현 이에 비해 파사주는(______과는 다른 파사주의 한계에 대해 제시할 거야.) 새로운 재료를 사용하면서도 과거의 건축 양식들이 절충적으로 혼합되어 지어졌다는 점에서 기술의 발전에 부합하는 건축 양식으로 이어지지 못했다는 것이 베냐민의 설명이다. 파사주의 한계: 기술 ______에 부합하는 건축 양식으로 이어지지 못함 이처럼 베냐민은 파사주의 한계를 지적하면서도, 외부로부터 차단된 '그릇 속에서의 삶'이 지배했던 19세기에서 '관계와 투과'의 원리가 지배하는 20세기로 넘어가는 문지방의 의미를 파사주에서 발견하였다. 베냐민은 신건축과의 관계에서 ______의 의미를 재조명함

1. ㉠을 이해한 내용으로 적절하지 <u>않은</u> 것은?

① 주거와 여가를 구분하면 일상의 심미화가 가능하다고 보았다.

② 신경과민 상태의 개인이 내면을 보호하려는 자구책이라고 보았다.

③ 양식화된 공예품의 조합에 따라 개인의 개성이 표현된다고 보았다.

④ 양식의 보편성을 매개로 평온함과 안정감을 얻을 수 있다고 보았다.

⑤ 도시적 삶에서 오는 자극에 대응하기 위하여 내면으로의 침잠이 나타나게 된다고 보았다.

2. 윗글에서 ①과 ②에 들어갈 적절한 단어를 찾아 각각 빈칸에 쓰시오.

①	: 마음을 가라앉혀서 깊이 생각하거나 몰입함. **2문단**
예	그는 눈을 감고 상상 속의 세계로 깊이 □□하였다.

②	: 일이나 사건을 풀어 나갈 수 있는 첫머리. **4문단**
예	그가 제시한 증언은 사건 해결의 □□가 되었다.

구 조 도 그 리 기

< 19세기의 실내에 대한 짐멜과 베냐민의 견해 >

짐멜	• ______ 자극으로부터 개인의 내면을 지킬 수 있는 공간 • 다양한 양식을 지닌 사물을 ______하여 ______을 드러낼 수 있음
베냐민	• 사회적 세계와의 연관성을 잃어 ______이게 된 공간 • ______ 공간으로부터의 도피처 • ______과의 관계에서 파사주의 의미를 재조명함

[3~4] 다음을 읽고 핵심 내용에 밑줄을 치고, 빈칸에 적절한 말을 채우시오. 또한 주어진 물음에 답하시오.

에너지 공급 분야의 혁신 기술 중 하나로 각광받고 있는 태양전지는 태양광 에너지를 전기 에너지로 변환하는 반도체 소자 또는 그들의 집합체를 말한다. 태양전지: 태양광 에너지를 ＿＿＿＿ 에너지로 변환하는 반도체 소자 또는 그 집합체 현재 가장 많이 사용되고 있는 태양전지인 실리콘 태양전지는 무기 반도체 소재로 만들어진 것으로, 광전 변환 효율이 높고 사용 수명이 길지만 가격이 고가이고 가공성이 떨어진다. 실리콘 태양전지: 광전 변환 효율↑, 수명(↑/↓), 가격↑, 가공성↓ 유기 물질을 재료로 사용하는 유기 태양전지는 가격은 저렴하고 가공성이 뛰어나지만 광전 변환 효율이 낮고 사용 수명이 짧다. 유기 태양전지: 광전 변환 효율↓, 수명↓, 가격(↑/↓), 가공성↑ **이에 따라**(앞에서 제시한 ＿＿＿＿＿들의 문제점에 따른 대안이 제시될 거야.) 저가로 제작이 가능하고 광전 변환 효율이 높은 유-무기 하이브리드 태양전지인 페로브스카이트 태양전지가 주목받고 있다. 페로브스카이트 태양전지는 광전 변환 효율이 (낮고/높고) 저가로 제작이 가능하다고 해.

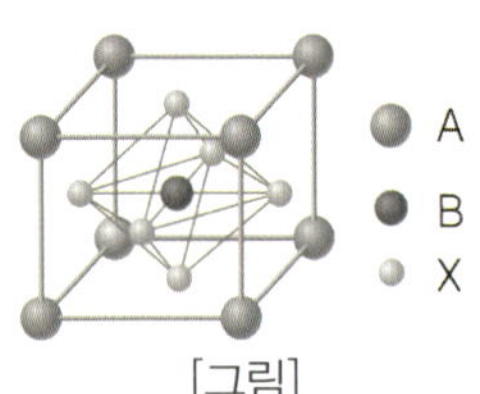

[그림]

페로브스카이트는 [그림]과 같이 정육면체의 꼭짓점에 크기가 큰 양이온(A)이 있고, 가운데에 작은 양이온(B)이, 각 면 중앙에 음이온(X)이 존재하는, 큐빅 구조의 결정을 가진 물질들을 가리킨다. 페로브스카이트는 이온 간 결합 에너지가 작아 약한 에너지 자극에도 반응이 활발하며, 빛에 의해 전하, 즉 전자(⊖)와 정공(⊕)을 생성하는 성능이 뛰어나다. 화학적 합성이 가능한 여러 이온들이 A, B, X 자리에 올 수 있어 다양한 종류의 페로브스카이트가 형성된다. 페로브스카이트의 특징: (1) 이온 간 ＿＿＿＿ 에너지↓ → 반응 활발, (2) 전자·정공 ＿＿＿＿ 성능↑ 그중 ㉠태양전지에 사용되는 페로브스카이트는 A에 유기 양이온이, B에 무기 금속 양이온이, X에는 음이온이 온다. 이온의 종류에 따라 결정 구조가 달라질 수 있고, 결정 구조가 달라지면 전하의 생성량에 영향을 미친다. A, B, X 자리에 두 개 이상의 원자가 결합된 이온이 올 경우에는 광전 변환 효율이 높아질 수 있다. 태양전지에 사용되는 페로브스카이트: A(유기 양이온), B(무기 금속 양이온), X(음이온) 자리에 둘 이상의 원자가 결합된 이온이 올 경우 ＿＿＿＿＿ 효율↑

페로브스카이트 태양전지는 광전 변환을 위해 협력하는 **여러 층으로 구성되어 있다.** (페로브스카이트 태양전지를 구성하는 여러 층을 하나씩 정리해 가며 읽자!) 투명 전도성 산화물(TCO)층은 페로브스카이트 태양전지의 전면 전극 역할을 하는 것으로, 전류가 잘 흐르고 빛이 잘 투과하는 산화물 유리 기판*을 사용한다. (1) 투명 전도성 산화물(TCO)층: 전면 전극 역할, ＿＿＿＿＿ 유리 기판 사용 전자 수송층은 페로브스카이트층에서 만들어진 전자를 TCO층에 전달하는 역할을 하는 층으로, 두 층의 직접적인 접촉을 막아 광전 변환 효율을 높인다. 전자 수송층에는 무기 반도체 금속 산화물인 이산화 타이타늄이 사용되고 있다. 이산화 타이타늄은 내부에 나노 크기의 공기 구멍을 가진 다공질 구조로 되어 있어 전자 수송에 용이하고, 페로브스카이트층과의 흡착력을 높여 태양광 입자가 최대한 흡수되도록 한다. (2) 전자 수송층: 페로브스카이트층에서 생성된 전자를 ＿＿＿＿＿에 전달, 이산화 타이타늄(전자 수송 용이, 태양광 입자 흡수 도움) 사용 태양광이 TCO층과 전자 수송층을 지나 중심부인 페로브스카이트층에 도달하여 흡수되면 전자가 높은 에너지를 갖게 되어 본래의 자리를 이탈하게 된다. 전자가 있던 자리에는 정공이 만들어지고, 이들은 각각 반대 방향으로 이동한다. (3) 페로브스카이트층: 태양광이 흡수되면서 전자의 에너지↑ → 전자가 ＿＿＿＿한 자리에 정공 생성 → 각각 반대 방향으로 이동 정공 수송층은 페로브스카이트층에서 생성된 정공을 후면 전극으로 수송하는 층이다. 열에 안정적이고 합성이 간단한 유기 반도체 소재가 사용되는데, 이는 전도성을 높이고 정공이 효율적으로 이동할 수 있도록 하기 위해서이다. (4) 정공 수송층: 정공을 ＿＿＿＿＿으로 수송, 유기 반도체 소재(정공의 효율적 이동) 사용 후면 전극은 전기화학적으로 안정적인 금이나 알루미늄 등으로 만들어 광전 변환 효율을 높인다. (5) 후면 전극: 광전 변환 효율(↑/↓), 금 또는 알루미늄 사용 페로브스카이트층에서 생성된 전자와 정공은 각각의 수송층을 통하여 양쪽 전극에 도달한다. 이에 따라 음극에서 양극으로의 전자 이동이 가능한 외부 회로가 형성되고 전류의 흐름이 가능해진다. 정리: 페로브스카이트층에서 전자·정공 생성 → 각 수송층 통해 양쪽(전면, 후면) 전극 도달 → ＿＿＿＿＿ 형성 → 전류 흐름 가능

페로브스카이트 태양전지는 곡면 형태로도 제작이 가능하며, 빛 투과도나 색채도 조절할 수 있어 다양한 분야에 사용이 가능하다. **다만,**('다만'과 같은 표현 뒤에는 예외적인 내용이 나오기도 하니까 눈여겨보자!) 상용화를 위해서는 실리콘 태양전지보다 낮은 에너지 변환 효율, 짧은 사용 수명, 친환경적이지 않은 소재 사용 등의 문제들이 해결되어야 한다. 이를 위해 관련 연구가 활발하게 진행되고 있다. ① 장점: ＿＿＿＿＿ 형태 제작 가능, 빛 투과도·색채 조절 가능, ② 단점: 실리콘 태양전지보다 에너지 변환 효율↓, 수명↓, ＿＿＿＿＿ 소재 X

＊기판: 전기 회로가 편성되어 있는 판.

---

3. ㉠에 대한 이해로 적절하지 <u>않은</u> 것은?

① 빛에 의해 전하를 생성하는 성능이 뛰어나다.

② 이온 간 결합 에너지가 작아 외부 자극에 대한 반응성이 낮다.

③ 이온의 종류에 따라 결정 구조가 달라져 생성되는 전하의 양에 영향을 줄 수 있다.

④ 유기 이온과 무기 이온 등으로 구성되어 유-무기 하이브리드 태양전지의 핵심이 된다.

⑤ A, B, X 자리에 오는 이온이 두 개 이상의 원자가 결합된 이온인지의 여부에 따라 광전 변환 효율이 달라질 수 있다.

4. 윗글에서 ①과 ②에 들어갈 적절한 단어를 찾아 각각 빈칸에 쓰시오.

> ① : 사회적 관심이나 흥미. **1문단**
> 예 그는 떠오르는 신인 배우로 ☐☐ 받고 있다.
>
> ② : 힘을 합하여 서로 도움. **3문단**
> 예 사고 수습을 위해 시민들에게 ☐☐ 을 요청했다.

구 조 도 그 리 기

〈 페로브스카이트 태양전지 〉

구성층	(1) 투명 전도성 산화물(TCO)층 • 페로브스카이트 태양전지의 ＿＿＿＿＿ 전극 역할 (2) 전자 수송층 • 페로브스카이트층에서 생성된 ＿＿＿＿＿를 TCO층에 전달 (3) 페로브스카이트층 • 태양광이 흡수되면 전자가 높은 에너지를 가져 본래 자리 이탈 → 전자가 이탈한 자리에 정공 생성 → 전자와 정공이 각각 ＿＿＿＿＿ 방향으로 이동 (4) 정공 수송층 • 정공을 후면 전극으로 ＿＿＿＿＿ (5) 후면 전극 • 금, ＿＿＿＿＿ 등으로 만들어 광전 변환 효율 높임

[3~4] 고2 2024학년도 6월 학평 「페로브스카이트 태양전지」

① 에너지 공급 분야의 혁신 기술 중 하나로 각광받고 있는 태양전지는 태양광 에너지를 전기 에너지로 변환하는 반도체 소자 또는 그들의 집합체를 말한다. 태양전지: 태양광 에너지를 전기 에너지로 변환하는 반도체 소자 또는 그 집합체 현재 가장 많이 사용되고 있는 태양전지인 실리콘 태양전지는 무기 반도체 소재로 만들어진 것으로, 광전 변환 효율이 높고 사용 수명이 길지만 가격이 고가이고 가공성이 떨어진다. 실리콘 태양전지: 광전 변환 효율↑, 수명↑, 가격↑, 가공성↓ 유기 물질을 재료로 사용하는 유기 태양전지는 가격은 저렴하고 가공성이 뛰어나지만 광전 변환 효율이 낮고 사용 수명이 짧다. 유기 태양전지: 광전 변환 효율↓, 수명↓, 가격↓, 가공성↑ 이에 따라 (앞에서 제시한 태양전지들의 문제점에 따른 대안이 제시될 거야.) 저가로 제작이 가능하고 광전 변환 효율이 높은 유-무기 하이브리드 태양전지인 페로브스카이트 태양전지가 주목받고 있다. 페로브스카이트 태양전지는 광전 변환 효율이 높고 저가로 제작이 가능하다고 해.

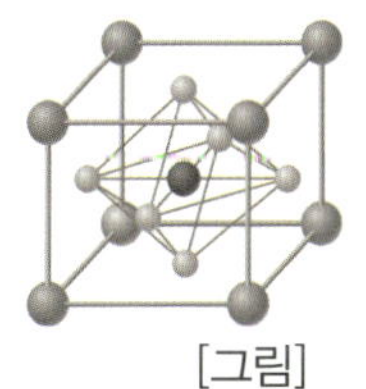

② 페로브스카이트는 [그림]과 같이 정육면체의 꼭짓점에 크기가 큰 양이온(A)이 있고, 가운데에 작은 양이온(B)이, 각 면 중앙에 음이온(X)이 존재하는, 큐빅 구조의 결정을 가진 물질들을 가리킨다. 페로브스카이트는 이온 간 결합 에너지가 작아 약한 에너지 자극에도 반응이 활발하며, 빛에 의해 전하, 즉 전자(⊖)와 정공(⊕)을 생성하는 성능이 뛰어나다. 화학적 합성이 가능한 여러 이온들이 A, B, X 자리에 올 수 있어 다양한 종류의 페로브스카이트가 형성된다. 페로브스카이트의 특징: (1) 이온 간 결합 에너지↓ → 반응 활발, (2) 전자·정공 생성 성능↑ 그중 ⊙태양전지에 사용되는 페로브스카이트는 A에 유기 양이온이, B에 무기 금속 양이온이, X에는 음이온이 온다. 이온의 종류에 따라 결정 구조가 달라질 수 있고, 결정 구조가 달라지면 전하의 생성량에 영향을 미친다. A, B, X 자리에 두 개 이상의 원자가 결합된 이온이 올 경우에는 광전 변환 효율이 높아질 수 있다. 태양전지에 사용되는 페로브스카이트: A(유기 양이온), B(무기 금속 양이온), X(음이온) 자리에 둘 이상의 원자가 결합된 이온이 올 경우 광전 변환 효율↑

③ 페로브스카이트 태양전지는 광전 변환을 위해 협력하는 여러 층으로 구성되어 있다. (페로브스카이트 태양전지를 구성하는 여러 층을 하나씩 정리해 가며 읽자!) 투명 전도성 산화물(TCO)층은 페로브스카이트 태양전지의 전면 전극 역할을 하는 것으로, 전류가 잘 흐르고 빛이 잘 투과하는 산화물 유리 기판을 사용한다. (1) 투명 전도성 산화물(TCO)층: 전면 전극 역할, 산화물 유리 기판 사용 전자 수송층은 페로브스카이트층에서 만들어진 전자를 TCO층에 전달하는 역할을 하는 층으로, 두 층의 직접적인 접촉을 막아 광전 변환 효율을 높인다. 전자 수송층에는 무기 반도체 금속 산화물인 이산화 타이타늄이 사용되고 있다. 이산화 타이타늄은 내부에 나노 크기의 공기 구멍을 가진 다공질 구조로 되어 있어 전자 수송에 용이하고, 페로브스카이트층과의 흡착력을 높여 태양광 입자가 최대한 흡수되도록 한다. (2) 전자 수송층: 페로브스카이트층에서 생성된 전자를 TCO층에 전달, 이산화 타이타늄(전자 수송 용이, 태양광 입자 흡수 도움) 사용 태양광이 TCO층과 전자 수송층을 지나 중심부인 페로브스카이트층에 도달하여 흡수되면 전자가 높은 에너지를 갖게 되어 본래의 자리를 이탈하게 된다. 전자가 있던 자리에는 정공이 만들어지고, 이들은 각각 반대 방향으로 이동한다. (3) 페로브스카이트층: 태양광이 흡수되면서 전자의 에너지↑ → 전자가 이탈한 자리에 정공 생성 → 각각 반대 방향으로 이동 정공 수송층은 페로브스카이트층에서 생성된 정공을 후면 전극으로 수송하는 층이다. 열에 안정적이고 합성이 간단한 유기 반도체 소재가 사용되는데, 이는 전도성을 높이고 정공이 효율적으로 이동할 수 있도록 하기 위해서이다. (4) 정공 수송층: 정공을 후면 전극으로

수송, 유기 반도체 소재(정공의 효율적 이동) 사용 후면 전극은 전기화학적으로 안정적인 금이나 알루미늄 등으로 만들어 광전 변환 효율을 높인다. (5) 후면 전극: 광전 변환 효율↑, 금 또는 알루미늄 사용 페로브스카이트층에서 생성된 전자와 정공은 각각의 수송층을 통하여 양쪽 전극에 도달한다. 이에 따라 음극에서 양극으로의 전자 이동이 가능한 외부 회로가 형성되고 전류의 흐름이 가능해진다. 정리: 페로브스카이트층에서 전자·정공 생성 → 각 수송층 통해 양쪽(전면, 후면) 전극 도달 → 외부 회로 형성 → 전류 흐름 가능

④ 페로브스카이트 태양전지는 곡면 형태로도 제작이 가능하며, 빛 투과도나 색채도 조절할 수 있어 다양한 분야에 사용이 가능하다. 다만, ('다만'과 같은 표현 뒤에는 예외적인 내용이 나오기도 하니까 눈여겨보자!) 상용화를 위해서는 실리콘 태양전지보다 낮은 에너지 변환 효율, 짧은 사용 수명, 친환경적이지 않은 소재 사용 등의 문제들이 해결되어야 한다. 이를 위해 관련 연구가 활발하게 진행되고 있다. ① 장점: 곡면 형태 제작 가능, 빛 투과도·색채 조절 가능, ② 단점: 실리콘 태양전지보다 에너지 변환 효율↓, 수명↓, 친환경적 소재 X

3. ②

> 2문단에 따르면, 페로브스카이트는 '이온 간 결합 에너지가 작아 약한 에너지 자극에도 반응이 활발하'므로 외부 자극에 대한 반응성이 낮다는 내용은 적절하지 않다.

① 2문단에 따르면, 페로브스카이트는 '빛에 의해 전하, 즉 전자와 정공을 생성하는 성능이 뛰어나'므로 적절하다.

③ 2문단에 따르면, ⊙(태양전지에 사용되는 페로브스카이트)은 '이온의 종류에 따라 결정 구조가 달라질 수 있고, 결정 구조가 달라지면 전하의 생성량에 영향을 미'치므로 적절하다.

④ 1문단과 2문단에 따르면, 페로브스카이트 태양전지는 '광전 변환 효율이 높은 유-무기 하이브리드 태양전지'로 '주목받고 있'으며, ⊙은 '유기 양이온'과 '무기 금속 양이온', '음이온'이 결합한 물질이므로 적절하다.

⑤ 2문단에 따르면, ⊙은 'A, B, X 자리에 두 개 이상의 원자가 결합된 이온이 올 경우에는 광전 변환 효율이 높아질 수 있'으므로 적절하다.

4. ① 각광 ② 협력

구 조 도   그 리 기
〈 페로브스카이트 태양전지 〉

구성층	(1) 투명 전도성 산화물(TCO)층 • 페로브스카이트 태양전지의 전면 전극 역할 (2) 전자 수송층 • 페로브스카이트층에서 생성된 전자를 TCO층에 전달 (3) 페로브스카이트층 • 태양광이 흡수되면 전자가 높은 에너지를 가져 본래 자리 이탈 → 전자가 이탈한 자리에 정공 생성 → 전자와 정공이 각각 반대 방향으로 이동 (4) 정공 수송층 • 정공을 후면 전극으로 수송 (5) 후면 전극 • 금, 알루미늄 등으로 만들어 광전 변환 효율 높임

[1~2] 고2 2023학년도 3월 학평 「실내에 대한 짐멜과 베냐민의 견해」

① 출퇴근에 대한 관념은 근대 이후에 형성되었다. 집과 일터의 경계가 뚜렷하지 않았던 전근대 사회와 달리('달리'는 놓쳐서는 안 되지! 집과 일터의 경계가 뚜렷하게 나타난 상황을 제시할 거야.) 19세기 이후의 도시적 삶에서는 주거를 위한 사적 공간과 노동을 위한 공적 공간이 분리되었다. 여가를 즐길 수 있는 곳은 사적 공간으로, 경제적 활동을 하는 곳은 공적 공간으로 인식되었으며 이 둘의 관계는 내부와 외부, 실내와 거리의 관계에 대응된다. 19세기 이후 출퇴근에 대한 관념이 형성되면서 주거를 위한 **사적** 공간과 노동을 위한 **공적** 공간이 분리됨

② 게오르크 짐멜은 대표적인 사적 공간인 실내의 공간적 의미를 도시의 삶과 관련지어 분석하였다. 짐멜은 도시에서 살아가는 개인이 외적 자극의 과잉으로 인해 신경과민에 빠지게 되는데, 이에 대응하는 전형적인 방식이 내면으로의 침잠이라고 설명하였다. 짐멜의 분석: 외적 자극 **과잉** → 신경과민 → 대응: 내면으로 침잠 외부와 차단된 실내는 내면을 지키기에 가장 유리한 공간이라는 것이다. 또한(짐멜의 주장을 추가적으로 나열하고 있어.) 짐멜은 개인이 개성을 실현할 수 있는 공간이라는 의미를 실내에 부여하였다. 19세기에는 실내를 가구와 공예품으로 빈틈없이 장식하는 것이 유행했는데, 그는 다양한 양식을 지닌 사물을 취향에 따라 조합함으로써 일상에서 개성을 드러낼 수 있다는 점에서 이를 긍정적으로 평가하였다. 또 양식이라는 보편적인 표현 형태를 매개로 하는 공예품은 평온함과 안정감을 줄 수 있다고 덧붙였다. 실내의 공간적 의미: (1) 내면을 지키기에 유리함, (2) 평온함과 안정감을 주는 **공예품을** 통해 개성 표출 가능 ㉠실내에 대한 짐멜의 설명은 도시적 삶이 가져오는 불안과 몰개성을 사적 공간에서 해소하려는 개인의 욕망에 부응한다. 실내가 개인의 은신처이자 일상의 심미화를 추구할 수 있는 공간으로 자리매김함에 따라, 거주자를 외부로부터 보호하고 자유로운 개성 표현을 보장하는 실내의 설계가 당시 건축의 주요한 구성 원리로 등장하였다. 당시 주요한 실내 건축 구성 원리: 외부로부터의 보호와 자유로운 **개성** 표현을 보장하는 실내 설계

③ 발터 베냐민은 실내 장식에 집착한 19세기의 주거 문화를 '주거 중독증'으로 표현하면서 이는 도시의 공적 공간에서 개인적 흔적을 남길 수 없는 데 대한 보상 심리에서 기인한 것이라고 설명하였다. 베냐민이 19세기 주거 문화에 대해 **비판적인** 입장임을 추론할 수 있군. 베냐민은 실내가 사회적 세계와의 연관성을 잃어가면서 점점 더 인위적인 공간이 되었으며 그곳에서의 은둔은 공적 공간으로부터의 도피를 의미한다고 보았다. 그는 신화나 자연에서 모티프를 딴 가구와 공예품들의 조합을 통해 몽환적 분위기를 조성했던 19세기의 실내 풍경을 예로 들면서, 이러한 실내는 거주자를 환상에 빠지게 함으로써 도피에 대한 욕망을 충족시킬 뿐이라고 주장하였다. 베냐민은 19세기 실내가 공적 공간으로부터의 **도피** 욕망을 충족할 뿐이라 보았군.

④ 실내에 대한 베냐민의 비판적 고찰은 사적 공간과 공적 공간의 괴리를 문제 삼는 데로 이어지는데, 이때 베냐민이 주목한 것은 파리의 '파사주'이다. 파사주는 몇 채의 건물을 잇는 통로 형태의 상가로, 베냐민에 따르면 유행의 리듬이 지배하는 최초의 자본주의적 소비 공간이다. 유행은 새로운 것을 부단히 연출함으로써 상품을 향한 욕망을 재생산한다. 서로 마주 보는 상점들이 늘어선 구조는 오가는 이들의 시선을 붙잡아 소비를 부추겼다. 파사주의 특징 (1) 마주 보는 상점들이 늘어선 통로 형태의 상가 → 최초의 자본주의적 **소비** 공간으로서 소비를 부추김 또한 파사주는 건축학적으로 거리와 실내 사이에 위치하는 '사이공간'이다. 베냐민은 그렇기 때문에 파사주에서는 외부와 내부가 혼동되는 경험이 가능하다고 보았다. 전적으로 공적이지도 않고 사적이지도 않은 중간 영역의 존재는 경계 해체의 단초를 제공한다. 파사주의 특징 (2) 거리(외부)와 실내(내부) 사이에 존재하는 '**사이공간**' → 중간 영역 (경계 해체의 단초 제공)

⑤ 사적 공간과 공적 공간의 분리를 신봉하는 낡은 개념을 대신할 새로운

주거 개념을 탐색하면서, 베냐민은 신건축과의 관계에서 파사주의 의미를 다시 조명하였다. 1920년대에 등장한 신건축은 산업 기술의 발전에도 불구하고 건축의 미학화 경향이 지속되는 상황에 대한 반론의 성격을 띤다. 베냐민은 공간의 이분법을 극복하려는 사유의 연장선상에서 신건축의 구성 원리를 탐구하였다. 신건축에서는 철골을 재료로 사용하면서 벽을 제거하는 설계가 가능해져 내부와 외부의 경계를 완화할 수 있게 되었다. 신건축의 특징 (1) 벽 제거 → 내·외부 경계 **완화** 또 빛이 투과하는 유리 사용의 확대는 내부와 외부의 통합을 공간적으로 구현할 수 있게 했다. 신건축의 특징 (2) 유리 사용 확대 → 내·외부 통합을 **공간적으로** 구현 이에 비해 파사주는(신건축과는 다른 파사주의 한계에 대해 제시할 거야.) 새로운 재료를 사용하면서도 과거의 건축 양식들이 절충적으로 혼합되어 지어졌다는 점에서 기술의 발전에 부합하는 건축 양식으로 이어지지 못했다는 것이 베냐민의 설명이다. 파사주의 한계: 기술 **발전**에 부합하는 건축 양식으로 이어지지 못함 이처럼 베냐민은 파사주의 한계를 지적하면서도, 외부로부터 차단된 '그릇 속에서의 삶'이 지배했던 19세기에서 '관계와 투과'의 원리가 지배하는 20세기로 넘어가는 문지방의 의미를 파사주에서 발견하였다. 베냐민은 신건축과의 관계에서 **파사주**의 의미를 재조명함

1. ①

1문단에 따르면 19세기 이후 '주거'하는 곳과 '여가를 즐길 수 있는 곳'은 모두 사적 공간으로 인식되었는데, 2문단에서 짐멜은 여가 생활의 일환이라 볼 수 있는 '장식'이 가능한 '실내가 개인의 은신처이자 일상의 심미화를 추구할 수 있는 공간'이라고 하였다. 따라서 주거와 여가를 구분하면 일상의 심미화가 가능하다는 것은 ㉠(실내에 대한 짐멜의 설명)을 이해한 내용으로 적절하지 않다.

②. ⑤ 2문단에 따르면, 짐멜은 '도시에서 살아가는 개인이 외적 자극의 과잉으로 인해 신경과민에 빠지게' 될 때 '이에 대응하는 전형적인 방식이 내면으로의 침잠'인데, '실내는 내면을 지키기에 가장 유리한 공간'이라고 본다. 따라서 ㉠은 '내면으로의 침잠'이 도시적 삶에서 오는 자극에 대응하기 위하여 나타나며, '실내'를 신경과민 상태에서 내면을 보호하려는 개인의 자구책으로 보았다고 할 수 있다.

③ 2문단에 따르면, 짐멜은 '실내'에서 '다양한 양식을 지닌 사물을 취향에 따라 조합함으로써 일상에서 개성을 드러낼 수 있다는 점'을 '긍정적으로 평가'하였다. 따라서 ㉠은 양식화된 공예품의 조합에 따라 개인의 개성이 표현된다고 보았다고 할 수 있다.

④ 2문단에 따르면, 짐멜은 '양식이라는 보편적인 표현 형태를 매개로 하는 공예품'을 통해 '평온함과 안정감'을 얻을 수 있다고 본다. 따라서 ㉠은 양식의 보편성을 매개로 평온함과 안정감을 얻을 수 있다고 보았다고 할 수 있다.

2. ① 침잠 ② 단초

구 조 도   그 리 기
〈 19세기의 실내에 대한 짐멜과 베냐민의 견해 〉

짐멜	• 외적 자극으로부터 개인의 내면을 지킬 수 있는 공간 • 다양한 양식을 지닌 사물을 조합하여 개성을 드러낼 수 있음
베냐민	• 사회적 세계와의 연관성을 잃어 인위적이게 된 공간 • 공적 공간으로부터의 도피처 • 신건축과의 관계에서 파사주의 의미를 재조명함

[1~2] 다음을 읽고 핵심 내용에 밑줄을 치고, 빈칸에 적절한 말을 채우시오. 또한 주어진 물음에 답하시오.

상담 이론이자 상담 기법인 '현실요법'에서는 인간의 다섯 가지 기본 욕구를 제시하고 있다. 이 이론에서는 개인의 모든 행동은 기본 욕구를 충족시키기 위해서 그 자신이 선택하는 것이라 보았다. 만약 이러한 선택으로 문제가 발생한다면 다섯 가지 기본 욕구를 실현 가능한 수준으로 타협하고 조절해 새로운 선택을 할 필요가 있다고 제안했다. 현실요법: 개인의 모든 행동은 기본 욕구를 충족하기 위해 자신이 ______하는 것 → 문제 발생 시 5가지 기본 욕구를 타협·조절하여 새로운 선택 필요

다섯 가지 기본 욕구 중 첫째는('현실요법'을 설명하기 위한 중요 정보들이 나열될 테니 차례대로 정리해서 읽어 보자!) '생존의 욕구'로, 자신의 삶을 유지하려는 생물학적인 속성이다. 사회적 규칙이나 상식을 지키려는 욕구이며, 생존에 필요한 것을 아끼고 모으려는 욕구이기도 하다. 이 욕구가 강한 사람은 건강과 안전을 중시하는 편이다. 기본 욕구 (1) 생존의 욕구: 사회적 ______이나 상식을 지키려는 욕구 → 건강, 안전 중시 둘째는 '사랑의 욕구'로, 사랑하고 나누며 함께히고지 하는 욕구이다. 이 욕구가 강한 사람은 타인을 잘 돕고, 사랑을 주는 만큼 받는 것도 중요하게 여기기에 인간관계에서 힘들어하기도 한다. 기본 욕구 (2) 사랑의 욕구: 사랑하고 나누며 ______하고자 하는 욕구 → 사랑을 주고받는 것 중시 셋째는 '힘의 욕구'로, 경쟁하여 성취하고 인정받고 싶어 하는 욕구이다. 이 욕구가 강한 사람은 직장에서의 성공과 명예를 중시하고 높은 사회적 지위에 도달하기 위해 노력한다. 또한 자기가 옳게 여기는 것에 대한 의지가 있어 자기주장이 강하며 타인에게 지시하는 일에 능하다. 기본 욕구 (3) 힘의 욕구: 경쟁하여 성취하고 인정받고 싶어 하는 욕구 → 성공과 ______ 중시 넷째는 '자유의 욕구'로, 무언가에 얽매이지 않고 벗어나고 싶어 하는 욕구이다. 이 욕구가 강한 사람은 상대방을 구속하는 것, 자신을 구속시키는 것을 싫어한다. 그래서 상대방에게 대체로 관대하고, 혼자 하는 것을 좋아하며, 사람들과 적정한 거리를 유지하는 것을 편하게 여긴다. 기본 욕구 (4) 자유의 욕구: 무언가에 얽매이지 않고 벗어나고 싶어 하는 욕구 → 상대방이나 자신을 ______하는 것 기피 다섯째는 '즐거움의 욕구'로, 새로운 것을 배우고 놀이를 통해 즐기고 싶어 하는 욕구이다. 이 욕구가 강한 사람은 취미 생활을 즐기며, 잘 웃고 긍정적 태도를 취한다. 또한 호기심이 많기에 배우는 것을 좋아한다. 기본 욕구 (5) 즐거움의 욕구: 새로운 것을 배우고 즐기고 싶어 하는 욕구 → __________ 태도, 호기심 많음

현실요법에서는 이 다섯 가지 욕구들의 강도가 개인마다 달라 행동 양상이 다양하게 나타나고, 여러 가지 갈등을 겪을 수도 있다고 보았다. (1문단에 언급된 '문제'는 개인마다 욕구들의 ______가 달라 갈등을 겪는 상황을 말하는 것이었네! 이제 현실요법이 이 문제를 해결하는 방식을 설명할 거야.) 현실요법은 우선 내담자*가 자신의 욕구를 들여다볼 수 있도록 한 다음, 약한 욕구를 북돋아 주거나 강한 욕구들 사이에서 타협과 조절을 하여 새로운 선택을 하도록 이끄는 단계를 밟는다. 예를 들어(예를 들어 설명해 준다는 것은 중요한 내용이라는 뜻이니 꼼꼼하게 확인하자!) 사랑의 욕구가 강하고 힘의 욕구가 약한 사람이 타인의 부탁에 불편함을 느끼면서도 거절하지 못해 괴로워한다고 가정해 보자. 이 경우 현실요법에서는 힘의 욕구를 북돋아 자기주장을 표현할 수 있도록 도울 수 있다. 강한 욕구에 비해 약한 욕구로 인한 갈등: 약한 욕구를 ______ 줌 또 자유의 욕구와 힘의 욕구 모두가 강한 사람은 자신이 선호하는 것을 우선시하고 이것이 방해받으면 불편해하며 주변 사람들과 갈등을 일으킬 수 있다. 이 경우 힘의 욕구를 조절하도록 이끌 수 있는데, 타인과의 사소한 의견 충돌 상황에서 자기주장을 강조하기보다는 타인의 마음을 헤아리고 그 의견을 겸허하게 수용하는 연습을 하게 할 수 있다. 강한 욕구들로 인한 주변과의 갈등: 특정 욕구를 ______하도록 이끎

현실요법은 타인의 욕구 충족을 방해하지 않으면서 효과적인 선택을 통해 자신의 욕구를 충족시키려 한다. 이는 내담자가 외부 요인에 의해 통제되는 존재가 아니라 스스로 자신의 욕구를 조절할 수 있는 주체라고 보는 관점을 기반으로 한다. 현재 현실요법은 상담 분야에서 호응을 얻어 심리 상담에 널리 활용되고 있다. 현실요법은 내담자를 자신의 욕구를 조절(할 수 있는/할 수 없는) 주체로 보는군.

*내담자: 상담실 따위에 자발적으로 찾아와서 이야기하는 사람.

1. 윗글의 내용과 일치하지 <u>않는</u> 것은?

① 약한 욕구를 강한 욕구로 대체해야 갈등에서 벗어날 수 있다.

② 개인이 지닌 욕구들의 강도에 따라 다양한 행동 양상이 나타난다.

③ 현실요법에서는 내담자는 외부 요인에 의해 통제되는 존재가 아니라고 본다.

④ 현실요법에 따르면 인간은 기본 욕구를 충족시키기 위해 스스로 행동을 선택한다.

⑤ 현실요법은 기본 욕구들을 실현 가능한 수준으로 타협하는 것이 가능하다고 본다.

2. 윗글에서 ①과 ②에 들어갈 적절한 단어를 찾아 각각 빈칸에 쓰시오.

| ① | : 어떤 일을 서로 양보하여 협의함. 1문단 |

예 갈등은 대화와 □□을 통해 해결해야 한다.

| ② | : 여럿 가운데서 특별히 가려서 좋아함. 3문단 |

예 그는 서비스직보다 사무직을 □□한다.

구 조 도 그 리 기

〈 현실요법 〉

관점	• 개인의 모든 행동은 기본 욕구를 ______시키기 위해서 자신이 선택하는 것 • 욕구의 강도에 개인차가 있어 문제(갈등) 발생 가능 → 다섯 가지 욕구를 ______ 가능한 수준으로 타협·조절 필요
다섯 가지 기본 욕구	(1) 생존의 욕구 • 사회적 규칙이나 ______을 지키려는 욕구 (2) 사랑의 욕구 • 사랑하고 나누며 함께하고자 하는 욕구 (3) 힘의 욕구 • 경쟁하여 성취하고 ______받고 싶어 하는 욕구 (4) ______의 욕구 • 무언가에 얽매이지 않고 벗어나고 싶어 하는 욕구 (5) 즐거움의 욕구 • 새로운 것을 배우고 ______를 통해 즐기고 싶어 하는 욕구
갈등 해결 방안	자신의 욕구 들여다보도록 함 → ① (강한/약한) 욕구 북돋움 ② (강한/약한) 욕구들 사이에서 타협·조절 → 새로운 선택 유도

[3~4] 다음을 읽고 핵심 내용에 밑줄을 치고, 빈칸에 적절한 말을 채우시오. 또한 주어진 물음에 답하시오.

김치는 자연 발효에 의해 익어가기 때문에 미생물의 작용에 따라 맛이 달라진다. 김치의 맛은 ________의 작용에 따라 달라지는군. 김치가 발효되기 위해서는(김치가 ________되는 조건이 제시될 거야.) 효모와 세균 등 여러 미생물의 증식이 일어나야 하는데, 미생물(______, ______ 등)의 증식 → 김치의 ______ 이(________________)를 위해 김치를 담글 때 찹쌀가루나 밀가루로 풀을 쑤어 넣어 준다. 이는 풀에 들어 있는 전분을 비롯한 여러 가지 물질이 김치 속에 있는 미생물을 쉽게 자랄 수 있도록 해주는 영양분의 역할을 하기 때문이다. 풀: 미생물들의 ________ 역할 김치는 배추나 무에 있는 효소뿐만 아니라 그 사이에 들어가는 김칫소에 포함된 효소의 작용에 의해서도 발효가 일어날 수 있다. ______의 작용 → 김치의 발효

김치의 발효 과정에 관여하는 미생물에는 여러 종류의 효모, 호기성 세균 그리고 유산균을 포함한 혐기성 세균이 있다. (이제 각각의 미생물이 ________________에 어떻게 관여하는지를 설명하겠지?) 갓 담근 김치의 발효가 시작될 때 호기성 세균과 혐기성 세균의 수가 두드러지게 증가하지만, 김치가 익어갈수록 호기성 세균의 수는 점점 줄어들어 나중에는 그 수가 완만하게 증가하는 효모의 수와 거의 비슷해진다. 그러나 혐기성 세균의 수는 김치가 익어갈수록 증가하며 결국 많이 익어서 시큼한 맛이 나는 김치에 있는 미생물 중 대부분을 차지한다. 김치를 익히는 데 관여하는 균과 매우 높은 산성의 환경에서도 잘 살 수 있는 유산균이 그 예이다. 김치의 발효 과정에 따른 미생물 수의 변화를 정리해 볼까? (1) 효모: ______하게 증가, (2) 호기성 세균: 초반에 두드러지게 증가 후 점차 (증가/감소), (3) ________________: 초반에 두드러지게 증가 후 지속적 (증가/감소)

김치를 익히는 데 관여하는 세균과 유산균(________ 세균)뿐만 아니라 김치의 발효 초기에 증식하는 호기성 세균도 독특한 김치 맛을 내는 데 도움을 준다. 혐기성 세균과 호기성 세균 모두 김치의 ___에 관여하는군. 김치에 들어 있는 효모는 세균보다 그 수가 훨씬 적지만 여러 종류의 효소를 가지고 있어서 김치 안에 있는 여러 종류의 탄수화물을 분해할 수 있다. 효모: 여러 종류의 ______를 가져 여러 종류의 ________ 분해 또한 김치를 발효시키는 유산균은 당을 분해해서 시큼한 맛이 나는 젖산을 생산하는데, 김치가 익어가면서 김치 국물의 맛이 시큼해지는 것은 바로 이런 이유 때문이다. 유산균: ___ 분해, ______ 생성 → 김치가 ______한 맛을 내도록 함

김치가 익는 정도는 재료나 온도 등의 조건에 따라 달라지는데 이는 유산균의 발효 정도가 달라지기 때문이다. 특히 이 미생물들이 만들어 내는 여러 종류의 향미 성분이 더해지면서 특색 있는 김치 맛이 만들어진다. 김치가 익는 기간에 따라 여러 가지 맛을 내는 것도 모두가 유산균의 발효 정도가 다른 데서 비롯된다. 유산균의 발효 정도는 ________________에 영향을 미치는군.

3. 윗글에서 알 수 있는 것은?

① 김치를 담글 때 넣는 풀은 효모에 의해 효소로 바뀐다.

② 강한 산성 조건에서도 생존할 수 있는 혐기성 세균이 있다.

③ 김치 국물의 시큼한 맛은 호기성 세균의 작용에 의한 것이다.

④ 특색 있는 김치 맛을 만드는 것은 효모가 만든 향미 성분 때문이다.

⑤ 시큼한 맛이 나는 김치에 있는 효모의 수는 호기성 세균이나 혐기성 세균에 비해 훨씬 많다.

4. 윗글에서 ①과 ②에 들어갈 적절한 단어를 찾아 각각 빈칸에 쓰시오.

①	: 어떤 일에 관계하여 참여함. **2문단**
예	남의 일에 더 이상 ☐☐하지 마시오.
②	: 보통의 것과 다른 점. **4문단**
예	그 회사는 ☐☐ 있는 행사로 많은 사람들의 이목을 끌었다.

구 조 도 그 리 기

〈 김치의 발효와 맛에 관여하는 미생물 〉

발효의 조건		• 효모, 세균 등 __________의 증식으로 발생 • 배추, 무, 김칫소의 ______가 작용하면서 발생
발효에 관여하는 ______	______	• 완만하게 증가(세균보다 수 ______) • 여러 종류의 효소로 탄수화물 ______
	호기성 세균	• 초반에 급격히 ______ → ______의 수와 비슷한 수준으로 감소 • 독특한 김치 맛을 내는 데 도움을 줌
	______	• 초반에 급격히 ______ → 김치가 익을수록 ______ • 종류 　① ________________________ 　② 유산균 　　· 매우 높은 ______ 환경에서 생존 가능 　　· ______ 생산해 김치의 시큼한 맛을 냄 　　· ______ 정도에 따라 김치가 익는 정도, 익는 기간이 달라져 다양한 맛을 만들어 냄

[3~4] PSAT 2017년도 「김치의 발효와 맛에 관여하는 미생물」

① 김치는 자연 발효에 의해 익어가기 때문에 미생물의 작용에 따라 맛이 달라진다. 김치의 맛은 **미생물의 작용**에 따라 달라지는군. 김치가 발효되기 **위해서는** (김치가 **발효**되는 조건이 제시될 거야.) 효모와 세균 등 여러 미생물의 증식이 일어나야 하는데, 미생물(효모, 세균 등)의 증식 → 김치의 **발효** 이(미생물의 증식)를 위해 김치를 담글 때 찹쌀가루나 밀가루로 풀을 쑤어 넣어 준다. 이는 풀에 들어 있는 전분을 비롯한 여러 가지 물질이 김치 속에 있는 미생물을 쉽게 자랄 수 있도록 해주는 영양분의 역할을 하기 때문이다. 풀: 미생물들의 **영양분 역할** 김치는 배추나 무에 있는 효소뿐만 아니라 그 사이에 들어가는 김칫소에 포함된 효소의 작용에 의해서도 발효가 일어날 수 있다. **효소의 작용 →** 김치의 발효

② 김치의 발효 과정에 **관여**하는 미생물에는 여러 종류의 효모, 호기성 세균 그리고 유산균을 포함한 혐기성 세균이 있다. (이제 각각의 미생물이 **김치의 발효 과정**에 어떻게 관여하는지를 설명하겠지?) 갓 담근 김치의 발효가 시작될 때 호기성 세균과 혐기성 세균의 수가 두드러지게 증가하지만, 김치가 익어갈수록 호기성 세균의 수는 점점 줄어들어 나중에는 그 수가 완만하게 증가하는 효모의 수와 거의 비슷해진다. 그러나 혐기성 세균의 수는 김치가 익어갈수록 증가하며 결국 많이 익어서 시큼한 맛이 나는 김치에 있는 미생물 중 대부분을 차지한다. 김치를 익히는 데 관여하는 균과 매우 높은 산성의 환경에서도 잘 살 수 있는 유산균이 그 예이다. 김치의 발효 과정에 따른 미생물 수의 변화를 정리해 볼까? (1) 효모: **완만**하게 증가, (2) 호기성 세균: 초반에 두드러지게 증가 후 점차 **감소**, (3) 혐기성 세균: 초반에 두드러지게 증가 후 지속적 **증가**

③ 김치를 익히는 데 관여하는 세균과 유산균(혐기성 세균)뿐만 아니라 김치의 발효 초기에 증식하는 호기성 세균도 독특한 김치 맛을 내는 데 도움을 준다. 혐기성 세균과 호기성 세균 모두 김치의 맛에 관여하는군. 김치에 들어 있는 효모는 세균보다 그 수가 훨씬 적지만 여러 종류의 효소를 가지고 있어서 김치 안에 있는 여러 종류의 탄수화물을 분해할 수 있다. 효모: 여러 종류의 **효소**를 가져 여러 종류의 **탄수화물** 분해 또한 김치를 발효시키는 유산균은 당을 분해해서 시큼한 맛이 나는 젖산을 생산하는데, 김치가 익어가면서 김치 국물의 맛이 시큼해지는 것은 바로 이런 이유 때문이다. 유산균: 당 분해, **젖산** 생성 → 김치가 **시큼한 맛**을 내도록 함

④ 김치가 익는 정도는 재료나 온도 등의 조건에 따라 달라지는데 이는 유산균의 발효 정도가 달라지기 때문이다. 특히 이 미생물들이 만들어내는 여러 종류의 향미 성분이 더해지면서 **특색** 있는 김치 맛이 만들어진다. 김치가 익는 기간에 따라 여러 가지 맛을 내는 것도 모두가 유산균의 발효 정도가 다른 데서 비롯된다. 유산균의 발효 정도는 **김치가 익는 정도**에 영향을 미치는군.

3. ②

2문단에서 '혐기성 세균'의 한 예로 '매우 높은 산성의 환경에서도 잘 살 수 있는 유산균'을 제시했다.

① 1문단에서는 '풀'이 '미생물을 쉽게 자랄 수 있도록 해주는 영양분의 역할'을 한다고 했을 뿐, 윗글을 통해 풀이 효모에 의해 효소로 바뀌는지는 알 수 없다.

③ 3문단에서 '호기성 세균도 독특한 김치 맛을 내는 데 도움을 준다.'라고 했지만, '김치 국물의 맛이 시큼해지는 것'은 혐기성 세균인 유산균이 '당을 분해해서 시큼한 맛이 나는 젖산을 생산'하기 때문이라고 했다.

④ 4문단을 통해 특색 있는 김치 맛을 만드는 '향미 성분'은 효모가 아니라 유산균이 만드는 것임을 알 수 있다.

⑤ 3문단에서 '김치에 들어 있는 효모는 세균보다 그 수가 훨씬 적'다고 했다. 참고로 2문단에 따르면 혐기성 세균이 '시큼한 맛이 나는 김치에 있는 미생물 중 대부분을 차지한다'고 했으므로, 시큼한 맛이 나는 김치에 있는 미생물 중 가장 많은 것은 '효모'가 아닌 '혐기성 세균'임을 추론할 수 있다.

4. ① 관여 ② 특색

구 조 도 그 리 기

〈 김치의 발효와 맛에 관여하는 미생물 〉

발효의 조건		• 효모, 세균 등 미생물의 증식으로 발생 • 배추, 무, 김칫소의 효소가 작용하면서 발생
발효에 관여하는 미생물	효모	• 완만하게 증가(세균보다 수 적음) • 여러 종류의 효소로 탄수화물 분해
	호기성 세균	• 초반에 급격히 증가 → 효모의 수와 비슷한 수준으로 감소 • 독특한 김치 맛을 내는 데 도움을 줌

	혐기성 세균	• 초반에 급격히 증가 → 김치가 익을수록 증가
		• 종류
		 ① 김치를 익히는 데 관여하는 균
		 ② 유산균
		  · 매우 높은 산성 환경에서 생존 가능
		  · 젖산 생산해 김치의 시큼한 맛을 냄
		  · 발효 정도에 따라 김치가 익는 정도, 익는 기간이 달라져 다양한 맛을 만들어 냄

[1~2] 고1 2023학년도 6월 학평 「현실요법」

1 상담 이론이자 상담 기법인 <u>현실요법</u>에서는 인간의 다섯 가지 기본 욕구를 제시하고 있다. 이 이론에서는 개인의 모든 행동은 기본 욕구를 충족시키기 위해서 그 자신이 선택하는 것이라 보았다. 만약 이러한 선택으로 문제가 발생한다면 다섯 가지 기본 욕구를 실현 가능한 수준으로 <u>타협</u>하고 조절해 새로운 선택을 할 필요가 있다고 제안했다. 현실요법: 개인의 모든 행동은 기본 욕구를 충족하기 위해 자신이 **선택**하는 것 → 문제 발생 시 5가지 기본 욕구를 타협·조절하여 새로운 선택 필요

2 다섯 가지 기본 욕구 중 첫째는 ('현실요법'을 설명하기 위한 중요 정보들이 나열될 테니 차례대로 정리해서 읽어 보자!) '생존의 욕구'로, 자신의 삶을 유지하려는 생물학적인 속성이다. 사회적 규칙이나 상식을 지키려는 욕구이며, 생존에 필요한 것을 아끼고 모으려는 욕구이기도 하다. 이 욕구가 강한 사람은 건강과 안전을 중시하는 편이다. 기본 욕구 (1) 생존의 욕구: 사회적 **규칙**이나 상식을 지키려는 욕구 → 건강, 안전 중시 둘째는 '사랑의 욕구'로, 사랑하고 나누며 함께하고자 하는 욕구이다. 이 욕구가 강한 사람은 타인을 잘 돕고, 사랑을 주는 만큼 받는 것도 중요하게 여기기에 인간관계에서 힘들어하기도 한다. 기본 욕구 (2) 사랑의 욕구: 사랑하고 나누며 **함께**하고자 하는 욕구 → 사랑을 주고받는 것 중시 셋째는 '힘의 욕구'로, 경쟁하여 성취하고 인정받고 싶어 하는 욕구이다. 이 욕구가 강한 사람은 직장에서의 성공과 명예를 중시하고 높은 사회적 지위에 도달하기 위해 노력한다. 또한 자기가 옳게 여기는 것에 대한 의지가 있어 자기주장이 강하며 타인에게 지시하는 일에 능하다. 기본 욕구 (3) 힘의 욕구: 경쟁하여 성취하고 인정받고 싶어 하는 욕구 → 성공과 **명예** 중시 넷째는 '자유의 욕구'로, 무언가에 얽매이지 않고 벗어나고 싶어 하는 욕구이다. 이 욕구가 강한 사람은 상대방을 구속하는 것, 자신을 구속시키는 것을 싫어한다. 그래서 상대방에게 대체로 관대하고, 혼자 하는 것을 좋아하며, 사람들과 적절한 거리를 유지하는 것을 편하게 여긴다. 기본 욕구 (4) 자유의 욕구: 무언가에 얽매이지 않고 벗어나고 싶어 하는 욕구 → 상대방이나 자신을 **구속**하는 것 기피 다섯째는 '즐거움의 욕구'로, 새로운 것을 배우고 놀이를 통해 즐기고 싶어 하는 욕구이다. 이 욕구가 강한 사람은 취미 생활을 즐기며, 잘 웃고 긍정적 태도를 취한다. 또한 호기심이 많기에 배우는 것을 좋아한다. 기본 욕구 (5) 즐거움의 욕구: 새로운 것을 배우고 즐기고 싶어 하는 욕구 → **긍정적** 태도, 호기심 많음

3 현실요법에서는 이 다섯 가지 욕구들의 강도가 개인마다 달라 행동 양상이 다양하게 나타나고, 여러 가지 갈등을 겪을 수도 있다고 보았다. (1문단에 언급된 '문제'는 개인마다 욕구들의 **강도**가 달라 갈등을 겪는 상황을 말하는 것이었네! 이제 현실요법이 이 문제를 해결하는 방식을 설명할 거야.) 현실요법은 우선 내담자가 자신의 욕구를 들여다볼 수 있도록 한 다음, 약한 욕구를 북돋아 주거나 강한 욕구들 사이에서 타협과 조절을 하여 새로운 선택을 하도록 이끄는 단계를 밟는다. 예를 들어 (예를 들어 설명해 준다는 것은 중요한 내용이라는 뜻이니 꼼꼼하게 확인하자!) 사랑의 욕구가 강하고 힘의 욕구가 약한 사람이 타인의 부탁에 불편함을 느끼면서도 거절하지 못해 괴로워한다고 가정해 보자. 이 경우 현실요법에서는 힘의 욕구를 북돋아 자기주장을 표현할 수 있도록 도울 수 있다. 강한 욕구에 비해 약한 욕구로 인한 갈등: 약한 욕구를 **북돋아** 줌 또 자유의 욕구와 힘의 욕구 모두가 강한 사람은 자신이 **선호**하는 것을 우선시하고 이것이 방해받으면 불편해하며 주변 사람들과 갈등을 일으킬 수 있다. 이 경우 힘의 욕구를 조절하도록 이끌 수 있는데, 타인과의 사소한 의견 충돌 상황에서 자기주장을 강조하기보다는 타인의 마음을 헤아리고 그 의견을 겸허하게 수용하는 연습을 하게 할 수 있다. 강한 욕구들로 인한 주변과의 갈등: 특정 욕구를 **조절**하도록 이끎

4 현실요법은 타인의 욕구 충족을 방해하지 않으면서 효과적인 선택을 통해 자신의 욕구를 충족시키려 한다. 이는 내담자가 외부 요인에 의해 통제되는 존재가 아니라 스스로 자신의 욕구를 조절할 수 있는 주체라고 보는 관점을 기반으로 한다. 현재 현실요법은 상담 분야에서 호응을 얻어 심리 상담에 널리 활용되고 있다. 현실요법은 내담자를 자신의 욕구를 조절**할 수 있는** 주체로 보는군.

---

1. ①

3문단에 따르면, 현실요법은 갈등을 겪는 상황에서 '약한 욕구를 북돋아 주거나 강한 욕구들 사이에서 타협과 조절을 하여 새로운 선택을 하도록 이끄는 단계를 밟'으며, 특정 욕구가 다른 욕구에 비해 약한 상황에서는 약한 욕구를 북돋아 갈등 상황에서 벗어날 수 있도록 돕기도 한다. 따라서 약한 욕구를 강한 욕구로 대체해야 갈등에서 벗어날 수 있다는 내용은 적절하지 않다.

② 3문단에 따르면, '다섯 가지 욕구들의 강도가 개인마다 달라 행동 양상이 다양하게 나타나'므로 적절하다.

③ 4문단에 따르면, 현실요법에서는 내담자를 '외부 요인에 의해 통제되는 존재가 아니라 스스로 자신의 욕구를 조절할 수 있는 주체라고 보'므로 적절하다.

④ 1문단에 따르면, 현실요법에서는 '개인의 모든 행동은 기본 욕구를 충족시키기 위해서 그 자신이 선택하는 것이라 보'므로 적절하다.

⑤ 1문단에 따르면, 현실요법은 '문제가 발생한다면 다섯 가지 기본 욕구를 실현 가능한 수준으로 타협하고 조절해 새로운 선택을 할 필요가 있다고 제안했'으므로 적절하다.

2. ① 타협 ② 선호

구 조 도 그 리 기		
〈 현실요법 〉		
관점	• 개인의 모든 행동은 기본 욕구를 충족시키기 위해서 자신이 선택하는 것 • 욕구의 강도에 개인차가 있어 문제(갈등) 발생 가능 → 다섯 가지 욕구를 실현 가능한 수준으로 타협·조절 필요	
다섯 가지 기본 욕구	(1) 생존의 욕구 • 사회적 규칙이나 상식을 지키려는 욕구 (2) 사랑의 욕구 • 사랑하고 나누며 함께하고자 하는 욕구 (3) 힘의 욕구 • 경쟁하여 성취하고 인정받고 싶어 하는 욕구 (4) 자유의 욕구 • 무언가에 얽매이지 않고 벗어나고 싶어 하는 욕구 (5) 즐거움의 욕구 • 새로운 것을 배우고 놀이를 통해 즐기고 싶어 하는 욕구	
갈등 해결 방안	자신의 욕구 들여다보도록 함 → ① 약한 욕구 북돋움 ② 강한 욕구들 사이에서 타협·조절 → 새로운 선택 유도	

[1~2] 다음을 읽고 핵심 내용에 밑줄을 치고, 빈칸에 적절한 말을 채우시오. 또한 주어진 물음에 답하시오.

'GDP(국내총생산)'는 국민경제 전체의 생산 수준을 파악할 수 있는 지표인데, 한 나라 안에서 일정 기간 동안 새로 생산된 최종 생산물의 가치를 모두 합산한 것이다. GDP를 계산할 때는 총 생산물의 가치에서 중간 생산물의 가치를 빼는데, 그 결과는 최종 생산물의 가치의 총합과 동일하다. 다만 GDP를 산출할 때는 그해에 새로 생산된 재화와 서비스 중 화폐로 매매된 것만 계산에 포함하고, 화폐로 매매되지 않은 것은 포함하지 않는다. <u>GDP: 그해에 새로 생산되어 ______로 매매된 최종 생산물의 가치의 총합(총 생산물의 가치 - ______________의 가치)</u>

그런데 상품 판매 가격은 물가 변동에 따라 오르내리기 때문에 <u>물가 변동 → ______________ 변동</u> GDP를 집계 당시의 상품 판매 가격으로 산출하면 그 결과는 물가 변동의 영향을 그대로 받는다. 올해에 작년과 똑같은 수준으로 재화를 생산하고 판매했더라도 올해 물가 변동에 따라 상품 판매 가격이 크게 올랐다면 올해 GDP는 가격 상승분만큼 부풀려져 작년 GDP보다 커진다. <u>GDP 또한 ______ 변동의 영향을 받음</u> 이런 까닭으로 올해 GDP가 작년 GDP보다 커졌다 하더라도 생산 수준이 작년보다 실질적으로 올랐다고 볼 수는 없다. 심지어 GDP가 작년보다 커졌더라도 실질적으로 생산 수준이 떨어졌을 수도 있는 것이다. <u>______________으로 산출한 GDP는 실질적인 ______ 수준을 반영하지 못하는 문제점이 있네.</u>

<u>그래서</u> 실질적인 생산 수준을 판단할 수 있는 GDP를 산출할 필요가 있다. (______________ 생산 수준을 반영하는 GDP 산출의 필요성을 언급했으니, 이후에는 이를 산출하는 방식이 제시되겠구나.) 그러자면 먼저 어느 해를 기준 시점으로 정해 놓고, 산출하고자 하는 해의 가격을 기준 시점의 물가 수준으로 환산해 GDP를 산출하면 된다. <u>______________ 설정 → 가격을 기준 시점의 ______________으로 환산 → GDP 산출</u> 기준 시점의 물가 수준으로 환산해 산출한 GDP를 '실질 GDP'라고 하고, 기준 시점의 물가 수준으로 환산하지 않은 GDP를 실질 GDP와 구분하기 위해 '명목 GDP'라고 부르기도 한다. 예를 들어 기준 시점을 1995년으로 하여 2000년의 실질 GDP를 생각해 보자. 1995년에는 물가 수준이 100이었고 명목 GDP는 3천 원이며, 2000년에는 물가 수준은 200이고 명목 GDP는 6천 원이라고 가정하자. 이 경우 명목 GDP는 3천 원에서 6천 원으로 늘었지만, 물가 수준 역시 두 배로 올랐으므로 결국 실질 GDP는 동일하다.

경제가 실질적으로 얼마나 성장했는지 알려면 실질 GDP의 추이를 보는 것이 효과적이므로 실질 GDP는 경제성장률을 나타내는 공식 경제지표로 활용되고 있다. <u>______________는 실질적인 생산 수준의 판단 지표로, 경제성장률을 나타내는 지표로도 활용됨</u> 금년도의 경제성장률은 <u>아래와 같은 식</u>으로 산출할 수 있다. (공식이 제시되면 이를 활용해서 간단한 계산을 요구하는 문제가 나올 가능성이 높아. 이때 분자와 분모에 해당하는 항목을 정확히 확인해서 실수하지 않도록 주의하자!)

$$경제성장률 = \frac{금년도\ 실질\ GDP - 전년도\ 실질\ GDP}{전년도\ 실질\ GDP} \times 100(\%)$$

경제지표 중 GDP만큼 중요한 'GNI(국민총소득)'라는 것도 있다. GNI는 GDP에 외국과 거래하는 교역 조건의 변화로 생기는 실질적 무역 손익을 합산해 집계한다. <u>GNI: GDP + ______________</u> 그렇다면 GDP가 있는데도 GNI를 따로 만들어 쓰는 <u>이유</u>는 무엇일까? (______________를 쓰는 이유에 대한 답을 찾는다고 생각하며 마지막 문단을 읽으면 되겠네!) 만약 수입 상품 단가가 수출 상품 단가보다 올라 대외 교역 조건이 나빠지면 전보다 많은 재화를 생산·수출하고도 제품·부품 수입 비용이 증가하여 무역 손실이 발생할 수도 있다. 이때 GDP는 무역 손실에 따른 실질 소득의 감소를 제대로 반영하지 못하기 때문에 GNI가 필요한 것이다. <u>GNI를 쓰는 이유: 무역 손실에 따른 ______________의 감소를 정확히 파악하기 위함</u> 결국 GDP가 국민경제의 크기와 생산 능력을 나타내는 데 중점을 두는 지표라면 GNI는 국민경제의 소득 수준과 소비 능력을 나타내는 데 중점을 두는 지표라고 할 수 있다.

1. 윗글을 참고하여 〈보기〉를 이해한 내용으로 적절하지 <u>않은</u> 것은?

〈보기〉

아래의 표는 최종 생산물인 X재와 Y재 두 재화만을 생산하는 A국의 연도별 생산액과 물가 수준이다.

	2010년	2011년	2012년
X재의 생산액	2,000원	3,000원	4,000원
Y재의 생산액	5,000원	11,000원	17,000원
물가 수준	100	200	300

*기준 연도는 2010년으로 한다.
*기준 연도의 실질 GDP는 명목 GDP와 동일한 것으로 간주한다.

① 2012년도의 '명목 GDP'를 산출하면 21,000원이군.
② 2012년도의 '명목 GDP'는 2010년도 대비 3배 늘었군.
③ 2011년도의 '실질 GDP'를 산출하면 7,000원이군.
④ 2012년도는 2010년도보다 실질적으로 생산 수준이 올랐군.
⑤ 2011년도의 경제성장률은 0%이군.

2. 윗글에서 ①과 ②에 들어갈 적절한 단어를 찾아 각각 빈칸에 쓰시오.

①	: 방향이나 목적, 기준 따위를 나타내는 표지. **1문단**

예 그는 독초가 자라는 것이 공해의 심각성을 나타내는 □□라고 말했다.

②	: 일이나 형편이 시간의 경과에 따라 변하여 나가는 경향. **4문단**

예 나는 결정을 유보하고 사태의 □□를 더 지켜보기로 했다.

구 조 도 그 리 기

〈 GDP와 GNI 〉

________ (국내총생산)

- 한 나라 안에서 일정 기간 동안 새로 생산된 ______________의 가치의 총합
- 사용 목적: 국민경제 전체의 ____________ 파악
  ① ________ GDP: 집계 당시의 상품 판매 가격으로 GDP 산출
    · 문제점: 물가 변동의 영향으로 ______________과 다른 GDP의 증감 발생 가능
  ② ________ GDP: 산출하고자 하는 해의 가격을 ______________ ______________으로 환산해 GDP 산출
    · 장점: 실질적인 생산 수준 판단 가능, ______________을 나타내는 공식 경제지표로 활용

________ (국민총소득)

- 산출 방법: ________ + ______________의 변화에 따른 실질적 무역 손익
- 사용 목적: ______________에 따른 실질 소득의 감소 파악

[3~4] 다음을 읽고 핵심 내용에 밑줄을 치고, 빈칸에 적절한 말을 채우시오. 또한 주어진 물음에 답하시오.

초음파 도플러 혈류계란 혈류의 속도와 방향 등의 정보를 측정하여 영상화하는 기기로 초음파의 도플러 효과를 이용한다. 초음파 도플러 혈류계: 도플러 효과를 활용하여 ＿＿＿＿＿의 속도와 방향 정보를 측정·영상화하는 기기 초음파는 주파수*가 인간의 가청 범위 이상인 음파이다. 일반적으로 음파를 전달하는 매개체인 매질을 통해 측정 대상에게 보낸 초음파의 송신 주파수와 대상에서 반사되어 돌아온 수신 주파수는 같은 값을 갖는다. 하지만 대상이 이동하면 송신 주파수와 수신 주파수가 달라지는데, 이러한 현상을 도플러 효과라고 한다. (이해를 돕기 위해 초음파의 ＿＿＿＿＿＿＿＿＿를 자세히 설명했어. 이를 토대로 초음파 도플러 혈류계의 구체적인 원리를 제시하겠지?) 도플러 효과: 초음파를 보낸 대상이 이동하면서 송신 주파수와 수신 주파수가 (같아지는/달라지는) 현상

초음파 도플러 혈류계가 혈류의 속도와 방향을 측정하여 영상화하는 과정은 크게 송수신 단계와 표시 단계로 구분된다. (초음파 도플러 혈류계의 작동 과정을 크게 두 ＿＿＿＿＿로 나누어 제시하려 하는군.) 송수신 단계에서는 초음파를 발생시키고 수신하는 장치인 탐촉자를 이용한다. 먼저(＿＿＿＿＿ 단계에서의 작동 과정을 순차적으로 설명하는 시작점이야.) 탐촉자에서 초음파를 발생시키면 탐촉자를 인체 피부에 밀착하여 초음파를 피부로 입사시킨다. 송수신 단계 (1) ＿＿＿＿＿＿를 피부에 밀착하여 초음파를 입사시킴 이때 초음파를 인체 내부에 효과적으로 입사시키기 위해서는 음향 저항과 도플러 각도를 고려해야 한다. (낯선 개념이 제시되었군. 중요한 개념이라면 곧이어 ＿＿＿＿＿＿＿＿＿과 도플러 각도가 무엇인지 설명할 거야.) 음향 저항은 초음파가 매질을 통과해서 전달되기 어려운 정도를 나타내는 척도로 매질의 밀도에 비례한다. 초음파는 음향 저항의 차이가 큰 두 매질의 경계면에서 더 많은 양이 반사된다. 인체 외부의 공기나 피부, 내부의 힘줄과 혈관 등의 연부 조직, 혈액도 모두 매질이다. 이들 중 공기와 피부 간 음향 저항 차이가 가장 크므로, 이를 줄이기 위해 피부에 젤을 바르는 것이다. 음향 저항: 초음파가 매질을 통과해서 전달되기 어려운 정도(매질의 ＿＿＿＿＿에 비례) → 피부에 젤을 발라 피부와 공기 간 음향 저항 차이를 줄임 또한(이어서 ＿＿＿＿＿＿＿＿＿에 대해 설명하겠지?) 도플러 각도는 탐촉자에서 발생한 초음파가 피부에 입사될 때 혈류의 방향과 이루는 각도로, 이 각도가 0°일 때 혈류 속도를 가장 정확하게 측정할 수 있다. 하지만 실제 측정에서는 도플러 각도가 0°가 되기 어렵기 때문에 오차 값이 적은 60° 미만의 각도를 유지해야 한다. 도플러 각도: 탐촉자에서 발생한 초음파가 혈류의 ＿＿＿＿＿과 이루는 각도 → 60° 미만의 각도를 유지하여 측정 값의 오차를 적게 함 이렇게 피부에 입사된 초음파는 피부에서 일부가 반사되지만 대부분이 투과된 후 연부 조직을 거의 일정한 속도로 투과하여 혈액으로 들어간다. 송수신 단계 (2) 투과된 대부분의 초음파가 ＿＿＿＿＿으로 들어감

이후(＿＿＿＿＿＿＿ 단계의 설명이 이어지고 있음을 기억해 두자.) 초음파는 혈액과는 다른 음향 저항을 가진 적혈구를 만나 산란된다. 산란은 반사되는 초음파가 여러 방향으로 흩어지는 것을 의미하며, 산란체의 크기가 작거나 주파수가 높을수록 산란이 많이 발생한다. 이렇게 산란된 초음파 중 일부가 다시 연부 조직, 피부를 지나 탐촉자로 되돌아오는데 산란으로 인해 초음파의 강도가 작기 때문에 이를 증폭시킨다. 송수신 단계 (3) ＿＿＿＿＿＿＿를 만나 산란된 초음파의 일부가 탐촉자로 되돌아오면 이를 증폭시킴 이때 도플러 효과가 발생하는데 송신 주파수와 수신 주파수의 차이를 도플러 변위라고 한다. 도플러 변위는 적혈구가 이동하는 속도와 방향에 따라 달라진다. 적혈구의 이동 속도가 빠를수록 도플러 변위의 절댓값은 크며, 적혈구가 탐촉자에

가까워지는 방향일 때는 도플러 변위가 양(+)의 값을 갖고, 그 반대는 도플러 변위가 음(−)의 값을 갖는다. 이렇게 도플러 변위를 통해 얻은 혈류 속도와 방향에 대한 정보는 탐촉자에 저장된다. 송수신 단계 (4) 도플러 변위(송신 주파수와 수신 주파수의 ＿＿＿＿＿로, 적혈구의 이동 속도·방향에 따라 달라짐)를 통해 얻은 혈류의 속도·방향 정보가 탐촉자에 저장됨

표시 단계에서는(초음파 도플러 혈류계의 작동 과정 중 두 번째 단계를 설명할 거야.) 탐촉자에 저장된 정보를 영상 장치의 화면에 색과 색의 밝기로 표시한다. 일반적으로 영상 장치의 화면에 표시되는 혈류 정보의 색은 혈류가 탐촉자를 향하면 빨간색으로, 그 반대 방향이면 파란색으로 표시한다. 또한 혈류 속도가 빠르면 더 밝게 표시한다. 표시 단계: 탐촉자에 저장된 혈류 정보를 영상 장치 화면에 색(빨간색 or 파란색)과 색의 밝기(혈류 속도가 (빠를수록/느릴수록) 더 밝게)로 표시함

*주파수: 1초에 음파가 진동하는 횟수.

3. 윗글의 내용과 일치하지 않는 것은?

① 초음파를 전달하는 매질의 밀도에 따라 음향 저항은 달라진다.

② 초음파 도플러 혈류계는 송신 주파수와 수신 주파수의 차이를 이용한다.

③ 초음파 도플러 혈류계는 인간의 가청 범위 이상의 주파수를 가진 음파를 이용한다.

④ 초음파 도플러 혈류계가 혈류 정보를 측정하여 영상화하는 과정은 송수신 단계와 표시 단계로 구분된다.

⑤ 초음파 도플러 혈류계에서는 도플러 변위를 통해 얻은 혈류 속도와 방향에 대한 정보가 영상 장치에 저장된다.

4. 윗글에서 ①과 ②에 들어갈 적절한 단어를 찾아 각각 빈칸에 쓰시오.

＿＿①＿＿ : 하나의 매질 속을 지나가는 소리나 빛의 파동이 다른 매질의 경계면에 이르는 일. 2문단

예 나는 프리즘을 향해 빛을 ☐☐시켰다.

＿＿②＿＿ : 광선이 물질의 내부를 통과함. 또는 그런 현상. 2문단

예 이 유리는 자외선을 쉽게 ☐☐시키는 특성을 가지고 있다.

구 조 도 그 리 기

〈 초음파 도플러 혈류계 〉

작동 과정 ① 송수신 단계

(1) ＿＿＿＿＿＿＿＿＿＿(피부에 젤을 발라 차이 최소화)과 도플러 각도(60° (이상/미만)으로 유지)를 고려하여 탐촉자를 피부에 밀착 → 초음파 입사

(2) 피부를 투과한 대부분의 초음파가 혈액으로 들어감

(3) 초음파가 적혈구와 만나 ＿＿＿＿＿＿됨 → 산란된 초음파의 일부가 탐촉자로 되돌아와 증폭됨(도플러 효과 발생)

(4) ＿＿＿＿＿＿＿＿＿＿＿를 통해 얻은 혈류 속도·방향 정보 탐촉자에 저장

↓

작동 과정 ② 표시 단계

탐촉자에 저장된 정보를 영상 장치에 색과 색의 ＿＿＿＿＿＿로 표시함

[3~4] 고3 2024학년도 5월 학평 「초음파 도플러 혈류계」

① 초음파 도플러 혈류계란 혈류의 속도와 방향 등의 정보를 측정하여 영상화하는 기기로 초음파의 도플러 효과를 이용한다. 초음파 도플러 혈류계: 도플러 효과를 활용하여 혈류의 속도와 방향 정보를 측정·영상화하는 기기 초음파는 주파수가 인간의 가청 범위 이상인 음파이다. 일반적으로 음파를 전달하는 매개체인 매질을 통해 측정 대상에게 보낸 초음파의 송신 주파수와 대상에서 반사되어 돌아온 수신 주파수는 같은 값을 갖는다. 하지만 대상이 이동하면 송신 주파수와 수신 주파수가 달라지는데, 이러한 현상을 도플러 효과라고 한다. (이해를 돕기 위해 초음파의 도플러 효과를 자세히 설명했어. 이를 토대로 초음파 도플러 혈류계의 구체적인 원리를 제시하겠지?) 도플러 효과: 초음파를 보낸 대상이 이동하면서 송신 주파수와 수신 주파수가 달라지는 현상

② 초음파 도플러 혈류계가 혈류의 속도와 방향을 측정하여 영상화하는 과정은 크게 송수신 단계와 표시 단계로 구분된다. (초음파 도플러 혈류계의 작동 과정을 크게 두 단계로 나누어 제시하려 하는군.) 송수신 단계에서는 초음파를 발생시키고 수신하는 장치인 탐촉자를 이용한다. 먼저(송수신 단계에서의 작동 과정을 순차적으로 설명하는 시작점이야.) 탐촉자에서 초음파를 발생시키면 탐촉자를 인체 피부에 밀착하여 초음파를 피부로 입사시킨다. 송수신 단계 (1) 탐촉자를 피부에 밀착하여 초음파를 입사시킴 이때 초음파를 인체 내부에 효과적으로 입사시키기 위해서는 음향 저항과 도플러 각도를 고려해야 한다. (낯선 개념이 제시되었군. 중요한 개념이라면 곧이어 음향 저항과 도플러 각도가 무엇인지 설명할 거야.) 음향 저항은 초음파가 매질을 통과해서 전달되기 어려운 정도를 나타내는 척도로 매질의 밀도에 비례한다. 초음파는 음향 저항의 차이가 큰 두 매질의 경계면에서 더 많은 양이 반사된다. 인체 외부의 공기나 피부, 내부의 힘줄과 혈관 등의 연부 조직, 혈액도 모두 매질이다. 이들 중 공기와 피부 간 음향 저항 차이가 가장 크므로, 이를 줄이기 위해 피부에 젤을 바르는 것이다. 음향 저항: 초음파가 매질을 통과해서 전달되기 어려운 정도(매질의 밀도에 비례) → 피부에 젤을 발라 피부와 공기 간 음향 저항 차이를 줄임 또한(이어서 도플러 각도에 대해 설명하겠지?) 도플러 각도는 탐촉자에서 발생한 초음파가 피부에 입사될 때 혈류의 방향과 이루는 각도로, 이 각도가 0°일 때 혈류 속도를 가장 정확하게 측정할 수 있다. 하지만 실제 측정에서는 도플러 각도가 0°가 되기 어렵기 때문에 오차 값이 적은 60° 미만의 각도를 유지해야 한다. 도플러 각도: 탐촉자에서 발생한 초음파가 혈류의 방향과 이루는 각도 → 60° 미만의 각도를 유지하여 측정 값의 오차를 적게 함 이렇게 피부에 입사된 초음파는 피부에서 일부가 반사되지만 대부분이 투과된 후 연부 조직을 거의 일정한 속도로 투과하여 혈액으로 들어간다. 송수신 단계 (2) 투과된 대부분의 초음파가 혈액으로 들어감

③ 이후(송수신 단계의 설명이 이어지고 있음을 기억해 두자.) 초음파는 혈액과는 다른 음향 저항을 가진 적혈구를 만나 산란된다. 산란은 반사되는 초음파가 여러 방향으로 흩어지는 것을 의미하며, 산란체의 크기가 작거나 주파수가 높을수록 산란이 많이 발생한다. 이렇게 산란된 초음파 중 일부가 다시 연부 조직, 피부를 지나 탐촉자로 되돌아오는데 산란으로 인해 초음파의 강도가 작기 때문에 이를 증폭시킨다. 송수신 단계 (3) 적혈구를 만나 산란된 초음파의 일부가 탐촉자로 되돌아오면 이를 증폭시킴 이때 도플러 효과가 발생하는데 송신 주파수와 수신 주파수의 차이를 도플러 변위라고 한다. 도플러 변위는 적혈구가 이동하는 속도와 방향에 따라 달라진다. 적혈구의 이동 속도가 빠를수록 도플러 변위의 절댓값은 크며, 적혈구가 탐촉자에 가까워지는 방향일 때는 도플러 변위가 양(+)의 값을 갖고, 그 반대는 도플러 변위가 음(−)

의 값을 갖는다. 이렇게 도플러 변위를 통해 얻은 혈류 속도와 방향에 대한 정보는 탐촉자에 저장된다. 송수신 단계 (4) 도플러 변위(송신 주파수와 수신 주파수의 차이로, 적혈구의 이동 속도·방향에 따라 달라짐)를 통해 얻은 혈류의 속도·방향 정보가 탐촉자에 저장됨

④ 표시 단계에서는(초음파 도플러 혈류계의 작동 과정 중 두 번째 단계를 설명할 거야.) 탐촉자에 저장된 정보를 영상 장치의 화면에 색과 색의 밝기로 표시한다. 일반적으로 영상 장치의 화면에 표시되는 혈류 정보의 색은 혈류가 탐촉자를 향하면 빨간색으로, 그 반대 방향이면 파란색으로 표시한다. 또한 혈류 속도가 빠르면 더 밝게 표시한다. 표시 단계: 탐촉자에 저장된 혈류 정보를 영상 장치 화면에 색(빨간색 or 파란색)과 색의 밝기(혈류 속도가 빠를수록 더 밝게)로 표시함

3. ⑤

3문단에 따르면, 초음파 도플러 혈류계에서는 '도플러 변위를 통해 얻은 혈류 속도와 방향에 대한 정보는 탐촉자에 저장'된다. 따라서 영상 장치에 저장된다는 내용은 적절하지 않다.

① 2문단에 따르면, 음향 저항은 '초음파가 매질을 통과해서 전달되기 어려운 정도를 나타내는 척도로 매질의 밀도에 비례'한다. 따라서 매질의 밀도에 따라 음향 저항은 달라진다는 내용은 적절하다.

② 1문단에 따르면, 초음파 도플러 혈류계는 '초음파의 도플러 효과를 이용'하는 기기이며, 도플러 효과란 '대상이 이동하면 송신 주파수와 수신 주파수가 달라지는' 현상이므로, 초음파 도플러 혈류계가 송신 주파수와 수신 주파수의 차이를 이용한다는 내용은 적절하다.

③ 1문단에 따르면, 초음파는 '주파수가 인간의 가청 범위 이상인 음파'이며, 초음파 도플러 혈류계는 '초음파의 도플러 효과를 이용'하는 기기이므로, 인간의 가청 범위 이상의 주파수를 가진 음파를 이용한다는 내용은 적절하다.

④ 2문단에 따르면, '초음파 도플러 혈류계가 혈류의 속도와 방향을 측정하여 영상화하는 과정은 크게 송수신 단계와 표시 단계로 구분'된다고 하였으므로 적절하다.

4. ① 입사 ② 투과

구 조 도 그 리 기

⟨ 초음파 도플러 혈류계 ⟩

작동 과정 ① 송수신 단계

(1) 음향 저항(피부에 젤을 발라 차이 최소화)과 도플러 각도(60° 미만으로 유지)를 고려하여 탐촉자를 피부에 밀착 → 초음파 입사
(2) 피부를 투과한 대부분의 초음파가 혈액으로 들어감
(3) 초음파가 적혈구와 만나 산란됨 → 산란된 초음파의 일부가 탐촉자로 되돌아와 증폭됨(도플러 효과 발생)
(4) 도플러 변위를 통해 얻은 혈류 속도·방향 정보 탐촉자에 저장

↓

작동 과정 ② 표시 단계

탐촉자에 저장된 정보를 영상 장치에 색과 색의 밝기로 표시함

[1~2] 사관학교 2014학년도B 「GDP와 GNI」

① 'GDP(국내총생산)'는 국민경제 전체의 생산 수준을 파악할 수 있는 지표인데, 한 나라 안에서 일정 기간 동안 새로 생산된 최종 생산물의 가치를 모두 합산한 것이다. GDP를 계산할 때는 총 생산물의 가치에서 중간 생산물의 가치를 빼는데, 그 결과는 최종 생산물의 가치의 총합과 동일하다. 다만 GDP를 산출할 때는 그해에 새로 생산된 재화와 서비스 중 화폐로 매매된 것만 계산에 포함하고, 화폐로 매매되지 않은 것은 포함하지 않는다. **GDP: 그해에 새로 생산되어 화폐로 매매된 최종 생산물의 가치의 총합(총 생산물의 가치 - 중간 생산물의 가치)**

② 그런데 상품 판매 가격은 물가 변동에 따라 오르내리기 때문에 **물가 변동 → 상품 판매 가격 변동** GDP를 집계 당시의 상품 판매 가격으로 산출하면 그 결과는 물가 변동의 영향을 그대로 받는다. 올해에 작년과 똑같은 수준으로 재화를 생산하고 판매했더라도 올해 물가 변동에 따라 상품 판매 가격이 크게 올랐다면 올해 GDP는 가격 상승분만큼 부풀려져 작년 GDP보다 커진다. **GDP 또한 물가 변동의 영향을 받음** 이런 까닭으로 올해 GDP가 작년 GDP보다 커졌다 하더라도 생산 수준이 작년보다 실질적으로 올랐다고 볼 수는 없다. 심지어 GDP가 작년보다 커졌더라도 실질적으로 생산 수준이 떨어졌을 수도 있는 것이다. **집계 당시의 상품 판매 가격으로 산출한 GDP는 실질적인 생산 수준을 반영하지 못하는 문제점이 있네.**

③ **그래서** 실질적인 생산 수준을 판단할 수 있는 GDP를 산출할 필요가 있다. **(실질적인 생산 수준을 반영하는 GDP 산출의 필요성을 언급했으니, 이후에는 이를 산출하는 방식이 제시되겠구나.)** 그러자면 먼저 어느 해를 기준 시점으로 정해 놓고, 산출하고자 하는 해의 가격을 기준 시점의 물가 수준으로 환산해 GDP를 산출하면 된다. **기준 시점 설정 → 가격을 기준 시점의 물가 수준으로 환산 → GDP 산출** 기준 시점의 물가 수준으로 환산해 산출한 GDP를 '실질 GDP'라고 하고, 기준 시점의 물가 수준으로 환산하지 않은 GDP를 실질 GDP와 구분하기 위해 '명목 GDP'라고 부르기도 한다. 예를 들어 기준 시점을 1995년으로 하여 2000년의 실질 GDP를 생각해 보자. 1995년에는 물가 수준이 100이었고 명목 GDP는 3천 원이며, 2000년에는 물가 수준은 200이고 명목 GDP는 6천 원이라고 가정하자. 이 경우 명목 GDP는 3천 원에서 6천 원으로 늘었지만, 물가 수준 역시 두 배로 올랐으므로 결국 실질 GDP는 동일하다.

④ 경제가 실질적으로 얼마나 성장했는지 알려면 실질 GDP의 **추이**를 보는 것이 효과적이므로 실질 GDP는 경제성장률을 나타내는 공식 경제지표로 활용되고 있다. **실질 GDP는 실질적인 생산 수준의 판단 지표로, 경제성장률을 나타내는 지표로도 활용됨** 금년도의 경제성장률은 **아래와 같은 식**으로 산출할 수 있다. **(공식이 제시되면 이를 활용해서 간단한 계산을 요구하는 문제가 나올 가능성이 높아. 이때 분자와 분모에 해당하는 항목을 정확히 확인해서 실수하지 않도록 주의하자!)**

$$경제성장률 = \frac{금년도\ 실질\ GDP - 전년도\ 실질\ GDP}{전년도\ 실질\ GDP} \times 100(\%)$$

⑤ 경제지표 중 GDP만큼 중요한 'GNI(국민총소득)'라는 것도 있다. GNI는 GDP에 외국과 거래하는 교역 조건의 변화로 생기는 실질적 무역 손익을 합산해 집계한다. **GNI: GDP + 실질적 무역 손익** 그렇다면 GDP가 있는데도 GNI를 따로 만들어 쓰는 **이유**는 무엇일까? **(GNI를 쓰는 이유에 대한 답을 찾는다고 생각하며 마지막 문단을 읽으면 되겠네!)** 만약 수입 상품 단가가 수출 상품 단가보다 올라 대외 교역 조건이 나빠지면 전보다 많은 재화를 생산·수출

하고도 제품·부품 수입 비용이 증가하여 무역 손실이 발생할 수도 있다. 이때 GDP는 무역 손실에 따른 실질 소득의 감소를 제대로 반영하지 못하기 때문에 GNI가 필요한 것이다. **GNI를 쓰는 이유: 무역 손실에 따른 실질 소득의 감소를 정확히 파악하기 위함** 결국 GDP가 국민경제의 크기와 생산 능력을 나타내는 데 중점을 두는 지표라면 GNI는 국민경제의 소득 수준과 소비 능력을 나타내는 데 중점을 두는 지표라고 할 수 있다.

1. ④

1문단에서 GDP는 '국민경제 전체의 생산 수준을 파악할 수 있는 지표'라고 했으며, 3문단에서 실질 GDP는 '산출하고자 하는 해의 가격을 기준 시점의 물가 수준으로 환산'해 산출한다고 했다. 이에 따르면 기준 연도인 2010년도의 물가 수준은 100이고 명목 GDP는 7,000원이며, 2012년도의 물가 수준은 300이고 명목 GDP는 21,000원이므로 명목 GDP는 3배 늘었지만 물가 수준 역시 3배 올라 실질 GDP는 늘지 않았다. 즉 2012년도와 2010년도의 실질적인 생산 수준은 동일한 것이다.

① 1문단에서 GDP는 '한 나라 안에서 일정 기간 동안 새로 생산된 최종 생산물의 가치를 모두 합산'해 구할 수 있다고 했고, 3문단에서 명목 GDP는 '기준 시점의 물가 수준으로 환산하지 않은 GDP'라고 했다. 따라서 2012년도의 명목 GDP는 '최종 생산물인 X재와 Y재'의 생산액을 합산한 21,000원이다.

② 2010년도의 명목 GDP는 7,000원이고, 2012년도의 명목 GDP는 21,000원이므로, 2012년도의 명목 GDP는 2010년도 대비 3배 늘었다.

③ 3문단에서 실질 GDP는 '산출하고자 하는 해의 가격을 기준 시점의 물가 수준으로 환산'해 산출한다고 했다. 이에 따르면 기준 연도인 2010년도(물가 수준은 100이고 명목 GDP는 7,000원)와 비교해 볼 때 2011년도의 경우 명목 GDP가 2배 늘었지만 물가 수준 역시 2배 올랐기에 실질 GDP는 7,000원이 된다.

⑤ 2010년도와 2011년도의 실질 GDP는 모두 7,000원이다. 이를 4문단의 공식에 대입하면 분자가 0이 되므로 2011년도의 경제성장률은 0%이다.

2. ① 지표 ② 추이

구 조 도 그 리 기
〈 GDP와 GNI 〉

GDP(국내총생산)

- 한 나라 안에서 일정 기간 동안 새로 생산된 **최종 생산물**의 가치의 총합
- 사용 목적: 국민경제 전체의 **생산 수준** 파악
  ① 명목 GDP: 집계 당시의 상품 판매 가격으로 GDP 산출
    · 문제점: 물가 변동의 영향으로 **실질적인 생산 수준**과 다른 GDP의 증감 발생 가능
  ② 실질 GDP: 산출하고자 하는 해의 가격을 **기준 시점의 물가 수준**으로 환산해 GDP 산출
    · 장점: 실질적인 생산 수준 판단 가능, **경제성장률을 나타내는 공식 경제지표**로 활용

GNI(국민총소득)

- 산출 방법: GDP + **교역 조건**의 변화에 따른 실질적 무역 손익
- 사용 목적: **무역 손실에 따른 실질 소득의 감소** 파악

[1~2] 다음을 읽고 핵심 내용에 밑줄을 치고, 빈칸에 적절한 말을 채우시오. 또한 주어진 물음에 답하시오.

법 해석은 법 규칙의 내용을 분명히 파악하고 그 적용 범위를 확정하는 것을 의미한다. 그런데 많은 사례에 법 규칙이 문제없이 작용한다고 할지라도, 일부 사례에서는 적용 가능 여부가 분명하지 않아서 문제가 될 수 있다. (법 규칙의 적용 가능 여부가 분명하지 않은 사례가 있다는 ______ 상황이 제시되었으니, 이를 해결하기 위한 논의가 이어질 거야.) 이에 주목하여 법 해석에 대해 논의한 인물이 법학자 하트이다.

하트의 주장을 이해하기 위해서는 우선 법의 개방적 구조를 알 필요가 있다. (하트의 견해를 곧바로 설명하지 않고, 법의 ______ 구조에 대한 사전 정보부터 제시하는군.) 개방적 구조란 법 규칙이 명백하게 적용되는 핵심적인 사례에 있어서는 언어의 의미가 확정되어 있지만, 그렇지 않은 경계에 있는 사례에서는 언어의 의미가 불확정적이라는 것을 의미한다. 법의 개방적 구조: 법 규칙이 명백하게 적용되지 않는 (핵심적인/경계에 있는) 사례에서 언어의 의미는 불확정적임 하트는 법 규칙처럼 언어로 만들어진 규칙이라면 대부분 이러한 개방적 구조를 가질 수밖에 없다고 보았다. 언어의 본성이 개방적이며, 미래에 일어날 수 있는 가능한 모든 사태를 알 수 있어서 규칙의 적용 여부가 미리 완벽하게 확정될 수 없기 때문이다. 하트의 견해 (1) 언어로 만들어진 규칙(법 규칙)은 대부분 개방적 구조를 가짐 → 언어의 본성이 ______이며, 미래에 발생 가능한 모든 사태를 알 수 없기 때문 예를 들어, (예시를 통해 ______의 견해를 구체적으로 설명할 테니, 꼼꼼히 확인하자.) 공원 안의 조용함과 평화를 위해 '공원에 탈 것의 출입 금지'라는 규칙을 만든다고 할 때, 이 맥락에서 사용되는 언어는 그 규칙이 적용되는 범위에 어떤 사례가 들어가기 위해 충족해야 할 조건을 결정한다. 이때 작성자의 머릿속에는 그 범위 내에 있는 자동차나 버스와 같은 명백한 사례가 떠오를 것이다. 그러나 장난감 자동차가 거기에 포함되는지는 미리 구상하기 어려울 것이다. 그래서 공원의 조용함과 평화가 장난감 자동차를 사용하여 즐거워하는 아이들과의 관계에서 우선시해야 하는가에 대한 문제 역시 예견하지 못했을 수 있기 때문에 앞의 규칙만으로는 그것이 허용되는지를 판단하기 어렵다. 공원의 조용함과 평화를 위한 '탈 것의 출입 금지' 규칙 → 규칙의 ______ 범위에 아이들의 즐거움을 위한 '장난감 자동차'가 포함되는지 미리 판단하기 어려움

하트는 법 규칙의 의미가 확정적일 때 다른 요소를 특별히 고려할 필요가 없다고 생각했다. 그리고 법 규칙은 대부분 확정적인 의미의 규칙이라고 보았다. 하지만 ('대부분'의 경우와 달리, 법 규칙의 의미가 (확정적인/확정적이지 않은) 경우를 설명할 거야.) 법 규칙이 명백하게 적용되지 않는 사례가 발생했을 경우, 판사는 법에 근거한 논리적인 판단으로 문제를 해결할 수 없고 사회적 목적, 정책 등과 같은 법 외적인 요소를 고려한 재량을 행사하여 판결할 수 있다고 주장하였다. 그리고 판사는 경계에 있는 사례에 대해서 의미를 확정하는 선례를 남기기 때문에 규칙을 제정하는 기능을 수행하고 있다고 보았다. 하트의 견해 (2) 법 규칙이 명백하게 적용되지 않는 경우 판사의 ______에 따라 판결 가능 → 판사는 경계에 있는 사례의 의미를 확정하는 ______를 남겨 규칙을 제정하는 기능 수행

풀러는 하트의 법 해석에 대한 접근이 개별 단어들에 지나치게 집중한다고 비판하면서 (풀러가 하트의 견해에 대해 ______적인 입장이라는 것을 확실히 알아 두자.) 법을 해석할 때는 기본적으로 법 규칙의 맥락과 법 규칙으로 실현하고자 하는 목적이 중요하다고 주장하였다. 즉 판사는 탈 것을 금지하는 규칙의 맥락과 목적을 해석 과정 전반에서 고려하여 판결해야 하는 것이지 탈 것의 의미가 불확정적일 때만 비로소 목적을 고려하는 것이 아니라는 의미이다. 풀러의 견해 (1) 법 해석은 법 규칙의 개별 단어의 의미보다는, ______과 목적을 고려하여

이루어져야 함 풀러는 아이들에게 놀이를 가르치라고 어떤 사람이 다른 사람에게 말했는데, 아이들에게 돈을 걸고 내기를 하는 주사위 노름을 가르친 상황을 예로 들어 이를 설명한다. (예시를 통해 구체화되는 ______의 견해를 정확히 이해하자.) 아이들에게 놀이를 가르치라는 발화자의 당초 목적이 구체적으로 확정되지 않더라도, 놀이가 가리키는 대상에 주사위 노름이 포함되지 않는다고 해석할 수 있는 것은 인류가 가진 보편적인 목적들을 구현하는 방향으로 해석해야 하기 때문이라는 것이다. 아이들에게 '놀이'를 가르치라는 발화 → 인류의 ______ 목적을 구현하는 방향으로 해석하면 '놀이'에 '주사위 노름'이 포함되지 않는다고 해석 가능 한편(전환!) 풀러는 하트가 법 규칙의 언어를 중시하여 법을 해석해야 한다는 이론을 제시한 것은 법 규칙의 목적을 중시하는 해석을 과도하게 하면 생길 수 있는 위험을 경계한 것이라고 이해하였다. 법으로 금지되고 허용되는 행위를 미리 분명하게 확정할 수 없다면 법치주의가 불가능하기 때문이다. 풀러의 견해 (2) 법 규칙의 언어를 중시하는 하트의 견해 → 법 규칙의 ______을 중시하는 해석을 과도하게 하는 것의 위험성(법치주의의 붕괴)을 경계한 것

1. 개방적 구조 에 대한 이해로 가장 적절한 것은?

① 법 규칙은 언어의 의미가 확정적일 때 개방적 구조를 가진다.
② 대부분의 법 규칙은 언어로 구성되므로 개방적 구조를 가진다.
③ 개방적 구조는 법에 근거한 논리적 판단으로 모든 문제를 해결할 수 있게 한다.
④ 개방적 구조는 미래에 일어날 수 있는 모든 사태를 미리 구상할 수 있게 한다.
⑤ 법 규칙은 핵심적인 사례에서 언어의 의미가 불확정적이어서 개방적 구조를 가진다.

2. 윗글에서 ①과 ②에 들어갈 적절한 단어를 찾아 각각 빈칸에 쓰시오.

> ① : 일정한 분량을 채워 모자람이 없게 함. **2문단**
> 예 선생님의 자세한 설명으로 호기심이 ☐☐되었다.
>
> ② : 자기의 생각과 판단에 따라 일을 처리함. **3문단**
> 예 세부적인 업무는 실무자의 ☐☐에 맡기기로 하였다.

구 조 도 그 리 기

〈 법 해석에 대한 하트와 풀러의 견해 〉

문제	일부 사례 → ______의 적용 가능 여부가 분명하지 않음
하트	– 법은 ______로 만들어진 규칙이기에 개방적인 구조를 가지고 있음 　→ 핵심적 사례에 대해서는 언어의 의미가 (확정적/불확정적), 경계에 있는 사례에서는 언어의 의미가 (확정적/불확정적) – 경계에 있는 사례는 법 외적인 요소(사회적 목적, 정책)를 고려하여 판사 ______에 따라 판결 가능
풀러	– 법의 언어에 지나치게 집중할 것이 아니라, 법 규칙의 ______과 ______을 고려해야 함 – 하트의 견해는 법 규칙의 목적을 중시하는 해석을 과도하게 하는 것의 위험을 경계한 것이라고 이해

[3~4] 다음을 읽고 핵심 내용에 밑줄을 치고, 빈칸에 적절한 말을 채우시오. 또한 주어진 물음에 답하시오.

수명 연장의 꿈을 갖고 제안된 것들 중 하나로 냉동보존이 있다. 이는 낮은 온도에서는 화학적 작용이 완전히 중지된다는 점에 착안해, 지금은 치료할 수 없는 환자를 그가 사망한 직후 액화질소 안에 냉동한 후, 냉동 및 해동에 따른 손상을 회복시키고 원래의 병을 치료할 수 있을 정도로 의학기술이 발전할 때까지 보관한다는 생각이다. 냉동보존: 의학기술이 발전할 때까지 지금은 치료가 불가능한 환자를 ____________ 안에 ______하여 보관 그러나 인체 냉동보존술은 제도권 내에 안착하지 못했으며, 현재는 소수의 열광자들에 의해 계승되어 이와 관련된 사업을 알코어 재단이 운영 중이다.

그런데 시신을 냉동하는 과정에서 시신의 세포 내부에 얼음이 형성되어 심각한 세포 손상이 일어난다는 것이 밝혀졌다. 냉동보존의 문제점: 냉동 과정에서의 심각한 ____________ 이 발생함 이를 방지하기 위하여(앞서 언급한 냉동보존의 ____________을 극복하기 위한 방법이 제시되겠지?) 저속 냉동보존술이 제시되었는데, 이는 주로 정자나 난자, 배아, 혈액 등의 온도를 1분에 1도 정도로 천천히 낮추는 방식이었다. 이 기술에서 느린 냉각은 삼투압을 이용해 세포 바깥의 물을 얼음 상태로 만들고 세포 내부의 물은 냉동되지 않도록 하는 방식이다. 저속 냉동보존술은 느린 냉각으로 ____________되지 않게 해서 냉동 과정에서 발생하는 세포 손상을 막고자 했구나. 그러나(____________에도 문제가 있나 보군.) 이 또한 치명적이지는 않더라도 여전히 세포들을 손상시킨다. 저온 냉동보존술의 문제점: 여전히 ________이 손상됨 최근에는 액체 상태의 체액을 유리질 상태로 변화시키는 방법을 이용해 세포들을 냉각시키는 방법이 개발되었다. 유리질 상태는 고체이지만 결정 구조가 아니다. 그것(____________)의 물 분자는 무질서한 상태로 남아있으며, 얼음 결정에서 보이는 것과 같은 규칙적인 격자 형태로 배열되어 있지 않다. 알코어 재단은 시신 조직의 미시적 구조가 손상되는 것을 줄이기 위해 최근부터 유리질화를 이용한 냉동방법을 활용하고 있다. 유리질화를 이용한 냉동보존술은 ____________을 막고자, 체액을 ____________로 변화시킴으로써 세포를 냉각시키는 방법이네.

하지만(____________를 이용한 냉동보존도 완벽한 것은 아닌가 봐! 이어서 이 방법의 문제점이 제시되겠지?) 뇌과학자 A는 유리질화를 이용한 냉동보존에 대해서 회의적인 입장이다. 그에 따르면 우리의 기억이나 정체성을 이루고 있는 것은 신경계의 뉴런들이 상호 연결되어 있는 연결망의 총체로서의 커넥톰이다. 냉동보존된 인간을 다시 살려냈을 때, 그 사람이 냉동 이전의 사람과 동일한 사람이라고 할 수 있기 위해서는 뉴런들의 커넥톰이 그대로 보존되어 있어야 한다. 그러나(유리질화를 이용한 냉동보존을 통해 ____________을 그대로 보존할 수 없나 보군.) A는 이러한 가능성에 대해서 회의적이다. 인공호흡기로 연명하던 환자를 죽은 뒤에 부검해보면, 신체의 다른 장기들은 완전히 정상으로 보이지만 두뇌는 이미 변색이 일어나고 말랑하게 되거나 부분적으로 녹은 채로 발견되었다. 이로부터 병리학자들은 두뇌가 신체의 나머지 부분보다 훨씬 이전에 죽는다고 결론을 내렸다. 사망 후 ______는 신체의 다른 장기보다 (느리게/빠르게) 손상되기 때문에 사망 직후에 냉동보존을 하더라도 뉴런들의 커넥톰은 보존되어 있기 어렵겠네. 알코어 재단이 냉동보존할 시신을 수령할 무렵 시신의 두뇌는 최소한 몇 시간 동안 산소 결핍 상태에 있었으며, 살아있는 뇌세포는 하나도 남아있지 않았고 심하게 손상된 상태였다. ____________의 견해를 인용해서 유리질화를 이용한 냉동보존에도 ________이 있음을 제시하며 글을 마무리하고 있어.

3. 윗글에서 알 수 있는 것은?

① 냉동보존술이 제도권 내에 안착하지 못한 원인은 높은 비용 때문이다.

② 유리질화를 이용한 냉동보존술은 뉴런들의 커넥톰 보존을 염두에 둔 기술이다.

③ 저속 냉동보존술은 정자나 난자, 배아, 혈액을 냉각시킬 때 세포를 손상시키지 않는다.

④ 뇌과학자 A에 따르면, 알코어 재단이 시신을 보존하기 시작하는 시점에 뉴런들의 커넥톰은 이미 정상 상태에 있지 않았다.

⑤ 뇌과학자 A에 따르면, 머리 이외의 신체 보존 방식은 저속 냉동보존술이나 유리질화를 이용한 냉동보존술이나 차이가 없다.

4. 윗글에서 ①과 ②에 들어갈 적절한 단어를 찾아 각각 빈칸에 쓰시오.

① : 어떤 일에 의심을 품는 것. **3문단**
예 많은 학자가 그 정책의 실현 가능성에 대해 □□□이다.

② : 있는 것들을 모두 하나로 합친 전부 또는 전체. **3문단**
예 문화는 동시대의 사람들이 공유하는 생활 양식의 □□이다.

구 조 도 그 리 기

〈 냉동보존술 〉

냉동보존술
- 병을 치료할 정도로 의학기술이 발전할 때까지 사망한 환자의 시신을 액화질소 안에 냉동하여 보관 → ____________을 위함
- 문제점: 시신 냉동 과정에서 시신의 ____________에 ______이 형성되어 심각한 세포 손상 발생

↓

________ 냉동보존술
- ________를 천천히 낮추어 세포 내부의 물이 ____________
- 문제점: 여전히 ______가 ______됨

↓

____________를 이용한 냉동보존술
- ________을 유리질 상태(______이지만 결정 구조가 아님)로 변화시켜 세포 냉각
- 문제점: 시신의 두뇌는 나머지 부분보다 훨씬 이전에 죽기 때문에 ____________________________될 가능성이 낮아 냉동보존된 인간을 다시 살려내더라도 냉동 이전과 ________ 사람으로 보기 어려움

30 MIN

[3~4] PSAT 2016년도 「냉동보존술」

① 수명 연장의 꿈을 갖고 제안된 것들 중 하나로 냉동보존이 있다. 이는 낮은 온도에서는 화학적 작용이 완전히 중지된다는 점에 착안해, 지금은 치료할 수 없는 환자를 그가 사망한 직후 액화질소 안에 냉동한 후, 냉동 및 해동에 따른 손상을 회복시키고 원래의 병을 치료할 수 있을 정도로 의학기술이 발전할 때까지 보관한다는 생각이다. 냉동보존: 의학기술이 발전할 때까지 지금은 치료가 불가능한 환자를 액화질소 안에 냉동하여 보관 그러나 인체 냉동보존술은 제도권 내에 안착하지 못했으며, 현재는 소수의 열광자들에 의해 계승되어 이와 관련된 사업을 알코어 재단이 운영 중이다.

② 그런데 시신을 냉동하는 과정에서 시신의 세포 내부에 얼음이 형성되어 심각한 세포 손상이 일어난다는 것이 밝혀졌다. 냉동보존의 문제점: 냉동 과정에서의 심각한 세포 손상이 발생함 이를 방지하기 위하여(앞서 언급한 냉동보존의 문제점을 극복하기 위한 방법이 제시되겠지?) 저속 냉동보존술이 제시되었는데, 이는 주로 정자나 난자, 배아, 혈액 등의 온도를 1분에 1도 정도로 천천히 낮추는 방식이었다. 이 기술에서 느린 냉각은 삼투압을 이용해 세포 바깥의 물을 얼음 상태로 만들고 세포 내부의 물은 냉동되지 않노록 하는 방식이다. 저속 냉동보존술은 느린 냉각으로 세포 내부의 물이 냉동되지 않게 해서 냉동 과정에서 발생하는 세포 손상을 막고자 했구나. 그러나(저속 냉동보존술에도 문제가 있나 보군.) 이 또한 치명적이지는 않더라도 여전히 세포들을 손상시킨다. 저온 냉동보존술의 문제점: 여전히 세포들이 손상됨 최근에는 액체 상태의 체액을 유리질 상태로 변화시키는 방법을 이용해 세포들을 냉각시키는 방법이 개발되었다. 유리질 상태는 고체이지만 결정 구조가 아니다. 그것(유리질 상태)의 물 분자는 무질서한 상태로 남아있으며, 얼음 결정에서 보이는 것과 같은 규칙적인 격자 형태로 배열되어 있지 않다. 알코어 재단은 시신 조직의 미시적 구조가 손상되는 것을 줄이기 위해 최근부터 유리질화를 이용한 냉동방법을 활용하고 있다. 유리질화를 이용한 냉동보존술은 시신 조직의 미시적 구조가 손상되는 것을 막고자, 체액을 유리질 상태로 변화시킴으로써 세포를 냉각시키는 방법이네.

③ 하지만(유리질화를 이용한 냉동보존도 완벽한 것은 아닌가 봐! 이어서 이 방법의 문제점이 제시되겠지?) 뇌과학자 A는 유리질화를 이용한 냉동보존에 대해서 회의적인 입장이다. 그에 따르면 우리의 기억이나 정체성을 이루고 있는 것은 신경계의 뉴런들이 상호 연결되어 있는 연결망의 총체로서의 커넥톰이다. 냉동보존된 인간을 다시 살려냈을 때, 그 사람이 냉동 이전의 사람과 동일한 사람이라고 할 수 있기 위해서는 뉴런들의 커넥톰이 그대로 보존되어 있어야 한다. 그러나(유리질화를 이용한 냉동보존을 통해 뉴런들의 커넥톰을 그대로 보존할 수 없나 보군.) A는 이러한 가능성에 대해서 회의적이다. 인공호흡기로 연명하던 환자를 죽은 뒤에 부검해보면, 신체의 다른 장기들은 완전히 정상으로 보이지만 두뇌는 이미 변색이 일어나고 말랑하게 되거나 부분적으로 녹은 채로 발견되었다. 이로부터 병리학자들은 두뇌가 신체의 나머지 부분보다 훨씬 이전에 죽는다고 결론을 내렸다. 사망 후 두뇌는 신체의 다른 장기보다 빠르게 손상되기 때문에 사망 직후에 냉동보존을 하더라도 뉴런들의 커넥톰은 보존되어 있기 어렵겠네. 알코어 재단이 냉동보존할 시신을 수령할 무렵 시신의 두뇌는 최소한 몇 시간 동안 산소 결핍 상태에 있었으며, 살아있는 뇌세포는 하나도 남아있지 않았고 심하게 손상된 상태였다. 뇌과학자 A의 견해를 인용해서 유리질화를 이용한 냉동보존에도 문제점이 있음을 제시하며 글을 마무리하고 있어.

3. ④

3문단에 따르면 뇌과학자 A는 '냉동보존된 인간을 다시 살려냈을 때, 그 사람이 냉동 이전의 사람과 동일한 사람이라고 할 수 있'는 조건을 '뉴런들의 커넥톰이 그대로 보존되어 있'는 것으로 본다. 그러나 A는 냉동보존된 인간을 다시 살려냈을 때, 뉴런들의 커넥톰이 그대로 보존되어 있을 가능성에 대해 회의적인 입장을 취했으며, '알코어 재단이 냉동보존할 시신을 수령할 무렵' 이미 '살아있는 뇌세포는 하나도 남아있지 않았고 심하게 손상된 상태'였다.

① 1문단에서 '인체 냉동보존술은 제도권 내에 안착하지 못했'다고 했지만, 그 원인이 비용 때문인지는 알 수 없다.

② 2문단에 따르면 유리질화를 이용한 냉동보존술은 '시신 조직의 미시적 구조가 손상되는 것을 줄이기 위'한 기술이며, 3문단에서 뇌과학자 A가 이 방법을 썼을 때 '뉴런들의 커넥톰이 그대로 보존되어 있'을 가능성에 대해 회의적 입장을 취했다고 한 것을 고려하면 유리질화를 이용한 냉동보존술이 뉴런들의 커넥톰 보존을 염두에 둔 기술이라고 보기는 어렵다.

③ 2문단에서 '주로 정자나 난자, 배아, 혈액 등의 온도를 1분에 1도 정도로 천천히 낮추는 방식'인 저속 냉동보존술은 '치명적이지는 않더라도 여전히 세포들을 손상'시킨다고 했다.

⑤ 3문단을 통해 뇌과학자 A가 유리질화를 이용한 냉동보존술에 대해 '회의적인 입장'을 취하고 있음은 알 수 있지만, 윗글에서 저속 냉동보존술에 대한 A의 견해는 언급되어 있지 않다.

4. ① 회의적 ② 총체

구 조 도 그 리 기

〈 냉동보존술 〉

냉동보존술

- 병을 치료할 정도로 의학기술이 발전할 때까지 사망한 환자의 시신을 액화질소 안에 냉동하여 보관 → 수명 연장을 위함
- 문제점: 시신 냉동 과정에서 시신의 세포 내부에 얼음이 형성되어 심각한 세포 손상 발생

↓

저속 냉동보존술

- 온도를 천천히 낮추어 세포 내부의 물이 냉동되지 않게 함
- 문제점: 여전히 세포가 손상됨

↓

유리질화를 이용한 냉동보존술

- 체액을 유리질 상태(고체이지만 결정 구조가 아님)로 변화시켜 세포 냉각
- 문제점: 시신의 두뇌는 나머지 부분보다 훨씬 이전에 죽기 때문에 뉴런들의 커넥톰이 그대로 보존될 가능성이 낮아 냉동보존된 인간을 다시 살려내더라도 냉동 이전과 동일한 사람으로 보기 어려움

[1~2] 고3 2023학년도 10월 학평 「법 해석의 중점」

① 법 해석은 법 규칙의 내용을 분명히 파악하고 그 적용 범위를 확정하는 것을 의미한다. 그런데 많은 사례에 법 규칙이 문제없이 작용한다고 할지라도, 일부 사례에서는 적용 가능 여부가 분명하지 않아서 문제가 될 수 있다. (법 규칙의 적용 가능 여부가 분명하지 않은 사례가 있다는 문제 상황이 제시되었으니, 이를 해결하기 위한 논의가 이어질 거야.) 이에 주목하여 법 해석에 대해 논의한 인물이 법학자 하트이다.

② 하트의 주장을 이해하기 위해서는 우선 법의 개방적 구조를 알 필요가 있다. (하트의 견해를 곧바로 설명하지 않고, 법의 개방적 구조에 대한 사전 정보부터 제시하는군.) 개방적 구조란 법 규칙이 명백하게 적용되는 핵심적인 사례에 있어서는 언어의 의미가 확정되어 있지만, 그렇지 않은 경계에 있는 사례에서는 언어의 의미가 불확정적이라는 것을 의미한다. 법의 개방적 구조: 법 규칙이 명백하게 적용되지 않는 경계에 있는 사례에서 언어의 의미는 불확정적임 하트는 법 규칙처럼 언어로 만들어진 규칙이라면 대부분 이러한 개방적 구조를 가질 수밖에 없다고 보았다. 언어의 본성이 개방적이며, 미래에 일어날 수 있는 가능한 모든 사태를 알 수 없어서 규칙의 적용 여부가 미리 완벽하게 확정될 수 없기 때문이다. 하트의 견해 (1) 언어로 만들어진 규칙(법 규칙)은 대부분 개방적 구조를 가짐 → 언어의 본성이 개방적이며, 미래에 발생 가능한 모든 사태를 알 수 없기 때문 예를 들어, (예시를 통해 하트의 견해를 구체적으로 설명할 테니, 꼼꼼히 확인하자.) 공원 안의 조용함과 평화를 위해 '공원에 탈 것의 출입 금지'라는 규칙을 만든다고 할 때, 이 맥락에서 사용되는 언어는 그 규칙이 적용되는 범위에 어떤 사례가 들어가기 위해 충족해야 할 조건을 결정한다. 이때 작성자의 머릿속에는 그 범위 내에 있는 자동차나 버스와 같은 명백한 사례가 떠오를 것이다. 그러나 장난감 자동차가 거기에 포함되는지는 미리 구상하기 어려울 것이다. 그래서 공원의 조용함과 평화가 장난감 자동차를 사용하여 즐거워하는 아이들과의 관계에서 우선시해야 하는가에 대한 문제 역시 예견하지 못했을 수 있기 때문에 앞의 규칙만으로는 그것이 허용되는지를 판단하기 어렵다. 공원의 조용함과 평화를 위한 '탈 것의 출입 금지' 규칙 → 규칙의 적용 범위에 아이들의 즐거움을 위한 '장난감 자동차'가 포함되는지를 미리 판단하기 어려움

③ 하트는 법 규칙의 의미가 확정적일 때 다른 요소를 특별히 고려할 필요가 없다고 생각했다. 그리고 법 규칙은 대부분 확정적인 의미의 규칙이라고 보았다. 하지만 ('대부분'의 경우와 달리, 법 규칙의 의미가 확정적이지 않은 경우를 설명할 거야.) 법 규칙이 명백하게 적용되지 않는 사례가 발생했을 경우, 판사는 법에 근거한 논리적인 판단으로 문제를 해결할 수 없고 사회적 목적, 정책 등과 같은 법 외적인 요소를 고려한 재량을 행사하여 판결할 수 있다고 주장하였다. 그리고 판사는 경계에 있는 사례에 대해서 의미를 확정하는 선례를 남기기 때문에 규칙을 제정하는 기능을 수행하고 있다고 보았다. 하트의 견해 (2) 법 규칙이 명백하게 적용되지 않는 경우 판사의 재량에 따라 판결 가능 → 판사는 경계에 있는 사례의 의미를 확정하는 선례를 남겨 규칙을 제정하는 기능 수행

④ 풀러는 하트의 법 해석에 대한 접근이 개별 단어들에 지나치게 집중한다고 비판하면서 (풀러가 하트의 견해에 대해 비판적인 입장이라는 것을 확실히 알아 두자.) 법을 해석할 때는 기본적으로 법 규칙의 맥락과 법 규칙으로 실현하고자 하는 목적이 중요하다고 주장하였다. 즉 판사는 탈 것을 금지하는 규칙의 맥락과 목적을 해석 과정 전반에서 고려하여 판결해야 하는 것이지 탈 것의 의미가 불확정적일 때만 비로소 목적을 고려하는 것이 아니라는 의미이다. 풀러의 견해 (1) 법 해석은 법 규칙의 개별 단어의 의미보다는, 맥락과 목적을 고려하여 이

루어져야 함 풀러는 아이들에게 놀이를 가르치라고 어떤 사람이 다른 사람에게 말했는데, 아이들에게 돈을 걸고 내기를 하는 주사위 노름을 가르친 상황을 예로 들어 이를 설명한다. (예시를 통해 구체화되는 풀러의 견해를 정확히 이해하자.) 아이들에게 놀이를 가르치라는 발화자의 당초 목적이 구체적으로 확정되지 않더라도, 놀이가 가리키는 대상에 주사위 노름이 포함되지 않는다고 해석할 수 있는 것은 인류가 가진 보편적인 목적들을 구현하는 방향으로 해석해야 하기 때문이라는 것이다. 아이들에게 '놀이'를 가르치라는 발화 → 인류의 보편적 목적을 구현하는 방향으로 해석하면 '놀이'에 '주사위 노름'이 포함되지 않는다고 해석할 수 있음 한편 (전환!) 풀러는 하트가 법 규칙의 언어를 중시하여 법을 해석해야 한다는 이론을 제시한 것은 법 규칙의 목적을 중시하는 해석을 과도하게 하면 생길 수 있는 위험을 경계한 것이라고 이해하였다. 법으로 금지되고 허용되는 행위를 미리 분명하게 확정할 수 없다면 법치주의가 불가능하기 때문이다. 풀러의 견해 (2) 법 규칙의 언어를 중시하는 하트의 견해 → 법 규칙의 목적을 중시하는 해석을 과도하게 하는 것의 위험성(법치주의의 붕괴)을 경계한 것

---

1. ②

2문단에 따르면, 하트는 '법 규칙처럼 언어로 만들어진 규칙이라면 대부분 이러한 개방적 구조를 가질 수밖에 없다고 보았'으므로 적절하다.

①, ⑤ 2문단에 따르면, 개방적 구조는 '법 규칙이 명백하게 적용되는 핵심적인 사례에 있어서는 언어의 의미가 확정되어 있지만, 그렇지 않은 경계에 있는 사례에서는 언어의 의미가 불확정적이라는 것을 의미'하므로 적절하지 않다.

③ 3문단에 따르면, 법 규칙은 '대부분 확정적인 의미의 규칙'이지만, '법 규칙이 명백하게 적용되지 않는 사례가 발생했을 경우, 판사는 법에 근거한 논리적 판단으로 문제를 해결할 수 없고 사회적 목적, 정책 등과 같은 법 외적인 요소를 고려한 재량을 행사하여 판결할 수 있'으므로 적절하지 않다.

④ 2문단에 따르면, 개방적 구조에서는 '미래에 일어날 수 있는 가능한 모든 사태를 알 수 없어서 규칙의 적용 여부가 미리 완벽하게 확정될 수 없'다고 하였으므로 적절하지 않다.

2. ① 충족 ② 재량

구조도 그리기		

〈 법 해석에 대한 하트와 풀러의 견해 〉

문제	일부 사례 → 법 규칙의 적용 가능 여부가 분명하지 않음
하트	− 법은 언어로 만들어진 규칙이기에 개방적인 구조를 가지고 있음 　→ 핵심적 사례에 대해서는 언어의 의미가 확정적, 경계에 있는 사례에서는 언어의 의미가 불확정적 − 경계에 있는 사례는 법 외적인 요소(사회적 목적, 정책)를 고려하여 판사 재량에 따라 판결 가능
풀러	− 법의 언어에 지나치게 집중할 것이 아니라, 법 규칙의 맥락과 목적을 고려해야 함 − 하트의 견해는 법 규칙의 목적을 중시하는 해석을 과도하게 하는 것의 위험을 경계한 것이라고 이해

[1~2] 다음을 읽고 핵심 내용에 밑줄을 치고, 빈칸에 적절한 말을 채우시오. 또한 주어진 물음에 답하시오.

1890년 독점 및 거래제한 행위에 대한 규제를 명시한 셔먼법이 제정됐다. 셔먼은 반독점법 제정이 소비자의 이익 보호와 함께 소생산자들의 탈집중화된 경제 보호라는 목적이 있다는 점을 강조했다. *독점 및 거래제한 행위 규제의 목적: (1) __________의 이익 보호, (2) 소생산자들의 __________________ 보호* 그는 독점적 기업결합 집단인 트러스트가 독점을 통한 인위적인 가격 상승으로 소비자를 기만한다고 보았다. *더 나아가 __________의 문제점을 추가로 제시할 거야.)* 트러스트가 사적 권력을 강화해 민주주의에 위협이 된다고 비판했다. 이런 비판의 사상적 배경이 된 것은 시민 자치를 중시하는 공화주의 전통이었다. *셔먼은 트러스트가 __________ 가격 상승으로 소비자를 속이고 사적 권력을 강화해 __________를 위협한다고 비판했는데, 이는 __________를 중시하는 공화주의 전통을 사상적 배경을 바탕으로 한 거야.*

이후 반독점 운동에서 브랜다이스가 영향력 있는 인물로 부상했다. *('1890년'과 '이후'를 고려하면, 이 글은 _____의 흐름에 따라 전개되고 있다는 것을 알 수 있어. 시간이 변함에 따라 달라지는 것에 집중해서 읽어 보자!)* 그는 독점 규제를 통해 소비자의 이익이 *아니라 ('A가 아니라 B'의 구조니까 (A/B)의 내용에 십중하자!)* 독립적 소생산자의 경제를 보호하고자 했다. *독점 규제의 목적: 소비자의 이익 보호(셔먼 (O/X) vs. 브랜다이스 (O/X))* 반독점법의 취지는 거대한 경제 권력의 영향으로부터 독립적 소생산자들을 보호함으로써 자치를 지켜내는 데 있다는 것이다. 이런 생각에는 공화주의 전통이 반영되어 있었다. *셔먼과 마찬가지로 브랜다이스의 주장에도 __________의 전통이 반영되어 있군.* 브랜다이스는 거대한 트러스트에 집중된 부와 권력이 시민 자치를 위협한다고 보았다. 이 점에서 그는 반독점법이 소생산자의 이익 자체를 도모하는 것보다는 경제와 권력의 집중을 막는 데 초점을 맞추어야 한다고 주장했다. *브랜다이스는 __________ 보호에 목적을 둔 반독점 운동을 통해 __________의 탈집중화에 초점을 두었어.*

반독점법이 강력하게 집행된 것은 1930년대 후반에 이르러서였다. *(다시 시간의 흐름이 나타났어. 먼저 1890년 _____의 입장, 이후 _____의 입장이 제시되었으니, 이번에도 새로운 인물의 _____ 규제에 대한 주장이 나올 가능성이 높아. 각각의 견해의 공통점과 차이점을 정확히 확인하며 읽는 것이 중요하겠네!)* 1938년 아놀드가 법무부 반독점국의 책임자로 임명되었다. 아놀드는 소생산자의 자치와 탈집중화된 경제의 보호가 대량 생산 시대에 맞지 않는 감상적인 생각이라고 치부하고, 시민 자치권을 근거로 하는 반독점 주장을 거부했다. *(독점 _____의 목적에 대해 브랜다이스와는 다른 입장이 제시되겠군.)* 그는 독점 규제의 목적이 권력 집중에 대한 싸움이 아니라 경제적 효율성의 향상에 맞춰져야 한다고 주장했다. 독점 규제를 통해 생산과 분배의 효율성을 증가시키고 그 혜택을 소비자에게 돌려주는 것이 핵심 문제라는 것이다. 이 점에서 반독점법의 목적이 소비자 가격을 낮춰 소비자 복지를 증진시키는 데 있다고 본 것이다. *독점 규제의 목적: 경제적 효율성의 향상 → __________ 증진* 그는 사람들이 반독점법을 지지하는 이유도 대기업에 대한 반감이나 분노 때문이 아니라, '돼지갈비, 빵, 안경, 약, 배관공사 등의 가격'에 대한 관심 때문이라고 강조했다. 이 시기 아놀드의 견해가 널리 받아들여진 것도 소비자 복지에 대한 당시 사람들의 관심사를 반영했기 때문으로 볼 수 있다. 이런 점에서 소비자 복지에 근거한 반독점 정책은 안정된 법적, 정치적 제도로서의 지위를 갖게 되었다. *__________는 소비자 복지에 대한 당시 사람들의 관심사를 반영하여 반독점 정책을 주장하였고 이 정책은 법적, 정치적 _____로서의 지위를 갖게 되었군.*

---

1. 윗글의 내용과 부합하지 <u>않는</u> 것은?

① 셔먼과 브랜다이스의 견해는 공화주의 전통에 기반을 두고 있었다.

② 아놀드는 독점 규제의 목적에 대한 브랜다이스의 견해에 비판적이었다.

③ 셔먼과 아놀드는 소비자 이익을 보호한다는 점에서 반독점법을 지지했다.

④ 반독점 주장의 주된 근거는 1930년대 후반 시민 자치권에서 소비자 복지로 옮겨 갔다.

⑤ 브랜다이스는 독립적 소생산자와 소비자의 이익을 보호하여 시민 자치를 지키고자 했다.

2. 윗글에서 ①과 ②에 들어갈 적절한 단어를 찾아 각각 빈칸에 쓰시오.

> ① : 남을 속여 넘김. **1문단**
> 예 고지 없이 가격을 올리는 것은 명백한 ☐☐ 행위이다.
>
> ② : 어떤 일을 이루기 위하여 대책과 방법을 세움. **2문단**
> 예 친목 ☐☐를 위해 다음 주에 야유회를 가기로 했다.

구 조 도 그 리 기

〈 독점 규제에 대한 통시적 견해 〉

__________ (1890년)	• __________ 제정 목적: ① 소비자의 이익 보호, ② __________의 탈집중화된 경제 보호 • 독점적 기업결합 집단인 트러스트가 __________ 하고 민주주의에 위협이 됨을 비판 • 사상적 배경: 시민 자치를 중시하는 __________ 전통
__________ (1890년 이후)	• 반독점법 제정 목적: 독립적 소생산자의 경제 보호 → 반독점법은 경제와 권력의 _______ 을 막는 데 _______ 을 맞추어야 함 • 사상적 배경: 공화주의 전통
__________ (1938년)	• 반독점법 제정 목적: 경제적 효율성의 향상 → 혜택을 __________에게 돌려주는 것이 핵심 문제(소비자 복지 증진) • 소비자 복지에 대한 당시 사람들의 관심사를 반영함 → _______, __________ 제도로서의 _______를 갖게 됨

[3~4] 다음을 읽고 핵심 내용에 밑줄을 치고, 빈칸에 적절한 말을 채우시오. 또한 주어진 물음에 답하시오.

디지털카메라는 피사체에 반사된 빛이 렌즈를 통해 이미지 센서에 피사체의 상이 맺히도록 만들고, 이 상을 이미지 데이터로 변환하여 한 장의 사진으로 저장한다. (____________로 사진을 찍는 원리를 압축적으로 설명했어. 앞으로 이 내용을 더 자세히 풀어서 설명해 줄 거야.) 이미지 센서에서 상이 맺히는 곳은 많은 수의 아주 작은 화소가 격자 모양으로 배열된 '화소 평면'이다. (먼저 ____________에 피사체의 상이 맺히는 원리부터 설명하는군!) 여기에 피사체의 상이 맺힐 때, 화소 각각의 위치에서 얻어진 빛의 밝기를 나타내는 데이터의 배열이 한 장의 사진이 된다. 디지털카메라의 원리 (1) 피사체에 반사된 빛이 렌즈를 통해 들어와 이미지 센서의 ____________에 상이 맺힘

화소는 빛에 반응하는 소자로, 노출된 빛의 세기에 비례하는 전압을 출력한다. 화소를 여러 개 묶어서 마치 하나의 화소처럼 쓸 수도 있는데, 동일한 화소를 여러 개 묶어서 사용하면 하나를 사용할 때보다 약한 빛도 검출할 수 있다. 만일 빨강, 초록, 파랑의 서로 다른 파장의 빛에 반응하는 화소를 묶어 한 개의 화소를 구성하면, 색깔을 구별할 수 있다. 화소: 노출된 빛의 세기에 비례해 ____을 출력하는 소자 → 여러 개를 묶어 약한 빛을 검출하거나 ____ 구별 가능 이미지 센서의 해상도는 화소 평면의 면적에 대한 화소의 전체 개수의 비율로 나타내는데, 이 값이 클수록 세밀하게 표현된 이미지를 얻을 수 있어 센서의 성능을 가늠하는 척도가 된다. ____________: 화소 평면의 면적에 대한 화소 전체 개수의 비율 → 센서의 성능을 가늠하는 척도

디지털 이미지를 얻기 위해서는 각 화소에 노출된 빛의 세기를 데이터로 변환해야 하는데,(다음으로 노출된 빛의 세기를 ____________로 변환하는 원리를 설명해 줄 거야.) 이를 위해 화소를 '아날로그 디지털 변환기(ADC)'에 연결하여 화소의 출력 전압에 해당하는 크기를 나타내는 데이터로 바꾼다. ADC는 입력 전압의 값을 데이터로 변환하여 출력할 때는 일정한 수의 비트로 표현한다. ADC: 화소의 출력 전압을 데이터(일정한 수의 ____)로 변환함 이 비트의 개수를 데이터 폭이라고 한다. 분해능은 입력 허용 구간을 몇 개의 구간으로 나누어 표현할 수 있는지를 나타내는데, ADC의 성능을 나타내는 한 지표이다. 가령(예시를 통해 ____________의 작동 원리를 구체적으로 보여 주겠군.) 어느 ADC의 입력 전압의 허용 구간이 0~1볼트(V)라고 하자. 만일 화소의 출력 전압에 대해 ADC의 데이터 폭이 1비트면, 빛의 세기를 0.5V를 기준으로 0V부터 0.5V보다 작은 구간은 흑으로, 0.5V부터 1V까지의 구간은 백으로 2단계로 명암을 구분한다. 만일 데이터 폭이 2비트면 0~1V의 구간을 4단계로, 4비트면 16단계로, 8비트면 256단계로 서로 다른 밝기의 명암으로 구분하여 데이터를 출력할 수 있다. 따라서 데이터 폭이 넓은 ADC를 쓰면 세밀한 명암의 표현이 가능한 이미지를 얻을 수 있다. ADC의 데이터 폭이 n비트라면, 입력 허용 구간은 2^n개의 구간으로 나뉘게 되는군! 그래서 데이터 폭이 넓을수록 분해능이 높아지면서 세밀한 ____ 표현이 가능해지는 거야. 한편(전환!) ADC가 입력된 전압을 데이터로 바꾸는 데는 일정한 시간이 걸리는데 이를 변환 시간이라고 하며, 성능을 나타내는 또 다른 지표로 사용된다. 디지털카메라의 원리 (2) 분해능과 ____________에 따라 성능이 결정되는 ADC를 활용하여 각 화소에 노출된 빛의 세기를 데이터로 변환함

이미지 센서가 온전한 한 장의 사진을 얻으려면(마지막으로 앞서 설명한 내용들을 토대로 데이터를 사진으로 저장하는 원리를 설명해 줄 거야.) 화소별로 빛의 세기를 나타낸 데이터를 화소와 같은 형태의 배열로 나타내어야 한다. 이미지 센서 내부에 화소의 수만큼 ADC가 있으면 일대일로 연결하여 한 번에 전체 데이터를 얻으면 된다. 하지만 일반적으로 이미지 센서에는 수백만 개의 화소가 있는데, 이만큼의 ADC를 이미지 센서에 만들어 넣기는 어렵다. (수백만 개의 화소와 ____________로 연결할 만큼의 ADC를 이미지 센서에 넣을 수 없다는 문제

상황이 제시되었으니, 이를 해결할 방안이 제시될 거야.) 그래서 적은 수의 ADC로 전체 화소의 데이터를 얻기 위해 '다중 스위치'를 이용한다.

다중 스위치는 M개의 입력을 N개씩 여러 개의 블록으로 나누고 블록 단위로 N개의 출력으로 연결해 주는 장치이다. 이때 N은 M과 같거나 M보다 작아야 한다. 화소 평면의 전체 화소를 순서에 따라 일정한 개수로 묶은 블록으로 나누고, 이것을 다중 스위치를 통해 순서대로 여러 번 ADC로 보내 블록 단위로 데이터로 바꾼 다음, 이것을 차례로 다시 모으면 한 장의 사진이 완성된다. 디지털카메라의 원리 (3) ____________를 활용하여 적은 수의 ADC에 전체 화소를 ____ 단위로 나누어 보냄 → 변환된 데이터를 차례대로 모아 화소와 같은 형태의 배열로 나타내어 사진을 완성함

가령(예시를 통해 다중 스위치의 작동 원리를 자세히 설명해 주는군.) 10,000개의 화소가 있고 10개의 ADC가 있다고 하자. 이런 경우 순서대로 화소를 10개씩 묶어 블록으로 만들고 각 블록을 10개의 ADC에 순서대로 1,000번으로 나누어 보낸다. 그러면 10개씩 묶인 데이터가 순서대로 1,000개로 변환되므로 이를 합쳐서 한 장의 사진으로 완성한다. 앞 문단에서 말한 M개의 입력은 10,000개의 ____에, N개의 출력은 10개의 ____에 대응되는군. 하지만 ADC가 1,000번의 동작을 해야 하므로 사진 한 장의 데이터를 얻는 전체 변환 시간은 ADC의 변환 시간의 1,000배가 된다. 화소의 수가 (많고/적고), ADC의 수가 (많을수록/적을수록) 변환 시간은 길어지겠지?

3. 윗글을 이해한 내용으로 적절하지 <u>않은</u> 것은?

① 다중 스위치의 입력에 연결되는 개수는 출력에 연결되는 개수보다 작다.

② 데이터 폭으로 표현하는 분해능은 ADC의 성능을 나타내는 척도의 하나이다.

③ 디지털카메라로 찍은 한 장의 사진은 화소와 같은 형태로 나열된 데이터의 배열이다.

④ 빛에 대해 반응이 같은 화소를 여러 개 묶으면 검출할 수 있는 최소 밝기가 낮아진다.

⑤ 색깔을 구별할 수 있는 빨강, 초록, 파랑의 화소는 각각 반응하는 빛의 파장이 서로 다르다.

4. 윗글에서 ①과 ②에 들어갈 적절한 단어를 찾아 각각 빈칸에 쓰시오.

| ① | : 컴퓨터 따위의 기기나 장치가 입력을 받아 일을 하고 외부로 결과를 내는 일. **2문단** |

예 노트북 스피커는 보통 전문 음향 기기에 비해 ☐☐이 낮다.

| ② | : 어떤 지점과 다른 지점과의 사이. **3문단** |

예 지하철의 일부 ☐☐에서 공사를 시작했다.

구 조 도 그 리 기

〈 디지털카메라의 작동 원리 〉

①	피사체에 반사된 빛이 렌즈를 통해 들어와 ____________의 화소 평면에 상이 맺히도록 함
②	ADC 활용 → 각 화소에 노출된 ____________를 데이터로 변환
③	변환된 데이터를 화소와 같은 형태의 ____로 나타내어 사진을 완성함

[3~4] 고3 2024학년도 3월 학평 「디지털카메라의 작동 원리」

① 디지털카메라는 피사체에 반사된 빛이 렌즈를 통해 이미지 센서에 피사체의 상이 맺히도록 만들고, 이 상을 이미지 데이터로 변환하여 한 장의 사진으로 저장한다. (디지털카메라로 사진을 찍는 원리를 압축적으로 설명했어. 앞으로 이 내용을 더 자세히 풀어서 설명해 줄 거야.) 이미지 센서에서 상이 맺히는 곳은 많은 수의 아주 작은 화소가 격자 모양으로 배열된 '화소 평면'이다. (먼저 이미지 센서에 피사체의 상이 맺히는 원리부터 설명하는군!) 여기에 피사체의 상이 맺힐 때, 화소 각각의 위치에서 얻어진 빛의 밝기를 나타내는 데이터의 배열이 한 장의 사진이 된다. 디지털카메라의 원리 (1) 피사체에 반사된 빛이 렌즈를 통해 들어와 이미지 센서의 화소 평면에 상이 맺힘

② 화소는 빛에 반응하는 소자로, 노출된 빛의 세기에 비례하는 전압을 출력한다. 화소를 여러 개 묶어서 마치 하나의 화소처럼 쓸 수도 있는데, 동일한 화소를 여러 개 묶어서 사용하면 하나를 사용할 때보다 약한 빛도 검출할 수 있다. 만일 빨강, 초록, 파랑의 서로 다른 파장의 빛에 반응하는 화소를 묶어 한 개의 화소를 구성하면, 색깔을 구별할 수 있다. 화소: 노출된 빛의 세기에 비례해 전압을 출력하는 소자 → 여러 개를 묶어 약한 빛을 검출하거나 색깔 구별 가능 이미지 센서의 해상도는 화소 평면의 면적에 내한 화소의 전체 개수의 비율로 나타내는데, 이 값이 클수록 세밀하게 표현된 이미지를 얻을 수 있어 센서의 성능을 가늠하는 척도가 된다. 해상도: 화소 평면의 면적에 대한 화소 전체 개수의 비율 → 센서의 성능을 가늠하는 척도

③ 디지털 이미지를 얻기 위해서는 각 화소에 노출된 빛의 세기를 데이터로 변환해야 하는데, (다음으로 노출된 빛의 세기를 데이터로 변환하는 원리를 설명해 줄 거야.) 이를 위해 화소를 '아날로그 디지털 변환기(ADC)'에 연결하여 화소의 출력 전압에 해당하는 크기를 나타내는 데이터로 바꾼다. ADC는 입력 전압의 값을 데이터로 변환하여 출력할 때는 일정한 수의 비트로 표현한다. ADC: 화소의 출력 전압을 데이터(일정한 수의 비트)로 변환함 이 비트의 개수를 데이터 폭이라고 한다. 분해능은 입력 허용 구간을 몇 개의 구간으로 나누어 표현할 수 있는지를 나타내는데, ADC의 성능을 나타내는 한 지표이다. 가령(예시를 통해 ADC의 작동 원리를 구체적으로 보여 주겠군.) 어느 ADC의 입력 전압의 허용 구간이 0~1볼트(V)라고 하자. 만일 화소의 출력 전압에 대해 ADC의 데이터 폭이 1비트면, 빛의 세기를 0.5V를 기준으로 0V부터 0.5V보다 작은 구간은 흑으로, 0.5V부터 1V까지의 구간은 백으로 2단계로 명암을 구분한다. 만일 데이터 폭이 2비트면 0~1V의 구간을 4단계로, 4비트면 16단계로, 8비트면 256단계로 서로 다른 밝기의 명암으로 구분하여 데이터를 출력할 수 있다. 따라서 데이터 폭이 넓은 ADC를 쓰면 세밀한 명암의 표현이 가능한 이미지를 얻을 수 있다. ADC의 데이터 폭이 n비트라면, 입력 허용 구간은 2^n개의 구간으로 나뉘게 되는군! 그래서 데이터 폭이 넓을수록 분해능이 높아지면서 세밀한 명암 표현이 가능해지는 거야. 한편(전환!) ADC가 입력된 전압을 데이터로 바꾸는 데는 일정한 시간이 걸리는데 이를 변환 시간이라고 하며, 성능을 나타내는 또 다른 지표로 사용된다. 디지털카메라의 원리 (2) 분해능과 변환 시간에 따라 성능이 결정되는 ADC를 활용하여 각 화소에 노출된 빛의 세기를 데이터로 변환함

④ 이미지 센서가 온전한 한 장 사진을 얻으려면(마지막으로 앞서 설명한 내용들을 토대로 데이터를 사진으로 저장하는 원리를 설명해 줄 거야.) 화소별로 빛의 세기를 나타낸 데이터를 화소와 같은 형태의 배열로 나타내어야 한다. 이미지 센서 내부에 화소의 수만큼 ADC가 있으면 일대일로 연결하여 한 번에 전체 데이터를 얻으면 된다. 하지만 일반적으로 이미지 센서에는 수백만 개의 화소가 있는데, 이만큼의 ADC를 이미지 센서에 만들어 넣기는 어렵다. (수백만 개의 화소와 일대일로 연결할 만큼의 ADC를 이미지 센서에 넣을 수 없다는 문제 상황이 제시되었으니, 이를 해결할 방안이 제시될 거야.) 그래서 적은 수의 ADC로 전체 화소의

데이터를 얻기 위해 '다중 스위치'를 이용한다. ⑤ 다중 스위치는 M개의 입력을 N개씩 여러 개의 블록으로 나누고 블록 단위로 N개의 출력으로 연결해 주는 장치이다. 이때 N은 M과 같거나 M보다 작아야 한다. 화소 평면의 전체 화소를 순서에 따라 일정한 개수로 묶은 블록으로 나누고, 이것을 다중 스위치를 통해 순서대로 여러 번 ADC로 보내 블록 단위로 데이터로 바꾼 다음, 이것을 차례로 다시 모으면 한 장의 사진이 완성된다. 디지털카메라의 원리 (3) 다중 스위치를 활용하여 적은 수의 ADC에 전체 화소를 블록 단위로 나누어 보냄 → 변환된 데이터를 차례대로 모아 화소와 같은 형태의 배열로 나타내어 사진을 완성함

⑥ 가령(예시를 통해 다중 스위치의 작동 원리를 자세히 설명해 주는군.) 10,000개의 화소가 있고 10개의 ADC가 있다고 하자. 이런 경우 순서대로 화소를 10개씩 묶어 블록으로 만들고 각 블록을 10개의 ADC에 순서대로 1,000번으로 나누어 보낸다. 그러면 10개씩 묶인 데이터가 순서대로 1,000개로 변환되므로 이를 합쳐서 한 장의 사진으로 완성한다. 앞 문단에서 말한 M개의 입력은 10,000개의 화소에, N개의 출력은 10개의 ADC에 대응되는군. 하지만 ADC가 1,000번의 동작을 해야 하므로 사진 한 장의 데이터를 얻는 전체 변환 시간은 ADC의 변환 시간의 1,000배가 된다. 화소의 수가 많고, ADC의 수가 적을수록 변환 시간은 길어지겠지?

3. ①

5문단에 따르면 '다중 스위치는 M개의 입력을 N개씩 여러 개의 블록으로 나누고 블록 단위로 N개의 출력으로 연결해 주는 장치'인데, '이때 N은 M과 같거나 M보다 작아야' 한다. 따라서 다중 스위치의 입력에 연결되는 개수인 M은 출력에 연결되는 개수인 N과 같거나 그보다 커야 할 것이다.

② 3문단에 따르면 '분해능은 입력 허용 구간을 몇 개의 구간으로 나누어 표현할 수 있는지'를 나타내는 것으로, 'ADC의 성능을 나타내는 한 지표'이다. 이러한 분해능은 '데이터 폭이 넓'어질수록 더 많은 구간으로 입력 허용 구간을 나누어 더 '세밀한 명암의 표현이 가능한 이미지를 얻을 수 있'으므로, 데이터 폭으로 표현한다고 볼 수 있다.

③ 4문단의 '온전한 한 장의 사진을 얻으려면 화소별로 빛의 세기를 나타낸 데이터를 화소와 같은 형태의 배열로 나타내어야 한다.'를 통해 알 수 있다.

④ 2문단에서 '동일한 화소를 여러 개 묶어서 사용하면 하나를 사용할 때보다 약한 빛도 검출할 수 있다.'라고 했으므로, 검출할 수 있는 최소 밝기는 낮아질 것이다.

⑤ 2문단의 '만일 빨강, 초록, 파랑의 서로 다른 파장의 빛에 반응하는 화소를 묶어 한 개의 화소를 구성하면, 색깔을 구별할 수 있다.'를 통해 알 수 있다.

4. ① 출력 ② 구간

구 조 도 그 리 기
〈 디지털카메라의 작동 원리 〉

①	피사체에 반사된 빛이 렌즈를 통해 들어와 이미지 센서의 화소 평면에 상이 맺히도록 함
②	ADC 활용 → 각 화소에 노출된 빛의 세기를 데이터로 변환
③	변환된 데이터를 화소와 같은 형태의 배열로 나타내어 사진을 완성함

✚ '구조도 그리기' 훈련을 더 하고 싶다면, 홈페이지(holsoo.com)에서 제공하는 1주차~2주차 지문에 대한 '구조도 그리기' 문제와 정답을 활용해 보세요.

[1~2] PSAT 2018년도 「독점 규제에 대한 통시적 견해」

① 1890년 독점 및 거래제한 행위에 대한 규제를 명시한 셔먼법이 제정됐다. 셔먼은 반독점법 제정이 소비자의 이익 보호와 함께 소생산자들의 탈집중화된 경제 보호라는 목적이 있다는 점을 강조했다. *독점 및 거래제한 행위 규제의 목적: (1) 소비자의 이익 보호, (2) 소생산자들의 탈집중화된 경제 보호* 그는 독점적 기업결합 집단인 트러스트가 독점을 통한 인위적인 가격 상승으로 소비자를 기만한다고 보았다. 더 나아가 *(트러스트의 문제점을 추가로 제시할 거야.)* 트러스트가 사적 권력을 강화해 민주주의에 위협이 된다고 비판했다. 이런 비판의 사상적 배경이 된 것은 시민 자치를 중시하는 공화주의 전통이었다. *셔먼은 트러스트가 인위적인 가격 상승으로 소비자를 속이고 사적 권력을 강화해 민주주의를 위협한다고 비판했는데, 이는 시민 자치를 중시하는 공화주의 전통을 사상적 배경을 바탕으로 한 거야.*

② 이후 반독점 운동에서 브랜다이스가 영향력 있는 인물로 부상했다. *('1890년'과 '이후'를 고려하면, 이 글은 시간의 흐름에 따라 전개되고 있다는 것을 알 수 있어. 시간이 변함에 따라 달라지는 것에 집중해서 읽어 보자!)* 그는 독점 규제를 통해 소비자의 이익이 아니라 *('A가 아니라 B'의 구조이니까 B의 내용에 집중하자!)* 독립적 소생산자의 경제를 보호하고자 했다. *독점 규제의 목적: 소비자의 이익 보호(셔먼 O vs. 브랜다이스 X)* 반독점법의 취지는 거대한 경제 권력의 영향으로부터 독립적 소생산자들을 보호함으로써 자치를 지켜내는 데 있다는 것이다. 이런 생각에는 공화주의 전통이 반영되어 있었다. *셔먼과 마찬가지로 브랜다이스의 주장에도 공화주의의 전통이 반영되어 있군.* 브랜다이스는 거대한 트러스트에 집중된 부와 권력이 시민 자치를 위협한다고 보았다. 이 점에서 그는 반독점법이 소생산자의 이익 자체를 도모하는 것보다는 경제와 권력의 집중을 막는 데 초점을 맞추어야 한다고 주장했다. *브랜다이스는 독립적 소생산자의 경제 보호에 목적을 둔 반독점 운동을 통해 경제와 권력의 탈집중화에 초점을 두었어.*

③ 반독점법이 강력하게 집행된 것은 1930년대 후반에 이르러서였다. *(다시 시간의 흐름이 나타났어. 먼저 1890년 셔먼의 입장, 이후 브랜다이스의 입장이 제시되었으니, 이번에도 새로운 인물의 독점 규제에 대한 주장이 나올 가능성이 높아. 각각의 견해의 공통점과 차이점을 정확히 확인하며 읽는 것이 중요하겠네!)* 1938년 아놀드가 법무부 반독점국의 책임자로 임명되었다. 아놀드는 소생산자의 자치와 탈집중화된 경제의 보호가 대량 생산 시대에 맞지 않는 감상적인 생각이라고 치부하고, 시민 자치권을 근거로 하는 반독점 주장을 거부했다. *(독점 규제의 목적에 대해 브랜다이스와는 다른 입장이 제시되겠군.)* 그는 독점 규제의 목적이 권력 집중에 대한 싸움이 아니라 경제적 효율성의 향상에 맞춰져야 한다고 주장했다. 독점 규제를 통해 생산과 분배의 효율성을 증가시키고 그 혜택을 소비자에게 돌려주는 것이 핵심 문제라는 것이다. 이 점에서 반독점법의 목적이 소비자 가격을 낮춰 소비자 복지를 증진시키는 데 있다고 본 것이다. *독점 규제의 목적: 경제적 효율성의 향상 → 소비자 복지 증진* 그는 사람들이 반독점법을 지지하는 이유도 대기업에 대한 반감이나 분노 때문이 아니라, '돼지갈비, 빵, 안경, 약, 배관공사 등의 가격'에 대한 관심 때문이라고 강조했다. 이 시기 아놀드의 견해가 널리 받아들여진 것도 소비자 복지에 대한 당시 사람들의 관심사를 반영했기 때문으로 볼 수 있다. 이런 점에서 소비자 복지에 근거한 반독점 정책은 안정된 법적, 정치적 제도로서의 지위를 갖게 되었다. *아놀드는 소비자 복지에 대한 당시 사람들의 관심사를 반영하여 반독점 정책을 주장하였고 이 정책은 법적, 정치적 제도로서의 지위를 갖게 되었군.*

---

1. ⑤

> 2문단에 따르면 브랜다이스는 '독점 규제를 통해 소비자의 이익이 아니라 독립적 소생산자의 경제를 보호하고자 했'으므로, 독립적 소생산자와 소비자의 이익을 보호하여 시민 자치를 지키고자 했다고 볼 수 없다.

① 1문단에서 셔먼이 트러스트를 비판한 '사상적 배경이 된 것은 시민 자치를 중시하는 공화주의 전통'이라고 했으며, 2문단에서 브랜다이스의 생각에도 '공화주의 전통이 반영'되어 있다고 했다.

② 2문단과 3문단에 따르면 독점 규제를 통해 '독립적 소생산자의 경제를 보호'하고자 한 브랜다이스와 달리 아놀드는 '소생산자의 자치와 탈집중화된 경제의 보호가 대량 생산 시대에 맞지 않는 감상적인 생각이라고 치부'하였으므로, 아놀드는 독점 규제의 목적에 대한 브랜다이스의 견해에 비판적이었다고 할 수 있다.

③ 1문단에 따르면 셔먼은 반독점법 제정 목적이 '소비자의 이익 보호'에 있다고 했으며, 3문단에 따르면 아놀드는 '반독점법의 목적이 소비자 가격을 낮춰 소비자 복지를 증진시키는 데 있다'고 보았다.

④ 1문단과 2문단을 통해 1930년대 후반 이전에는 '시민 자치를 중시'하는 공화주의 전통이 반영된 반독점 주장이 제기되었음을 알 수 있다. 3문단에 따르면 1930년대 후반에 이르러 강력하게 집행된 반독점법은 '시민 자치권을 근거로 하는 반독점 주장을 거부'하고 '소비자 복지에 근거'하였으므로, 반독점 주장의 주된 근거는 1930년대 후반 시민 자치권에서 소비자 복지로 옮겨 갔다고 볼 수 있다.

2. ① 기만 ② 도모

구 조 도 그 리 기		
〈 독점 규제에 대한 통시적 견해 〉		
셔먼 (1890년)	• 반독점법 제정 목적: ① 소비자의 이익 보호, ② 소생산자들의 탈집중화된 경제 보호 • 독점적 기업결합 집단인 트러스트가 소비자를 기만하고 민주주의에 위협이 됨을 비판 • 사상적 배경: 시민 자치를 중시하는 공화주의 전통		
브랜다이스 (1890년 이후)	• 반독점법 제정 목적: 독립적 소생산자의 경제 보호 → 반독점법은 경제와 권력의 집중을 막는 데 초점을 맞추어야 함 • 사상적 배경: 공화주의 전통		
아놀드 (1938년)	• 반독점법 제정 목적: 경제적 효율성의 향상 → 혜택을 소비자에게 돌려주는 것이 핵심 문제(소비자 복지 증진!) • 소비자 복지에 대한 당시 사람들의 관심사를 반영함 → 법적, 정치적 제도로서의 지위를 갖게 됨		

[1~2] 다음을 읽고 핵심 내용에 밑줄을 치고, 빈칸에 적절한 말을 채우시오. 또한 주어진 물음에 답하시오.

길거리에서 넘어져 무릎을 다친 사람이 "아!"라고 소리를 지른다면 우리는 그 사람이 통증을 느끼고 있다고 생각한다. 이렇게 타인의 의도나 마음을 이해하는 것을 '공감'이라고 한다. 공감은 인간 생활의 중요한 요소 중 하나이다. 공감으로 인해 사람은 소외감을 극복할 수 있고, 서로 협력할 수 있으며, 이타적인 행위를 할 수 있기 때문이다. ______의 개념과 필요성 그렇다면 공감은 어떻게 이루어지는 것일까? (화제가 제시되었어! 이 글은 ____________인지를 다루겠구나.)

20세기까지 공감은 '이론-이론(Theory-Theory)'과 '모의 이론(Simulation Theory)'을 통해 주로 설명되어 왔다. 이론-이론은, 사람이 세상을 접하면서 마음의 작동 방식에 대한 개념적 이론을 갖게 되는데 이를 바탕으로 논리적 추론을 함으로써 타인의 마음을 이해할 수 있다는 이론이다. 이론-이론: __________을 바탕으로 한 __________으로 공감 사람은 누구나 넘어졌던 경험이 있다. 이러한 경험을 통해, 자신이 다쳤다는 사건, 통증을 느낀다는 마음, 소리를 지른다는 표현, 이 세 가지 사이에는 인과적 법칙이 있다는 개념적 이론을 깆게 된다. 그렇기 때문에 사람은 넘어져 다친 타인이 소리를 지르는 모습을 관찰했을 때 개념적 이론에 근거하여 그가 통증을 느꼈을 것이라고 추론할 수 있다. (예를 들어 이론-이론을 설명했어. 예시와 개념을 대응해 가면서 읽었지?) 이론-이론에 따르면, 사람은 4세부터 마음의 작동 방식에 대한 개념적 이론을 갖게 되어 자기중심적으로 사고하지 않고, 자신의 마음과 타인의 마음이 다를 수 있다는 것을 알게 된다. 이를 통해 비로소 타인의 마음을 이해할 수 있게 된다는 것이다.

이와 달리(앞서 이론-이론을 설명했으니 이제 __________을 설명하겠네. 이론-이론과는 어떻게 다른지, 혹시 공통점은 없는지를 생각하며 읽어야겠지?) 모의 이론은 자신이 타인과 같은 상황에 처했다면 어떠할지를 상상함으로써 타인을 이해할 수 있다는 이론이다. 모의 이론에 따르면, 사람은 타인의 상황에 자신을 투사시킨 후 그 상황에서 자신의 마음 상태를 상상하는 모의실험을 하고, 그로 인해 얻은 생각을 다시 타인에게 투사함으로써 타인의 마음을 이해할 수 있다. 모의 이론: __________과 투사를 통해 공감 넘어져 다친 사람이 소리를 지르는 것을 보았을 때, 그 상황에서 자신이라면 어떤 마음이었을지를 상상으로 재현해 봄으로써 타인의 마음을 이해할 수 있다는 것이다. (이론-이론과 마찬가지로 ______을 소개한 후 ___를 드는 방식으로 모의 이론을 설명했어.) 이는 동일한 상황에서는 모의실험을 한 자신의 마음과 타인의 마음이 서로 유사하다는 것과, 타인의 마음보다 자신의 마음에 접근하기가 더 쉽다는 것을 전제로 한다.

이론-이론과 모의 이론은 한동안 상호 배타적인 논쟁을 해 왔다. 모의 이론 측에서는 마음의 작동 방식에 대한 개념적 이론이 실제로 존재하지 않는다고 지적하였고, 이론-이론 측에서는 모의실험이 타인의 마음을 정확하게 재현할 수 없다고 지적하였다. 두 이론 사이의 __________ 논쟁

최근에는 두 이론을 통합하려는 움직임이 활발해지고 있다. 대표적으로 리버먼은 두 이론을 통합한 두 체계 이론을 내세운다. 리버먼에 따르면 사람은, 모의 이론에서 말하는 모의실험으로 타인의 마음을 이해하는 '거울 체계'뿐만 아니라 이론-이론에서 말하는 마음의 작동 방식에 대한 개념적 이론을 통해 타인의 마음을 이해하는 '심리화 체계'를 모두 가지고 있다. 그런데 "타인이 무엇을 하고 있는가?"라는 질문을 통해 타인의 상황을 곧바로 이해할 수 있을 때는 거울 체계가 작동하고, "타인이 왜 그렇게 했

는가?"라는 질문을 통해 추상적 이유를 알고자 할 때는 심리화 체계가 작동한다. 다시 말해 낮은 수준에서 타인의 행위를 이해하기 위해 '무엇'에 대한 질문을 던지는 순간에는 거울 체계가, 높은 수준에서 타인의 신념이나 동기를 이해하기 위해 '왜'에 대한 질문을 던지는 순간에는 심리화 체계가 작동한다는 것이다. 리버먼의 주장에서 주목할 점은 두 체계의 서로 다른 작동 방식과 두 체계 사이의 순차적인 관계이다. 한 사람이 타인의 행위를 관찰할 경우 거울 체계가 무의식적이면서 자동적으로 작동한다. 이후 의식적인 노력을 기울여 생각에 몰입할 수 있을 때에 비로소 심리화 체계가 작동한다. 이는 어떤 사람이 '무엇'을 하고 있는지를 이해하는 과정이 '왜' 그렇게 하는지를 이해하기 위한 과정에 선행하면서 논리적 추론의 전제가 됨을 의미한다. 두 체계 이론: 모의 이론의 __________((의식적/무의식적), (높은/낮은) 수준에서 타인이 '무엇'을 하고 있는지를 이해) → 이론-이론의 __________((의식적/무의식적), (높은/낮은) 수준에서 타인이 '왜' 그렇게 하는지를 이해)

다만, 리버먼은 더욱 복잡한 과정을 거치지 않으면 공감이 완성되지 않는다면서 진정한 공감은 거울 체계와 심리화 체계의 작동을 바탕으로 정서적 일치와 실천적 동기까지 나아가야 가능하다고 설명한다. 즉, 타인의 감정 상태와 동일한 느낌(__________)을 가지게 되고, 이후 타인을 도와야겠다는 마음(__________)이 형성되었을 때 비로소 공감이 완성된다고 보는 것이다. 리버먼의 __________의 조건

1. 윗글을 바탕으로 알 수 있는 내용으로 가장 적절한 것은?

① 이론-이론은 모의실험이 타인의 마음을 정확하게 재현할 수 있다고 인정한다.

② 모의 이론은 동일한 상황에서는 자신의 마음이 타인의 마음과 다르다는 것을 전제로 한다.

③ 모의실험은 "아!"라고 소리를 지르는 타인의 마음 상태를 나에게 투사하는 과정을 통해 이루어진다.

④ 이론-이론에서는 2세 아동들은 4세 아동들에 비해 마음의 작동 방식에 대한 개념적 이론의 질적 수준이 낮다고 본다.

⑤ 모의실험을 통해 타인에게 공감할 수 있다고 보는 견해는 타인의 마음보다 자신의 마음에 접근하기 더 쉽다는 데서 출발한다.

2. 윗글에서 ①과 ②에 들어갈 적절한 단어를 찾아 각각 빈칸에 쓰시오.

| ① | : 자기의 이익보다는 다른 이의 이익을 더 꾀하는 것. 1문단 |

예 가정은 □□□이고 계산적이지 않은 관계에 바탕을 둔다.

| ② | : 순서를 따라 차례대로 하는 것. 4문단 |

예 고전 소설은 주로 □□□으로 사건이 전개된다.

구 조 도   그 리 기

[3~4] 다음을 읽고 핵심 내용에 밑줄을 치고, 빈칸에 적절한 말을 채우시오. 또한 주어진 물음에 답하시오.

정전용량형 근접 습도 센서는 전극에 축적되는 전하의 용량인 정전용량의 변화를 이용하여 인체나 기계의 물리적 접촉 없이 습도 변화를 감지하는 센서이다. 이 센서는 공중 보건을 위해 엘리베이터나 출입문의 버튼 등 다중 이용 시설에 활용되고 있다. 정전용량형 근접 습도 센서: __________의 변화를 이용하여 물리적 접촉 없이 습도 변화를 감지하는 센서

일반적으로 정전용량형 근접 습도 센서는 전기 회로에 연결된 축전기 등으로 구성된다. 축전기는 전하를 전극에 저장하는 장치로, 평면으로 된 두 개의 전극과 한 개의 수분 유지 기판으로 **구성되어 있다.** (__________를 구성하는 각 요소에 대한 자세한 설명이 이어지겠지?) 축전기: 두 개의 전극과 한 개의 __________으로 구성되어 전하를 전극에 저장하는 장치 두 개의 전극은 전기가 통하는 도체로, 축전기 상부와 하부에 각각 고정되어 있다. 이때 얇은 투습성 소재로 제작된 상부 전극은 센서 외부로 노출되어 있어, 센서 외부의 물 분자가 축전기 내부로 유입되는 통로가 된다. 상부 전극: __________ 소재로 제작되어 외부의 __________가 축전기 내부로 유입되는 통로가 됨 하부 전극은 축전기 내부 아래에서 상부 전극을 마주 보고 위치하여 있는데, 하부 전극: 축전기 내부 아래에서 상부 전극을 마주 봄 이들 상하부 전극 사이에 전기가 통하지 않는 부도체인 수분 유지 기판이 끼워져 있다. 수분 유지 기판에는 작은 인력만으로 물 분자를 쉽게 많이 흡착할 수 있는 이황화몰리브덴 등과 같은 박막 소재가 증착되어 있다. 수분 유지 기판: 상하부 전극 사이에 끼워진 부도체, 작은 __________으로 물 분자를 많이 흡착할 수 있는 박막 소재가 증착되어 있음

센서에 전원이 공급되면(__________을 공급했을 때, 앞서 설명한 각 구성 요소가 어떻게 작동하는지 설명할 거야.) 수분 유지 기판에는 전기가 흐르지 않지만, 상하부 전극에는 서로 다른 전하가 모여 두 전극 사이에는 전기장이 형성된다. 전원 공급 시 (1) 서로 다른 전하가 모인 상하부 __________ 사이에 전기장 형성 이때 수분 유지 기판을 구성하고 있는 각 분자 내에서 음전하를 띠는 전자가 양전하를 띠는 전극 쪽으로 모이게 되면서 분자 내부의 전자와 양전하를 띠는 원자핵은 재배열된다. 전원 공급 시 (2) 수분 유지 기판의 각 분자 내 전자(-)가 전극(+) 쪽으로 모임 → 분자 내 __________(+)과 전자(-) 재배열 그 결과 기판 내부에서는 분자 간의 경계에 위치한 음전하와 양전하가 상쇄되고 상하부 전극과 접하는 기판 상하부 표면의 한쪽은 음전하, 한쪽은 양전하가 분포된다. 이렇게 부도체의 표면에 전하가 형성되는 현상을 분극이라고 한다. 전원 공급 시 (3) 상하부 전극과 접하는 기판 상하부 표면의 한쪽은 음전하, 한쪽은 양전하가 분포됨(__________ 현상 발생) 수분 유지 기판의 분극으로 인해 상하부 전극에는 더 많은 전하가 축적될 수 있는데, 이때의 정전용량 값이 센서가 가지는 정전용량의 기본값이 된다. 분극 현상 시 상하부 전극에 축적되는 __________의 양 = 센서가 가지는 정전용량의 기본값

이렇게 전원이 공급된 상태의 정전용량형 근접 습도 센서가 물 분자를 감지하는 **과정**은 다음과 같다. (정전용량형 근접 습도 센서의 작동 과정을 순차적으로 제시할 테니 차례대로 정리해서 읽어 보자.) 물 분자가 공기 중으로 확산되어 센서로 이동하면 상부 전극을 투과하여 수분 유지 기판에 흡착된다. 센서의 작동 과정 (1) 공기 중의 물 분자가 센서로 이동 → __________ 전극을 투과하여 수분 유지 기판에 흡착됨 수분 유지 기판에 물 분자가 흡착되면 물 분자 내부의 음전하를 띠는 산소 원자와 양전하를 띠는 수소 원자는 상하부 전극 사이의 전기장이 형성된 방향에 따라 분극된다. 이때 분극이 일어나는 정도를 유전율이라고 하는데, 수분 유지 기판보다 유전율이 높은 물 분자가 수분 유지 기판에 흡착되면, 수분 유지 기판에서는 이전보다 분극이 더 잘 일어난다. 이에 따라

상하부 전극에 축적되는 전하의 양도 많아지면서 결과적으로 정전용량도 증가하게 된다. 센서의 작동 과정 (2) 물 분자 내부의 산소 원자(-)와 수소 원자(+)가 상하부 전극 사이의 __________ 형성 방향에 따라 분극됨(유전율 높은 물 분자 흡착 → 수분 유지 기판의 유전율 (감소/증가) → 정전용량 (감소/증가)) 이렇게 감지된 정전용량이 일정값을 넘으면 전기 회로에서는 전기 신호를 통해 센서와 연결된 기계를 작동시키게 되는 것이다. 센서의 작동 과정 (3) 감지된 정전용량이 일정값을 넘으면 전기 회로가 센서와 연결된 기계를 작동시킴

이후 수분 유지 기판에 흡착된 물 분자는 수분 유지 기판에 증착된 박막 소재와의 인력을 오래 유지하지는 못하고, 빠르게 탈착된다. 이는 박막 소재에서 음전하를 띠는 부분과 물 분자의 산소 원자 사이에 작용하는 전기력 때문이다. 수분 유지 기판에서 물 분자가 탈착하면 축전기 상하부 전극의 정전용량도 원래 크기를 회복하면서 센서는 또 다른 습도 변화에 반응할 수 있는 상태가 된다. 센서의 작동 과정 (4) __________에 의해 물 분자가 수분 유지 기판에서 탈착되면 상하부 전극의 정전용량도 원래 크기를 회복함

3. ⟨보기⟩는 축전기의 구조를 도식화한 것이다. 윗글을 참고하여 ⟨보기⟩를 이해한 것으로 적절하지 <u>않은</u> 것은?

⟨보기⟩

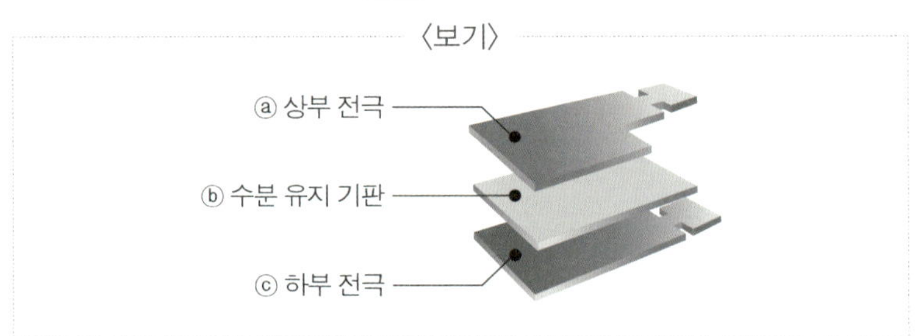

① 공기 중 물 분자는 ⓐ를 통해서 축전기 내부로 유입된다.
② 전원이 공급되면 ⓑ의 내부에서는 분자 간의 경계에서 음전하와 양전하가 상쇄된다.
③ 전원이 공급되면 ⓐ와 ⓒ에는 서로 다른 전하가 모인다.
④ ⓐ와 ⓒ는, ⓑ와 달리 전기가 통하는 도체이다.
⑤ ⓐ와 ⓒ 사이에 형성된 전기장으로 인해 ⓑ에 전기가 흐르게 된다.

4. 윗글에서 ①과 ②에 들어갈 적절한 단어를 찾아 각각 빈칸에 쓰시오.

[①] : 겉으로 드러나거나 드러냄. **2문단**

[예] 햇빛에 오래 ☐☐된 피부는 빠르게 노화한다.

[②] : 사물이 어떠한 기준에 의하여 분간되는 한계. **3문단**

[예] 이 지문은 과학과 예술의 ☐☐를 넘나들고 있다.

구 조 도 그 리 기

[3~4] 고2 2024학년도 10월 학평 「정전용량형 근접 습도 센서」

① 정전용량형 근접 습도 센서는 전극에 축적되는 전하의 용량인 정전용량의 변화를 이용하여 인체나 기계의 물리적 접촉 없이 습도 변화를 감지하는 센서이다. 이 센서는 공중 보건을 위해 엘리베이터나 출입문의 버튼 등 다중 이용 시설에 활용되고 있다. *정전용량형 근접 습도 센서: 정전용량의 변화를 이용하여 물리적 접촉 없이 습도 변화를 감지하는 센서*

② 일반적으로 정전용량형 근접 습도 센서는 전기 회로에 연결된 축전기 등으로 구성된다. 축전기는 전하를 전극에 저장하는 장치로, 평면으로 된 두 개의 전극과 한 개의 수분 유지 기판으로 구성되어 있다. *(축전기를 구성하는 각 요소에 대한 자세한 설명이 이어지겠지?) 축전기: 두 개의 전극과 한 개의 수분 유지 기판으로 구성되어 전하를 전극에 저장하는 장치* 두 개의 전극은 전기가 통하는 도체로, 축전기 상부와 하부에 각각 고정되어 있다. 이때 얇은 투습성 소재로 제작된 상부 전극은 센서 외부로 노출되어 있어, 센서 외부의 물 분자가 축전기 내부로 유입되는 통로가 된다. *상부 전극: 투습성 소재로 제작되어 외부의 물 분자가 축전기 내부로 유입되는 통로가 됨* 하부 전극은 축전기 내부 아래에서 상부 전극을 마주 보고 위치하여 있는데, *하부 전극: 축전기 내부 아래에서 상부 전극을 마주 봄* 이들 상하부 전극 사이에 전기가 통하지 않는 부도체인 수분 유지 기판이 끼워져 있다. 수분 유지 기판에는 작은 인력만으로 물 분자를 쉽게 많이 흡착할 수 있는 이황화몰리브덴 등과 같은 박막 소재가 증착되어 있다. *수분 유지 기판: 상하부 전극 사이에 끼워진 부도체, 작은 인력으로 물 분자를 많이 흡착할 수 있는 박막 소재가 증착되어 있음*

③ 센서에 전원이 공급되면 *(전원을 공급했을 때, 앞서 설명한 각 구성 요소가 어떻게 작동하는지 설명할 거야.)* 수분 유지 기판에는 전기가 흐르지 않지만, 상하부 전극에는 서로 다른 전하가 모여 두 전극 사이에는 전기장이 형성된다. *전원 공급 시 (1) 서로 다른 전하가 모인 상하부 전극 사이에 전기장 형성* 이때 수분 유지 기판을 구성하고 있는 각 분자 내에서 음전하를 띠는 전자가 양전하를 띠는 전극 쪽으로 모이게 되면서 분자 내부의 전자와 양전하를 띠는 원자핵은 재배열된다. *전원 공급 시 (2) 수분 유지 기판의 각 분자 내 전자(-)가 전극(+) 쪽으로 모임 → 분자 내 원자핵(+)과 전자(-) 재배열* 그 결과 기판 내부에서는 분자 간의 경계에 위치한 음전하와 양전하가 상쇄되고 상하부 전극과 접하는 기판 상하부 표면의 한쪽은 음전하, 한쪽은 양전하가 분포된다. 이렇게 부도체의 표면에 전하가 형성되는 현상을 분극이라고 한다. *전원 공급 시 (3) 상하부 전극과 접하는 기판 상하부 표면의 한쪽은 음전하, 한쪽은 양전하가 분포됨(분극 현상 발생)* 수분 유지 기판의 분극으로 인해 상하부 전극에는 더 많은 전하가 축적될 수 있는데, 이때의 정전용량 값이 센서가 가지는 정전용량의 기본값이 된다. *분극 현상 시 상하부 전극에 축적되는 전하의 양 = 센서가 가지는 정전용량의 기본값*

④ 이렇게 전원이 공급된 상태의 정전용량형 근접 습도 센서가 물 분자를 감지하는 과정은 다음과 같다. *(정전용량형 근접 습도 센서의 작동 과정을 순차적으로 제시할 테니 차례대로 정리해서 읽어 보자.)* 물 분자가 공기 중으로 확산되어 센서로 이동하면 상부 전극을 투과하여 수분 유지 기판에 흡착된다. *센서의 작동 과정 (1) 공기 중의 물 분자가 센서로 이동 → 상부 전극을 투과하여 수분 유지 기판에 흡착됨* 수분 유지 기판에 물 분자가 흡착되면 물 분자 내부의 음전하를 띠는 산소 원자와 양전하를 띠는 수소 원자는 상하부 전극 사이의 전기장이 형성된 방향에 따라 분극된다. 이때 분극이 일어나는 정도를 유전율이라고 하는데, 수분 유지 기판보다 유전율이 높은 물 분자가 수분 유지 기판에 흡착되면, 수분 유지 기판에서는 이전보다 분극이 더 잘 일어난다. 이에 따라 상하부

전극에 축적되는 전하의 양도 많아지면서 결과적으로 정전용량도 증가하게 된다. *센서의 작동 과정 (2) 물 분자 내부의 산소 원자(-)와 수소 원자(+)가 상하부 전극 사이의 전기장 형성 방향에 따라 분극됨(유전율 높은 물 분자 흡착 → 수분 유지 기판의 유전율 증가 → 정전용량 증가)* 이렇게 감지된 정전용량이 일정값을 넘으면 전기 회로에서는 전기 신호를 통해 센서와 연결된 기계를 작동시키게 되는 것이다. *센서의 작동 과정 (3) 감지된 정전용량이 일정값을 넘으면 전기 회로가 센서와 연결된 기계를 작동시킴*

⑤ 이후 수분 유지 기판에 흡착된 물 분자는 수분 유지 기판에 증착된 박막 소재와의 인력을 오래 유지하지는 못하고, 빠르게 탈착된다. 이는 박막 소재에서 음전하를 띠는 부분과 물 분자의 산소 원자 사이에 작용하는 전기력 때문이다. 수분 유지 기판에서 물 분자가 탈착하면 축전기 상하부 전극의 정전용량도 원래 크기를 회복하면서 센서는 또 다른 습도 변화에 반응할 수 있는 상태가 된다. *센서의 작동 과정 (4) 전기력에 의해 물 분자가 수분 유지 기판에서 탈착되면 상하부 전극의 정전용량도 원래 크기를 회복함*

3. ⑤

3문단에 따르면, '센서에 전원이 공급되면 수분 유지 기판(ⓑ)에는 전기가 흐르지 않지만, 상하부 전극(ⓐ, ⓒ)에는 서로 다른 전하가 모여 두 전극 사이에는 전기장이 형성'되므로 적절하지 않다.

① 2문단에 따르면, '상부 전극은 센서 외부로 노출되어 있어, 센서 외부의 물 분자가 축전기 내부로 유입되는 통로'가 되므로 적절하다.

② 3문단에 따르면, 센서에 전원이 공급되면 수분 유지 기판 내부에서 '분자 간의 경계에 위치한 음전하와 양전하가 상쇄되'므로 적절하다.

③ 3문단에 따르면, '센서에 전원이 공급되면 수분 유지 기판에는 전기가 흐르지 않지만, 상하부 전극에는 서로 다른 전하가 모여 두 전극 사이에는 전기장이 형성'되므로 적절하다.

④ 2문단에 따르면, '두 개의 전극은 전기가 통하는 도체'이고 '수분 유지 기판'은 '전기가 통하지 않는 부도체'라고 하였으므로 적절하다.

4. ① 노출 ② 경계

구 조 도 그 리 기

[1~2] 고1 2017학년도 11월 학평 「공감에 대한 이론」

① 길거리에서 넘어져 무릎을 다친 사람이 "아!"라고 소리를 지른다면 우리는 그 사람이 통증을 느끼고 있다고 생각한다. 이렇게 타인의 의도나 마음을 이해하는 것을 '공감'이라고 한다. 공감은 인간 생활의 중요한 요소 중 하나이다. 공감으로 인해 사람은 (1)소외감을 극복할 수 있고, (2)서로 협력할 수 있으며, (3)이타적인 행위를 할 수 있기 때문이다. 공감의 개념과 필요성 그렇다면 공감은 어떻게 이루어지는 것일까? (화제가 제시되었어! 이 글은 공감은 어떻게 이루어지는 것인지를 다루겠구나.)

② 20세기까지 공감은 '이론-이론(Theory-Theory)'과 '모의 이론(Simulation Theory)'을 통해 주로 설명되어 왔다. 이론-이론은, 사람이 세상을 접하면서 마음의 작동 방식에 대한 개념적 이론을 갖게 되는데 이를 바탕으로 논리적 추론을 함으로써 타인의 마음을 이해할 수 있다는 이론이다. 이론-이론: 개념적 이론을 바탕으로 한 논리적 추론으로 공감 사람은 누구나 넘어졌던 경험이 있다. 이러한 경험을 통해, 자신이 다쳤다는 사건, 통증을 느낀다는 마음, 소리를 지른다는 표현, 이 세 가지 사이에는 인과적 법칙이 있다는 개념적 이론을 갖게 된다. 그렇기 때문에 사람은 넘어져 다친 타인이 소리를 지르는 모습을 관찰했을 때 개념적 이론에 근거하여 그가 통증을 느꼈을 것이라고 추론할 수 있다. (예를 들어 이론-이론을 설명했어. 예시와 개념을 대응해 가면서 읽었지?) 이론-이론에 따르면, 사람은 4세부터 마음의 작동 방식에 대한 개념적 이론을 갖게 되어 자기중심적으로 사고하지 않고, 자신의 마음과 타인의 마음이 다를 수 있다는 것을 알게 된다. 이를 통해 비로소 타인의 마음을 이해할 수 있게 된다는 것이다. 이와 달리(앞서 이론-이론을 설명했으니 이제 모의 이론을 설명하겠네. 이론-이론과는 어떻게 다른지, 혹시 공통점은 없는지를 생각하며 읽어야겠지?) 모의 이론은 자신이 타인과 같은 상황에 처했다면 어떠할지를 상상함으로써 타인을 이해할 수 있다는 이론이다. 모의 이론에 따르면, 사람은 타인의 상황에 자신을 투사시킨 후 그 상황에서 자신의 마음 상태를 상상하는 모의실험을 하고, 그로 인해 얻은 생각을 다시 타인에게 투사함으로써 타인의 마음을 이해할 수 있다. 모의 이론: 모의실험과 투사를 통해 공감 넘어져 다친 사람이 소리를 지르는 것을 보았을 때, 그 상황에서 자신이라면 어떤 마음이었을지를 상상으로 재현해 봄으로써 타인의 마음을 이해할 수 있다는 것이다. (이론-이론과 마찬가지로 개념을 소개한 후 예를 드는 방식으로 모의 이론을 설명했어.) 이는 동일한 상황에서는 모의실험을 한 자신의 마음과 타인의 마음이 서로 유사하다는 것과, 타인의 마음보다 자신의 마음에 접근하기가 더 쉽다는 것을 전제로 한다.

③ 이론-이론과 모의 이론은 한동안 상호 배타적인 논쟁을 해 왔다. 모의 이론 측에서는 마음의 작동 방식에 대한 개념적 이론이 실제로 존재하지 않는다고 지적하였고, 이론-이론 측에서는 모의실험이 타인의 마음을 정확하게 재현할 수 없다고 지적하였다. 두 이론 사이의 상호 배타적인 논쟁

④ 최근에는 두 이론을 통합하려는 움직임이 활발해지고 있다. 대표적으로 리버먼은 두 이론을 통합한 두 체계 이론을 내세운다. 리버먼에 따르면 사람은, 모의 이론에서 말하는 모의실험으로 타인의 마음을 이해하는 '거울 체계'뿐만 아니라 이론-이론에서 말하는 마음의 작동 방식에 대한 개념적 이론을 통해 타인의 마음을 이해하는 '심리화 체계'를 모두 가지고 있다. 그런데 "타인이 무엇을 하고 있는가?"라는 질문을 통해 타인의 상황을 곧바로 이해할 수 있을 때는 거울 체계가 작동하고, "타인이 왜 그렇게 했는가?"라는 질문을 통해 추상적 이유를 알고자 할 때는 심리화 체계가 작동한다. 다시 말해 낮은 수준에서 타인의 행위를 이해하기 위해 '무엇'에

대한 질문을 던지는 순간에는 거울 체계가, 높은 수준에서 타인의 신념이나 동기를 이해하기 위해 '왜'에 대한 질문을 던지는 순간에는 심리화 체계가 작동한다는 것이다. 리버먼의 주장에서 주목할 점은 두 체계의 서로 다른 작동 방식과 두 체계 사이의 순차적인 관계이다. 한 사람이 타인의 행위를 관찰할 경우 거울 체계가 무의식적이면서 자동적으로 작동한다. 이후 의식적인 노력을 기울여 생각에 몰입할 수 있을 때에 비로소 심리화 체계가 작동한다. 이는 어떤 사람이 '무엇'을 하고 있는지를 이해하는 과정이 '왜' 그렇게 하는지를 이해하기 위한 과정에 선행하면서 논리적 추론의 전제가 됨을 의미한다. 두 체계 이론: 모의 이론의 거울 체계(무의식적, 낮은 수준에서 타인이 '무엇'을 하고 있는지를 이해) → 이론-이론의 심리화 체계(의식적, 높은 수준에서 타인이 '왜' 그렇게 하는지를 이해)

⑤ 다만, 리버먼은 더욱 복잡한 과정을 거치지 않으면 공감이 완성되지 않는다면서 진정한 공감은 거울 체계와 심리화 체계의 작동을 바탕으로 정서적 일치와 실천적 동기까지 나아가야 가능하다고 설명한다. 즉, 타인의 감정 상태와 동일한 느낌(정서적 일치)을 가지게 되고, 이후 타인을 도와야겠다는 마음(실천적 동기)이 형성되었을 때 비로소 공감이 완성된다고 보는 것이다. 리버먼의 진정한 공감의 조건

---

1. ⑤

2문단에 따르면 모의실험을 통해 타인에게 공감할 수 있다고 보는 견해인 모의 이론은 '타인의 마음보다 자신의 마음에 접근하기가 더 쉽다는 것'을 전제로 한다.

① 3문단에 따르면 '이론-이론 측에서는 모의실험이 타인의 마음을 정확하게 재현할 수 없다고 지적'한다.

② 2문단에 따르면 모의 이론은 '동일한 상황에서는 모의실험을 한 자신의 마음과 타인의 마음이 서로 유사하다는 것'을 전제로 한다.

③ 2문단에 따르면 모의 이론에서의 모의실험은 '타인의 상황에 자신을 투사'하고 '그로 인해 얻은 생각을 다시 타인에게 투사'하는 것이지, 타인의 마음 상태를 자신에게 투사하는 것은 아니다.

④ 2문단에 따르면 이론-이론은 '4세부터 마음의 작동 방식에 대한 개념적 이론을 갖게' 된다고 보므로, 2세 아동들은 마음의 작동 방식에 대한 개념적 이론을 가지지 않는다고 볼 것이다.

2. ① 이타적 ② 순차적

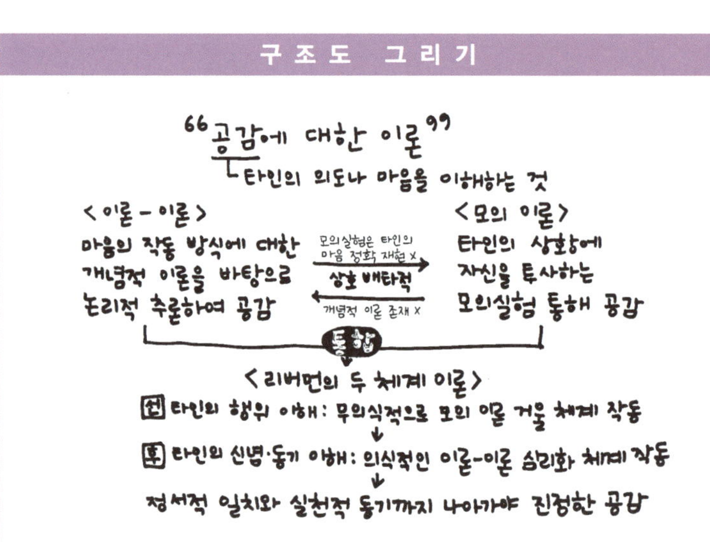

구 조 도 그 리 기

[1~2] 다음을 읽고 핵심 내용에 밑줄을 치고, 빈칸에 적절한 말을 채우시오. 또한 주어진 물음에 답하시오.

프랑스의 철학자 리쾨르는 텍스트, 즉 이야기를 해석하는 과정을 통해 자기를 이해할 수 있다는 자기 해석학을 주장하였다. 그는 플라톤과 아리스토텔레스로부터 시작되는 미메시스의 개념을 확장하여 '미메시스의 삼중 구조'를 제시하고 이를 바탕으로 독서를 통한 독자의 자기 해석 과정을 설명하였다. (지문의 흐름을 압축적으로 제시하는 문단이야. '__________'라는 개념을 중심으로 플라톤과 아리스토텔레스, 그리고 리쾨르의 견해를 잘 파악하며 읽자.) 리쾨르의 자기 해석학: 미메시스의 삼중 구조를 바탕으로 독서를 통한 __________의 자기 해석 과정 설명

미메시스란 예술에서 현실을 모방 또는 재현하는 것을 가리키는 용어이다. 미메시스: __________에서 현실을 모방·재현하는 것 세계를 이상과 현실의 이원적 구조로 본 플라톤은 현실을 이상 세계인 이데아를 모방한 것으로 보았는데, 미메시스로서의 예술은 그 현실을 또 다시 모방한 것으로 보았다. 그는 감각 세계인 현실을 모방한 예술은 인간을 이데아로부터 멀어지게 하는 부정적인 대상이라고 인식하였다. 플라톤에 따르면 예술은 그 갈래마다 모방의 양태가 다르다. 연극은 서술자의 개입 없이 등장 인물이 직접 현실을 모방하고, 서사시는 서술자에 의해 간접적으로 현실을 모방한다. 플라톤: __________의 모방인 현실을 다시 모방한 예술은 (긍정적/부정적) 대상 → 모방의 양태는 예술 갈래(연극, 서사시 등)마다 다름 한편(전환!) 아리스토텔레스는 예술이 인간의 행동을 그대로 모방하는 것이 아니라 개연성이 있는 일을 필연성에 따라 조직한 것이기 때문에 창조적 모방이며, 인간의 감정을 정화하고 인간이 쾌감을 느끼게 한다고 보았다. 아리스토텔레스: 예술은 개연성과 필연성이 반영된 __________ 모방이며 인간의 감정을 __________하고 쾌감을 유발함 이러한 아리스토텔레스의 관점을 받아들여 리쾨르는 미메시스를 인간의 행동을 줄거리로 구성하고 이를 언어로 표현한 것으로 보고, 이것을 더 발전시켜 미메시스로서의 문학을 현실 세계에 존재하는 독자의 삶으로까지 연결하고자 하였다. 리쾨르: 아리스토텔레스의 관점 수용, 미메시스는 인간의 행동을 __________로 구성해 언어로 표현한 것 → 문학을 현실 세계의 독자의 삶과 연결

리쾨르는 미메시스를 전형상화 단계인 미메시스Ⅰ, 형상화 단계인 미메시스Ⅱ, 재형상화 단계인 미메시스Ⅲ의 삼중 구조로 설정하였다. (미메시스의 세 __________가 서로 어떻게 관련되는지 잘 파악하며 읽자.) 미메시스Ⅰ은 작가가 인간의 행동을 이야기화하기 전 단계를 말한다. 이 단계에서 작가는 행동의 의미를 이해하고자 하며 말하고자 하는 행동의 의미를 독자 또한 이해할 수 있다고 전제한다. 미메시스Ⅰ(전형상화): 작가가 인간 행동을 __________하기 전 → 행동의 의미를 이해하고자 노력 미메시스Ⅱ는 미메시스Ⅰ에서의 행동이 서사적 흐름 속에서 줄거리로 구성되는 단계이다. 이 단계에서 작가는 인간의 다양하고 이질적인 행동 중에서 자신이 의미 있다고 판단하는 행동만을 골라 인과 관계에 따라 배치한다. 이때 형상화된 세계는 현실 세계를 바탕으로 한 허구의 세계이다. 미메시스Ⅱ(형상화): 작가가 인간의 의미 있는 행동만 선택하여 줄거리로 구성 → 현실을 바탕으로 한 __________의 세계 형상화 미메시스Ⅲ은 문학과 현실 세계를 잇고자 했던 리쾨르에게 있어 가장 핵심적인 단계이다. 이 단계에서 독자는 독서를 통해 허구적 인물의 행동이 지닌 의미를 분석하고 이를 현실에 비추어 본다. 이를 바탕으로 자신의 삶을 분석하고 사건을 선택하여 줄거리를 만들어 보며 현실 세계에서의 삶을 반성하게 된다. 미메시스Ⅲ(__________): 독자가 허구적 인물의 행동을 분석하여 현실에 적용 → 자신의 삶 분석 및 반성

이러한 과정을 통해 미메시스Ⅲ에서는 독자의 자기 이해가 이루어지는데, 리쾨르는 이를 '이야기 정체성'이라는 개념을 통해 설명하였다. 이야기 정체성은 이야기를 매개로 파악되는 인물의 정체성으로, 이야기 속에서 시간의 흐름과 함께 변화하는 인물의 면모가 하나의 인격으로 통합된 것이다. __________: 이야기를 매개로 파악되는 인물의 정체성(시간의 흐름에 따라 변화하는 인물의 면모가 통합된 인격) 리쾨르에 따르면 독자는 인물의 이야기 정체성을 자신의 삶에 비추어 독자 자신의 고유한 이야기 정체성을 형성해 나가는데, 이것이 바로 이야기 해석을 통한 자기 이해 과정이다. (1문단에 제시된 리쾨르의 자기 해석학에 대한 설명과 연관지어 이해하자.) 리쾨르는 서사적 흐름 속에서 인물의 이야기 정체성이 형상화되며 이야기가 결말을 향해 나아가는 것처럼 독자도 자기 삶을 이야기하는 과정을 통해 자기가 누구인지를 이해하고 삶의 목적을 향해 나아간다고 보았다. 독서(이야기 해석)를 통한 독자의 자기 해석: __________의 이야기 정체성을 바탕으로 독자의 고유한 이야기 정체성 형성 → 자기 삶을 이야기하는 과정에서 자신을 이해하고 __________을 향해 나아감

1. 윗글을 이해한 내용으로 적절하지 <u>않은</u> 것은?

① 미메시스Ⅰ과 미메시스Ⅲ은 미메시스Ⅱ를 매개로 연결된다.

② 인물의 이야기 정체성은 미메시스Ⅲ에서 작가에 의해 형상화된다.

③ 리쾨르의 미메시스는 아리스토텔레스의 견해를 발전시킨 개념이다.

④ 독자가 이야기 해석을 통한 자기 이해에 이르는 과정은 미메시스의 삼중 구조를 따른다.

⑤ 작가는 미메시스Ⅱ에 나타난 행동의 의미를 미메시스Ⅲ의 독자가 이해할 것으로 여긴다.

2. 윗글에서 ①과 ②에 들어갈 적절한 단어를 찾아 각각 빈칸에 쓰시오.

  ① : 다른 것을 본뜨거나 본받음. 2문단

  예 그 건물은 외국의 유명 건축물을 □□하여 지어졌다.

  ② : 절대적으로 확실하지 않으나 아마 그럴 것이라고 생각되는 성질. 2문단

  예 이 사고는 그의 부주의로 발생했을 □□□이 크다.

구 조 도 그 리 기

[3~4] 다음을 읽고 핵심 내용에 밑줄을 치고, 빈칸에 적절한 말을 채우시오. 또한 주어진 물음에 답하시오.

용해도는 일정한 온도에서 일정한 양의 용매에 최대로 녹을 수 있는 용질의 양으로, 보통 용매 100g에 녹을 수 있는 용질의 질량이다. 용해도: 일정한 온도에서 일정한 양의 ______ 에 최대로 녹을 수 있는 ______ 의 양 혼합물의 과포화 상태는 용질이 용해도 이상으로 녹아 있는 상태인데, 과포화 상태의 혼합물은 포화 상태로 돌아가려는 경향이 있다. 혼합물의 ______ : 용질이 용해도 이상으로 녹아 있는 상태 결정화는 포화 상태의 혼합물이 과포화 상태가 되어 용질이 고체 입자로 석출되는 것으로 결정화 공정을 거치면 입도*가 작은 고체 입자를 얻을 수 있다. 이러한 결정화 공정은 약물의 생체 흡수율을 높여야 하는 제약 분야 등에서 사용된다. 결정화: 과포화 상태 혼합물의 용질이 입도가 작은 고체 입자로 ______ 되는 것 (용해도, 과포화에 대한 설명을 거쳐 ______ 공정이라는 주제를 이끌어 내고 있군.)

결정화 공정에서는 초임계 유체를 쓰는 경우가 많다. (결정화 공정을 본격적으로 설명하기에 앞서, ______ 라는 핵심 소재에 관해 설명할 거야.) 물질은 임계 온도와 임계 압력 이상에서 초임계 상태로 존재한다. 임계 온도는 어떤 물질이 액체로 존재할 수 있는 최고 온도이고, 임계 압력은 어떤 물질이 기체로 존재할 수 있는 최대 압력이다. 온도와 압력이 임계 온도와 임계 압력 이상일 때 물질은 액체도 아니고 기체도 아닌 초임계 상태로 존재한다. 초임계 상태: 어떤 물질이 임계 온도와 임계 압력 ______ 일 때 액체도 기체도 아닌 상태 초임계 상태에서 물질의 분자 간 거리는 그 물질이 기체일 때보다는 가깝지만 액체일 때만큼 가깝지는 않다. 물질이 액체일 때보다는 초임계 상태거나 기체일 때 용질이나 용매가 더 자유롭게 이동할 수 있다. 또한 초임계 유체에 가해지는 압력을 높이면 밀도가 높아져 더 많은 양의 용질을 녹일 수 있어 초임계 유체를 이용한 결정화 공정에서는 고체 입자의 입도를 조절할 수 있다. 초임계 상태에 있는 물질의 특성: (1) ______ 일 때보다 용질·용매의 이동이 자유로움, (2) 가해진 압력에 비례하여 ______ 와 녹일 수 있는 용질의 양 변화 → 결정화 공정에서 고체 입자의 ______ 조절 가능

GAS 공정(초임계 유체를 활용한 결정화 공정 ㉠)에서는 초임계 이산화 탄소를 반용매로 사용하여 ㉠혼합물에 녹아 있는 용질을 작은 입도의 고체로 석출하는 경우가 많다. 반용매는 용질을 녹이지 않고 용매와는 잘 섞이는 물질로, 반용매를 혼합물에 첨가하면 반용매는 용매와 섞이고 용질은 고체 입자로 석출된다. 반용매: 용질을 녹이지 않고 ______ 와 잘 섞이는 물질 → 혼합물에 첨가 시 용질은 고체 입자로 석출됨 GAS 공정에서는 결정화하려는 물질을 액체 용매에 녹여서 혼합물을 만들고 용기에 적당량 채운 뒤 용기를 밀폐한다. 이후 용기의 온도와 압력을 이산화 탄소와 액체 용매의 임계 온도와 임계 압력의 사이에 맞추고 초임계 이산화 탄소를 용기에 주입한다. 그러면 혼합물이 과포화 상태가 되고 녹아 있던 용질은 고체 입자로 석출된다. 반용매가 용매와 섞이면서 포화될 수 있는 용질의 양이 줄어드는 것이다. 석출되는 용질의 양은 처음에 채운 혼합물의 양이 같다면 그 농도에 의해 정해진다. GAS 공정: 혼합물이 든 용기를 밀폐하여 용기의 온도와 압력을 임계 온도와 임계 압력 사이로 조정 → ______ (반용매) 주입 → 과포화 상태가 된 혼합물에서 용질이 고체 입자로 석출 (석출되는 용질의 양은 혼합물의 농도에 따름)

결정화 공정에서 고체 입자를 석출할 때는 우선 일정한 수의 용질 분자가 모여서 집합체를 이루어 결정핵이 생성되어야 한다. 혼합물의 농도가 높을수록 결정핵을 만들 수 있는 용질 분자의 수가 많아 결정핵이 많이 생긴다. 결정핵이 많이 생성되면 하나의 결정핵에 모일 수 있는 용질 분

자의 수가 적어져서 고체 입자의 크기는 작아지게 된다. 결정핵: 일정 수의 용질 분자가 모인 집합체 (혼합물 농도↑ → 결정핵 생성(↑/↓) → 고체 입자의 크기(↑/↓))

한편(전환!) 초임계 이산화 탄소를 용매로 사용하는 결정화 공정도 있다. RESS 공정(초임계 유체를 활용한 결정화 공정 ㉡)에서는 결정화하려는 물질과 초임계 이산화 탄소가 섞인 ㉡혼합물을 고압의 용기에서 대기압을 유지하는 용기로 분사한다. 분사 직후 초임계 이산화 탄소는 빠르게 압력이 내려가고 기체로 변화하는 과정에서 용질이 고체 입자로 석출된다. 이때 혼합물에서 결정핵이 생성되는데, 석출되는 고체 입자의 입도가 정해지는 원리는 GAS 공정과 동일하다. RESS 공정: 용질 + 초임계 이산화 탄소(용매) → 혼합물을 (고압/대기압) 용기에서 (고압/대기압) 용기로 분사 → 초임계 이산화 탄소가 기체로 변화하는 과정에서 용질이 고체 입자로 석출 (입도 결정 원리는 GAS 공정과 동일)

GAS 공정과 RESS 공정 등의 결정화 공정에서는 이산화 탄소가 주로 쓰인다. 이산화 탄소는 임계 온도가 상온과 큰 차이가 없어 온도를 조금만 올리고 압력을 올리면 쉽게 초임계 상태로 만들 수 있기 때문이다. 초임계 이산화 탄소를 이용하면 압력을 조절하여 석출되는 고체 입자의 입도를 작게 만들 수 있을 뿐 아니라 그 자체로 독성이 없어서 안전성 문제에서도 자유롭다. 초임계 이산화 탄소: 만들기 쉬움, 석출되는 고체 입자의 입도 조절 가능, ______ 이 없어 안전성에 문제가 없음

*입도: 입자 하나하나의 평균 지름.

3. ㉠과 ㉡에 대한 설명으로 가장 적절한 것은?

① ㉠과 달리, ㉡은 초임계 이산화 탄소가 액체가 되는 과정에 사용된다.
② ㉠과 달리, ㉡은 농도에 따라서 석출되는 고체 입자의 수가 정해진다.
③ ㉡과 달리, ㉠에는 용질이 초임계 이산화 탄소가 아닌 용매에 녹아 있다.
④ ㉡과 달리, ㉠에는 임계 온도와 임계 압력 이상의 이산화 탄소가 섞여 있다.
⑤ ㉠과 ㉡은 모두 결정화 공정에서 용매에 분사된다.

4. 윗글에서 ①과 ②에 들어갈 적절한 단어를 찾아 각각 빈칸에 쓰시오.

① [   ] : 샐 틈이 없이 꼭 막거나 닫음. **3문단**
예 나는 [ ][ ]된 공간에 갇혔다는 생각이 들면 숨을 잘 쉴 수가 없다.

② [   ] : 액체나 기체 따위에 압력을 가하여 세차게 뿜어 내보냄. **5문단**
예 공기 청정기는 미세 물 입자를 [ ][ ]하여 습도를 조절한다.

구 조 도 그 리 기

[3~4] 고3 2023학년도 3월 학평 「초임계 유체를 이용한 결정화 공정」

① 용해도는 일정한 온도에서 일정한 양의 용매에 최대로 녹을 수 있는 용질의 양으로, 보통 용매 100g에 녹을 수 있는 용질의 질량이다. 용해도: 일정한 온도에서 일정한 양의 용매에 최대로 녹을 수 있는 용질의 양 혼합물의 과포화 상태는 용질이 용해도 이상으로 녹아 있는 상태인데, 과포화 상태의 혼합물은 포화 상태로 돌아가려는 경향이 있다. 혼합물의 과포화: 용질이 용해도 이상으로 녹아 있는 상태 결정화는 포화 상태의 혼합물이 과포화 상태가 되어 용질이 고체 입자로 석출되는 것으로 결정화 공정을 거치면 입도가 작은 고체 입자를 얻을 수 있다. 이러한 결정화 공정은 약물의 생체 흡수율을 높여야 하는 제약 분야 등에서 사용된다. 결정화: 과포화 상태 혼합물의 용질이 입도가 작은 고체 입자로 석출되는 것 (용해도, 과포화에 대한 설명을 거쳐 결정화 공정이라는 주제를 이끌어 내고 있군.)

② 결정화 공정에서는 초임계 유체를 쓰는 경우가 많다. (결정화 공정을 본격적으로 설명하기에 앞서, 초임계 유체라는 핵심 소재에 관해 설명할 거야.) 물질은 임계 온도와 임계 압력 이상에서 초임계 상태로 존재한다. 임계 온도는 어떤 물질이 액체로 존재할 수 있는 최고 온도이고, 임계 압력은 어떤 물질이 기체로 존재할 수 있는 최대 압력이다. 온도와 입력이 임셰 온노와 임계 압력 이상일 때 물질은 액체도 아니고 기체도 아닌 초임계 상태로 존재한다. 초임계 상태: 어떤 물질이 임계 온도와 임계 압력 이상일 때 액체도 기체도 아닌 상태 초임계 상태에서 물질의 분자 간 거리는 그 물질이 기체일 때보다는 가깝지만 액체일 때만큼 가깝지는 않다. 물질이 액체일 때보다는 초임계 상태거나 기체일 때 용질이나 용매가 더 자유롭게 이동할 수 있다. 또한 초임계 유체에 가해지는 압력을 높이면 밀도가 높아져 더 많은 양의 용질을 녹일 수 있어 초임계 유체를 이용한 결정화 공정에서는 고체 입자의 입도를 조절할 수 있다. 초임계 상태에 있는 물질의 특성: (1) 액체일 때보다 용질·용매의 이동이 자유로움, (2) 가해진 압력에 비례하여 밀도와 녹일 수 있는 용질의 양 변화 → 결정화 공정에서 고체 입자의 입도 조절 가능

③ GAS 공정 (초임계 유체를 활용한 결정화 공정 ①)에서는 초임계 이산화 탄소를 반용매로 사용하여 ㉠혼합물에 녹아 있는 용질을 작은 입도의 고체로 석출하는 경우가 많다. 반용매는 용질을 녹이지 않고 용매와는 잘 섞이는 물질로, 반용매를 혼합물에 첨가하면 반용매는 용매와 섞이고 용질은 고체 입자로 석출된다. 반용매: 용질을 녹이지 않고 용매와 잘 섞이는 물질 → 혼합물에 첨가 시 용질은 고체 입자로 석출됨 GAS 공정에서는 결정화하려는 물질을 액체 용매에 녹여서 혼합물을 만들고 용기에 적당량 채운 뒤 용기를 밀폐한다. 이후 용기의 온도와 압력을 이산화 탄소와 액체 용매의 임계 온도와 임계 압력의 사이에 맞추고 초임계 이산화 탄소를 용기에 주입한다. 그러면 혼합물이 과포화 상태가 되고 녹아 있던 용질은 고체 입자로 석출된다. 반용매가 용매와 섞이면서 포화될 수 있는 용질의 양이 줄어드는 것이다. 석출되는 용질의 양은 처음에 채운 혼합물의 양이 같다면 그 농도에 의해 정해진다. GAS 공정: 혼합물이 든 용기를 밀폐하여 용기의 온도와 압력을 임계 온도와 임계 압력 사이로 조정 → 초임계 이산화 탄소(반용매) 주입 → 과포화 상태가 된 혼합물에서 용질이 고체 입자로 석출 (석출되는 용질의 양은 혼합물의 농도에 따름)

④ 결정화 공정에서 고체 입자를 석출할 때는 우선 일정한 수의 용질 분자가 모여서 집합체를 이루어 결정핵이 생성되어야 한다. 혼합물의 농도가 높을수록 결정핵을 만들 수 있는 용질 분자의 수가 많아 결정핵이 많이 생긴다. 결정핵이 많이 생성되면 하나의 결정핵에 모일 수 있는 용질 분자의 수가 적어져서 고체 입자의 크기는 작아지게 된다. 결정핵: 일정 수의 용질 분자가 모인 집합체 (혼합물 농도↑ → 결정핵 생성↑ → 고체 입자의 크기↓)

⑤ 한편(전환!) 초임계 이산화 탄소를 용매로 사용하는 결정화 공정도 있다. RESS 공정 (초임계 유체를 활용한 결정화 공정 ②)에서는 결정화하려는 물질과 초임계 이산화 탄소가 섞인 ㉡혼합물을 고압의 용기에서 대기압을 유지하는 용기로 분사한다. 분사 직후 초임계 이산화 탄소는 빠르게 압력이 내려가고 기체로 변화하는 과정에서 용질이 고체 입자로 석출된다. 이때 혼합물에서 결정핵이 생성되는데, 석출되는 고체 입자의 입도가 정해지는 원리는 GAS 공정과 동일하다. RESS 공정: 용질 + 초임계 이산화 탄소(용매) → 혼합물을 고압 용기에서 대기압 용기로 분사 → 초임계 이산화 탄소가 기체로 변화하는 과정에서 용질이 고체 입자로 석출 (입도 결정 원리는 GAS 공정과 동일)

⑥ GAS 공정과 RESS 공정 등의 결정화 공정에서는 이산화 탄소가 주로 쓰인다. 이산화 탄소는 임계 온도가 상온과 큰 차이가 없어 온도를 조금만 올리고 압력을 올리면 쉽게 초임계 상태로 만들 수 있기 때문이다. 초임계 이산화 탄소를 이용하면 압력을 조절하여 석출되는 고체 입자의 입도를 작게 만들 수 있을 뿐 아니라 그 자체로 독성이 없어서 안전성 문제에서도 자유롭다. 초임계 이산화 탄소: 만들기 쉬움, 석출되는 고체 입자의 입도 조절 가능, 독성이 없어 안전성에 문제가 없음

3. ③

3문단과 5문단에 따르면, ㉠(혼합물)은 GAS 공정에서 '결정화하려는 물질(용질)을 액체 용매에 녹여'서 만든 것이고, ㉡(혼합물)은 RESS 공정에서 '결정화하려는 물질(용질)과 초임계 이산화 탄소가 섞'인 것이므로 적절하다.

① 5문단에 따르면, ㉡은 RESS 공정에서 '결정화하려는 물질과 초임계 이산화 탄소가 섞'인 것이다. ㉡을 '고압의 용기에서 대기압을 유지하는 용기로 분사'하면 '분사 직후 초임계 이산화 탄소'가 '기체로 변화하는 과정에서 용질이 고체 입자로 석출'되므로 적절하지 않다.

② 3문단에 따르면, GAS 공정에서 '석출되는 용질의 양은 처음에 채운 혼합물의 양이 같다면 그 농도에 의해 정해'지고, 5문단에 따르면, RESS 공정에서 '혼합물에서 결정핵이 생성되는데, 석출되는 고체 입자의 입도가 정해지는 원리는 GAS 공정과 동일'하므로 적절하지 않다.

④ 3문단과 5문단에 따르면, ㉠은 GAS 공정에서 '결정화하려는 물질(용질)을 액체 용매에 녹여'서 만든 것이고, ㉡은 RESS 공정에서 '결정화하려는 물질(용질)'과 임계 온도와 임계 압력 이상의 이산화 탄소인 '초임계 이산화 탄소'가 섞인 것이므로 적절하지 않다.

⑤ 5문단에 따르면, RESS 공정에서 ㉡은 용매가 아니라 '고압의 용기에서 대기압을 유지하는 용기로 분사'되므로 적절하지 않다.

4. ① 밀폐 ② 분사

구 조 도 그 리 기

[1~2] 고2 2024학년도 6월 학평 「리쾨르의 자기 해석학」

① 프랑스의 철학자 리쾨르는 텍스트, 즉 이야기를 해석하는 과정을 통해 자기를 이해할 수 있다는 자기 해석학을 주장하였다. 그는 플라톤과 아리스토텔레스로부터 시작되는 미메시스의 개념을 확장하여 '미메시스의 삼중 구조'를 제시하고 이를 바탕으로 독서를 통한 독자의 자기 해석 과정을 설명하였다. (지문의 흐름을 압축적으로 제시하는 문단이야. '미메시스'라는 개념을 중심으로 플라톤과 아리스토텔레스, 그리고 리쾨르의 견해를 잘 파악하며 읽자.) 리쾨르의 자기 해석학: 미메시스의 삼중 구조를 바탕으로 독서를 통한 독자의 자기 해석 과정 설명

② 미메시스란 예술에서 현실을 모방 또는 재현하는 것을 가리키는 용어이다. 미메시스: 예술에서 현실을 모방·재현하는 것 세계를 이상과 현실의 이원적 구조로 본 플라톤은 현실을 이상 세계인 이데아를 모방한 것으로 보았는데, 미메시스로서의 예술은 그 현실을 또 다시 모방한 것으로 보았다. 그는 감각 세계인 현실을 모방한 예술은 인간을 이데아로부터 멀어지게 하는 부정적인 대상이라고 인식하였다. 플라톤에 따르면 예술은 그 갈래마다 모방의 양태가 다르다. 연극은 서술자의 개입 없이 등장 인물이 직접 현실을 모방하고, 서사시는 서술자에 의해 간접적으로 현실을 모방한다. 플라톤: 이데아의 모방인 현실을 다시 모방한 예술은 부정적 대상 → 모방의 양태는 예술 갈래(연극, 서사시 등)마다 다름 한편(전환!) 아리스토텔레스는 예술이 인간의 행동을 그대로 모방하는 것이 아니라 개연성이 있는 일을 필연성에 따라 조직한 것이기 때문에 창조적 모방이며, 인간의 감정을 정화하고 인간이 쾌감을 느끼게 한다고 보았다. 아리스토텔레스: 예술은 개연성과 필연성이 반영된 창조적 모방이며 인간의 감정을 정화하고 쾌감을 유발함 이러한 아리스토텔레스의 관점을 받아들여 리쾨르는 미메시스를 인간의 행동을 줄거리로 구성하고 이를 언어로 표현한 것으로 보고, 이것을 더 발전시켜 미메시스로서의 문학을 현실 세계에 존재하는 독자의 삶으로까지 연결하고자 하였다. 리쾨르: 아리스토텔레스의 관점 수용, 미메시스는 인간의 행동을 줄거리로 구성해 언어로 표현한 것 → 문학을 현실 세계의 독자의 삶과 연결

③ 리쾨르는 미메시스를 전형상화 단계인 미메시스Ⅰ, 형상화 단계인 미메시스Ⅱ, 재형상화 단계인 미메시스Ⅲ의 삼중 구조로 설정하였다. (미메시스의 세 구조가 서로 어떻게 관련되는지 잘 파악하며 읽자.) 미메시스Ⅰ은 작가가 인간의 행동을 이야기화하기 전 단계를 말한다. 이 단계에서 작가는 행동의 의미를 이해하고자 하며 말하고자 하는 행동의 의미를 독자 또한 이해할 수 있다고 전제한다. 미메시스Ⅰ(전형상화): 작가가 인간 행동을 이야기화하기 전 → 행동의 의미를 이해하고자 노력 미메시스Ⅱ는 미메시스Ⅰ에서의 행동이 서사적 흐름 속에서 줄거리로 구성되는 단계이다. 이 단계에서 작가는 인간의 다양하고 이질적인 행동 중에서 자신이 의미 있다고 판단하는 행동만을 골라 인과 관계에 따라 배치한다. 이때 형상화된 세계는 현실 세계를 바탕으로 한 허구의 세계이다. 미메시스Ⅱ(형상화): 작가가 인간의 의미 있는 행동만 선택하여 줄거리로 구성 → 현실을 바탕으로 한 허구의 세계 형상화 미메시스Ⅲ은 문학과 현실 세계를 잇고자 했던 리쾨르에게 있어 가장 핵심적인 단계이다. 이 단계에서 독자는 독서를 통해 허구적 인물의 행동이 지닌 의미를 분석하고 이를 현실에 비추어 본다. 이를 바탕으로 자신의 삶을 분석하고 사건을 선택하여 줄거리를 만들어 보며 현실 세계에서의 삶을 반성하게 된다. 미메시스Ⅲ(재형상화): 독자가 허구적 인물의 행동을 분석하여 현실에 적용 → 자신의 삶 분석 및 반성

④ 이러한 과정을 통해 미메시스Ⅲ에서는 독자의 자기 이해가 이루어지는데, 리쾨르는 이를 '이야기 정체성'이라는 개념을 통해 설명하였다.

이야기 정체성은 이야기를 매개로 파악되는 인물의 정체성으로, 이야기 속에서 시간의 흐름과 함께 변화하는 인물의 면모가 하나의 인격으로 통합된 것이다. 이야기 정체성: 이야기를 매개로 파악되는 인물의 정체성(시간의 흐름에 따라 변화하는 인물의 면모가 통합된 인격) 리쾨르에 따르면 독자는 인물의 이야기 정체성을 자신의 삶에 비추어 독자 자신의 고유한 이야기 정체성을 형성해 나가는데, 이것이 바로 이야기 해석을 통한 자기 이해 과정이다. (1문단에 제시된 리쾨르의 자기 해석학에 대한 설명과 연관지어 이해하자.) 리쾨르는 서사적 흐름 속에서 인물의 이야기 정체성이 형상화되며 이야기가 결말을 향해 나아가는 것처럼 독자도 자기 삶을 이야기하는 과정을 통해 자기가 누구인지를 이해하고 삶의 목적을 향해 나아간다고 보았다. 독서(이야기 해석)를 통한 독자의 자기 해석: 인물의 이야기 정체성을 바탕으로 독자의 고유한 이야기 정체성 형성 → 자기 삶을 이야기하는 과정에서 자신을 이해하고 삶의 목적을 향해 나아감

---

1. ②

4문단에 따르면, 미메시스Ⅲ은 '독자의 자기 이해'가 이루어지는 단계이며, '이야기 정체성은 이야기를 매개로 파악되는 인물의 정체성'이다. 이때 미메시스Ⅲ에서 이야기를 매개로 인물의 정체성을 파악하는 주체는 작가가 아닌 독자이므로, 미메시스Ⅲ에서 인물의 이야기 정체성이 작가에 의해 형상화된다고 볼 수 없다.

① 3문단에 따르면, '미메시스Ⅱ는 미메시스Ⅰ에서의 행동이 서사적 흐름 속에서 줄거리로 구성되는 단계'로, '이때 형상화된 세계(허구의 세계)'에서의 인물의 행동은 미메시스Ⅲ에서 독자에 의해 분석되어 '현실 세계에서의 삶'에 대한 분석과 반성을 이끌어 낸다. 따라서 미메시스Ⅰ과 미메시스Ⅲ은 미메시스Ⅱ를 매개로 연결된다고 볼 수 있다.

③ 2문단에 따르면, 리쾨르는 '아리스토텔레스의 관점을 받아들여' 미메시스의 개념을 확립하고 '이것을 더 발전시켜 미메시스로서의 문학을 현실 세계에 존재하는 독자의 삶으로까지 연결하고자' 하였다.

④ 1문단과 4문단에 따르면, 리쾨르는 '미메시스의 삼중 구조'를 바탕으로 '독서를 통한 독자의 자기 해석 과정을 설명'하였으며, 독자는 이 과정에서 이야기를 매개로 인물의 정체성을 파악하면서 '자기가 누구인지를 이해'하게 된다.

⑤ 3문단에 따르면, 작가는 '인간의 행동을 이야기화하기 전 단계'인 미메시스Ⅰ에서 '말하고자 하는 행동의 의미를 독자 또한 이해할 수 있다고 전제'한다.

2. ① 모방 ② 개연성

구 조 도 그 리 기

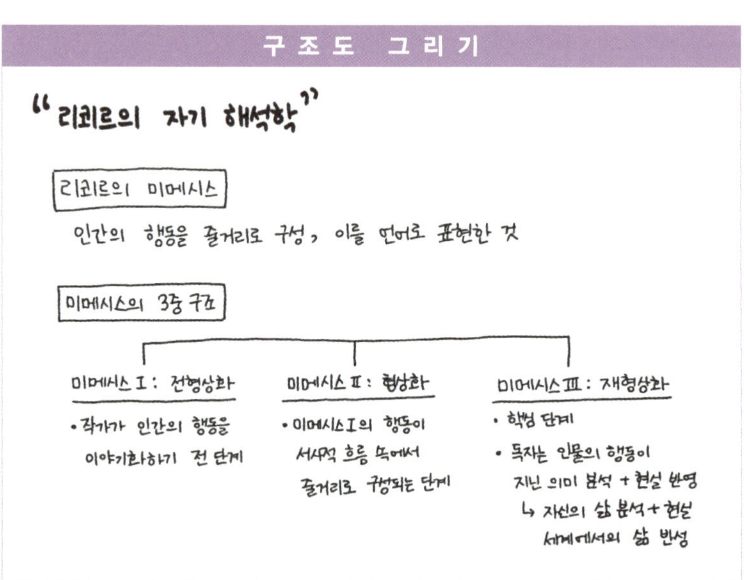

[1~2] 다음을 읽고 핵심 내용에 밑줄을 치고, 빈칸에 적절한 말을 채우시오. 또한 주어진 물음에 답하시오.

상계란 채권자와 채무자가 서로 같은 종류의 채권·채무를 가지고 있는 경우에 상계하려는 자의 일방적인 의사 표시만으로 그 채무들을 대등액에서 소멸하게 하는 것을 말한다. 상계: 일방적인 의사 표시만으로 동일한 종류의 채무들을 대등액에서 ______하게 하는 것 가령(예시를 통해 ______가 어떻게 이루어지는지 자세히 설명해 줄 거야!) A는 B에 대하여 200만 원의 금전 채권을 가지고 있고 B는 A에 대하여 100만 원의 금전 채권을 가지고 있는 경우에, A 또는 B는 상대방에 대한 일방적인 의사 표시로 100만 원에 관해서 그들의 채권을 소멸시킬 수 있는데, 그것이 곧 상계이다. 결과적으로 A의 채권과 B의 채권이 100만 원씩 상쇄되어 A의 B에 대한 ______원의 금전 채권만이 남게 되는군. 채무들을 대등액에서 소멸하게 하는 상계의 목적은 상계가 아닌 계약으로도 달성할 수 있다. 상계는 채무 결제를 간단하고 쉽게 한다. 그리고 상대방이 파산하더라도 상계의 권리를 행사하면 자신의 채무를 면할 수 있다. 이런 점에서 상대방의 채권이 상계자의 채권을 담보하는 기능을 한다. 상계의 목적은 ______으로도 달성할 수 있고, 채무 결제가 편리하며 상대가 파산하더라도 자신의 ______를 면할 수 있음

상계가 법적인 효과가 있으려면 당사자 쌍방이 같은 종류의 채권을 가지고 있어야 한다. (조건이 제시되는 부분은 눈여겨보자.) 상계의 조건 (1) 당사자 쌍방이 같은 ______의 채권 보유 보통은 일정액의 금전 지급을 목적으로 하는 금전 채권이 상계에 이용된다. 이때 싱계하려는 자의 채권을 자동 채권이라고 하고, 상대방의 채권을 수동 채권이라고 한다. 상계의 대상이 되는 이러한 채권은 상대방과의 사이에서 직접 발생한 채권에 한정되지 않으며, 제삼자로부터 취득한 채권도 포함한다. 상계의 대상이 되는 채권(금전 채권 등): 상대방과의 사이에서 직접 발생하거나 ______로부터 취득한 것 모두 포함 자동 채권은 상계자 자신이 피상계자에 대하여 가지는 채권이어야 하지만 연대 채무에서와 같은 예외도 있다. 연대 채무는 여러 채무자가 채무 전부를 이행할 의무가 있고 채무자 한 명의 이행으로 다른 채무자도 그 채무를 면하게 되는 채무이다. 연대 채무 관계 내에서는 상계자 자신의 채권이 아닌 다른 연대 채무자의 채권자에 대한 채권으로 상계할 수 있다. 자동 채권: 상계자 자신의 채권, 다른 ______ 채무자의 채권자에 대한 채권(예외적) 수동 채권은 피상계자가 상계자에게 가지는 채권이어야 하며, 피상계자가 제삼자에 대하여 가지는 채권은 상계되지 못한다. 수동 채권: 피상계자가 상계자에게 가지는 채권 (제삼자에 대한 채권 상계 (가능/불가))

쌍방의 채권이 같은 종류라도 그 이행을 청구할 수 있는 기한, 즉 변제기가 도래해야 상계할 수 있다. 상계의 조건 (2) ______(이행 청구 기한) 도래 다만 이는 자동 채권과 수동 채권에서 다소 다르다. (차이점이 제시되는 부분은 꼼꼼히 살펴보자.) 자동 채권의 경우에는 반드시 변제기가 도래해 있어야 한다. 그렇지 않으면 상대방은 채무 변제의 기한이 도래하지 않음으로써 얻는 이익을 부당하게 잃게 되기 때문이다. 자동 채권: 반드시 변제기가 도래해 있어야 상계 가능(채무자의 정당한 ______ 보호 위함) 그러나 수동 채권은 변제기가 도래하지 않더라도 상계자가 변제기를 통해 얻는 이익을 포기하면서 상계할 수 있다. 또한 채권의 성질이 상계를 허용하는 것이어야 한다. 같은 종류의 노동을 채무자가 제공하기로 한 경우와 같이 쌍방의 채권이 채무자의 행위를 목적으로 하는 경우에는 상계가 허용되지 않는다. 상계가 금지되어 있는 경우도 상계할 수 없다. 고의로 손해를 끼친 자의 피해자에 대한 금전 채무처럼 수동 채권에 일정한 사정이 있는 경우에는 법률에 의해 상계가 금지되며, 당사자 간의 특별한 합의인 특약을 통해 상계를 금지할 수 도 있다. 수동 채권: 변제기가 도래하지 않아도 상계 가능하며, 채권의 성질이 상계를 ______하는 것이어야 함 (채권이 채무자의 ______를 목적으로 하는 경우, 법률과 ______에 의해 상계가 금지된 경우 상계 불가)

상계의 방법은 상대방에 대한 의사 표시로 한다. 이러한 의사 표시가 없으면 상계는 일어나지 않는다. 상계하면 두 채권이 상계의 요건을 갖춘 때부터의 대등액에 관해서는 이자가 발생하지 않는다. 상계의 의사 표시에는 조건이나 기한을 붙이지 못한다. 상계의 방법: 상대방에 대한 ______ (조건, 기한 붙이지 못함) 상계의 의사 표시를 할 때 상계할 수 있는 두 채권이 원칙적으로 현존해야 하며, 상계를 하지 않고 있는 동안에 채무가 변제 등으로 소멸한 때에는 상계할 수 없게 된다. 다만 일정 기간 권리를 행사하지 않아 그 권리가 소멸한 경우, 즉 소멸 시효가 완성된 채권이 그 전에 상계할 수 있었던 것이면 그 채권자는 상계할 수 있다. 상계의 의사 표시: 두 채권이 ______해야 하고, 소멸 시효가 완성된 채권이 그 전에 상계할 수 있었던 것이면 상계 가능

1. 윗글을 바탕으로 〈보기〉를 이해한 내용으로 적절하지 않은 것은?

〈보기〉

을, 병은 갑에 대하여 120만 원의 연대 채무를 부담하고 있고 을은 갑에 대하여 120만 원의 채권을 가지고 있다. 갑의 채권의 변제기는 2023년 5월 1일이고 을의 채권의 변제기는 2023년 9월 1일이며, 위 변제기는 모두 지났다. 갑과 을의 채권에 관해서는 상계를 금지하는 법률 규정이 없으며, 상계를 금지하는 특약도 하지 않았다.

① 갑이 파산한 경우에도 을은 상계를 통해 자신의 채무를 면할 수 있다.

② 병이 갑에 대한 채무 전부를 이행하면 을도 갑에 대한 채무를 면한다.

③ 병이 을의 갑에 대한 채권으로 상계하기 위해서는 을의 동의가 있어야 한다.

④ 을의 갑에 대한 채권이 제삼자로부터 취득한 것인 경우에도 을은 이 채권으로 상계할 수 있다.

⑤ 을이 2024년 10월 1일에 갑에게 상계의 의사 표시를 하면 2023년 9월 1일부터 대등액에 관해서 이자가 발생하지 않는다.

2. 윗글에서 ①과 ②에 들어갈 적절한 단어를 찾아 각각 빈칸에 쓰시오.

　　① 　: 채무자가 채무의 내용을 실행하는 일. **2문단**

예 그는 권리를 주장하기 위해 성실히 의무를 □□했다.

　　② 　: 현재에 있음. **4문단**

예 나는 무력 충돌의 위험이 □□하는 현실에 벌벌 떨었다.

구 조 도 그 리 기

[3~4] 다음을 읽고 핵심 내용에 밑줄을 치고, 빈칸에 적절한 말을 채우시오. 또한 주어진 물음에 답하시오.

아인슈타인 이전 과학자들에게 에너지와 질량은 별개의 독립적인 물리량이었다. 하지만 아인슈타인은 $E = mc^2$이라는 공식으로 에너지(E)와 질량(m)의 관계를 밝혔다. (아인슈타인과 그 이전 과학자들의 생각에 (공통점/차이점)이 존재함을 언급하며 글을 시작하고 있어.)

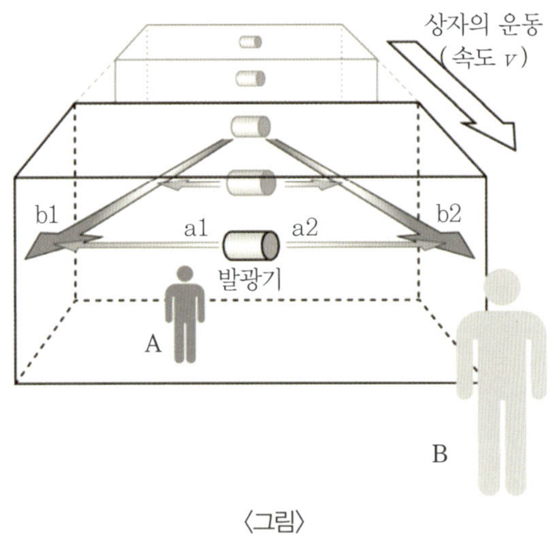

〈그림〉

에너지와 질량의 관계에 대한 아인슈타인의 생각은 '상대성의 원리'와 '광속 일정의 원리'라는 두 가지 공리*에 기반을 두고 있는 〈그림〉과 같은 ⓐ가상의 사고(思考) 실험을 통해 이해할 수 있다. 큰 상자가 있고 상자 안에는 A와 발광기가 각각 상자에 대해 정지 상태에 있다. 상자 안의 모든 상황을 볼 수 있는 상자 밖의 B를 향해 그 상자는 등속도로 접근해 오고 있다. 그리고 발광기가 어느 순간 좌우를 향해 완전히 같은 세기의 빛(에너지)을 발사한다. 실험 상황을 정리해 보자. (1) 상자 안의 ___와 _______: 상자에 대해 _______ 상태. (2) 상자: __를 향해 _______ 운동, 발광기가 좌우로 완전히 _______의 빛 발사 A의 입장에서 본다면, 발광기가 빛을 발사했지만 〈그림〉의 a1, a2와 같이 서로 정반대의 방향으로 동시에 발사했기 때문에 그로 인한 반동은 완전히 상쇄되어 발광기는 빛을 발사한 후에도 상자 안에서 상자에 대해 정지 상태를 유지해야 한다. 한편 B의 입장에서는 상자가 자신을 향해 접근해 오기 때문에 당연히 상자 안의 발광기도 상자와 같은 속도로 접근해 온다. ('한편'을 통해 같은 상황에 대한 __의 입장으로 내용이 전환되었어.) 그런데 발광기가 발사한 두 빛은 〈그림〉의 b1, b2와 같이 비스듬히 좌우로 퍼지면서 진행하기 때문에(A와는 ___의 진행이 달리 보이겠구나. 이로 인한 결과를 이어서 설명하겠지?) 빛의 발사로 인한 반동이 완전히 상쇄되지 못한다. 상쇄되지 못한 반동은 발광기의 운동에 감속 요인으로 작용하여, 상자의 속도에 비해 발광기가 접근해 오는 속도가 느려져야 한다. 결과적으로 동일한 발광기의 운동이 A와 B에게 각각 다르게 보이게 되는 모순이 생기게 된다.

	A의 입장	B의 입장
빛의 진행	좌우 _______ 방향으로 진행	좌우로 _______ 진행
빛 발사에 따른 반동	완전 상쇄 (O/X) → 발광기는 상자에 대해 _______	완전 상쇄 (O/X) → 발광기는 상자에 비해 접근 _______

이와 같은 모순(동일한 _______이 관찰자에 따라 다르게 보이는 현상)과 관련하여 아인슈타인은 ⓑ빛의 발사라는 에너지의 방출이 발광기 질량의 손실을 의미한다면, 빛을 방출하는 것에 따른 감속과 질량을 잃은 것에 따른 가속이 균형을 이루면서 발광기가 상자와 같은 속도로 B에게 접근한다고 생각했다. 빛 방출 = 발광기의 _______로 본다면, 빛 방출에 따른 _______ = 질량 손실에 따른 _______ → 발광기는 상자와 _______ 속도로 B에 접근 결과적으로 A와 B가 보는 상황은 다르지 않으며, 서로 다른 물리량이라고 생각되었던 에너지와 질량이 광속(c)을 환산인자*로 하여 서로 환산될 수 있는 물리량이 된 것이다. 가상의 사고 실험에서의 모순에 대한 설명을 통해 아인슈타인은 _______와 _______이 서로 환산될 수 있는 물리량임을 밝힘

아인슈타인의 공식은 물체의 질량이 그 물체가 가진 잠재적인 에너지에 대한 척도이며, 물체가 에너지를 방출하면 그 질량은 E/c^2만큼 작아진다는 점을 보여 준다. 광속(c)이 진공 중에서 대략 초속 30만km이므로, 광속을 제곱한 값(c^2)은 대략 $9 \times 10^{16} m^2/s^2$의 천문학적인 수가 되는데, 이를 고려하면 아인슈타인의 공식은 우리에게 매우 작은 질량의 물질도 엄청난 에너지로 전환될 수 있음을 알려 준다고 할 수 있다. (아인슈타인의 _______의 의의를 제시하며 글을 마무리하고 있어.)

*공리: 수학이나 논리학 따위에서 증명이 없이 자명한 진리로 인정되며, 다른 명제를 증명하는 데 전제가 되는 원리.
*환산인자: 어떤 단위로 표시되는 양을 다른 단위로 나타내기 위하여 곱하거나 나누는 인자.

3. ⓐ, ⓑ에 대해 이해한 내용으로 적절하지 않은 것은?

① ⓐ에서 빛의 방출에는 반동이 수반된다고 본다.
② ⓐ에서 A와 B가 인식하는 빛의 진행 방향은 다르다고 본다.
③ ⓑ에서 에너지의 방출은 질량의 손실을 의미하는 것으로 본다.
④ ⓑ에서 A와 B는 모두 발광기를 상자에 대해 정지 상태에 있는 것으로 인식한다고 본다.
⑤ ⓑ에서 발광기에서 발사한 두 방향의 빛은 결과적으로 발광기의 운동을 변화시킨 것으로 본다.

4. 윗글에서 ①과 ②에 들어갈 적절한 단어를 찾아 각각 빈칸에 쓰시오.

①	: 관련성이 없이 서로 다름. 1문단
예	그는 자신의 삶이 어머니의 삶과 □□라고 생각했다.
②	: 상반되는 것이 서로 영향을 주어 효과가 없어지는 일. 2문단
예	위상이 반대인 파동들이 만나면 □□되어 사라진다.

구 조 도 그 리 기

[3~4] 고3 2016학년도 10월 학평「E = mc²」

① 아인슈타인 이전 과학자들에게 에너지와 질량은 별개의 독립적인 물리량이었다. 하지만 아인슈타인은 E = mc²이라는 공식으로 에너지(E)와 질량(m)의 관계를 밝혔다. (아인슈타인과 그 이전 과학자들의 생각에 차이점이 존재함을 언급하며 글을 시작하고 있어.)

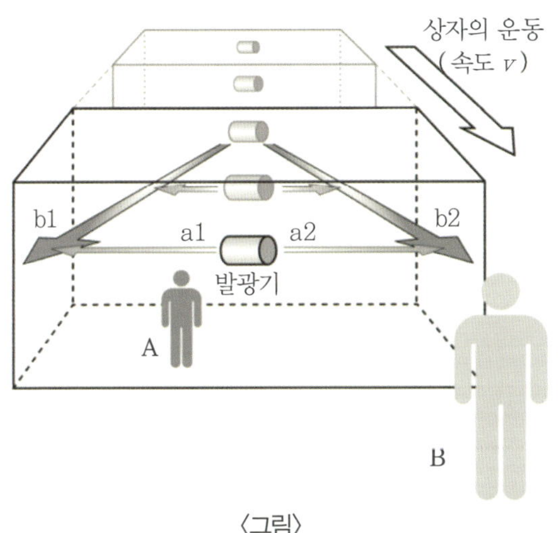

② 에너지와 질량의 관계에 대한 아인슈타인의 생각은 '상대성의 원리'와 '광속 일정의 원리'라는 두 가지 공리에 기반을 두고 있는 〈그림〉과 같은 ⓐ가상의 사고(思考) 실험을 통해 이해할 수 있다. 큰 상자가 있고 상자 안에는 A와 발광기가 각각 상자에 대해 정지 상태에 있다. 상자 안의 모든 상황을 볼 수 있는 상자 밖의 B를 향해 그 상자는 등속도로 접근해 오고 있다. 그리고 발광기가 어느 순간 좌우를 향해 완전히 같은 세기의 빛(에너지)을 발사한다. 실험 상황을 정리해 보자. (1) 상자 안의 A와 발광기: 상자에 대해 정지 상태, (2) 상자: B를 향해 등속도 운동, 발광기가 좌우로 완전히 같은 세기의 빛 발사 A의 입장에서 본다면, 발광기가 빛을 발사했지만 〈그림〉의 a1, a2와 같이 서로 정반대의 방향으로 동시에 발사했기 때문에 그로 인한 반동은 완전히 상쇄되어 발광기는 빛을 발사한 후에도 상자 안에서 상자에 대해 정지 상태를 유지해야 한다. 한편 B의 입장에서는 상자가 자신을 향해 접근해 오기 때문에 당연히 상자 안의 발광기도 상자와 같은 속도로 접근해 온다. ('한편'을 통해 같은 상황에 대한 B의 입장으로 내용이 전환되었어.) 그런데 발광기가 발사한 두 빛은 〈그림〉의 b1, b2와 같이 비스듬히 좌우로 퍼지면서 진행하기 때문에 (A와는 빛의 진행이 달리 보이겠구나. 이로 인한 결과를 이어서 설명하겠지?) 빛의 발사로 인한 반동이 완전히 상쇄되지 못한다. 상쇄되지 못한 반동은 발광기의 운동에 감속 요인으로 작용하여, 상자의 속도에 비해 발광기가 접근해 오는 속도가 느려져야 한다. 결과적으로 동일한 발광기의 운동이 A와 B에게 각각 다르게 보이게 되는 모순이 생기게 된다.

	A의 입장	B의 입장
빛의 진행	좌우 정반대 방향으로 진행	좌우로 비스듬히 퍼지면서 진행
빛 발사에 따른 반동	완전 상쇄 O → 발광기는 상자에 대해 정지 상태 유지	완전 상쇄 X → 발광기는 상자에 비해 접근 속도 느려짐

③ 이와 같은 모순(동일한 발광기의 운동이 관찰자에 따라 다르게 보이는 현상)과 관련하여 아인슈타인은 ⓑ빛의 발사라는 에너지의 방출이 발광기 질량의 손실을 의미한다면, 빛을 방출하는 것에 따른 감속과 질량을 잃은 것에 따른 가속이 균형을 이루면서 발광기가 상자와 같은 속도로 B에게 접근한다고 생각했다. 빛 방출 = 발광기의 질량 손실로 본다면, 빛 방출에 따른 감속 = 질량 손실에 따른

가속 → 발광기는 상자와 같은 속도로 B에 접근 결과적으로 A와 B가 보는 상황은 다르지 않으며, 서로 다른 물리량이라고 생각되었던 에너지와 질량이 광속(c)을 환산인자로 하여 서로 환산될 수 있는 물리량이 된 것이다. (가상의 사고 실험에서의 모순에 대한 설명을 통해 아인슈타인은 에너지와 질량이 서로 환산될 수 있는 물리량임을 밝힘)

④ 아인슈타인의 공식은 물체의 질량이 그 물체가 가진 잠재적인 에너지에 대한 척도이며, 물체가 에너지를 방출하면 그 질량은 E/c²만큼 작아진다는 점을 보여 준다. 광속(c)이 진공 중에서 대략 초속 30만km이므로, 광속을 제곱한 값(c²)은 대략 $9 \times 10^{16} m^2/s^2$의 천문학적인 수가 되는데, 이를 고려하면 아인슈타인의 공식은 우리에게 매우 작은 질량의 물질도 엄청난 에너지로 전환될 수 있음을 알려 준다고 할 수 있다. (아인슈타인의 공식의 의의를 제시하며 글을 마무리하고 있어.)

3. ⑤

2문단과 3문단을 참고할 때, ⓑ(빛의 발사라는 에너지의 방출이 발광기 질량이 손실을 의미한다면, 빛을 방출하는 것에 따른 감속과 질량을 잃은 것에 따른 가속이 균형을 이루면서 발광기가 상자와 같은 속도로 B에게 접근한다고 생각)에 따르면 A와 B에게 '발광기는 빛을 발사한 후에도 상자 안에서 상자에 대해 정지 상태를 유지'하므로 발광기에서 발사한 두 방향의 빛이 결과적으로 발광기의 운동을 변화시켰다고 볼 수 없다.

① 2문단의 '서로 정반대의 방향으로 동시에 (빛을) 발사했기 때문에 그로 인한 반동은 완전히 상쇄', '빛의 발사로 인한 반동이 완전히 상쇄되지 못한다.'를 통해 ⓐ(가상의 사고 실험)에서는 빛의 방출에 반동이 수반된다고 봄을 알 수 있다.

② 2문단에 따르면 ⓐ에서 발광기가 방출한 빛은 A의 입장에서는 '서로 정반대의 방향'으로 진행하는 것으로, B의 입장에서는 '비스듬히 좌우로 퍼지면서 진행'하는 것으로 보인다.

③ 3문단의 ⓑ에 따르면 발광기에서 '빛의 발사라는 에너지의 방출'은 '발광기 질량의 손실을 의미'한다.

④ 3문단의 ⓑ에서는 '발광기가 상자와 같은 속도로 B에게 접근'하여 '결과적으로 A와 B가 보는 상황은 다르지 않'다고 본다. 2문단에 따르면 이는 A와 B 모두 발광기가 '빛을 발사한 후에도 상자 안에서 상자에 대해 정지 상태를 유지'한다고 인식하는 것을 의미한다.

4. ① 별개 ② 상쇄

구 조 도 그 리 기

[1~2] 고3 2024학년도 10월 학평 「상계」

① 상계란 채권자와 채무자가 서로 같은 종류의 채권·채무를 가지고 있는 경우에 상계하려는 자의 일방적인 의사 표시만으로 그 채무들을 대등액에서 소멸하게 하는 것을 말한다. *상계: 일방적인 의사 표시만으로 동일한 종류의 채무들을 대등액에서 **소멸**하게 하는 것* **가령**(예시를 통해 **상계**가 어떻게 이루어지는지 자세히 설명해 줄 거야!) A는 B에 대하여 200만 원의 금전 채권을 가지고 있고 B는 A에 대하여 100만 원의 금전 채권을 가지고 있는 경우에, A 또는 B는 상대방에 대한 일방적인 의사 표시로 100만 원에 관해서 그들의 채권을 소멸시킬 수 있는데, 그것이 곧 상계이다. *결과적으로 A의 채권과 B의 채권이 100만 원씩 상쇄되어 A의 B에 대한 **100만** 원의 금전 채권만이 남게 되는군.* 채무들을 대등액에서 소멸하게 하는 상계의 목적은 상계가 아닌 계약으로도 달성할 수 있다. 상계는 채무 결제를 간단하고 쉽게 한다. 그리고 상대방이 파산하더라도 상계의 권리를 행사하면 자신의 채무를 면할 수 있다. 이런 점에서 상대방의 채권이 상계자의 채권을 담보하는 기능을 한다. *상계의 목적은 **계약**으로도 달성할 수 있고, 채무 결제가 편리하며 상대가 파산하더라도 자신의 **채무**를 면할 수 있음*

② 상계가 법적인 효과가 **있으려면** 당사자 쌍방이 같은 종류의 채권을 가지고 **있어야 한다.** (조건이 제시되는 부분은 눈여겨보자.) *상계의 조건 (1) 당사자 쌍방이 같은 **종류**의 채권 보유* 보통은 일정액의 금전 지급을 목적으로 하는 금전 채권이 상계에 이용된다. 이때 상계하려는 자의 채권을 자동 채권이라고 하고, 상대방의 채권을 수동 채권이라고 한다. 상계의 대상이 되는 이러한 채권은 상대방과의 사이에서 직접 발생한 채권에 한정되지 않으며, 제삼자로부터 취득한 채권도 포함한다. *상계의 대상이 되는 채권(금전 채권 등): 상대방과의 사이에서 직접 발생하거나 **제삼자로부터 취득한 것 모두 포함*** 자동 채권은 상계자 자신이 피상계자에 대하여 가지는 채권이어야 하지만 연대 채무에서와 같은 예외도 있다. 연대 채무는 여러 채무자가 채무 전부를 **이행**할 의무가 있고 채무자 한 명의 이행으로 다른 채무자도 그 채무를 면하게 되는 채무이다. 연대 채무 관계 내에서는 상계자 자신의 채권이 아닌 다른 연대 채무자의 채권자에 대한 채권으로 상계할 수 있다. *자동 채권: 상계자 자신의 채권, 다른 **연대** 채무자의 채권자에 대한 채권(예외적)* 수동 채권은 피상계자가 상계자에게 가지는 채권이어야 하며, 피상계자가 제삼자에 대하여 가지는 채권은 상계되지 못한다. *수동 채권: 피상계자가 상계자에게 가지는 채권 (제삼자에 대한 채권 상계 **불가**)*

③ 쌍방의 채권이 같은 종류라도 그 이행을 청구할 수 있는 기한, 즉 변제기가 도래해야 상계할 수 있다. *상계의 조건 (2) **변제기**(이행 청구 기한) 도래* 다만 이는 자동 채권과 수동 채권에서 **다소 다르다.** (차이점이 제시되는 부분은 꼼꼼히 살펴보자.) 자동 채권의 경우에는 반드시 변제기가 도래해 있어야 한다. 그렇지 않으면 상대방은 채무 변제의 기한이 도래하지 않음으로써 얻는 이익을 부당하게 잃게 되기 때문이다. *자동 채권: 반드시 변제기가 도래해 있어야 상계 가능 (채무자의 정당한 이익 보호 위함)* 그러나 수동 채권은 변제기가 도래하지 않더라도 상계자가 변제기를 통해 얻는 이익을 포기하면서 상계할 수 있다. 또한 채권의 성질이 상계를 허용하는 것이어야 한다. 같은 종류의 노동을 채무자가 제공하기로 한 경우와 같이 쌍방의 채권이 채무자의 행위를 목적으로 하는 경우에는 상계가 허용되지 않는다. 상계가 금지되어 있는 경우도 상계할 수 없다. 고의로 손해를 끼친 자의 피해자에 대한 금전 채무처럼 수동 채권에 일정한 사정이 있는 경우에는 법률에 의해 상계가 금지되며, 당사자 간의 특별한 합의인 특약을 통해 상계를 금지할 수도 있다. *수동 채권: 변제기가 도래하지 않아도 상계 가능하며, 채권의 성질이 상계를 **허용**하는 것이어야 함*

*(채권이 채무자의 **행위**를 목적으로 하는 경우, 법률과 **특약**에 의해 상계가 금지된 경우 상계 불가)* ④ 상계의 방법은 상대방에 대한 의사 표시로 한다. 이러한 의사 표시가 없으면 상계는 일어나지 않는다. 상계하면 두 채권이 상계의 요건을 갖춘 때부터의 대등액에 관해서는 이자가 발생하지 않는다. 상계의 의사 표시에는 조건이나 기한을 붙이지 못한다. *상계의 방법: 상대방에 대한 **의사 표시**(조건, 기한 붙이지 못함)* 상계의 의사 표시를 할 때 상계할 수 있는 두 채권이 원칙적으로 **현존**해야 하며, 상계를 하지 않고 있는 동안에 채무가 변제 등으로 소멸한 때에는 상계할 수 없게 된다. 다만 일정 기간 권리를 행사하지 않아 그 권리가 소멸한 경우, 즉 소멸 시효가 완성된 채권이 그 전에 상계할 수 있었던 것이면 그 채권자는 상계할 수 있다. *상계의 의사 표시: 두 채권이 **현존**해야 하고, 소멸 시효가 완성된 채권이 그 전에 상계할 수 있었던 것이면 상계 가능*

1. ③

> 1문단과 2문단에 따르면 상계는 '상계하려는 자의 일방적인 의사 표시만으로' 성립하며, '연대 채무 관계 내에서는 상계자 자신의 채권이 아닌 다른 연대 채무자의 채권자에 대한 채권으로 상계할 수 있'다. 따라서 병은 다른 연대 채무자인 을의 동의를 구하지 않더라도 을의 갑에 대한 채권으로 상계할 수 있다.

① 1문단에 따르면 '상대방이 파산하더라도 상계의 권리를 행사하면 자신의 채무를 면할 수 있'으므로, 갑이 파산하더라도 을은 상계를 통해 자신의 채무를 면할 수 있다.

② 2문단에 따르면 '연대 채무는 여러 채무자가 채무 전부를 이행할 의무가 있고 채무자 한 명의 이행으로 다른 채무자도 그 채무를 면하게 되는 채무'이므로, 연대 채무를 부담하는 을, 병 중에서 병이 120만 원의 채무를 모두 이행한다면 을도 갑에 대한 채무를 면하게 된다.

④ 2문단에 따르면 상계의 대상이 되는 채권은 '상대방과의 사이에서 직접 발생한 채권에 한정되지 않으며, 제삼자로부터 취득한 채권도 포함'한다.

⑤ 2문단과 3문단에 따르면 '상계하려는 자의 채권'인 자동 채권은 '반드시 변제기가 도래해 있어야' 상계가 가능하며, 4문단에 따르면 상계의 의사 표시가 이루어지면 '두 채권이 상계의 요건을 갖춘 때부터의 대등액에 관해서는 이자가 발생하지 않는다. 따라서 상계자인 을이 2024년 10월 1일에 상계의 의사 표시를 하면, 채권의 변제기가 도래하여 상계의 요건이 갖춰진 시점인 2023년 9월 1일부터 대등액에 대한 이자가 발생하지 않을 것이다.

2. ① 이행 ② 현존

구 조 도 그 리 기

"상계"

- 일방적인 의사 표시만으로 동일한 종류의 채무들을 대등액에서 소멸하게 하는 것
- 계약으로도 달성 가능, 상대방 파산 시 자신의 채무 면할 수 있음

자동채권 : 상계자 채권
- 대상 : 직접 발행한 채권, 제삼자에 대한 채권 O, (예외) 연대채무
- 변제기가 도래해야 상계 가능

수동채권 : 피상계자 채권
- 대상 : 상계자에게 가지는 채권, 제삼자에 대한 채권 X
- 변제기가 도래하지 않아도 상계 가능
- 상계 허용 X : 채무자 행위를 목적으로 하는 경우, 법률·특약 등에 금지되어 있는 경우

상계 방법 → 상대에 대한 의사 표시
- 두 채권이 원칙적으로 현존
- 소멸 시효 완성된 채권 → 그 전에 상계할 수 있었던 것이면 상계 가능

[1~2] 다음을 읽고 핵심 내용에 밑줄을 치고, 빈칸에 적절한 말을 채우시오. 또한 주어진 물음에 답하시오.

소크라테스 이후의 전통 형이상학에서는 현실 세계를 불완전하고 거짓된 세계로 간주하고, 보편적 진리로 이루어진 현실 너머의 세계를 참된 세계라고 여겼다. 그들은 삶의 목적이 현실 너머에 있는 초월적 가치의 추구에 있다고 보았으며, 이성적 사유를 통해 이를 발견하고자 하였다. 이것은 삶의 외부에 있는 절대적 가치를 토대로 삶의 의미를 찾고자 하는 사유 방식이었다. 전통 형이상학: 이성적 사유를 통해 현실 너머의 ______________를 추구하는 것이 삶의 목적 → 삶 외부의 절대적 가치를 토대로 삶의 ______를 찾고자 함 바로 이 점에 반기를 든 철학자가 니체이다. (니체는 전통 형이상학에 대해 (긍정하는/비판적인) 입장임을 확실히 알아 두자!)

니체에 따르면, 삶은 삶을 둘러싼 가치들의 근원이며, 가치 평가의 출발점이다. 그리고 가치는 삶에 유용한가, 즉 그것이 삶을 더 강하게 만들어 주는가에 따라 평가된다. 니체의 주장 (1) 삶은 가치들의 근원이며, 가치는 삶에 ______한가에 따라 평가됨 그런데 전통 형이상학은(니체의 주장과 대조되는 ____________의 입장이 제시될 거야.) ㉠'도덕적 선'이라는 절대적 가치를 삶의 궁극적인 목적으로 여기고, 이에 따라 개별적 삶을 재단하려 하였다. 이에 따르면 삶의 본능적 욕망은 억압되어야 하는 것이며, 현실적인 삶은 개선되어야 하는 부정적인 것이다. 따라서 현실적인 삶을 긍정하고 그 속에서 끊임없이 발전하고자 하는 태도는 '도덕적 선'에 부합하지 않는, 무가치한 현실적 욕구들을 충족하려는 태도에 지나지 않게 된다. 결국 현실적인 삶 자체도 무의미한 것이 되고 만다. 전통 형이상학: 삶의 궁극적 목적이자 절대적 가치인 '____________'에 따라 개별적 삶을 재단하려 함 → 현실적인 삶을 (긍정적/부정적)으로 봄 니체는 그 자체로 목적이어야 할 삶을 초월적 가치 실현의 수단으로 간주하는 전도된 사유 방식에 전적으로 반대하였다. 니체는 전통 형이상학과 달리 삶을 수단이 아닌 ______으로 생각함

니체는 전통 형이상학의 도덕 가치를 좇으며 '노예'로 살아가는 대신 각자가 '주인'으로서 스스로의 삶을 살아갈 것을 강조했다. 그러기 위해서는 끊임없이 무언가를 넘어서고 더 높은 것으로 나아가고자 하는 욕망, 즉 '힘에의 의지'가 필요하다고 보았다. (삶의 '주인'으로서 살아가기 위한 필요 조건인 '____________'에 대해 설명할 거야.) 이것은 자신 내면의 힘과 능력을 더 높은 차원으로 발휘하고자 하는 의지이기도 하다. 하나의 '힘에의 의지'가 다른 '힘에의 의지'를 이겨도 또 다른 '힘에의 의지'가 수시로 나타나므로, 이것은 창조와 생산이 무한히 이루어지게 하는 의지이다. 니체는 '힘에의 의지'를 자연스러운 것으로 수용할 때 현재의 자신을 극복하고 새로운 가치를 창조할 수 있다고 보았다. 니체의 주장 (2) 힘에의 의지(내면의 힘과 능력을 더 높은 차원으로 발휘하려는 의지)를 수용함으로써 현재의 자신을 극복하고 새로운 ______를 창조함

니체에 따르면, 삶을 긍정하고 상승시키고자 하는 '강자'들은 삶에 유용한 가치들을 끊임없이 추구한다. 각각의 삶이 자신의 상승을 위해 '힘에의 의지'를 중심으로 경합하기도 하는데, 이때 필요한 것이 '아곤(Agon)', 즉 경쟁이다. 이것은 자신과 동등하거나 자신보다 뛰어난 사람을 넘어서려고 하는 것으로, 자신이 가진 힘의 크기를 확인하고 더 상승시키기 위해 필요한 과정이다. 그렇기에 아곤의 궁극적 목적은 경쟁자의 제압이 아니라 자신의 성장에 있다. 자신이 뛰어넘고자 하는 강자는 자신을 자극하고 발전시키는 선의의 파트너가 된다. 상대를 이기고자 하는 데서 오는 고통이 클수록 상대가 강하다는 뜻이며, 이때 고통은 오히려 성장의 원동력이 된다. 아곤(경쟁): 강자를 넘어서려는 의지를 ______ 원동력으로 삼음 물론 강자

들 사이에서도 힘의 차이에 따르는 위계는 존재한다. 그러나(일반적으로 알려진 '위계'와는 다른 의미를 설명할 테니 눈여겨보아야 해.) 이때의 위계는 일방적 계급 질서가 아니다. 승패는 존재하지만, 비교를 통해서 자신의 힘을 평가하고 좀 더 성장하고자 노력하였음을 서로 인정하므로, 강자와 상대적 약자 간의 힘의 위계는 지배적 형태가 아니라 상호 존중의 형태로 드러난다. 즉, 니체의 아곤은 자신의 삶을 긍정하고 자신의 성장을 위해 타자를 존중하는 태도라고 할 수 있다. 니체의 아곤에는 승패가 존재하지만, 그에 따른 위계는 지배적 형태가 아닌 ____________의 형태로 나타남

니체는 삶을 긍정한다는 것은 삶이 마주하는 어려움을 잘 극복하고 성장하고자 하는 태도를 의미한다고 보았다. '강자를 넘어서려고 하는 의지'를 옹호한 니체의 철학은, 현실을 살아가는 우리 자신의 삶을 그 자체로 긍정할 수 있는 철학적 토대를 마련하였다는 점에서 의미가 있다. (니체의 철학이 지닌 의의를 제시하며 마무리했군.)

1. 니체의 입장을 고려하여 ㉠의 의미를 파악한 내용으로 가장 적절한 것은?

① 개별적 삶을 바탕으로 절대적 가치가 지닌 유용성을 판단하였다.
② 개별적 삶에 절대적 가치를 실현하여 삶이 무의미하다는 점을 밝혀내었다.
③ 절대적 가치에 부합하는 현실적 욕구들을 바탕으로 개별적 삶을 규정하였다.
④ 절대적 가치를 추구하는 것만으로는 삶을 더욱 완전하게 만들 수 없다고 보았다.
⑤ 가치 평가의 기준이어야 할 삶을 삶 외부의 절대적 가치를 기준으로 평가하였다.

2. 윗글에서 ①과 ②에 들어갈 적절한 단어를 찾아 각각 빈칸에 쓰시오.

> ① : 상태, 모양, 성질 따위가 그와 같다고 봄. 또는 그렇다고 여김. 1문단
> 예 해당 언론은 소수의 의견을 다수의 의견인 것처럼 □□하고 있다.
>
> ② : 서로 맞서 겨룸. 4문단
> 예 두 도시는 올림픽 유치를 두고 치열한 □□을 벌였다.

구 조 도 그 리 기

[3~4] 다음을 읽고 핵심 내용에 밑줄을 치고, 빈칸에 적절한 말을 채우시오. 또한 주어진 물음에 답하시오.

전기화학식 가스 센서는 화학 반응을 통해 발생하는 전류를 이용해 특정 가스를 검지*하기 위한 장치이다. 이 센서는 유입된 가스가 센서의 전극들과 작용하여 산화 환원 반응을 하는 과정에서 생성되는 전류의 양을 측정하여 가스 누출을 감지하고 농도를 측정한다. 전기화학식 가스 센서: 유입된 가스의 산화 환원 반응 과정에서 발생하는 ________의 양 측정 → 가스 누출 검지 및 ______ 측정

전기화학식 가스 센서는 일반적으로 유입부, 감지부, 후방부로 구성된다. 먼저, (________________________의 세 가지 구성 요소를 순차적으로 설명해 주겠군.) 유입부는 가스가 센서로 들어오면 검지하고자 하는 가스 이외의 불순물을 걸러주는 기능을 담당하며 먼지 필터, 간섭 가스 필터, 분리막으로 구성되어 있다. (큰 구성 요소를 이루는 세부적인 구성 요소들이 있음을 파악하며 읽자.) 공기 중에 가스가 누출되어 센서의 유입부로 들어오면, 우선 먼지나 물 등 기체가 아닌 불순물들은 먼지 필터에 의해 걸러지고, 기체 상태인 가스만 간섭 가스 필터로 보내진다. 이후 간섭 가스 필터에서는 특정 가스를 검지하는 데 방해가 되는 가스들은 필터에 흡착시키고, 검지하려는 가스만 통과시켜 분리막으로 보내게 된다. 분리막은 유입부와 감지부를 분리하는 장치로, 간섭 가스 필터로부터 보내진 가스는 정확한 측정을 위해 분리막을 통해 감지부로 유입된다. 센서로 들어온 가스의 이동 과정 (1) 유입부: 유입된 가스는 ____________에 의해 불순물이 걸러짐 → 간섭 가스 필터에서 특정 가스 검지에 ______ 되는 가스들이 흡착됨 → 특정 가스가 분리막을 통해 감지부로 보내짐

감지부는 가스가 유입되면 산화 환원 반응을 통해 전류를 생성하는 기능을 담당하며 작용 전극, 대응 전극, 기준 전극으로 구성되어 있다. 감지부는 평상시에도 기준 전극에서 생성되는 전류가 일정하게 흐르고 있고, 감지부의 전극들은 전해질이 녹아 있는 물속에 담겨 있다. 전해질은 물에 녹였을 때 전자의 이동을 가능하게 하여 전류를 생성하는 매개체의 역할을 한다. 감지부에는 ______가 일정하게 흐르고 있고, 감지부의 전극들은 전해질(전자 이동을 가능하게 하는 전류 생성의 매개체)이 녹은 물속에 담겨 있음 분리막을 통과하여 감지부에 도달한 가스는 먼저 작용 전극에서 물과 반응하여 수소 이온과 전자를 생성하는 산화 반응을 한다. 이러한 산화 반응을 활발히 유도하기 위해 작용 전극은 여러 개의 구멍으로 이루어진 다공성 막의 형태를 띠고 있으며, 산화 반응의 속도를 증가시키기 위해 백금과 같은 촉매로 코팅되어 있다. 산화 반응을 거쳐 발생한 수소 이온과 전자는 전해질을 매개체로 하여 대응 전극으로 이동하고, 대응 전극에서는 수소 이온과 전자가 후방부의 산소 유입구에서 공급된 산소와 결합하여 물이 되는 환원 반응이 일어나게 된다. 이 과정에서 작용 전극과 대응 전극 사이의 전자의 이동량만큼 전류가 발생하고, 발생하는 전류의 양은 유입된 가스의 농도에 비례한다. 센서로 들어온 가스의 이동 과정 (2) 감지부: 유입된 가스가 작용 전극(촉매로 코팅된 다공성 막 형태)에서 (산화/환원) 반응 → 발생한 수소 이온과 전자가 대응 전극으로 이동하여 (산화/환원) 반응 → 작용 전극과 대응 전극 사이의 전자 ________만큼 전류 발생 (양은 유입된 가스의 농도에 비례)

마지막으로 후방부는 감지부에서 발생한 전류를 통해 가스 누출 여부를 확인하고 누출된 가스의 농도를 측정하는 기능을 주로 담당하며 집전장치와 센서 핀, 산소 유입구로 구성되어 있다. 감지부에서 새롭게 생성된 전류는 집전장치를 통해 한곳으로 모아져 센서 핀으로 이동된다. 센서 핀에서는 새롭게 생성된 전류의 양과 평상시 흐르는 전류의 양을 비교하여 새롭게 생성된 전류의 양이 더 많다면 가스 누출을 검지하고 가스의 농

도를 측정하게 된다. 센서로 들어온 가스의 이동 과정 (3) 후방부: 감지부에서 새로 생성된 전류가 ____________를 통해 모아져 ____________으로 이동 → '평상시 전류 양 (>/<) 새로 생성된 전류 양' 이라면 → 가스 누출 검지 및 가스 농도 측정

한편(전환!) 가스 센서를 통해 검지된 가스가 기준 농도 이상일 때 센서와 연결된 경보기에서는 이를 알리기 위한 경보를 내게 된다. 경보를 내는 방식으로는 즉시 경보형과 지연 경보형 등이 있다. (______를 내는 두 가지 방식을 순차적으로 설명해 주겠군.) 즉시 경보형은 가스 농도가 센서에 설정된 경보 설정치 이상이 되면 바로 경보를 내는 방식이다. 이 방식은 독성 가스와 같이 가스의 발생 자체가 위험한 경우에 주로 사용된다. 즉시 경보형: 센서에 설정된 ____________ 이상의 가스 농도가 측정되면 바로 경보 지연 경보형은 검지된 가스의 농도가 경보설정치를 넘었더라도 바로 경보를 내지 않고, 일정한 시간으로 설정된 지연 시간 동안 가스의 농도가 경보설정치 이상으로 유지될 경우에 경보하는 방식이다. 이는 가스레인지 점화 오작동처럼 순간적으로 높은 농도의 가스가 검지되었을 경우와 같이 일시적인 가스 누출 상황에서는 경보를 내지 않는 특징이 있다. 지연 경보형: 설정된 ____________ 동안 가스 농도가 경보설정치 이상으로 ______되면 경보

*검지: 검사하여 알아냄.

3. 윗글의 내용과 일치하지 <u>않는</u> 것은?

① 백금을 촉매로 사용하면 산화 반응의 속도는 증가한다.
② 센서 핀을 통해 한곳으로 모아진 전류는 집전장치로 이동한다.
③ 센서의 감지부에는 가스가 유입되기 전에도 일정량의 전류가 흐르고 있다.
④ 전자와 수소 이온은 전해질을 매개로 작용 전극에서 대응 전극으로 이동한다.
⑤ 즉시 경보형은 독성 가스와 같이 가스 발생 자체가 위험한 경우에 주로 사용된다.

4. 윗글에서 ①과 ②에 들어갈 적절한 단어를 찾아 각각 빈칸에 쓰시오.

> **①** : 어떤 물질이 달라붙음. 2문단
> 예 고운 가루로 만든 팩은 얼굴에 ☐☐이 잘 된다.
> **②** : 무슨 일을 더디게 끌어 시간을 늦춤. 또는 시간이 늦추어짐. 5문단
> 예 기차 예매를 잘못해서 여행 출발 시간이 ☐☐되었다.

구 조 도 그 리 기

[3~4] 고3 2023학년도 4월 학평 「전기화학식 가스 센서」

① 전기화학식 가스 센서는 화학 반응을 통해 발생하는 전류를 이용해 특정 가스를 검지하기 위한 장치이다. 이 센서는 유입된 가스가 센서의 전극들과 작용하여 산화 환원 반응을 하는 과정에서 생성되는 전류의 양을 측정하여 가스 누출을 검지하고 농도를 측정한다. 전기화학식 가스 센서: 유입된 가스의 산화 환원 반응 과정에서 발생하는 전류의 양 측정 → 가스 누출 검지 및 농도 측정

② 전기화학식 가스 센서는 일반적으로 유입부, 감지부, 후방부로 구성된다. 먼저, (전기화학식 가스 센서의 세 가지 구성 요소를 순차적으로 설명해 주겠군.) 유입부는 가스가 센서로 들어오면 검지하고자 하는 가스 이외의 불순물을 걸러주는 기능을 담당하며 먼지 필터, 간섭 가스 필터, 분리막으로 구성되어 있다. (큰 구성 요소를 이루는 세부적인 구성 요소들이 있음을 파악하며 읽자.) 공기 중에 가스가 누출되어 센서의 유입부로 들어오면, 우선 먼지나 물 등 기체가 아닌 불순물들은 먼지 필터에 의해 걸러지고, 기체 상태인 가스만 간섭 가스 필터로 보내진다. 이후 간섭 가스 필터에서는 특정 가스를 검지하는 데 방해가 되는 가스들은 필터에 흡착시키고, 검지하려는 가스만 통과시켜 분리막으로 보내게 된다. 분리막은 유입부와 감지부를 분리하는 장치로, 간섭 가스 필터로부터 보내진 가스는 정확한 측정을 위해 분리막을 통해 감지부로 유입된다. 센서로 들어온 가스의 이동 과정 (1) 유입부: 유입된 가스는 먼지 필터에 의해 불순물이 걸러짐 → 간섭 가스 필터에서 특정 가스 검지에 방해되는 가스들이 흡착됨 → 특정 가스가 분리막을 통해 감지부로 보내짐

③ 감지부는 가스가 유입되면 산화 환원 반응을 통해 전류를 생성하는 기능을 담당하며 작용 전극, 대응 전극, 기준 전극으로 구성되어 있다. 감지부는 평상시에도 기준 전극에서 생성되는 전류가 일정하게 흐르고 있고, 감지부의 전극들은 전해질이 녹아 있는 물속에 담겨 있다. 전해질은 물에 녹였을 때 전자의 이동을 가능하게 하여 전류를 생성하는 매개체의 역할을 한다. 감지부에는 전류가 일정하게 흐르고 있고, 감지부의 전극들은 전해질(전자 이동을 가능하게 하는 전류 생성의 매개체)이 녹은 물속에 담겨 있음 분리막을 통과하여 감지부에 도달한 가스는 먼저 작용 전극에서 물과 반응하여 수소 이온과 전자를 생성하는 산화 반응을 한다. 이러한 산화 반응을 활발히 유도하기 위해 작용 전극은 여러 개의 구멍으로 이루어진 다공성 막의 형태를 띠고 있으며, 산화 반응의 속도를 증가시키기 위해 백금과 같은 촉매로 코팅되어 있다. 산화 반응을 거쳐 발생한 수소 이온과 전자는 전해질을 매개체로 하여 대응 전극으로 이동하고, 대응 전극에서는 수소 이온과 전자가 후방부의 산소 유입구에서 공급된 산소와 결합하여 물이 되는 환원 반응이 일어나게 된다. 이 과정에서 작용 전극과 대응 전극 사이의 전자의 이동량만큼 전류가 발생하고, 발생하는 전류의 양은 유입된 가스의 농도에 비례한다. 센서로 들어온 가스의 이동 과정 (2) 감지부: 유입된 가스가 작용 전극(촉매로 코팅된 다공성 막 형태)에서 산화 반응 → 발생한 수소 이온과 전자가 대응 전극으로 이동하여 환원 반응 → 작용 전극과 대응 전극 사이의 전자 이동량만큼 전류 발생 (양은 유입된 가스의 농도에 비례)

④ 마지막으로 후방부는 감지부에서 발생한 전류를 통해 가스 누출 여부를 확인하고 누출된 가스의 농도를 측정하는 기능을 주로 담당하며 집전장치와 센서 핀, 산소 유입구로 구성되어 있다. 감지부에서 새롭게 생성된 전류는 집전장치를 통해 한곳으로 모아져 센서 핀으로 이동된다. 센서 핀에서는 새롭게 생성된 전류의 양과 평상시 흐르는 전류의 양을 비교하여 새롭게 생성된 전류의 양이 더 많다면 가스 누출을 검지하고 가스의 농도를 측정하게 된다. 센서로 들어온 가스의 이동 과정 (3) 후방부: 감지부에서 새로 생성된

전류가 집전장치를 통해 모아져 센서 핀으로 이동 → '평상시 전류 양 < 새로 생성된 전류 양'이라면 → 가스 누출 검지 및 가스 농도 측정

⑤ 한편(전환!) 가스 센서를 통해 검지된 가스가 기준 농도 이상일 때 센서와 연결된 경보기에서는 이를 알리기 위한 경보를 내게 된다. 경보를 내는 방식으로는 즉시 경보형과 지연 경보형 등이 있다. (경보를 내는 두 가지 방식을 순차적으로 설명해 주겠군.) 즉시 경보형은 가스 농도가 센서에 설정된 경보 설정치 이상이 되면 바로 경보를 내는 방식이다. 이 방식은 독성 가스와 같이 가스의 발생 자체가 위험한 경우에 주로 사용된다. 즉시 경보형: 센서에 설정된 경보설정치 이상의 가스 농도가 측정되면 바로 경보 지연 경보형은 검지된 가스의 농도가 경보설정치를 넘었더라도 바로 경보를 내지 않고, 일정한 시간으로 설정된 지연 시간 동안 가스의 농도가 경보설정치 이상으로 유지될 경우에 경보하는 방식이다. 이는 가스레인지 점화 오작동처럼 순간적으로 높은 농도의 가스가 검지되었을 경우와 같이 일시적인 가스 누출 상황에서는 경보를 내지 않는 특징이 있다. 지연 경보형: 설정된 지연 시간 동안 가스 농도가 경보설정치 이상으로 유지되면 경보

---

3. ②

4문단에 따르면, '감지부에서 새롭게 생성된 전류는 집전장치를 통해 한곳으로 모아져 센서 핀으로 이동'하므로 센서 핀을 통해 한곳으로 모아진 전류가 집전장치로 이동한다는 내용은 적절하지 않다.

① 3문단에 따르면, 작용 전극은 '산화 반응의 속도를 증가시키기 위해 백금과 같은 촉매로 코팅되어 있'으므로 백금을 촉매로 사용하면 산화 반응의 속도는 증가한다는 내용은 적절하다.

③ 3문단에 따르면, 감지부에는 '평상시에도 기준 전극에서 생성되는 전류가 일정하게 흐르고 있'으므로 가스가 유입되기 전에도 일정량의 전류가 흐르고 있다는 내용은 적절하다.

④ 3문단에 따르면, 작용 전극에서 가스가 '물과 반응하여 수소 이온과 전자를 생성하는' '산화 반응을 거쳐 발생한 수소 이온과 전자는 전해질을 매개체로 하여 대응 전극으로 이동'하므로 전자와 수소 이온이 전해질을 매개로 작용 전극에서 대응 전극으로 이동한다는 내용은 적절하다.

⑤ 5문단에 따르면, 즉시 경보형은 '독성 가스와 같이 가스의 발생 자체가 위험한 경우에 주로 사용'되므로 적절하다.

4. ① 흡착 ② 지연

[1~2] 고2 2023학년도 6월 학평 「니체의 철학」

① 소크라테스 이후의 전통 형이상학에서는 현실 세계를 불완전하고 거짓된 세계로 간주하고, 보편적 진리로 이루어진 현실 너머의 세계를 참된 세계라고 여겼다. 그들은 삶의 목적이 현실 너머에 있는 초월적 가치의 추구에 있다고 보았으며, 이성적 사유를 통해 이를 발견하고자 하였다. 이것은 삶의 외부에 있는 절대적 가치를 토대로 삶의 의미를 찾고자 하는 사유 방식이었다. *전통 형이상학: 이성적 사유를 통해 현실 너머의 초월적 가치를 추구하는 것이 삶의 목적 → 삶 외부의 절대적 가치를 토대로 삶의 의미를 찾고자 함* 바로 이 점에 반기를 든 철학자가 니체이다. *(니체는 전통 형이상학에 대해 비판적인 입장임을 확실히 알아 두자!)*

② 니체에 따르면, 삶은 삶을 둘러싼 가치들의 근원이며, 가치 평가의 출발점이다. 그리고 가치는 삶에 유용한가, 즉 그것이 삶을 더 강하게 만들어 주는가에 따라 평가된다. *니체의 주장 (1) 삶은 가치들의 근원이며, 가치는 삶에 유용한가에 따라 평가됨* 그런데 전통 형이상학은*(니체의 주장과 대조되는 전통 형이상학의 입장이 제시될 거야.)* ㉠'도덕적 선'이라는 절대적 가치를 삶의 궁극적인 목적으로 여기고, 이에 따라 개별적 삶을 재단하려 하였다. 이에 따르면 삶의 본능적 욕망은 억압되어야 하는 것이며, 현실적인 삶은 개선되어야 하는 부정적인 것이다. 따라서 현실적인 삶을 긍정하고 그 속에서 끊임없이 발전하고자 하는 태도는 '도덕적 선'에 부합하지 않는, 무가치한 현실적 욕구들을 충족하려는 태도에 지나지 않게 된다. 결국 현실적인 삶 자체도 무의미한 것이 되고 만다. *전통 형이상학: 삶의 궁극적 목적이자 절대적 가치인 '도덕적 선'에 따라 개별적 삶을 재단하려 함 → 현실적인 삶을 부정적으로 봄* 니체는 그 자체로 목적이어야 할 삶을 초월적 가치 실현의 수단으로 간주하는 전도된 사유 방식에 전적으로 반대하였다. *니체는 전통 형이상학과 달리 삶을 수단이 아닌 목적으로 생각함*

③ 니체는 전통 형이상학의 도덕 가치를 좇으며 '노예'로 살아가는 대신 각자가 '주인'으로서 스스로의 삶을 살아갈 것을 강조했다. 그러기 위해서는 끊임없이 무언가를 넘어서고 더 높은 것으로 나아가고자 하는 욕망, 즉 '힘에의 의지'가 필요하다고 보았다. *(삶의 '주인'으로서 살아가기 위한 필요 조건인 '힘에의 의지'에 대해 설명할 거야.)* 이것은 자신 내면의 힘과 능력을 더 높은 차원으로 발휘하고자 하는 의지이기도 하다. 하나의 '힘에의 의지'가 다른 '힘에의 의지'를 이겨도 또 다른 '힘에의 의지'가 수시로 나타나므로, 이것은 창조와 생산이 무한히 이루어지게 하는 의지이다. 니체는 '힘에의 의지'를 자연스러운 것으로 수용할 때 현재의 자신을 극복하고 새로운 가치를 창조할 수 있다고 보았다. *니체의 주장 (2) 힘에의 의지(내면의 힘과 능력을 더 높은 차원으로 발휘하려는 의지)를 수용함으로써 현재의 자신을 극복하고 새로운 가치를 창조함*

④ 니체에 따르면, 삶을 긍정하고 상승시키고자 하는 '강자'들은 삶에 유용한 가치들을 끊임없이 추구한다. 각각의 삶이 자신의 상승을 위해 '힘에의 의지'를 중심으로 경합하기도 하는데, 이때 필요한 것이 '아곤(Agon)', 즉 경쟁이다. 이것은 자신과 동등하거나 자신보다 뛰어난 사람을 넘어서려고 하는 것으로, 자신이 가진 힘의 크기를 확인하고 더 상승시키기 위해 필요한 과정이다. 그렇기에 아곤의 궁극적 목적은 경쟁자의 제압이 아니라 자신의 성장에 있다. 자신이 뛰어넘고자 하는 강자는 자신을 자극하고 발전시키는 선의의 파트너가 된다. 상대를 이기고자 하는 데서 오는 고통이 클수록 상대가 강하다는 뜻이며, 이때 고통은 오히려 성장의 원동력이 된다. *아곤(경쟁): 강자를 넘어서려는 의지를 성장 원동력으로 삼음* 물론 강자들 사이에서도 힘의 차이에 따르는 위계는 존재한다. 그러나*(일반적으로 알려진 '위계'와는 다른 의미를 설명할 테니 눈여겨보아야 해.)* 이때의 위계는 일방적 계급 질서가

아니다. 승패는 존재하지만, 비교를 통해서 자신의 힘을 평가하고 좀 더 성장하고자 노력하였음을 서로 인정하므로, 강자와 상대적 약자 간의 힘의 위계는 지배적 형태가 아니라 상호 존중의 형태로 드러난다. 즉, 니체의 아곤은 자신의 삶을 긍정하고 자신의 성장을 위해 타자를 존중하는 태도라고 할 수 있다. *니체의 아곤에는 승패가 존재하지만, 그에 따른 위계는 지배적 형태가 아닌 상호 존중의 형태로 나타남*

⑤ 니체는 삶을 긍정한다는 것은 삶이 마주하는 어려움을 잘 극복하고 성장하고자 하는 태도를 의미한다고 보았다. '강자를 넘어서려고 하는 의지'를 옹호한 니체의 철학은, 현실을 살아가는 우리 자신의 삶을 그 자체로 긍정할 수 있는 철학적 토대를 마련하였다는 점에서 의미가 있다. *(니체의 철학이 지닌 의의를 제시하며 마무리했군.)*

---

1. ⑤

1문단과 2문단에 따르면, '삶의 외부에 있는 절대적 가치를 토대로 삶의 의미를 찾고자' 한 전통 형이상학에서는, '절대적 가치를 삶의 궁극적인 목적으로 여기고, 이에 따라 개별적 삶을 재단'하려고 하였다. 하지만 니체는 현실적인 삶 그 자체가 목적이어야 하고, '삶은 삶을 둘러싼 가치들의 근원이며, 가치 평가의 출발점'이라고 보았다. 따라서 니체의 입장에서는 전통 형이상학의 관점인 ㉠을 가치 평가의 기준이어야 할 삶을 삶 외부의 절대적 가치를 기준으로 평가한 것이라고 볼 것이다.

①, ②, ③, ④ '절대적 가치'의 유용성을 판단하거나 이를 실현하고자 하는 것, '절대적 가치'에 부합하는 대상을 고려하거나 이에 대한 추구를 부분적이라도 인정하는 것은 전통 형이상학의 입장과 관련된 것이므로 니체의 입장을 고려하여 ㉠의 의미를 파악한 것이라고 보기 어렵다.

2. ① 간주 ② 경합

구 조 도 그 리 기

"니체의 철학"

전통 형이상학
- 삶: 이성적 사유를 통해 (현실 너머) 초월적 가치를 실현하기 위한 수단
- '도덕적 선'이라는 절대적 가치를 궁극적 목적으로 여기며 개별적 삶을 재단하려 함
- 현실적인 삶: 개선되어야 하는 부정적인 것

↑ 비판

니체
- '힘에의 의지'
  - 끊임없이 무언가를 넘어서 더 높은 것으로 나아가고자 하는 욕망
  - 자신 내면의 힘과 능력을 더 높은 차원으로 발휘하고자 하는 의지
  - 창조와 생산이 무한히 이루어지게 하는 의지
  - 현재의 자신 극복 및 새로운 가치 창조 가능
- '아곤': '힘에의 의지'를 중심으로 이루어지는 경합
  - 궁극적 목적: 경쟁자의 제압 X, 자신의 성장 O
  - 힘의 차이에 따른 위계: 지배적 형태 X, 상호 존중의 형태 O

[1~2] 다음을 읽고 핵심 내용에 밑줄을 치고, 빈칸에 적절한 말을 채우시오. 또한 주어진 물음에 답하시오.

오늘날의 지식 기반 경제에서는 정보와 지식이 주요 생산 요소가 된다. 이러한 정보와 지식이 상품으로서의 특성을 결정하는 핵심적 의미를 갖는 상품을 정보재라고 하는데, 책이나 음반, 영화 DVD, 컴퓨터 소프트웨어 등이 여기에 해당된다. ________의 개념과 종류 이들은 모두 디지털화가 가능한 재화라는 점에서, 정보재를 '디지털화될 수 있는 모든 것'으로 정의하기도 한다. 정보재의 내용인 정보나 지식은 비경합적이어서 어떤 한 사람이 그것을 소비한다고 해서 다른 사람이 소비할 기회가 줄어들지 않으며, 대가를 치르지 않은 사람이라도 소비에서 배제하기가 어렵다는 점에서 등대, 교량 같은 공공재와 유사하게 비배제성을 띤다. 또 생산량이 증가할수록 평균 비용이 감소하는 '규모의 경제' 특성도 가지고 있다. 정보재의 특성: (1) 내용이 ________, (2) ________, (3) '________' 특성 이런 점에서 정보재는 생산과 유통, 소비의 과정이 일반적인 상품과는 뚜렷하게 다른 양상을 보인다.

그럼 과연 정보재 시장은 어떤 방식으로 작동할까? (정보재 시장의 ______ 방식을 설명하겠군.) 앞서 언급한 대로 정보재의 가장 중요한 특성 중 하나는 생산 초기 단계에서 매우 큰 고정 비용이 들지만 일단 생산이 시작되면 추가적 생산 비용이 거의 들지 않는다는 점(정보재의 특징 중 '________' 특성)이다. 예컨대, (예까지 들어 설명해 주는 것은 정확히 이해하라는 의미야. 앞서 설명한 내용과 예시의 내용을 연결해 가며 이해하자!) 음악 CD를 제작하는 경우 초기 제작 단계에서는 막대한 비용이 투입되지만, 생산 초기 단계의 ________↑ 일단 제작을 마치고 나면 추가적으로 드는 것은 공CD 비용뿐이므로 추가적 생산 비용(↑/↓) 한계 비용*이 거의 0에 가깝다고 할 수 있다. 정보재는 ________이 0에 가까움

모든 비용이 초기에 발생하는 고정 비용이고, 한계 비용이 0이라고 가정하면 평균 비용 곡선*은 〈그림〉에서와 같이 우하향하는 모양을 갖게 된다. 이처럼 생산

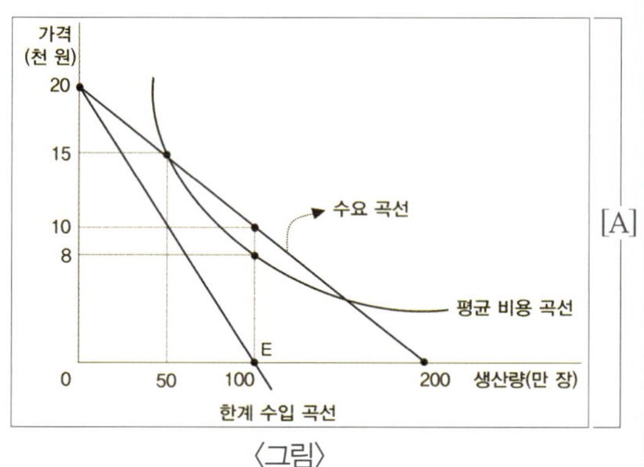

〈그림〉

량이 늘어남에 따라 평균 비용이 계속 줄어드는 상황에서는 경쟁 체제가 성립하기 어렵다. 또한 정보재의 특성상 여러 생산자가 완전하게 동질적인 상품을 생산할 수도 없으므로, 정보재 시장에서는 자연적으로 독점화의 경향이 나타난다. 정보재 시장에서 ________의 경향이 나타나는 이유: 경쟁 체제 성립 어려움(생산량↑ → ________↓), 여러 생산자가 ________ 생산 불가 시장 수요와 공급이 균형을 이루는 수준에서 가격이 결정되는 경쟁 시장과 달리, ('A와 달리 B'에서 글쓴이가 설명하는 초점은 대개 (A/B)에 있어.) 독점 시장에서는 독점 기업이 가격 설정자가 된다. 따라서 가격 설정자인 독점 기업에게, 주어진 가격에서 얼마만큼 생산할지를 묻는 것은 무의미하다. 독점 기업은 가격과 공급량을 수요 곡선 상에서 선택하기 때문에 독점 기업의 공급 곡선은 존재하지 않는다. 독점 시장: 독점 기업은 가격과 공급량을 ________ 곡선 상에서 선택(________ 곡선 존재 X)

그렇다면 정보재 상품의 가격은 구체적으로 어떤 수준에서 결정되는 것일까? (이제 정보재 상품의 ______ 결정 방식을 자세히 설명할 거야.) 예를 들어 음

반 회사 S가 가수 B의 새 음반을 제작한다고 하자. 그 음반 1장의 가격이 1만 5천 원일 때의 수요량은 5십만 장으로, 가격이 2만 원일 때의 수요량은 0으로, 가격이 0일 때의 수요량은 2백만 장으로 예상된다고 한다. 이 정보에 기초하여 〈그림〉과 같은 모양의 수요 곡선을 그릴 수 있다.

회사의 이윤은 '한계 수입*=한계 비용'이라는 조건이 충족될 때 극대화될 수 있는데, 한계 비용이 0이라고 가정한다면 한계 비용 곡선은 수평축과 일치하게 된다. 한계 수입 곡선은 앞서 그린 수요 곡선으로부터 도출할 수 있는데, 수요 곡선과 수직축 상 절편(__만 원)은 똑같고 기울기가 두 배인 반직선이 된다. 〈그림〉을 보면 한계 수입 곡선이 수평축과 교차하는 E점에서 '한계 수입=한계 비용'이 충족된다는 것을 알 수 있다. 한계 수입 = ________일 때 이윤이 극대화되므로, 회사는 한계 수입 곡선이 한계 비용 곡선(________)과 교차하는 지점에서 (수요량/공급량)을 결정할 거야. 그에 따라 이윤의 극대화를 추구하는 S는 1백만 장의 음반을 만들어 한 장 당 1만 원의 가격에 팔게 될 것이다. 음반 생산량이 1백만 장일 때의 평균 비용은 8천 원이므로, S는 한 장 당 2천 원(장 당 1만 원의 가격 − ________ 8천 원)의 이윤을 얻어 총 20억 원(2천 원의 ______ × 1백만 장)의 이윤을 얻게 된다.

*한계 비용: 상품 생산량을 한 단위 늘리는 데 추가적으로 소요되는 비용.
*평균 비용 곡선: 상품 한 단위 당 생산 비용을 나타내는 곡선.
*한계 수입: 상품 한 단위를 더 팔았을 때 추가적으로 발생하는 수입.

1. [A]에 대한 이해로 적절하지 않은 것은?

① 생산량이 50만 장일 때와 200만 장일 때의 한계 비용은 동일하다.
② 생산량이 1백만 장을 초과하면 생산자의 이윤은 감소하기 시작한다.
③ 장 당 가격이 2만 원 이상일 경우 수요가 없으므로 생산이 이루어지지 않는다.
④ 50만 장을 생산할 경우 평균 비용과 가격이 같으므로 이윤이 발생하지 않는다.
⑤ 장 당 가격이 1만 원일 때 수요량이 최대가 되므로 생산자는 최대치의 이윤을 얻게 된다.

2. 윗글에서 ①과 ②에 들어갈 적절한 단어를 찾아 각각 빈칸에 쓰시오.

[①] : 받아들이지 아니하고 물리쳐 제외함. **1문단**
예 김 부장을 [ ][ ]하면 이 일은 결코 성공할 수 없다.

[②] : 목적을 이룰 때까지 뒤좇아 구함. **5문단**
예 기업은 영리 [ ][ ]를 목적으로 한다.

구 조 도 그 리 기

[3~4] 다음을 읽고 핵심 내용에 밑줄을 치고, 빈칸에 적절한 말을 채우시오. 또한 주어진 물음에 답하시오.

2004년 초 미국항공우주국(NASA)은 혜성 '빌트2'에서 나온 우주 먼지를 포획하는 임무에 성공했다고 발표했다. 초속 50km로 움직이는 미세한 우주 먼지를 원형 그대로 붙잡기 위해서는 특별한 고안이 필요했다. 딱딱한 도구로 우주 먼지를 붙잡으려 하면 우주 먼지가 으스러져 버릴 것이기 때문이다. 그래서 (__________를 포획할 수 있는 ______하지 않은 도구가 제시될 거야.) 선택된 것은 거품 형태의 물질이었다. '실리카에어로겔'이라 불리는 이 물질은 1㎤ 안에 수십 억 개의 자잘한 그물망이 거품 모양으로 엉켜 있어서 빠른 속도로 움직이는 우주 먼지들을 낱낱이 거품 속으로 파고들게 해서 붙잡는 일을 성공적으로 수행했다. ______ 형태의 물질인 실리카에어로겔을 통해 우주 먼지 포획에 성공했네. 이 글의 핵심 소재는 __________이야!

이 실리카에어로겔은 어떻게 만들어졌을까. (실리카에어로겔이 만들어진 배경에 대해 설명할 거야.) 이 물질의 출발점은 젤리였다. 1930년대 사무엘 키스틀러는 젤라틴에 과즙 따위의 액체를 넣어 만든 젤리가 찰랑거리면서도 형체를 유지하는 것에 관심을 가졌다. 그는 액체가 젤라틴으로 된 아주 가는 그물망 속에 가두어져 있다고 생각했다. 젤라틴은 원래 고체이지만 물 같은 액체에 닿으면 분자 결합이 느슨하게 풀려서 그물을 이루고 그 안에 물을 가두게 된다. 그물 안의 액체는 표면장력 때문에 바깥으로 새지 않는데, 이 상태에서 부드럽게 흔들면 젤리 전체가 찰랑거리게 된다. 젤리가 찰랑거리면서도 형체를 유지할 수 있는 이유: __________이 그물을 이루고, 그물 안의 ______가 표면장력 때문에 새지 않음

그러나 키스틀러는 이 정도의 결론에 머무르지 않았다. 그는 다소 엉뚱한 상상을 했는데, 액체를 빼서 젤라틴 그물망만 남기기를 원했던 것이다. 그렇지만 문제는 액체가 증발하는 미약한 힘에도 젤라틴 그물망이 쉽게 쪼그라들어 버린다는 데 있었다. __________만 남기는 데에는 어려움이 있었네. (문제 뒤에는 해결책이 제시되는 경우가 많아.) 이를 해결하기 위해 그는 물보다 쉽게 기화하는 알코올을 넣은 젤리를 압력 용기에 넣고 용기를 가열하여 끓는점을 넘도록 해서 젤리 속 액체가 그대로 기체가 되게 했다. 이는 기체와 액체가 같은 밀도와 구조를 이루어 서로 차이가 없어지는 온도, 곧(앞에서 말한 내용을 지칭하는 개념이 나오겠네.) '임계온도'를 넘기면 액체가 영구기체*가 되는 현상을 이용한 것이다. __________ = 기체와 액체가 같은 밀도와 구조를 이루어 서로 차이가 없어지는 온도 이후 젤리에서 천천히 기체가 빠져나오게 하면 젤라틴 그물은 젤리였을 때의 모양대로 유지된다. 문제 상황의 해결: 임계온도를 넘기면 액체가 __________가 되는 현상을 이용 이로써 키스틀러는 젤라틴 겔을 만드는 데 성공했다. 키스틀러가 __________(젤라틴 그물망만 남은 상태)을 완성했다는 것까지 설명했네.

더 나아가 그(__________)는 젤라틴이 아니라 다른 물질로도 겔을 만들고 싶어 했다. 그는 같은 원리를 이용하여 산화 알루미늄, 니트로셀룰로오스, 달걀의 알부민 등으로 겔을 만들었는데, 가장 대표적인 것은 유리의 주재료인 이산화규소(실리카)로 만든 겔이었다. 이 ⓐ실리카에어로겔은 젤라틴 겔보다 단단하고 가벼웠다. ('이, 그, 저'와 같은 지시어가 나올 때는 무엇을 가리키는지를 생각하며 읽자! 유리의 주재료인 __________(실리카)로 만든 겔이 바로 실리카에어로겔이야.) 공기가 전체 부피의 99.8%를 차지하는, 세상에서 가장 가벼운 고체였다. 젤라틴 겔을 만드는 데 성공한 후, 다른 물질로도 겔을 만들고자 한 결과 __________이 탄생한 거구나.

실리카에어로겔을 보면 아주 이상하게 느껴진다. 빛이 약한 곳에 두면 푸른 빛으로 보이고 밝은 곳에서는 거의 보이지 않는다. 이 겔이 푸른 빛으로 보이는 것은 빛이 공기에 부딪혀 꺾이는 '레일리 산란' 현상 때문이다. 이 현상은 하늘에서 볼 수 있는데, 파장이 짧은 푸른 빛이 노랑이나 빨강 빛보다 더 많이 꺾이기 때문에 하늘이 푸르게 보이는 것이다. 물론

레일리 산란 현상을 보려면 하늘처럼 엄청난 양의 공기가 필요하다. 하지만 적은 양의 공기가 천문학적인 수의 작은 내부 표면을 지닌 투명한 물질에 갇히게 되면 레일리 산란이 상대적으로 많이 일어나 빛의 색이 변할 수 있다. 이것이 실리카에어로겔이 푸르게 보이는 이유이다. 실리카에어로겔이 푸르게 보이는 이유: __________ 현상 때문

키스틀러는 실리카에어로겔의 쓰임새를 단열재로 보았다. 이 겔이 많은 겹의 유리층과 공기를 지니고 있기 때문이다. 이는 유리창을 약간씩 띄워서 겹겹이 배치하면 단열이 되는 것과 같은 이치이다. 물론 실제 유리창을 그렇게 배치하면 무겁고 거대해져서 별 효용이 없는 반면, (__________을 사용한 단열의 단점과 대비되는, 실리카에어로겔을 사용한 단열의 장점이 제시되겠네!) 실리카에어로겔은 작고 가벼우면서도 단열을 효율적으로 할 수 있다. 실리카에어로겔의 특징: 많은 겹의 __________과 공기, 작고 가벼움 → 효율적인 __________ 그러나 1930년대는 아직 단열에 관심이 없는 시대였고, 만드는 비용도 비쌌기에 실리카에어로겔은 곧 잊히고 말았다.

그러나 키스틀러가 죽은 지 한참 뒤인 1990년대 후반에 우주선 단열재로 이 겔이 선택되었다. 매우 가볍고 단열 효과는 최고이기에, 무게를 줄여야 하고 극단적으로 높고 낮은 외부 온도에도 견뎌야 하는 우주선에 딱 들어맞는 소재였던 것이다. 그 다음의 쓰임새가 우주 먼지 포획이었다. 이후 과학자들은 실리카에어로겔이 포획한 혜성의 우주 먼지를 분석하여 태양계 형성의 비밀을 파헤치고 있다. 실리카에어로겔은 오늘날 __________의 단열재 및 __________ 도구로 사용되고 있구나.

*영구기체: 아무리 온도를 내리고 압력을 높여도 액체가 되지 않는 기체.

3. ⓐ의 특징으로 적절하지 않은 것은?

① 유리 성분이 주원료이므로 젤라틴 겔보다 형태 보존성이 좋다.

② 액체가 임계온도를 넘기면 기체로 변하는 현상을 이용하여 만들었다.

③ 빠른 속도로 움직이는 물체들을 한곳으로 모아서 원형 그대로 붙잡을 수 있다.

④ 고체 형태보다 그 속에 포함된 기체의 부피가 훨씬 커서 보기보다 매우 가볍게 느껴진다.

⑤ 유리창을 일정한 간격을 두고 겹겹이 배치할 때와 같은 단열 효과를 효율적으로 낼 수 있다.

4. 윗글에서 ①과 ②에 들어갈 적절한 단어를 찾아 각각 빈칸에 쓰시오.

① : 연구하여 새로운 안을 생각해 냄. 또는 그 안. **1문단**

예 그는 우리 생활에 적합한 의복을 ☐☐해 왔다.

② : 들인 노력에 비하여 얻는 결과가 큰 것. **6문단**

예 자원이 ☐☐☐으로 배분될 때 사회 전체의 만족도가 극대화된다.

구 조 도 그 리 기

[3~4] 경찰대 2018학년도 「실리카에어로겔」

① 2004년 초 미국항공우주국(NASA)은 혜성 '빌트2'에서 나온 우주 먼지를 포획하는 임무에 성공했다고 발표했다. 초속 50km로 움직이는 미세한 우주 먼지를 원형 그대로 붙잡기 위해서는 특별한 <u>고안</u>이 필요했다. 딱딱한 도구로 우주 먼지를 붙잡으려 하면 우주 먼지가 으스러져 버릴 것이기 때문이다. <u>그래서</u> (우주 먼지를 포획할 수 있는 **딱딱**하지 않은 도구가 제시될 거야.) 선택된 것은 거품 형태의 물질이었다. '실리카에어로겔'이라 불리는 이 물질은 1㎤ 안에 수십 억 개의 자잘한 그물망이 거품 모양으로 엉켜 있어서 빠른 속도로 움직이는 우주 먼지들을 낱낱이 거품 속으로 파고들게 해서 붙잡는 일을 성공적으로 수행했다. **거품** 형태의 물질인 실리카에어로겔을 통해 우주 먼지 포획에 성공했네. 이 글의 핵심 소재는 **실리카에어로겔**이야!

② 이 실리카에어로겔은 <u>어떻게</u> 만들어졌을까. (실리카에어로겔이 만들어진 배경에 대해 설명할 거야.) 이 물질의 출발점은 젤리였다. 1930년대 사무엘 키스틀러는 젤라틴에 과즙 따위의 액체를 넣어 만든 젤리가 찰랑거리면서도 형체를 유지하는 것에 관심을 가졌다. 그는 액체가 젤라틴으로 된 아주 가는 그물망 속에 가두어져 있다고 생각했다. 젤라틴은 원래 고체이지만 물 같은 액체에 닿으면 분자 결합이 느슨하게 풀려서 그물을 이루고 그 안에 물을 가두게 된다. 그물 안의 액체는 표면장력 때문에 바깥으로 새지 않는데, 이 상태에서 부드럽게 흔들면 젤리 전체가 찰랑거리게 된다. **젤리가** 찰랑거리면서도 형체를 유지할 수 있는 이유: **젤라틴**이 그물을 이루고, 그물 안의 **액체**가 표면장력 때문에 새지 않음

③ 그러나 키스틀러는 이 정도의 결론에 머무르지 않았다. 그는 다소 엉뚱한 상상을 했는데, 액체를 빼서 젤라틴 그물망만 남기기를 원했던 것이다. 그렇지만 <u>문제</u>는 액체가 증발하는 미약한 힘에도 젤라틴 그물망이 쉽게 쪼그라들어 버린다는 데 있었다. **젤라틴 그물망**만 남기는 데에는 어려움이 있었네. (문제 뒤에는 해결책이 제시되는 경우가 많아.) 이를 해결하기 위해 그는 물보다 쉽게 기화하는 알코올을 넣은 젤리를 압력 용기에 넣고 용기를 가열하여 끓는 점을 넘도록 해서 젤리 속 액체가 그대로 기체가 되게 했다. 이는 기체와 액체가 같은 밀도와 구조를 이루어 서로 차이가 없어지는 온도, <u>곧</u> (앞에서 말한 내용을 지칭하는 개념이 나오겠네.) '임계온도'를 넘기면 액체가 영구기체가 되는 현상을 이용한 것이다. 임계온도 = 기체와 액체가 같은 밀도와 구조를 이루어 서로 차이가 없어지는 온도 이후 젤리에서 천천히 기체가 빠져나오게 하면 젤라틴 그물은 젤리였을 때의 모양대로 유지된다. **문제** 상황의 해결: 임계온도를 넘기면 액체가 영구기체가 되는 현상을 이용 이로써 키스틀러는 젤라틴 겔을 만드는 데 성공했다. 키스틀러가 **젤라틴 겔** (젤라틴 그물망만 남은 상태)을 완성했다는 것까지 설명했네.

④ 더 나아가 그 (키스틀러)는 젤라틴이 아니라 다른 물질로도 겔을 만들고 싶어 했다. 그는 같은 원리를 이용하여 산화 알루미늄, 니트로셀룰로오스, 달걀의 알부민 등으로 겔을 만들었는데, 가장 대표적인 것은 유리의 주재료인 이산화규소(실리카)로 만든 겔이었다. <u>이</u> ⑦실리카에어로겔은 젤라틴 겔보다 단단하고 가벼웠다. ('이, 그, 저'와 같은 지시어가 나올 때는 무엇을 가리키는지를 생각하며 읽자! 유리의 주재료인 **이산화규소**(실리카)로 만든 겔이 바로 실리카에어로겔이야.) 공기가 전체 부피의 99.8%를 차지하는, 세상에서 가장 가벼운 고체였다. 젤라틴 겔을 만드는 데 성공한 후, 다른 물질로도 겔을 만들고자 한 결과 **실리카에어로겔**이 탄생한 거구나.

⑤ 실리카에어로겔을 보면 아주 이상하게 느껴진다. 빛이 약한 곳에 두면 푸른 빛으로 보이고 밝은 곳에서는 거의 보이지 않는다. 이 겔이 푸른 빛으로 보이는 것은 빛이 공기에 부딪혀 꺾이는 '레일리 산란' 현상 때문이다. 이 현상은 하늘에서 볼 수 있는데, 파장이 <u>짧은 푸른</u> 빛이 노랑이나 빨강 빛보다 더 많이 꺾이기 때문에 하늘이 푸르게 보이는 것이다. 물론

레일리 산란 현상을 보려면 하늘처럼 엄청난 양의 공기가 필요하다. 하지만 적은 양의 공기가 천문학적인 수의 작은 내부 표면을 지닌 투명한 물질에 갇히게 되면 레일리 산란이 상대적으로 많이 일어나 빛의 색이 변할 수 있다. 이것이 실리카에어로겔이 푸르게 보이는 이유이다. **실리카에어로겔**이 푸르게 보이는 이유: 레일리 산란 현상 때문

⑥ 키스틀러는 실리카에어로겔의 쓰임새를 단열재로 보았다. 이 겔이 많은 겹의 유리층과 공기를 지니고 있기 때문이다. 이는 유리창을 약간씩 띄워서 겹겹이 배치하면 단열이 되는 것과 같은 이치이다. 물론 실제 유리창을 그렇게 배치하면 무겁고 거대해져서 별 효용이 없는 <u>반면,</u> (유리창을 사용한 단열의 단점과 대비되는, 실리카에어로겔을 사용한 단열의 장점이 제시되겠네!) 실리카에어로겔은 작고 가벼우면서도 단열을 <u>효율적</u>으로 할 수 있다. **실리카에어로겔의 특징**: 많은 겹의 유리층과 공기, 작고 가벼움 → 효율적인 **단열재** 그러나 1930년대는 아직 단열에 관심이 없는 시대였고, 만드는 비용도 비쌌기에 실리카에어로겔은 곧 잊히고 말았다.

⑦ 그러나 키스틀러가 죽은 지 한참 뒤인 1990년대 후반에 우주선 단열재로 이 겔이 선택되었다. 매우 가볍고 단열 효과는 최고이기에, 무게를 줄여야 하고 극단적으로 높고 낮은 외부 온도에도 견뎌야 하는 우주선에 딱 들어맞는 소재였던 것이다. 그 다음의 쓰임새가 우주 먼지 포획이었다. 이후 과학자들은 실리카에어로겔이 포획한 혜성의 우주 먼지를 분석하여 태양계 형성의 비밀을 파헤치고 있다. 실리카에어로겔은 오늘날 **우주선**의 단열재 및 우주 먼지 **포획** 도구로 사용되고 있구나.

3. ③

> 1문단에서 ⑦(실리카에어로겔)은 '자잘한 그물망이 거품 모양으로 엉켜 있어서 빠른 속도로 움직이는 우주 먼지들을 낱낱이 거품 속으로 파고들게 해서 붙잡'는다고 했을 뿐, 이들을 '한곳으로 모아서' 붙잡은 것이 아니다.

① 4문단에서 ⑦은 '유리의 주재료인 이산화규소(실리카)로 만든 겔'이며 '젤라틴 겔보다 단단'하다고 했으므로, ⑦은 유리 성분을 주원료로 하고 젤라틴 겔보다 형태 보존성이 좋다고 할 수 있다.

② 3문단과 4문단에서 "'임계온도'를 넘기면 액체가 영구기체가 되는 현상을 이용'하여 만들어진 젤라틴 겔과 '같은 원리를 이용하여' ⑦을 만들었다고 하였다.

④ 4문단에서 ⑦은 '공기가 전체 부피의 99.8%를 차지하는, 세상에서 가장 가벼운 고체'라고 했다.

⑤ 6문단에서 ⑦은 '유리창을 약간씩 띄워서 겹겹이 배치하면 단열이 되는 것과 같은 이치'로 단열 효과를 낼 수 있으며, '작고 가벼우면서도 단열을 효율적으로 할 수 있다.'라고 했다.

4. ① 고안 ② 효율적

[1~2] 사관학교 2016학년도B 「정보재」

① 오늘날의 지식 기반 경제에서는 정보와 지식이 주요 생산 요소가 된다. 이러한 정보와 지식이 상품으로서의 특성을 결정하는 핵심적 의미를 갖는 상품을 정보재라고 하는데, 책이나 음반, 영화 DVD, 컴퓨터 소프트웨어 등이 여기에 해당된다. *정보재의 개념과 종류* 이들은 모두 디지털화가 가능한 재화라는 점에서, 정보재를 '디지털화될 수 있는 모든 것'으로 정의하기도 한다. 정보재의 내용인 정보나 지식은 비경합적이어서 어떤 한 사람이 그것을 소비한다고 해서 다른 사람이 소비할 기회가 줄어들지 않으며, 대가를 치르지 않은 사람이라도 소비에서 배제하기가 어렵다는 점에서 등대, 교량 같은 공공재와 유사하게 비배제성을 띤다. 또 생산량이 증가할수록 평균 비용이 감소하는 '규모의 경제' 특성도 가지고 있다. *정보재의 특성: (1) 내용이 비경합적, (2) 비배제성, (3) '규모의 경제' 특성* 이런 점에서 정보재는 생산과 유통, 소비의 과정이 일반적인 상품과는 뚜렷하게 다른 양상을 보인다.

② 그럼 과연 정보재 시장은 어떤 방식으로 작동할까? *(정보재 시장의 작동 방식을 설명하겠군.)* 앞서 언급한 대로 정보재의 가장 중요한 특징 중 하나는 생산 초기 단계에서 매우 큰 고정 비용이 들지만 일단 생산이 시작되면 추가적 생산 비용이 거의 들지 않는다는 점*(정보재의 특징 중 '규모의 경제' 특성)*이다. 예컨대, *(예까지 들어 설명해 주는 것은 정확히 이해하라는 의미야. 앞서 설명한 내용과 예시의 내용을 연결해 가며 이해하자!)* 음악 CD를 제작하는 경우 초기 제작 단계에서는 막대한 비용이 투입되지만, *생산 초기 단계의 고정 비용↑* 일단 제작을 마치고 나면 추가적으로 드는 것은 공CD 비용뿐이므로 *추가적 생산 비용↓* 한계 비용이 거의 0에 가깝다고 할 수 있다. *정보재는 한계 비용이 0에 가까움*

③ 모든 비용이 초기에 발생하는 고정 비용이고, 한계 비용이 0이라고 가정하면 평균 비용 곡선은 〈그림〉에서와 같이 우하향하는 모양을 갖게 된다. 이처럼 생산량

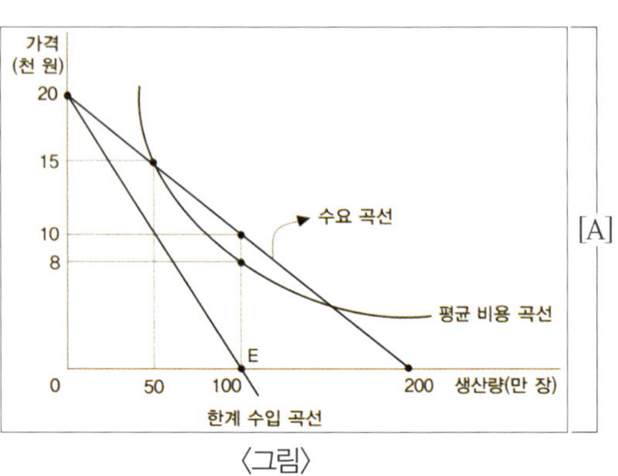

이 늘어남에 따라 평균 비용이 계속 줄어드는 상황에서는 경쟁 체제가 성립하기 어렵다. 또한 정보재의 특성상 여러 생산자가 완전하게 동질적인 상품을 생산할 수도 없으므로, 정보재 시장에서는 자연적으로 독점화의 경향이 나타난다. *정보재 시장에서 독점화의 경향이 나타나는 이유: 경쟁 체제 성립 어려움(생산량↑ → 평균 비용↓), 여러 생산자가 동질적인 상품 생산 불가* 시장 수요와 공급이 균형을 이루는 수준에서 가격이 결정되는 경쟁 시장과 달리, *('A와 달리 B'에서 글쓴이가 설명하는 초점은 대개 B에 있어.)* 독점 시장에서는 독점 기업이 가격 설정자가 된다. 따라서 가격 설정자인 독점 기업에게, 주어진 가격에서 얼마만큼 생산할지를 묻는 것은 무의미하다. 독점 기업은 가격과 공급량을 수요 곡선 상에서 선택하기 때문에 독점 기업의 공급 곡선은 존재하지 않는다. *독점 시장: 독점 기업은 가격과 공급량을 수요 곡선 상에서 선택(공급 곡선 존재 X)*

④ 그렇다면 정보재 상품의 가격은 구체적으로 어떤 수준에서 결정되는 것일까? *(이제 정보재 상품의 가격 결정 방식을 자세히 설명할 거야.)* 예를 들어 음반 회사 S가 가수 B의 새 음반을 제작한다고 하자. 그 음반 1장의 가격이 1만

5천 원일 때의 수요량은 5십만 장으로, 가격이 2만 원일 때의 수요량은 0으로, 가격이 0일 때의 수요량은 2백만 장으로 예상된다고 한다. 이 정보에 기초하여 〈그림〉과 같은 모양의 수요 곡선을 그릴 수 있다.

⑤ 회사의 이윤은 '한계 수입=한계 비용'이라는 조건이 충족될 때 극대화될 수 있는데, 한계 비용이 0이라고 가정한다면 한계 비용 곡선은 수평축과 일치하게 된다. 한계 수입 곡선은 앞서 그린 수요 곡선으로부터 도출할 수 있는데, 수요 곡선과 수직축 상 절편(2만 원)은 똑같고 기울기가 두 배인 반직선이 된다. 〈그림〉을 보면 한계 수입 곡선이 수평축과 교차하는 E점에서 '한계 수입=한계 비용'이 충족된다는 것을 알 수 있다. *한계 수입=한계 비용일 때 이윤이 극대화되므로, 회사는 한계 수입 곡선이 한계 비용 곡선(수평축)과 교차하는 지점에서 공급량을 결정할 거야.* 그에 따라 이윤의 극대화를 추구하는 S는 1백만 장의 음반을 만들어 한 장 당 1만 원의 가격에 팔게 될 것이다. 음반 생산량이 1백만 장일 때의 평균 비용은 8천 원이므로, S는 한 장 당 2천 원*(장 당 1만 원의 가격 − 평균 비용 8천 원)*의 이윤을 얻어 총 20억 원*(2천 원의 이윤 × 1백만 장)*의 이윤을 얻게 된다.

1. ⑤

5문단과 [A]를 참고할 때, '장 당 1만 원의 가격'에서 '이윤의 극대화'가 나타나는 것은 맞다. 하지만 4문단에서 '가격이 0일 때의 수요량은 2백만 장'이라고 했으므로, 장 당 1만 원일 때의 수요량(1백만 장)이 최대라고 할 수는 없다.

① 5문단에 따르면 '한계 비용이 0이라고 가정'한 [A]에서 '한계 비용 곡선은 수평축과 일치'하므로, 생산량이 50만 장일 때나 200만 장일 때나 한계 비용은 동일하다.

②, ③ 4문단과 5문단에 따르면 생산자의 이윤은 '생산량이 1백만 장일 때' 극대화되므로 생산량이 이를 초과하면 생산자의 이윤은 감소하기 시작하며, [A]에서 장 당 '가격이 2만 원일 때의 수요량은 0으로' 예상되므로 '이윤의 극대화를 추구'하는 회사는 장 당 2만 원 이상의 가격으로 생산하지 않을 것이다.

④ 5문단에서 '1백만 장의 음반을 만들어 한 장 당 1만원의 가격'에 팔 때 '평균 비용은 8천 원'이므로 장 당 이윤은 '2천 원'이라고 했다. 이와 [A]를 참고하면 50만 장을 생산할 경우, 장 당 가격과 평균 비용이 모두 1만 5천 원이므로 이윤은 발생하지 않는다.

2. ① 배제 ② 추구

구 조 도 그 리 기

66 정보재 99

개념과 특징	· 정보와 지식이 상품의 특성 결정 · 비경합적, 비배제성, 규모의 경제 특성
정보재 시장의 작동 방식	· 생산 초기 고정 비용↑ + 추가적 생산 비용↓ → 한계 비용 거의 0 · 독점화 경향: 경쟁 어려움, 동질 상품 생산 불가
정보재 상품의 가격 결정	· 독점 기업이 가격, 공급량 수요 곡선에서 선택 · 이윤 극대화되는 '한계 수입 곡선=한계 비용곡선' 지점에서 결정

[1~2] 다음을 읽고 핵심 내용에 밑줄을 치고, 빈칸에 적절한 말을 채우시오. 또한 주어진 물음에 답하시오.

조선 시대에는 농지에서 생산된 곡물의 일정량을 조세로 징수했는데, 건국 초에는('건국 초'라고 한정한 것으로 보아 건국 초와 달라진 조세 제도에 대한 내용도 제시되겠지?) 면적 단위 1결마다 거두도록 규정된 조세량이 일정했다. 조선 초의 조세 제도: 농지 _____마다 조세량 일정 하지만 이에 불만을 품은 사람들이 많았다. 생산성이 좋은 농지를 가진 자는 정해진 액수만 내면 남은 양에 상관없이 그 모두를 가질 수 있었던 반면, 생산성이 낮은 농지를 가진 자는 수확량이 적어 정해진 세액도 못 낼 수 있기 때문이었다. 이는 모든 농지를 결이라는 동일한 크기의 면적으로 나누고 결마다 같은 액수의 조세를 받기 때문에 생긴 문제였다. (농지의 _____을 고려하지 않고 조세를 부과했기 때문에 생산성이 (높은/낮은) 농지를 가진 농민들에게는 불만이 생길 수밖에 없었겠네.) 조선 왕조는 이런 문제점을 완화하고자(이어지는 내용은 농지의 생산성을 반영한 새로운 조세 제도에 대한 것일 거야!) 작황을 살핀 후 적당히 세액을 깎아주는 '답험손실법'이라는 제도를 시행하였다. 답험손실법: 농지의 _____에 따라 세액을 깎아 주는 제도

답험손실법에 따라 작황을 살펴보는 행위를 '답험'이라고 불렀다. 답험 실행 주체는 농지의 성격에 따라 달랐다. 국가에 조세를 내야 하는 땅은 그 농지가 위치한 곳의 지방관이 답험을 했다. 또 과전법의 적용을 받아 국가 대신 조세를 받는 사람이 지정된 땅의 경우에는 권리 수급자가 직접 답험을 했다. 답험(작황을 살펴보는 행위) 실행 주체: (1) 농지가 위치한 곳의 _____, (2) 과전법이 적용되는 땅의 _____ 그런데 답험 과정에서 지방관이 납세 의무자로부터 뇌물을 받거나 제대로 답험을 하지 않는 문제가 자주 일어났다. (답험손실법 또한 문제점이 있었네. 그렇다면 지방관의 뇌물 수수나 답험 태만을 해결하고자 한 또 다른 조세 제도가 이어서 소개되겠지?)

세종은 이러한 문제점을 없애고자 조세 개혁에 관한 초안을 만들었다. 이 초안에는 이전에 했던 방식대로 결당 세액을 고정하는 대신, 중앙 관청이 모든 토지의 작황을 일괄적으로 답험하겠다는 내용이 담겼다. 세종의 조세 개혁 초안: (1) 결당 세액 _____, (2) 답험 실행 주체를 _____으로 일원화 세종은 이 초안에 대해 백성들이 어떻게 생각하는지 알아보았다. 그 결과 함경도 농민들은 1결마다 부과할 세액을 고정하는 데 반대하지만, 전라도 농민들은 환영한다는 것을 알게 되었다. 전라도 농민들은 생산성이 높은 농지가 많았기 때문에 찬성한 것이고, 함경도 농민들은 생산성이 낮은 농지가 많았기 때문에 반대한 것이다. 이처럼 찬반이 엇갈리자 세종은 1결당 세액을 동일한 액수로 고정하되, (1결당 세액을 동일한 액수로 고정한 것은 초안과 (같으니/다르니), 이어서는 초안과 (같아진/달라진) 점을 설명하겠지?) 전국의 농지를 비옥도에 따라 6개의 등급으로 나누고 등급에 따라 결의 면적을 달리 하였다. 6등전과 1등전의 절대 면적을 기준으로 비교할 때, 6등전 1결의 절대 면적이 1이라면 1등전 1결은 0.4였다. 농지의 _____에 따라 등급을 나누어 1등전에서 6등전으로 갈수록 1결의 면적이 (커지게/작아지게) 했군. 한편 세종은 도 관찰사로 하여금 관할 도 안에 있는 모든 농지의 작황을 매년 조사한 후 _____가 실제 답험 실행 주체인 거네. 그에 따라 결당 세액을 군현별로 조정하는 정책을 시행하였다. 결당 세액은 _____별로 다르게 책정될 수도 있었군. 이와 같이 세종 때 농지의 생산성과 연도별 작황을 감안해 세액과 결을 조정한 제도를 '공법'이라고 부른다. 세종이 개혁을 통해 확립한 조세 제도는 _____이라고 불렀구나.

1. 윗글에서 알 수 있는 것은?

① 공법에 따르면 같은 군현 안에 있고 농지 절대 면적의 총합이 동일한 마을들 중 1등전만 있는 마을 주민들이 내는 조세의 총액이 2등전만 있는 마을의 조세 납부 총액보다 많아진다.

② 공법 시행 후에 같은 등급에 속한 농지들은 1결의 크기가 같아지므로 지역에 상관없이 매년 같은 액수의 조세를 냈다.

③ 절대 면적이 동일한 경우라도 공법 시행 후에는 1등전만 있는 마을이 2등전만 있는 마을보다 결의 수가 더 적어졌다.

④ 과전법에 의해 조세를 국가 대신 받는 개인은 공법 시행으로 매년 그 땅의 작황을 조사해 중앙 관청에 보고해야 했다.

⑤ 세종의 초안대로라면 함경도 주민들이 내는 조세의 총액은 전라도 주민들이 내는 조세의 총액보다 많아진다.

2. 윗글에서 ①과 ②에 들어갈 적절한 단어를 찾아 각각 빈칸에 쓰시오.

> ① : 긴장된 상태나 급박한 것을 느슨하게 함. **1문단**
> 예 남북 간의 긴장이 □□되었다.
> ② : 여러 사정을 참고하여 생각함. **3문단**
> 예 초보자임을 □□해도 운전이 너무 서투르다.

구 조 도 그 리 기

[3~4] 다음을 읽고 핵심 내용에 밑줄을 치고, 빈칸에 적절한 말을 채우시오. 또한 주어진 물음에 답하시오.

사람의 성염색체에는 X와 Y 염색체가 있다. 여성의 난자는 X 염색체만을 갖지만, 남성의 정자는 X나 Y 염색체 중 하나를 갖는다. 인간의 성은 여성의 난자에 X 염색체의 정자가 수정되는지, 아니면 Y 염색체의 정자가 수정되는지에 따라 결정된다. 전자의 경우는 XX 염색체의 여성으로, 후자의 경우는 XY 염색체의 남성으로 발달할 수 있게 된다. *인간의 성: _______에 수정되는 _______가 가진 염색체가 X인지 Y인지에 따라 결정 → 여성(____ 염색체), 남성(____ 염색체)*

인간과 같이 두 개의 성을 갖는 동물의 경우, 하나의 성이 성 결정의 기본 모델이 된다. 동물은 종류에 따라 기본 모델이 되는 성이 다르다. 조류의 경우 대개 수컷이 기본 모델이**지만,** *(이어서 조류와 인간처럼 __________이 되는 성이 다른 생물을 소개하겠지?)* 인간을 포함한 포유류의 경우 암컷이 기본 모델이다. 기본 모델이 아닌 성은 성염색체 유전자의 지령에 의해 조절되는 일련의 단계를 거쳐, 개체 발생 과정 중에 기본 모델로부터 파생된다. 따라서 남성의 형성에는 여성 형성을 위한 기본 프로그램 외에도 Y 염색체에 의해 조절되는 추가적인 과정이 필요하다. Y 염색체의 지령에 의해 생성된 남성 호르몬의 작용이 없다면 태아는 여성이 된다. *인간은 (여성/남성)이 기본 모델이고, 여성 형성을 위한 프로그램 외에 __________의 작용이 있어야 남성이 되는구나.*

정자가 난자와 수정된 초기에는 성 결정 과정이 억제되어 일어나지 않는다. 약 6주가 지나면, 고환 또는 난소가 될 단일성선(單一性腺) 한 쌍, 남성 생식 기관인 부고환·정관·정낭으로 발달할 볼프관, 여성 생식 기관인 난관과 자궁으로 발달할 뮐러관이 모두 생겨난다. *수정 6주 후: _______(→고환 or 난소), _______(→남성 생식 기관), _______(→여성 생식 기관) 생성*

볼프관과 뮐러관은 각기 남성과 여성 생식 기관 일부의 발생에만 관련이 있으며, 두 성을 구분하는 외형적인 기관들은 남성과 여성 태아의 특정 공통 조직으로부터 발달한다. 이러한 공통 조직이 남성의 음경과 음낭이 될지, 아니면 여성의 음핵과 음순이 될지는 태아의 발생 과정에서 추가적인 남성 호르몬(__________의 지령에 따라 생성됨) 신호를 받느냐 받지 못하느냐에 달려 있다. *남성·여성 태아의 _______ 조직 → 두 성을 구분하는 외형적인 기관 - 남성 호르몬의 작용 (O/X): 음경·음낭이 됨 / 남성 호르몬의 작용 (O/X): 음핵·음순이 됨*

임신 7주쯤에 Y 염색체에 있는 성 결정 유전자가 단일성선에 남성의 고환 생성을 명령하는 신호를 보내면서 남성 발달 과정의 **첫 단계**가 시작된다. *(_______ 태아가 형성되는 단계를 설명하려 하는군. 문장을 끊어 읽어 가면서 순서를 파악하자!)* 단일성선이 고환으로 발달하고 나면, 이후의 남성 발달 과정은 새로 형성된 고환에서 생산되는 호르몬에 의해 조절된다. 적절한 시기에 맞춰 고환에서 분비되는 호르몬 신호가 없다면 태아는 남성의 몸을 발달시키지 못하며, 심지어 정자를 여성에게 전달하는 데 필요한 음경조차 만들어내지 못한다. *남성 발달 과정 (1): 성 결정 유전자의 신호 → __________이 _______으로 발달*

고환이 형성되고 나면 고환은 **먼저***(고환 발달 이후에는 남성 발달 과정이 _______ __________에 의해 조절된다고 했어. 이제 그 과정을 순차적으로 설명하려나 보군.)* 항뮐러관형성인자를 분비하여 뮐러관을 없애라는 신호를 보낸다. 이 신호에 반응하여 뮐러관이 제거될 수 있는 때는 발생 중 매우 짧은 시기에 국한되기 때문에 이 신호의 전달 시점은 매우 정교하게 조절된다. *남성 발달 과정 (2): 고환에서 항뮐러관형성인자 분비 → __________ 제거* 그 다음에 고환은 남성 생식기의 발달을 촉진하기 위해 볼프관에 또 다른 신호를 보낸다. 주로 대표적인 남성 호르몬인 테스토스테론이 이 역할을 담당하는데 이

호르몬이 수용체에 결합하면 볼프관은 부고환·정관·정낭으로 발달한다. 이들은 모두 고환에서 음경으로 정자를 내보내는 데 관여하는 기관이다. *남성 발달 과정 (3)-1: 고환이 __________을 통해 신호 전달 → __________이 부고환·정관·정낭으로 발달* 만약 적절한 시기에 고환으로부터 이와 같은 호르몬 신호가 볼프관에 전달되지 않으면 볼프관은 임신 후 14주 이내에 저절로 사라진다. 이외에도 테스토스테론이 효소의 작용에 의하여 변화되어 생긴 호르몬인 디하이드로테스토스테론은 전립선, 요도, 음경, 음낭 등과 같은 남성의 생식 기관을 형성하도록 지시한다. 형성된 음낭은 임신 후기에 고환이 복강에서 아래로 내려오면 이를 감싼다. *남성 발달 과정 (3)-2: __________의 지시 → 전립선, 요도, 음경, 음낭 등이 형성*

여성 태아에서 단일성선을 난소로 만드는 변화는 남성 태아보다 늦은 임신 3~4개월쯤에 시작한다. *(이번에는 _______ 태아가 형성되는 과정을 설명하려 하는군.)* 이 시기에 남성의 생식 기관을 만드는 데 필요한 볼프관은 호르몬 신호 없이도 퇴화되어 사라진다. *볼프관은 적절한 시기에 _______에서 호르몬 신호를 받지 못하면 임신 14주 이내에 퇴화되어 사라진다고 했으니까!* 여성 신체의 발달은 남성에서처럼 호르몬 신호에 전적으로 의존하지는 않지만, 여성 호르몬인 에스트로젠이 난소의 적절한 발달과 정상적인 기능 수행에 필수적인 요소로 작용한다고 알려져 있다.

3. 윗글의 내용과 일치하는 것은?

① 포유류는 X 염색체가 없으면 수컷이 된다.

② 사람의 고환과 난소는 각기 다른 기관으로부터 발달한다.

③ 항뮐러관형성인자의 분비는 테스토스테론에 의해 촉진된다.

④ Y 염색체에 있는 성 결정 유전자가 없으면 볼프관은 퇴화된다.

⑤ 뮐러관이 먼저 퇴화되고 난 후 Y 염색체의 성 결정 유전자에 의해 고환이 생성된다.

4. 윗글에서 ①과 ②에 들어갈 적절한 단어를 찾아 각각 빈칸에 쓰시오.

① : 범위를 일정한 부분에 한정함. **5문단**
예 이번 행사의 참여 대상은 대학생에 ☐☐된다.

② : 다그쳐 빨리 나아가게 함. **5문단**
예 정부는 경제 활동을 ☐☐하기 위한 정책을 내놓았다.

구 조 도 그 리 기

[3~4] LEET 2018년도 「성이 결정되는 과정」

① 사람의 성염색체에는 X와 Y 염색체가 있다. 여성의 난자는 X 염색체만을 갖지만, 남성의 정자는 X나 Y 염색체 중 하나를 갖는다. 인간의 성은 여성의 난자에 X 염색체의 정자가 수정되는지, 아니면 Y 염색체의 정자가 수정되는지에 따라 결정된다. 전자의 경우는 XX 염색체의 여성으로, 후자의 경우는 XY 염색체의 남성으로 발달할 수 있게 된다. 인간의 성: 난자에 수정되는 정자가 가진 염색체가 X인지 Y인지에 따라 결정 → 여성(XX 염색체), 남성(XY 염색체)

② 인간과 같이 두 개의 성을 갖는 동물의 경우, 하나의 성이 성 결정의 기본 모델이 된다. 동물은 종류에 따라 기본 모델이 되는 성이 다르다. 조류의 경우 대개 수컷이 기본 모델이지만, (이어서 조류와 인간처럼 기본 모델이 되는 성이 다른 생물을 소개하겠지?) 인간을 포함한 포유류의 경우 암컷이 기본 모델이다. 기본 모델이 아닌 성은 성염색체 유전자의 지령에 의해 조절되는 일련의 단계를 거쳐, 개체 발생 과정 중에 기본 모델로부터 파생된다. 따라서 남성의 형성에는 여성 형성을 위한 기본 프로그램 외에도 Y 염색체에 의해 조절되는 추가적인 과정이 필요하다. Y 염색체의 지령에 의해 생성된 남성 호르몬의 작용이 없다면 태아는 여성이 된다. 인간은 여성이 기본 모델이고, 여성 형성을 위한 프로그램 외에 남성 호르몬의 작용이 있어야 남성이 되는구나.

③ 정자가 난자와 수정된 초기에는 성 결정 과정이 억제되어 일어나지 않는다. 약 6주가 지나면, 고환 또는 난소가 될 단일성선(單一性腺) 한 쌍, 남성 생식 기관인 부고환·정관·정낭으로 발달할 볼프관, 여성 생식 기관인 난관과 자궁으로 발달할 뮐러관이 모두 생겨난다. 수정 6주 후: 단일성선(→고환 or 난소), 볼프관(→남성 생식 기관), 뮐러관(→여성 생식 기관) 생성 볼프관과 뮐러관은 각기 남성과 여성 생식 기관 일부의 발생에만 관련이 있으며, 두 성을 구분하는 외형적인 기관들은 남성과 여성 태아의 특정 공통 조직으로부터 발달한다. 이러한 공통 조직이 남성의 음경과 음낭이 될지, 아니면 여성의 음핵과 음순이 될지는 태아의 발생 과정에서 추가적인 남성 호르몬 (Y 염색체의 지령에 따라 생성됨) 신호를 받느냐 받지 못하느냐에 달려 있다. 남성·여성 태아의 공통 조직 → 두 성을 구분하는 외형적인 기관 - 남성 호르몬의 작용 O: 음경·음낭이 됨 / 남성 호르몬의 작용 X: 음핵·음순이 됨

④ 임신 7주 쯤에 Y 염색체에 있는 성 결정 유전자가 단일성선에 남성의 고환 생성을 명령하는 신호를 보내면서 남성 발달 과정의 첫 단계가 시작된다. (남성 태아가 형성되는 단계를 설명하려 하는군. 문장을 끊어 읽어 가면서 순서를 파악하자!) 단일성선이 고환으로 발달하고 나면, 이후의 남성 발달 과정은 새로 형성된 고환에서 생산되는 호르몬에 의해 조절된다. 적절한 시기에 맞춰 고환에서 분비되는 호르몬 신호가 없다면 태아는 남성의 몸을 발달시키지 못하며, 심지어 정자를 여성에게 전달하는 데 필요한 음경조차 만들어내지 못한다. 남성 발달 과정 (1): 성 결정 유전자의 신호 → 단일성선이 고환으로 발달

⑤ 고환이 형성되고 나면 고환은 먼저 (고환 발달 이후에는 남성 발달 과정이 고환에서 생산되는 호르몬에 의해 조절된다고 했어. 이제 그 과정을 순차적으로 설명하려나 보군.) 항뮐러관형성인자를 분비하여 뮐러관을 없애라는 신호를 보낸다. 이 신호에 반응하여 뮐러관이 제거될 수 있는 때는 발생 중 매우 짧은 시기에 국한되기 때문에 이 신호의 전달 시점은 매우 정교하게 조절된다. 남성 발달 과정 (2): 고환에서 항뮐러관형성인자 분비 → 뮐러관 제거 그 다음에 고환은 남성 생식기의 발달을 촉진하기 위해 볼프관에 또 다른 신호를 보낸다. 주로 대표적인 남성 호르몬인 테스토스테론이 이 역할을 담당하는데 이 호르몬이 수용체에 결합하면 볼프관은 부고환·정관·정낭으로 발달한다. 이들은 모두 고환에

서 음경으로 정자를 내보내는 데 관여하는 기관이다. 남성 발달 과정 (3)-1: 고환이 테스토스테론을 통해 신호 전달 → 볼프관이 부고환·정관·정낭으로 발달 만약 적절한 시기에 고환으로부터 이와 같은 호르몬 신호가 볼프관에 전달되지 않으면 볼프관은 임신 후 14주 이내에 저절로 사라진다. 이외에도 테스토스테론이 효소의 작용에 의하여 변화되어 생긴 호르몬인 디하이드로테스토스테론은 전립선, 요도, 음경, 음낭 등과 같은 남성의 생식 기관을 형성하도록 지시한다. 형성된 음낭은 임신 후기에 고환이 복강에서 아래로 내려오면 이를 감싼다. 남성 발달 과정 (3)-2: 디하이드로테스토스테론의 지시 → 전립선, 요도, 음경, 음낭 등이 형성

⑥ 여성 태아에서 단일성선을 난소로 만드는 변화는 남성 태아보다 늦은 임신 3~4개월쯤에 시작한다. (이번에는 여성 태아가 형성되는 과정을 설명하려 하는군.) 이 시기에 남성의 생식 기관을 만드는 데 필요한 볼프관은 호르몬 신호 없이도 퇴화되어 사라진다. 볼프관은 적절한 시기에 고환에서 호르몬 신호를 받지 못하면 임신 14주 이내에 퇴화되어 사라진다고 했으니까! 여성 신체의 발달은 남성에서처럼 호르몬 신호에 전적으로 의존하지는 않지만, 여성 호르몬인 에스트로젠이 난소의 적절한 발달과 정상적인 기능 수행에 필수적인 요소로 작용한다고 알려져 있다.

3. ④

4문단과 5문단에서 'Y 염색체에 있는 성 결정 유전자가 단일성선에 남성의 고환 생성을 명령하는 신호를 보내면서 남성 발달 과정의 첫 단계가 시작'되며, 이후 고환으로부터 '호르몬 신호가 볼프관에 전달되지 않으면 볼프관은 임신 후 14주 이내에 저절로 사라'짐을 알 수 있다. 즉 Y 염색체에 있는 성 결정 유전자가 없으면 고환이 생성되지 않고 그에 따라, 볼프관도 고환으로부터 호르몬 신호를 받지 못해 퇴화할 것이다.

① 1문단을 통해 '사람의 성염색체에는 X와 Y 염색체'가 있음을 알 수 있지만, 만약 모든 포유류가 인간과 동일한 성염색체를 가져 'XX 염색체'면 암컷, 'XY 염색체'면 수컷이 된다고 한다면 암컷과 수컷은 모두 X 염색체를 갖는다.

② 3문단에 따르면 '고환 또는 난소'는 모두 '단일성선'에서 발달한다.

③ 5문단에 따르면 볼프관에 테스토스테론이 신호를 보내는 시점은 고환이 '항뮐러관형성인자'를 분비하여 뮐러관을 제거하라는 신호를 보낸 이후이다. 즉 항뮐러관형성인자의 분비는 테스토스테론에 의해 촉진되는 것이 아니다.

⑤ 4문단과 5문단에 따르면 'Y 염색체에 있는 성 결정 유전자'에 의해 '단일성선이 고환으로 발달'한 후, 고환에서 분비된 '항뮐러관형성인자'에 의해 '뮐러관이 제거'된다.

4. ① 국한 ② 촉진

구 조 도 그 리 기

"성 결정 과정"

남성(XY)-기본 모델에서 파생	여성(XX)-기본 모델
〈수정 초기〉 성 결정 과정 억제	
〈6주〉 단일성선, 볼프관, 뮐러관 생성	
〈7주〉 Y 염색체의 성 결정 유전자 신호: 단일성선 → 고환	〈3-4개월〉 단일성선 → 난소, 볼프관 퇴화
• 이후 고환에서 생산되는 호르몬 (항뮐러관형성인자, 테스토스테론, 디하이드로테스토스테론)이 발달 과정 조절	• 에스트로젠이 난소 발달, 기능 수행에 필수적 요소로 작용

[1~2] PSAT 2019년도 「답험손실법과 공법」

① 조선 시대에는 농지에서 생산된 곡물의 일정량을 조세로 징수했는데, 건국 초에는('건국 초'라고 한정한 것으로 보아 건국 초와 달라진 조세 제도에 대한 내용도 제시되겠지?) 면적 단위 1결마다 거두도록 규정된 조세량이 일정했다. 조선 초의 조세 제도: 농지 1결마다 조세량 일정 하지만 이에 불만을 품은 사람들이 많았다. 생산성이 좋은 농지를 가진 자는 정해진 액수만 내면 남은 양에 상관없이 그 모두를 가질 수 있었던 반면, 생산성이 낮은 농지를 가진 자는 수확량이 적어 정해진 세액도 못 낼 수 있기 때문이었다. 이는 모든 농지를 결이라는 동일한 크기의 면적으로 나누고 결마다 같은 액수의 조세를 받기 때문에 생긴 문제였다. (농지의 생산성을 고려하지 않고 조세를 부과했기 때문에 생산성이 낮은 농지를 가진 농민들에게는 불만이 생길 수밖에 없었겠네.) 조선 왕조는 이런 문제점을 완화하고자(이어지는 내용은 농지의 생산성을 반영한 새로운 조세 제도에 대한 것일 거야!) 작황을 살핀 후 적당히 세액을 깎아주는 '답험손실법'이라는 제도를 시행하였다. 답험손실법: 농지의 작황에 따라 세액을 깎아 주는 제도

② 답험손실법에 따라 작황을 살펴보는 행위를 '답험'이라고 불렸다. 답험 실행 주체는 농지의 성격에 따라 달랐다. 국가에 조세를 내야 하는 땅은 그 농지가 위치한 곳의 지방관이 답험을 했다. 또 과전법의 적용을 받아 국가 대신 조세를 받는 사람이 지정된 땅의 경우에는 권리 수급자가 직접 답험을 했다. 답험(작황을 살펴보는 행위) 실행 주체: (1) 농지가 위치한 곳의 지방관, (2) 과전법이 적용되는 땅의 권리 수급자 그런데 답험 과정에서 지방관이 납세 의무자로부터 뇌물을 받거나 제대로 답험을 하지 않는 문제가 자주 일어났다. (답험손실법 또한 문제점이 있었네. 그렇다면 지방관의 뇌물 수수나 답험 태만을 해결하고자 한 또 다른 조세 제도가 이어서 소개되겠지?)

③ 세종은 이러한 문제점을 없애고자 조세 개혁에 관한 초안을 만들었다. 이 초안에는 이전에 했던 방식대로 결당 세액을 고정하는 대신, 중앙 관청이 모든 토지의 작황을 일괄적으로 답험하겠다는 내용이 담겼다. 세종의 조세 개혁 초안: (1) 결당 세액 고정, (2) 답험 실행 주체를 중앙 관청으로 일원화 세종은 이 초안에 대해 백성들이 어떻게 생각하는지 알아보았다. 그 결과 함경도 농민들은 1결마다 부과할 세액을 고정하는 데 반대하지만, 전라도 농민들은 환영한다는 것을 알게 되었다. 전라도 농민들은 생산성이 높은 농지가 많았기 때문에 찬성한 것이고, 함경도 농민들은 생산성이 낮은 농지가 많았기 때문에 반대한 것이다. 이처럼 찬반이 엇갈리자 세종은 1결당 세액을 동일한 액수로 고정하되,(1결당 세액을 동일한 액수로 고정한 것은 초안과 같으니, 이어서는 초안과 달라진 점을 설명하겠지?) 전국의 농지를 비옥도에 따라 6개의 등급으로 나누고 등급에 따라 결의 면적을 달리 하였다. 6등전과 1등전의 절대 면적을 기준으로 비교할 때, 6등전 1결의 절대 면적이 1이라면 1등전 1결은 0.4였다. 농지의 비옥도에 따라 등급을 나누어 1등전에서 6등전으로 갈수록 1결의 면적이 커지게 했군. 한편 세종은 도 관찰사로 하여금 관할 도 안에 있는 모든 농지의 작황을 매년 조사한 후 도 관찰사가 실제 답험 실행 주체인 거네. 그에 따라 결당 세액을 군현별로 조정하는 정책을 시행하였다. 결당 세액은 군현별로 다르게 책정될 수도 있었군. 이와 같이 세종 때 농지의 생산성과 연도별 작황을 감안해 세액과 결을 조정한 제도를 '공법'이라고 부른다. 세종이 개혁을 통해 확립한 조세 제도는 공법이라고 불렀구나.

1. ①

> 3문단에서 세종은 공법을 통해 '1결당 세액을 동일한 액수로 고정하되, 전국의 농지를 비옥도에 따라 6개의 등급으로 나누'어 '6등전 1결의 절대 면적이 1이라면 1등전 1결은 0.4'로 결의 면적을 달리 하였다고 했다. 또한 '농지의 작황'에 따른 결당 세액은 '군현별로 조정'되었으므로, 같은 군현 안에 있고 농지 절대 면적의 총합이 동일한 마을 중 1등전만 있는 마을은 2등전만 있는 마을보다 1결의 절대 면적이 좁아 조세 납부 총액이 더 많을 것이다.

② 3문단에 따르면 공법에서는 '작황을 매년 조사한 후 그에 따라 결당 세액을 군현별로 조정'했으므로, 농지가 같은 등급에 속하여 1결의 절대 면적이 같아도 농지가 속한 군현과 그 해의 작황에 따라 조세의 액수는 달라질 수 있다.

③ 3문단에서 세종은 공법을 통해 '6등전 1결의 절대 면적이 1이라면 1등전 1결은 0.4'로 비옥도에 따라 결의 면적을 달리 하였다고 했다. 이는 1등전은 농지의 절대 면적이 0.4만 되면 1결이 되고, 6등전은 절대 면적이 1이 되어야 1결이 된다는 의미이다. 예를 들면 어떤 두 마을의 농지의 절대 면적이 400으로 동일하다면 농지가 모두 6등전인 마을은 400결이지만, 모두 1등전인 마을은 1,000결이 된다. 따라서 절대 면적이 동일하더라도 공법 시행 후에는 1등전만 있는 마을은 2등전만 있는 마을보다 결의 수가 많아진다.

④ 3문단에 따르면 세종은 공법을 통해 '도 관찰사로 하여금 관할 도 안에 있는 모든 농지의 작황을 매년 조사'하게 했으므로 농민 개인이 작황을 조사해 중앙 관청에 보고하지는 않았을 것이다.

⑤ 3문단에 따르면 세종의 초안에서는 '결당 세액'을 '고정'하였다. 하지만 윗글을 통해 함경도와 전라도가 각각 몇 결인지는 알 수 없기 때문에 어느 지역의 조세 총액이 더 많은지는 알 수 없다.

2. ① 완화 ② 감안

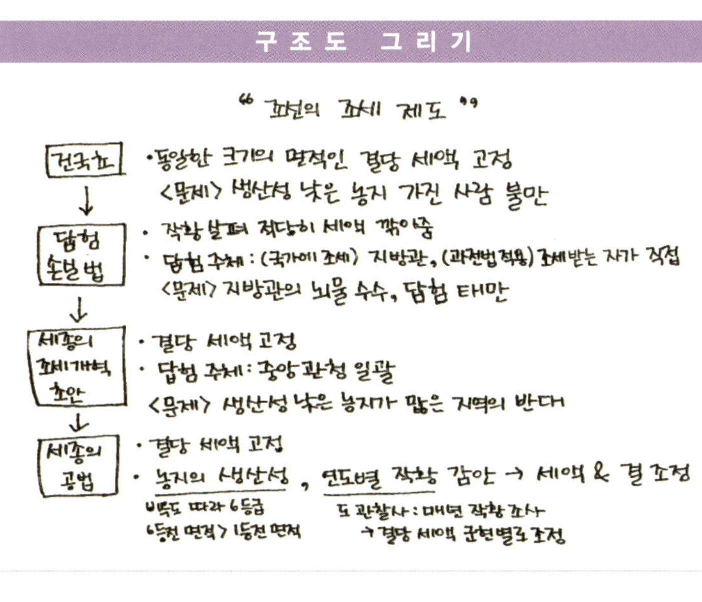

[1~2] 다음을 읽고 핵심 내용에 밑줄을 치고, 빈칸에 적절한 말을 채우시오. 또한 주어진 물음에 답하시오.

일상생활에서 다른 사람의 물건을 구입하거나 자신의 물건을 판매하는 일은 흔히 있는 일이다. 이렇게 다른 사람과 거래를 할 때에는 일정한 합의나 약속이 필요한데, 이를 '계약'이라 한다. 계약은 일반적으로 청약과 승낙의 합치에 의해 성립되지만, 특수하게 의사실현이나 교차청약에 의해 성립되기도 한다. 계약의 성립: (1) 청약과 승낙의 ______, (2) 의사실현, (3) 교차청약 (이어서 ______이 성립되는 세 가지 경우를 차례대로 설명해 주겠지?)

계약에서 계약의 성립을 제안하는 것은 '청약'이라고 하고, 청약을 받은 이가 그 청약을 그대로 수락하는 것은 '승낙'이라고 한다. 만약 청약을 받은 이가 청약 내용의 변경을 요구한다면 이는 새로운 청약을 한 것이 된다. 청약과 승낙의 합치에 의해 성립하는 계약이 실시간 의사소통에 의해 이루어질 때는 청약자가 청약을 받은 이에게서 승낙의 의사가 담긴 말을 들은 시점에 계약이 성립한다. (1) 청약과 승낙의 합치에 의해 성립하는 계약: ① 실시간 의사소통 시 청약자가 ______가 담긴 말을 ______ 시점에 계약 성립

청약(______을 제안) → 승낙자 (청약을 받은 이) ← (청약을 그대로 수락)

그러나(앞과는 다른 상황이 제시될 거야.) 실시간 의사소통이 불가능한 이들 간의 계약에서는 승낙의 의사표시가 청약자에게 발송된 시점에 계약이 성립하는 것으로 본다. (1) 청약과 승낙의 합치에 의해 성립하는 계약: ② 실시간 의사소통 불가능 시 승낙의 의사표시가 ______된 시점에 계약 성립 이때 승낙의 의사표시가 승낙기간* 내에 청약자에게 도달하지 못한다면 계약의 효력은 발생하지 않는다. 승낙의 의사표시가 승낙자의 과실이 아닌 부득이한 사유로 기간 내에 도달하지 못하고 연착하는 경우가 있을 수 있다. 이때 승낙의 의사표시를 받은 청약자가 승낙자에게 연착 사실을 즉시 알리지 않으면, 승낙자는 승낙기간 내에 승낙의 의사표시가 청약자에게 전달된 것으로 간주할 것이므로 계약의 효력은 발생한다. ('-(으)면'이 쓰이면 (앞/뒤)의 내용이 조건이 되고 (앞/뒤)의 내용이 결과로 발생한다는 점을 염두에 두고 읽었지?) 승낙의 의사표시가 승낙기간 내에 청약자에게 도달 X → 계약의 효력 발생 (O/X) / 부득이한 사유로 승낙의 의사표시 연착 → 청약자가 승낙자에게 연착 사실을 즉시 알리지 않으면 계약의 효력 발생 (O/X)

일반적이지는 않지만 청약자의 의사표시의 특성이나 거래상의 관습 등에 의해 승낙의 의사표시를 통지하지 않아도 성립하는 계약이 있다. 예를 들어 인터넷을 통해 호텔 객실을 예약하는 청약이 있은 후, 호텔 측이 청약자에게 별도의 의사표시(______의 의사표시)를 통지하지 않고 객실을 마련하는 경우가 이에 해당한다. 이처럼 승낙의 의사표시를 통지하지 않고 승낙의 의사표시로 인정되는 사실만 있어도, 그 사실이 발생한 때에 계약은 성립한다. 이를 의사실현에 의한 계약의 성립이라 한다. (2) 의사실현에 의해 성립하는 계약: 승낙의 의사표시로 인정되는 ______이 발생한 때에 계약 성립 또한(______에 의한 계약의 성립을 설명하겠지?) 청약만 두 개가 존재하더라도 의사표시의 내용이 결과적으로 일치하면 계약이 성립하는데, 이를 교차청약에 의한 계약의 성립이라 한다. 가령 모임에서 A와 B는 각각 자동차를 팔고, 사고 싶다는 서로의 마음을 알게 된 후, A는 자동차를 천만 원에 팔겠다는 청약의 의사표시를 B에게 보냈다고 하자. 이것이 B에게 도착하기 전에 B가 A에게 자동차를 천만 원에 사겠다는 청약의 의사표시를 보낸다면, 계약은 양 청약의 의사표시가 A, B에게 모두 도달한 때에 성립한다. (3) 교차청약에 의해 성립하는 계약: 내용이 일치하는 양 청약 당사자의 의사표시가 모두 상대방에게 ______한 때에 계약 성립

이러한 계약들이 성립되는 과정에서 매매 대상이 불에 타 없어진 것처럼 계약의 이행이 불가능한 상황이 발생할 수 있다. 만약 청약자가 매매 대상이 없어졌다는 사실을 계약 성립 당시에 알았거나 그 사실을 쉽게 확인할 수 있었음에도 확인하지 않았고, 승낙자는 매매 대상이 없다는 것을 몰랐거나 알 수 없었다면 청약자는 계약의 유효를 전제로 한 경비나 이자 비용과 같이 승낙자가 그 계약이 유효하다고 믿음으로 인해 입은 손해를 배상해 주어야 한다. 이때 그 배상액은 계약이 이행되었다면 승낙자에게 생길 이익, 이를테면 매매가와 시가 사이의 차액을 초과할 수 없다. ______이 불가능한 상황에서 청약자가 그 책임이 있는 경우에 청약자가 승낙자에게 ______를 배상해야 하는 경우를 언급하며 글을 마무리했어.

*승낙기간: 승낙을 할 수 있는 기간, 청약이 효력을 보유하는 기간.

1. 윗글을 바탕으로 〈보기〉의 사례를 분석한 내용으로 적절하지 않은 것은?

〈보기〉

(가) 갑은 을에게 을이 소유한 토지를 사겠다는 내용의 편지를 4월 5일에 발송하면서 4월 20일까지 답장을 요구하였다. 을은 갑이 제시하는 가격에 토지를 팔겠다는 답장을 4월 12일에 발송했으나 배달이 지연되어 을의 답장은 4월 22일에 도착했다.

(나) 병은 정이 눈여겨본 고가의 골동품을 창고에 보관하던 중 도둑맞았지만 이를 확인하지 않고 정에게 3천만 원에 팔기로 했다. 이후 정은 이 골동품을 사기 위해 대출을 받고 이자로 30만 원을 은행에 지불했다.

① (가)에서, 을의 답장이 만약 4월 20일 이전에 도착했다면 계약은 4월 12일에 성립한다.
② (가)에서, 갑이 답장을 받자마자 을에게 연착 사실을 알리지 않는다면 이 계약은 효력이 발생한다.
③ (가)에서, 을이 갑이 제시한 가격보다 더 높은 가격에 팔겠다는 내용의 답장을 보냈다면 이는 새로운 청약이 된다.
④ (나)에서, 병이 팔려던 골동품의 시가가 매매가보다 100만 원이 높다면 정은 130만 원을 배상받을 수 있다.
⑤ (나)에서, 정이 골동품이 없어진 사실을 계약 성립 당시에 알았다면 병은 정이 입은 손해를 배상할 의무가 없다.

2. 윗글에서 ①과 ②에 들어갈 적절한 단어를 찾아 각각 빈칸에 쓰시오.

① : 의견이나 주장 따위가 서로 맞아 일치함. [1문단]
예 그녀의 주장은 김 교수의 이론과 □□되는 것이다.

② : 일이나 관계 따위가 제대로 이루어짐. [1문단]
예 두 사람의 합의로 협상이 최종적으로 □□되었다.

구 조 도 그 리 기

[3~4] 다음을 읽고 핵심 내용에 밑줄을 치고, 빈칸에 적절한 말을 채우시오. 또한 주어진 물음에 답하시오.

현미경의 성능을 결정하는 주요 기준인 '분해능'은 관찰이 가능한 두 점 사이의 최소 거리를 말한다. 분해능이 작을수록 현미경의 성능이 좋아지는데, 분해능은 검사 대상을 관찰하기 위해 사용된 광원의 파장이 짧을수록 작아진다. 비례, 반비례 관계는 읽으면서 정리하자! 광원의 파장(↑/↓) → 분해능(↑/↓) → 현미경 성능↑ 광학 현미경에 사용되는 광원인 가시광선은 380~780nm의 파장을 가지고 있기 때문에 자외선에 가까운 짧은 파장의 가시광선을 이용하더라도 광학 현미경의 분해능은 한계가 있을 수밖에 없다. 광원의 ________이 짧을수록 ________이 작아져서 현미경의 성능이 좋아지는데, ________을 광원으로 사용하는 광학 현미경은 분해능에 한계가 있다는 것으로 보아, 가시광선은 파장이 (긴/짧은) 편이구나. (이처럼 기존 장치의 ________가 제시되면 이어서 이를 해결하기 위한 새로운 장치가 제시될 가능성이 높지!)

광학 현미경은 집광렌즈, 대물렌즈, 접안렌즈를 통해 검사 대상을 자세하게 관찰할 수 있는 구조로 되어 있다. (구성 요소가 제시된 다음에는 각각의 요소들을 순서대로 언급하며 원리를 설명하는 방식은 기술 지문에서 흔히 사용되는 전개 방식이야.) 먼저 집광렌즈는 가시광선을 굴절시켜 검사 대상에 집중시키고, 이를 통해 검사 대상의 중간 상을 만든다. 그리고 대물렌즈와 접안렌즈가 중간 상을 굴절시켜 연구자가 검사 대상을 관찰할 수 있을 정도로 확대한다. 광학 현미경의 원리: ________가 가시광선을 굴절시켜 검사 대상에 집중시킴으로써 중간 상을 만듦 → ________와 ________가 중간 상을 굴절시켜 대상을 확대함

의학과 생물학이 발전하면서 연구자들은 세균이나 세포를 더 정밀하게 관찰하기 위해 광학 현미경보다 훨씬 더 높은 수준의 분해능을 가진 현미경이 필요했다. 이에 따라 광학 현미경은 ________인 가시광선의 파장이 길어서 분해능에 한계가 있었어. 그렇다면 가시광선보다 파장이 (긴/짧은) 광원을 사용하는 새로운 현미경이 제시되겠군.) 20세기 초반 더 향상된 분해능을 가진 현미경에 대한 연구가 활발하게 진행되었고, 그 결과로 탄생한 것이 전자 현미경이다.

전자 현미경은 높은 수준의 분해능을 실현하기 위해 전자선을 사용한다. 전자 현미경의 광원은 ________이구나. 전자선은 가시광선과 같이 굴절과 집중이 용이하면서도 가시광선과 전자선은 ________이 쉽다는 공통점이 있어. 파장은 훨씬 짧아 광학 현미경과는 비교할 수 없을 정도의 분해능을 보여준다. 광원의 파장이 짧을수록 분해능이 작아져 현미경의 ________이 좋아지니까! 전자 현미경 중 검사 대상을 3차원의 입체적인 상으로 보여 주는 것으로 '주사 전자 현미경'이 있다. 주사 전자 현미경의 주요 부품으로는 전자총, 전자기 집광렌즈, 주사 코일, 전자기 대물렌즈, 전자 검출기, 모니터나 필름 등이 있다. 전자 현미경 중 하나인 ________으로 화제가 좁혀졌어. (구성 요소가 소개되었으니 이번에도 각각의 요소들을 차례대로 설명하면서 그 원리가 제시될 거야.)

전자총은 전자를 가속하여 방출하는 역할을 하는데 전자총의 전압이 높을수록 파장이 짧은 전자가 방출된다. 전자총의 전압(↑/↓) → 방출된 전자의 파장↓ 방출된 전자는 전자기 렌즈*의 일종인 두 개의 전자기 집광렌즈를 통해 굴절되고, 굴절된 전자들이 집중되면서 나선형으로 회전하는 전자선을 형성한다. 이때 두 개의 전자기 집광렌즈를 사용하는 것은 검사 대상에 집중되는 전자의 양을 많게 하기 위해서이다. 두 개의 전자기 집광렌즈에 의해 형성된 전자선은 주사 코일을 통과하게 된다. 주사 코일은 전자기장을 활용하여 전자선의 방향을 제어함으로써 전자선이 검사 대상의 표면 전체에 순차적으로 주사될 수 있도록 조절한다. 주사 코일을 통과한 전자선은 전자기 대물렌즈를 거치게 된다. 이때 전자기 대물렌즈가 자기장을 이용하여 전자선을 집중시키는 정도에 따라 검사 대상 표면에 주사

되는 전자선의 면적이 결정되는데, 그 면적이 작을수록 분해능이 작아져 더 정밀한 상을 얻을 수 있다. 대상 표면에 주사되는 전자선의 면적↓ → 분해능(↑/↓) 전자기 대물렌즈를 통해 주사된 전자선이 검사 대상의 표면에 부딪치면, 그 충격에 의해 검사 대상의 표면에 있는 전자들이 방출된다. 이때 방출된 전자를 2차 전자라 한다. 전자 검출기는 2차 전자를 검출한 후 전기신호로 변환하여 모니터나 필름에 검사 대상의 입체적인 상을 만들어 낸다. 이때 검출된 2차 전자의 양이 많을수록 모니터나 필름에 나타나는 상은 더욱 선명해진다. 검출된 ________의 양↑ → 상의 선명도↑. 예상대로 주사 전자 현미경의 주요 부품을 설명하며 작동 원리 및 과정이 제시되었어. 정리해 볼까? (1) ________이 전자를 가속하여 방출 → (2) ________가 방출된 전자를 굴절시켜 전자선 형성 → (3) 주사 코일을 통과한 ________은 전자기 대물렌즈를 거쳐 검사 대상의 표면에 주사 → (4) 주사된 전자선으로 인해 검사 대상 표면에서 ________ 방출 → (5) 방출된 2차 전자를 전자 검출기가 ________로 변환하여 모니터나 필름에 검사 대상의 입체적인 ____을 나타냄

*전자기 렌즈: 자기장을 이용하여 방출된 전자를 집중시키거나 전자선을 굴절시키는 기능을 하는 원통의 코일.

3. '분해능'과 관련된 내용을 정리한 것으로 적절하지 않은 것은?

·분해능이 작을수록 더욱 정밀하게 검사 대상을 관찰할 수 있음. ·············· ①

·광학 현미경의 분해능은 가시광선의 파장의 길이에 영향을 받음. ·············· ②

·전자 현미경은 사용하는 렌즈의 수가 많을수록 분해능이 커짐. ·················· ③

·전자 현미경이 광학 현미경보다 분해능이 작은 것은 전자선을 사용하기 때문임. ·· ④

·검사 대상의 표면에 주사되는 전자선의 면적이 작을수록 주사 전자 현미경의 분해능도 작아짐. ··· ⑤

4. 윗글에서 ①과 ②에 들어갈 적절한 단어를 찾아 각각 빈칸에 쓰시오.

[①] : 기계 따위가 지닌 성질이나 기능. **1문단**
예 낡기는 했지만 □□은 훌륭한 제품입니다.

[②] : 어렵지 아니하고 매우 쉬움. **4문단**
예 이 선풍기는 조립이 □□하다는 장점이 있다.

구 조 도 그 리 기

[3~4] 사관학교 2017학년도 「현미경의 분해능」

① 현미경의 성능을 결정하는 주요 기준인 '분해능'은 관찰이 가능한 두 점 사이의 최소 거리를 말한다. 분해능이 작을수록 현미경의 성능이 좋아지는데, 분해능은 검사 대상을 관찰하기 위해 사용된 광원의 파장이 짧을수록 작아진다. 비례, 반비례 관계는 읽으면서 정리하자! 광원의 파장↓ → 분해능↓ → 현미경 성능↑ 광학 현미경에 사용되는 광원인 가시광선은 380~780nm의 파장을 가지고 있기 때문에 자외선에 가까운 짧은 파장의 가시광선을 이용하더라도 광학 현미경의 분해능은 한계가 있을 수밖에 없다. 광원의 파장이 짧을수록 분해능이 작아져서 현미경의 성능이 좋아지는데, 가시광선을 광원으로 사용하는 광학 현미경은 분해능에 한계가 있다는 것으로 보아, 가시광선은 파장이 긴 편이구나. (이처럼 기존 장치의 한계가 제시되면 이어서 이를 해결하기 위한 새로운 장치가 제시될 가능성이 높지!)

② 광학 현미경은 집광렌즈, 대물렌즈, 접안렌즈를 통해 검사 대상을 자세하게 관찰할 수 있는 구조로 되어 있다. (구성 요소가 제시된 다음에는 각각의 요소들을 순서대로 언급하며 원리를 설명하는 방식은 기술 지문에서 흔히 사용되는 전개 방식이야.) 먼저 집광렌즈는 가시광선을 굴절시켜 검사 대상에 집중시키고, 이를 통해 검사 대상의 중간 상을 만든다. 그리고 대물렌즈와 접안렌즈가 중간 상을 굴절시켜 연구자가 검사 대상을 관찰할 수 있을 정도로 확대한다. 광학 현미경의 원리: 집광렌즈가 가시광선을 굴절시켜 검사 대상에 집중시킴으로써 중간 상을 만듦 → 대물렌즈와 접안렌즈가 중간 상을 굴절시켜 대상을 확대함

③ 의학과 생물학이 발전하면서 연구자들은 세균이나 세포를 더 정밀하게 관찰하기 위해 광학 현미경보다 훨씬 더 높은 수준의 분해능을 가진 현미경이 필요했다. 이에 따라 광학 현미경은 광원인 가시광선의 파장이 길어서 분해능에 한계가 있었어. 그렇다면 가시광선보다 파장이 짧은 광원을 사용하는 새로운 현미경이 제시되겠군.) 20세기 초반 더 향상된 분해능을 가진 현미경에 대한 연구가 활발하게 진행되었고, 그 결과로 탄생한 것이 전자 현미경이다.

④ 전자 현미경은 높은 수준의 분해능을 실현하기 위해 전자선을 사용한다. 전자 현미경의 광원은 전자선이구나. 전자선은 가시광선과 같이 굴절과 집중이 용이하면서도 가시광선과 전자선은 굴절과 집중이 쉽다는 공통점이 있어. 파장은 훨씬 짧아 광학 현미경과는 비교할 수 없을 정도의 분해능을 보여 준다. 광원의 파장이 짧을수록 분해능이 작아져 현미경의 성능이 좋아지니까! 전자 현미경 중 검사 대상을 3차원의 입체적인 상으로 보여 주는 것으로 '주사 전자 현미경'이 있다. 주사 전자 현미경의 주요 부품으로는 전자총, 전자기 집광렌즈, 주사 코일, 전자기 대물렌즈, 전자 검출기, 모니터나 필름 등이 있다. 전자 현미경 중 하나인 주사 전자 현미경으로 화제가 좁혀졌어. (구성 요소가 소개되었으니 이번에도 각각의 요소들을 차례대로 설명하면서 그 원리가 제시될 거야.)

⑤ 전자총은 전자를 가속하여 방출하는 역할을 하는데 전자총의 전압이 높을수록 파장이 짧은 전자가 방출된다. 전자총의 전압↑ → 방출된 전자의 파장↓ 방출된 전자는 전자기 렌즈의 일종인 두 개의 전자기 집광렌즈를 통해 굴절되고, 굴절된 전자들이 집중되면서 나선형으로 회전하는 전자선을 형성한다. 이때 두 개의 전자기 집광렌즈를 사용하는 것은 검사 대상에 집중되는 전자의 양을 많게 하기 위해서이다. 두 개의 전자기 집광렌즈에 의해 형성된 전자선은 주사 코일을 통과하게 된다. 주사 코일은 전자기장을 활용하여 전자선의 방향을 제어함으로써 전자선이 검사 대상의 표면 전체에 순차적으로 주사될 수 있도록 조절한다. 주사 코일을 통과한 전자선은 전자기 대물렌즈를 거치게 된다. 이때 전자기 대물렌즈가 자기장을 이용하여 전자선을 집중시키는 정도에 따라 검사 대상 표면에

주사되는 전자선의 면적이 결정되는데, 그 면적이 작을수록 분해능이 작아져 더 정밀한 상을 얻을 수 있다. 대상 표면에 주사되는 전자선의 면적↓ → 분해능↓ 전자기 대물렌즈를 통해 주사된 전자선이 검사 대상의 표면에 부딪치면, 그 충격에 의해 검사 대상의 표면에 있는 전자들이 방출된다. 이때 방출된 전자를 2차 전자라 한다. 전자 검출기는 2차 전자를 검출한 후 전기신호로 변환하여 모니터나 필름에 검사 대상의 입체적인 상을 만들어 낸다. 이때 검출된 2차 전자의 양이 많을수록 모니터나 필름에 나타나는 상은 더욱 선명해진다. 검출된 2차 전자의 양↑ → 상의 선명도↑. 예상대로 주사 전자 현미경의 주요 부품을 설명하며 작동 원리 및 과정이 제시되어. 정리해 볼까? (1) 전자총이 전자를 가속하여 방출 → (2) 전자기 집광렌즈가 방출된 전자를 굴절시켜 전자선 형성 → (3) 주사 코일을 통과한 전자선은 전자기 대물렌즈를 거쳐 검사 대상의 표면에 주사 → (4) 주사된 전자선으로 인해 검사 대상 표면에서 2차 전자 방출 → (5) 방출된 2차 전자를 전자 검출기가 전기신호로 변환하여 모니터나 필름에 검사 대상의 입체적인 상을 나타냄

3. ③

전자 현미경에 사용되는 렌즈의 수와 분해능의 상관관계는 윗글에 언급되지 않았다.

① 1문단에 따르면 '분해능이 작을수록 현미경의 성능이 좋아'진다. 또한 3문단에서 '더 정밀하게 관찰하기 위해 광학 현미경보다 훨씬 더 높은 수준의 분해능을 가진 현미경이 필요'하다고 한 것을 고려할 때, 분해능이 작을수록 대상을 더 정밀하게 관찰할 수 있음을 알 수 있다.

② 1문단에 따르면 '분해능은 검사 대상을 관찰하기 위해 사용된 광원의 파장이 짧을수록 작아'지는데, 광학 현미경은 '가시광선'을 광원으로 사용하므로 광학 현미경의 분해능은 가시광선의 파장의 길이에 영향을 받을 것이다.

④ 1문단에서 광원으로 '가시광선을 이용'하는 '광학 현미경의 분해능은 한계가 있을 수밖에 없다.'라고 했다. 그리고 3문단과 4문단에 따르면 '광학 현미경보다 훨씬 더 높은 수준의 분해능을 가진 현미경이 필요'해짐에 따라 '전자선을 사용'하는 '전자 현미경'이 탄생하게 되었으므로, 전자 현미경이 광학 현미경보다 분해능이 작은 것은 전자선을 사용하기 때문이라고 할 수 있다.

⑤ 5문단에서 '검사 대상 표면에 주사되는 전자선의 면적'이 '작을수록 분해능이 작아'진다고 했다.

4. ① 성능 ② 용이

<table>
<tr><td colspan="3" align="center">구 조 도 그 리 기</td></tr>
<tr><td colspan="3" align="center">" 현미경의 분해능 "</td></tr>
<tr><td colspan="3">분해능: 관찰 가능한 두 점 사이의 최소 거리 (광원 파장↓ → 분해능↓ → 현미경 성능↑)</td></tr>
<tr><td></td><td align="center">광학 현미경</td><td align="center">(주사) 전자 현미경</td></tr>
<tr><td>광원</td><td>파장 긴 가시광선 → 분해능에 한계 有</td><td>가시광선보다 파장 짧은 전자선
광학 현미경보다 높은 수준의 분해능</td></tr>
<tr><td>구성</td><td>① 집광렌즈 ② 대물렌즈
③ 접안렌즈</td><td>ⓐ 전자총 ⓑ 전자기 집광렌즈 ⓒ 주사코일
ⓓ 전자기 대물렌즈 ⓔ 전자 검출기
ⓕ 모니터나 필름</td></tr>
<tr><td>원리
(과정)</td><td>①이 가시광선 굴절해 대상에 집중시켜 중간 상 만듦 → ②, ③이 중간 상 굴절시켜 대상 확대</td><td>ⓐ에 의해 가속되어 방출된 전자 → ⓑ 통해 굴절돼 전자선 형성 → 전자선이 ⓒ 및 ⓓ를 거쳐 대상표면에 주사 → 충격으로 방출된 2차 전자를 ⓔ에서 검출, 전기 신호로 변환돼 ⓕ에 입체적인 상으로 나타남</td></tr>
</table>

[1~2] 고3 2016학년도 4월 학평 「계약의 성립」

① 일상생활에서 다른 사람의 물건을 구입하거나 자신의 물건을 판매하는 일은 흔히 있는 일이다. 이렇게 다른 사람과 거래를 할 때에는 일정한 합의나 약속이 필요한데, 이를 '계약'이라 한다. 계약은 일반적으로 청약과 승낙의 **합치**에 의해 **성립**되지만, 특수하게 의사실현이나 교차청약에 의해 성립되기도 한다. 계약의 성립: (1) 청약과 승낙의 합치, (2) 의사실현, (3) 교차청약 (이어서 **계약**이 성립되는 세 가지 경우를 차례대로 설명해 주겠지?)

② 계약에서 계약의 성립을 제안하는 것은 '청약'이라고 하고, 청약을 받은 이가 그 청약을 그대로 수락하는 것은 '승낙'이라고 한다. 만약 청약을 받은 이가 청약 내용의 변경을 요구한다면 이는 새로운 청약을 한 것이 된다. 청약과 승낙의 합치에 의해 성립하는 계약이 실시간 의사소통에 의해 이루어질 때는 청약자가 청약을 받은 이에게서 승낙의 의사가 담긴 말을 들은 시점에 계약이 성립한다. (1) 청약과 승낙의 합치에 의해 성립하는 계약: ↑ 실시간 의사소통 시 청약자가 승낙의 의사가 담긴 말을 들은 시점에 계약 성립

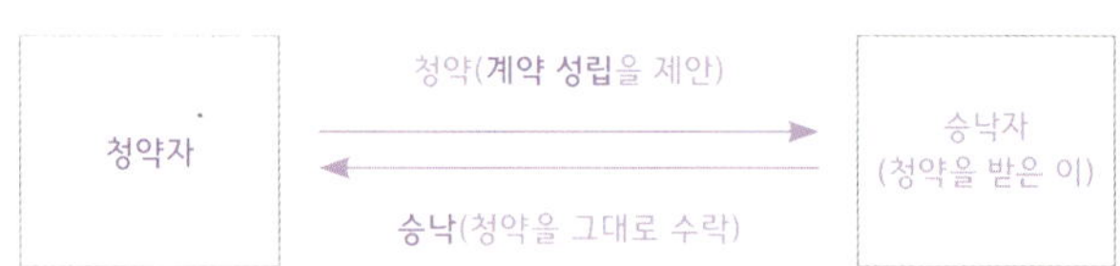

그러나(앞과는 다른 상황이 제시될 거야.) 실시간 의사소통이 불가능한 이들 간의 계약에서는 승낙의 의사표시가 청약자에게 발송된 시점에 계약이 성립하는 것으로 본다. (1) 청약과 승낙의 합치에 의해 성립하는 계약: ② 실시간 의사소통 불가능 시 승낙의 의사표시가 **발송**된 시점에 계약 성립 이때 승낙의 의사표시가 승낙기간 내에 청약자에게 도달하지 못한다**면** 계약의 효력은 발생하지 않는다. 승낙의 의사표시가 승낙자의 과실이 아닌 부득이한 사유로 기간 내에 도달하지 못하고 연착하는 경우가 있을 수 있다. 이때 승낙의 의사표시를 받은 청약자가 승낙자에게 연착 사실을 즉시 알리지 않**으면**, 승낙자는 승낙기간 내에 승낙의 의사표시가 청약자에게 전달된 것으로 간주할 것이므로 계약의 효력은 발생한다. ('-(으)면'이 쓰이면 앞의 내용이 조건이 되고 뒤의 내용이 결과로 발생한다는 점을 염두에 두고 읽었지?) 승낙의 의사표시가 승낙기간 내에 청약자에게 도달 X → 계약의 효력 발생 X / 부득이한 사유로 승낙의 의사표시 연착 → 청약자가 승낙자에게 연착 사실을 즉시 알리지 않으면 계약의 효력 발생 O

③ 일반적이지는 않지만 청약자의 의사표시의 특성이나 거래상의 관습 등에 의해 승낙의 의사표시를 통지하지 않아도 성립하는 계약이 있다. 예를 들어 인터넷을 통해 호텔 객실을 예약하는 청약이 있은 후, 호텔 측이 청약자에게 별도의 의사표시(승낙의 의사표시)를 통지하지 않고 객실을 마련하는 경우가 이에 해당한다. 이처럼 승낙의 의사표시를 통지하지 않고 승낙의 의사표시로 인정되는 사실만 있어도, 그 사실이 발생한 때에 계약은 성립한다. 이를 의사실현에 의한 계약의 성립이라 한다. (2) 의사실현에 의해 성립하는 계약: 승낙의 의사표시로 인정되는 **사실**이 발생한 때에 계약 성립 또한(교차청약에 의한 계약의 성립을 설명하겠지?) 청약만 두 개가 존재하더라도 의사표시의 내용이 결과적으로 일치하면 계약이 성립하는데, 이를 교차청약에 의한 계약의 성립이라 한다. 가령 모임에서 A와 B는 각각 자동차를 팔고, 사고 싶다는 서로의 마음을 알게 된 후, A는 자동차를 천만 원에 팔겠다는 청약의 의사표시를 B에게 보냈다고 하자. 이것이 B에게 도착하기 전에 B가 A에게 자동차를 천만 원에 사겠다는 청약의 의사표시를 보낸다면, 계약은 양 청약의 의사표시가 A, B에게 모두 도달한 때에 성립한다. (3) 교차청약에 의해 성립하는 계약: 내용이 일치하는 양 청약 당사자의 의사표시가 모두 상대방에게 도달한 때에 계약 성립

④ 이러한 계약들이 성립되는 과정에서 매매 대상이 불에 타 없어진 것처럼 계약의 이행이 불가능한 상황이 발생할 수 있다. 만약 청약자가 매매 대상이 없어졌다는 사실을 계약 성립 당시에 알았거나 그 사실을 쉽게 확인할 수 있었음에도 확인하지 않았고, 승낙자는 매매 대상이 없다는 것을 몰랐거나 알 수 없었다면 청약자는 계약의 유효를 전제로 한 경비나 이자 비용과 같이 승낙자가 그 계약이 유효하다고 믿음으로 인해 입은 손해를 배상해 주어야 한다. 이때 그 배상액은 계약이 이행되었다면 승낙자에게 생길 이익, 이를테면 매매가와 시가 사이의 차액을 초과할 수 없다. 계약의 이행이 불가능한 상황에서 청약자가 그 책임이 있는 경우에 청약자가 승낙자에게 손해를 배상해야 하는 경우를 언급하며 글을 마무리했어.

1. ④

4문단에 따르면 (나)는 계약 성립 당시 '청약자가 매매 대상이 없어졌다는 사실'을 '쉽게 확인할 수 있었음에도 확인하지 않았고, 승낙자는 매매 대상이 없다는 것을 몰랐거나 알 수 없었'던 상황이다. 이 경우 '청약자는 계약의 유효를 전제로 한 경비나 이자 비용과 같이 승낙자가 그 계약이 유효하다고 믿음으로 인해 입은 손해를 배상해 주어야' 하므로, 병은 계약이 유효하다고 믿고 '대출을 받고 이자로 30만 원을 은행에 지불'한 정의 손해를 배상해야 한다. 하지만 '그 배상액은 계약이 이행되었다면 승낙자에게 생길 이익, 이를테면 매매가와 시가 사이의 차액을 초과할 수 없'으므로, '병이 팔렸던 골동품의 시가가 매매가보다 100만 원이 높다'면 배상액은 100만 원을 초과할 수 없다. 정은 계약이 유효하다고 믿고 발생한 손해에 대해 배상받을 수 있지만, 배상액은 손해를 기준으로 할 때 30만 원을 초과하지 않으므로, 정은 손해 배상으로 총 30만 원을 받을 수 있다.

① 2문단에서 '실시간 의사소통이 불가능한 이들 간의 계약에서는 승낙의 의사표시가 청약자에게 발송된 시점에 계약이 성립'한다고 했으므로, (가)에서 을의 답장이 4월 20일 전에 도착했다면 계약은 을이 답장을 발송한 4월 12일에 성립한다.

② 2문단에 따르면 (가)와 같이 '실시간 의사소통이 불가능한 이들 간의 계약'에서 '승낙의 의사표시가 승낙자의 과실이 아닌 부득이한 사유로 기간 내에 도달하지 못하고 연착하는 경우' '청약자가 승낙자에게 연착 사실을 즉시 알리지 않으면, 승낙자는 승낙기간 내에 승낙의 의사표시가 청약자에게 전달된 것으로 간주할 것이므로 계약의 효력은 발생'한다.

③ 2문단에서 '청약을 받은 이가 청약 내용의 변경을 요구한다면 이는 새로운 청약을 한 것이 된다.'라고 했으므로, (가)에서 을이 '갑이 제시한 가격보다 더 높은 가격에 팔겠다는 내용의 답장'을 보내는 것은 청약 내용의 변경을 요구한 것으로 새로운 청약을 한 것이 된다.

⑤ 4문단에 따르면 청약자는 승낙자가 '매매 대상이 없다는 것을 몰랐거나 알 수 없었'을 때 '승낙자가 그 계약이 유효하다고 믿음으로 인해 입은 손해를 배상해 주어야' 하는 것이므로, (나)에서 정이 매매 대상인 골동품이 없어진 것을 계약 성립 당시에 알았다면 병은 정이 입은 손해를 배상할 의무가 없다.

2. ① 합치 ② 성립

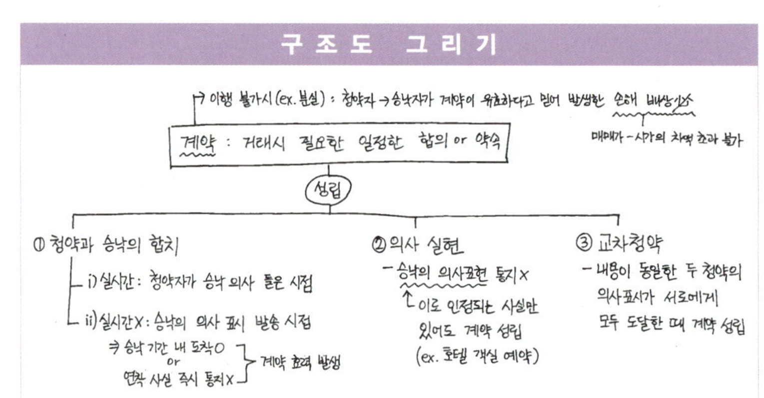